MEMÓRIA GLOBO

Editores responsáveis: **Alice Melo, Carla Peixoto, Juliana Felicio, Manuela Fantinato**

Pesquisa e revisão: **Alberto Russo, Anna Durão, Felipe Vaz, Fernanda Chinelli, Fernando Botafogo, Irene Chaves, Juan Silva, Julio Araujo, Luciana Azevedo, Max Nette, Paula França**

Colaboração CAT: **Ana Cristina Frias, Jackelane Lima, Sheila Godoi**

Supervisão: **Ana Viana, Bia Durão, Itamar Junior**

Imagem de capa: **Cícero Rodrigues (2017)**

Coordenação geral: **Maria Thereza Pinheiro**

Direção editorial: **Ali Kamel – diretor-geral de Jornalismo da Globo**

Diretor geral da Globo: **Carlos Henrique Schroder**

GLOBO LIVROS

Editora responsável: **Amanda Orlando**

Assistente editorial: **Samuel Lima**

Revisão: **Agatha Machado, Isis Batista e Daiane Cardoso**

Capa, projeto gráfico e diagramação: **Renata Zucchini**

Assistência de diagramação: **Filigrana**

1ª edição, 2019

CIP-BRASIL. CATALOGAÇÃO NA PUBLICAÇÃO
SINDICATO NACIONAL DOS EDITORES DE LIVROS, RJ

J71

Jornal Nacional: 50 anos de telejornalismo / organização Memória Globo. - 1. ed. - Rio de Janeiro: Globo Livros, 2019.

ISBN 9786580634057

1. Jornal Nacional (Programa de televisão) - História. 2. Telejornalismo - Brasil - História. I. Memória Globo.

19-58765   CDD: 070.1950981
CDU: 070:654.1(09)(81)

Vanessa Mafra Xavier Salgado - Bibliotecária - CRB-7/6644

Direitos exclusivos de edição em língua portuguesa para o Brasil adquiridos por Editora Globo S.A.
Rua Marquês de Pombal, 25 — 20230-240 — Rio de Janeiro — RJ
www.globolivros.com.br

JN

50 ANOS

DE TELEJORNALISMO

MEMÓRIA GLOBO   GLOBOLIVROS

SUMÁRIO

PREFÁCIO

O aniversário de cinquenta anos do *Jornal Nacional* guarda uma importância enorme. Foi o *JN* que realizou na prática um sonho que meu pai, Roberto Marinho, nutriu desde a década de 1950: unir o Brasil por meio da televisão em rede, um feito cujas consequências benéficas para o país são reconhecidas por estudiosos de diversos matizes. Tenho dito em inúmeras ocasiões o que agora deixo registrado neste prefácio. É com o povo brasileiro que nos relacionamos todos os dias. É um contato cotidiano no qual buscamos oferecer ao público informação de qualidade. Um trabalho de todas as horas, todos os minutos. E encaramos esse trabalho como uma verdadeira missão. É com a paixão que temos por comunicação que mantemos o entusiasmo de nosso fundador todos os dias, até hoje, e haveremos de manter por muito tempo.

É gratificante, mas não é fácil. Exige um trabalho imenso, uma dedicação enorme dos milhares de profissionais que conosco trabalham. Mas, ao longo desses anos todos, se há uma lição que aprendemos é que o êxito só acontece quando não se buscam atalhos ou caminhos fáceis: é preciso oferecer sempre jornalismo de qualidade.

O brasileiro é exigente e tem a prerrogativa de escolher livremente. Isso era verdade no passado e é ainda mais verdadeiro hoje, quando a concorrência de meios de comunicação é cada vez maior. Além dos muitos concorrentes na própria tv aberta, há a tv paga e há a internet com centenas de sites produzindo informação. Ser líder diante de tanta concorrência e de um público tão exigente só tem mesmo uma explicação: obsessão pela qualidade sem concessões. E também muita responsabilidade. O *JN* é assim.

Essa lição, aprendida de forma intuitiva no passado, é hoje algo de que temos plena consciência. Um sociólogo francês, Dominique Wolton, no início dos anos 1990, escreveu um livro chamado *Elogio do grande público*. Ele discutia o então processo de privatização das tvs públicas europeias, com críticas ao modelo de tv comercial praticado em alguns países. Wolton escreveu, então, sem que nós sequer tivéssemos tomado conhecimento da pesquisa, que um bom caminho era o de uma tv brasileira, a Globo, que, sendo comercial, parecia ter a autoconsciência de ser também um serviço público. Isso nos definia à época e nos define hoje. E acreditamos que explica o sucesso que alcançamos.

Hoje, produzimos três mil horas de jornalismo por ano, sendo o *JN* a sua fração mais exitosa. São quase nove horas diárias de jornalismo, amplo e plural, das quais três horas são de notícias locais, produzidas por nossas cinco emissoras (Rio de Janeiro, São Paulo, Belo Horizonte, Recife e Brasília) e por 117 afiliadas, pertencentes a empresas independentes em todo o território nacional. O modelo de rede inovador montado em parceria com diversos empresários pelo Brasil afora garantiu que o sinal da Globo, e do *JN*, levando conteúdo internacional, nacional, regional e local, chegasse aos mais longínquos pontos do nosso território. Hoje, podemos dizer com orgulho que o Brasil se conhece de sul a norte, de leste a oeste, com a densa e múltipla cultura de nosso povo. Uma oferta sem igual.

O *JN* é líder absoluto de audiência, em patamares desconhecidos em outros países, o que é a prova mais eloquente de que o jornalismo de qualidade que apresenta é apreciado pelos brasileiros. Estamos cientes, porém, de que, agradando a maior parte do público, não agradamos a todos. Isso se explica pela própria natureza da atividade jornalística, que implica isenção e independência. Como o que importa são os fatos, sem que se leve em conta se são positivos ou negativos para esse ou aquele grupo, o *JN* pode ora irritar uns, ora irritar outros. A credibilidade e a audiência seguem intocadas porque o público percebe essa independência. Se erramos, temos a humildade de nos corrigir porque nosso compromisso é com a verdade. Somos um conjunto de pessoas comprometidas com nosso trabalho e apaixonadas por comunicação. Um conjunto que tem alma. Mas a crítica livre dos que em um momento ou outro veem suas preferências contrariadas é a própria democracia. Na verdade, que democracia não é barulhenta, ruidosa, viva, com múltiplos pontos de vista, projetos em choque, formas de viver diferentes, de se comportar, de crer? Tudo com tolerância e respeito ao outro.

Pois bem; é preciso ter em mente que a Globo não quer fazer barulho, mas é obrigada a exibi-lo, a colocá-lo à mostra, não somente em seus telejornais – no *Jornal Nacional* em especial – mas também em sua teledramaturgia. E, claro, com isso, temos a consciência de que ora desagradamos uns, ora desagradamos outros, e vice-versa. Mas, o vice-versa é que é a chave da questão, prova de nossa isenção. Porque a Globo não defende partidos, não defende religiões, não defende formas de comportamento, não defende formas de agir. A Globo procura mostrar, isso sim, os fatos e as discussões em torno deles na sociedade, mas sem proselitismos.

O que a Globo defende, de forma enfática, e sempre defenderá, é a democracia, a República, o império da lei e do voto.

Esse é o nosso compromisso. E não há melhor momento para reiterá-lo do que agora, por escrito, quando publicamos este livro para celebrar os cinquenta anos do *Jornal Nacional*.

JOÃO ROBERTO MARINHO

Presidente do Conselho Editorial do Grupo Globo

APRESENTAÇÃO

CARLOS HENRIQUE SCHRODER
Diretor-geral da Globo

Quando, aos catorze anos, eu saí da pequena Santo Ângelo, onde nasci, para estudar por um ano em Santa Maria e depois em Porto Alegre, não imaginava o que a vida faria de mim. Meu pai, Carlos Wilson Schroder, era professor, foi prefeito da minha cidade, secretário estadual de Educação e sabia muito bem que apenas o estudo em uma capital com maiores recursos poderia garantir o meu futuro. Devo isso a ele, que partiu tão prematuramente, apenas três meses depois de eu assumir o Jornalismo da Globo, em junho 2001. No segundo grau (atual ensino médio), eu, muito jovem, não sabia ao certo o que faria, mas me imaginava diplomata. No dia da inscrição no vestibular, tomei a decisão que mudaria a minha vida: me inscrevi na UFRGS para Direito e, na PUC-RS, para jornalismo. Cursei as duas faculdades ao mesmo tempo, sem saber que Direito me daria uma base de conhecimentos mais amplo para o jornalismo, atividade pela qual me apaixonaria. Dois anos depois de formado, já tinha passado pela experiência da reportagem em um jornal do grupo Caldas Júnior e na TV Educativa do Rio Grande do Sul. Fui, então, chamado pela RBS para editar o *Bom Dia Rio Grande* e, poucos meses depois, cuidar das notícias do Rio Grande do Sul no *Jornal Nacional*. Bem pouco tempo depois, em 1984, eu estava no Rio de Janeiro, primeiro na produção do *Jornal Hoje* e depois no *JN*, onde comecei a trajetória que me levaria, em 2012, a assumir o cargo de diretor-geral da Globo. Eu não tenho dúvidas de que minhas atuais funções exigem de mim mais do que o jornalismo é capaz de dar. Mas foi o jornalismo e, em especial, o *Jornal Nacional*, que me permitiram, a um só tempo, conhecer mais a realidade e o público. E foi isso que fez de mim o homem de televisão que me tornei.

Hoje, quando este livro comemora os cinquenta anos do *Jornal Nacional*, posso dizer com orgulho que fui um participante absolutamente próximo de 35 anos da história do telejornal. Ao escrever essa frase me assombro, porque percebo que a minha vida e a do *JN* andaram sempre em sintonia, e isso, eu preciso dizer, me enche de orgulho. Uma oportunidade de ouro que a vida me proporcionou. Pude acompanhar de perto as muitas transformações por que passou o telejornal mais importante do Brasil – o mais importante há cinquenta anos. Quando iniciei a minha trajetória, o Brasil estava nos estertores da ditadura e na alvorada da democracia. Era uma época em que ainda havia um preconceito contra o jornalismo de TV, considerado superficial, incapaz de concorrer com o jornalismo dos impressos. Muitas vezes esqueciam que, na ditadura, a televisão, e em especial a Globo, era absolutamente controlada pela censura. Mesmo depois da chamada "Abertura", ainda sob o governo do último presidente militar, João Figueiredo, em que se experimentou uma maior liberdade, as amarras na televisão eram grandes. Tão logo a democracia garantiu liberdade plena, o jornalismo televisivo mostrou toda a sua força. Nós, que estávamos lá, percebemos que poderíamos dar um salto se ampliássemos nossas equipes, investíssemos nos melhores profissionais do mercado, formássemos novos repórteres. Ao implementar esse projeto, formamos novas gerações de jornalistas e ganhamos o público sedento por informação de qualidade, em que pudesse confiar. E foi o *Jornal Nacional* que saiu na frente, tornando-se, ano após ano, uma usina de revelações.

Nos anos 1980, o então correspondente nos Estados Unidos Lucas Mendes conseguiu uma entrevista exclusiva com Robert Gallo, um dos descobridores do vírus da Aids. No naufrágio do *Bateau Mouche*, a tragédia que marcou o primeiro dia do ano em 1989, tivemos imagens do resgate dos sobreviventes porque chegamos antes de todos os concorrentes. No mesmo ano, Pedro Bial cobriu a crise do Leste Europeu e furou a imprensa internacional ao descobrir a sogra do ditador romeno Nicolae Ceausescu internada em um hospital fazendo greve de fome contra o fim do regime. Lech Walesa, o líder do sindicato Solidariedade, um dos artífices do fim do comunismo na Polônia, conversou com exclusividade com Bial.

No plano doméstico, em 1991, o *Jornal Nacional* foi o primeiro a dar a notícia do escândalo da Previdência com a reportagem de André Luiz Azevedo e Fernando Calixto. Ao longo da década, acompanhamos todo o desdobramento do caso com os repórteres Cristina Serra e Roberto Cabrini mostrando, em 1997, a prisão na Costa Rica de Jorgina de Freitas, principal acusada, e sua posterior extradição, em 1998. Em 1992, Caco Barcellos conseguiu entrar no Carandiru apenas três dias depois das 111 mortes e revelar evidências de execução. Ainda naquele ano, Cabrini e o repórter cinematográfico Sergio Gilz localizaram e entrevistaram PC Farias, o tesoureiro da campanha de Fernando Collor, então foragido em Londres. Sônia Bridi ouviu em primeira mão relatos de sobreviventes das chacinas de Vigário Geral e da Candelária, em 1993. Os depoimentos revelaram que policiais poderiam ter agido por vingança contra os meninos da Candelária. Em 1997, Marcelo Rezende expôs a violência policial, que humilhou trabalhadores com tapas e agressões, terminando na morte de uma pessoa, no caso da Favela Naval, em Diadema, na Grande São Paulo. E, no dia seguinte, Ernesto Paglia identificou os seis policiais envolvidos na barbárie. Em 1999, o *Jornal Nacional* denunciou o réveillon de luxo na Flórida do ex-deputado Sérgio Naya, construtor do prédio Palace II, que desabara no Rio. No mesmo ano, coube ao *JN* revelar a denúncia contra o juiz Nicolau dos Santos Neto, responsável por um desvio milionário na construção de uma nova sede do Tribunal Regional do Trabalho em São Paulo. O repórter Marcos Losekann ouviu as acusações feitas pelo ex-genro do juiz e desnudou um dos grandes escândalos de corrupção dos anos 1990. No ano seguinte, Caco Barcellos mostrou ao Brasil o apartamento de luxo, com torneiras de ouro, que o juiz possuía em Miami, uma reportagem que chocou os brasileiros.

Em 2001, os repórteres Tim Lopes e Tyndaro Menezes mostraram como funcionava o feirão de drogas no Complexo do Alemão. Tim Lopes seria assassinado em 2002 por traficantes quando preparava mais uma matéria sobre o tráfico, em um dos momentos mais tristes do *Jornal Nacional*, que produziu mais de dezessete horas de reportagem até que todos os assassinos do jornalista estivessem presos. Nos atentados de 11 de setembro contra as Torres Gêmeas em Nova York, Jorge Pontual e Orlando Moreira foram os únicos profissionais da imprensa a furar o cerco e entrar na área interditada. Em 2004, César Tralli mostrou no *Jornal Nacional* os extratos que finalmente comprovavam a existência de contas de Paulo Maluf na Suíça, abastecidas com dinheiro de corrupção. Quando o escândalo do chamado Mensalão eclodiu, o *JN* foi responsável por muitos furos envolvendo políticos de partidos de diversas colorações.

A ocupação do Complexo do Alemão, em 2010, teve sua imagem mais emblemática feita pelo técnico Francisco de Assis de dentro do Globocop: a fuga dos traficantes acossados pela polícia. Com essa cobertura, conquistamos o primeiro prêmio Emmy do Jornalismo da Globo. Na Lava Jato, a maior investigação de corrupção envolvendo empreiteiros, políticos e funcionários públicos de alto escalão, o *Jornal Nacional* mostrou com exclusividade documentos, depoimentos e entrevistas, em uma cobertura exemplar, que, de novo, não se importou com a filiação política dos envolvidos.

Acompanhei cada uma dessas coberturas, desde 1985, das várias posições pelas quais passei na minha vida profissional aqui na Globo. É surpreendente rever o quanto fizemos nesses anos todos. Não há história relevante do Brasil e do mundo sem presença marcante no *Jornal Nacional*.

Ao mesmo tempo em que fomos fundo no conteúdo, cuidamos também da forma. Os vários cenários mostram a absorção da revolução tecnológica que mudou o mundo nesses últimos cinquenta anos. A evolução da arte ajudou a tornar mais compreensível a notícia. Nossa equipe acompanhou e aprimorou o que de mais novo se criou nesse tempo. A primeira dessas grandes experiências foi durante a Guerra do Golfo, lembrada aqui por Alexandre Arrabal, um bom exemplo da originalidade e ousadia do *JN*. Não à toa ganhamos prêmios mundo afora pelo inovador trabalho da equipe de arte.

Depois de 27 anos de trabalho brilhante, Cid Moreira e Sérgio Chapelin cederam a bancada a Wiliam Bonner. A mudança fundiu o apresentador e o editor-chefe, mais uma evolução no nosso processo. Em 1996, Lillian Witte Fibe, a jornalista icônica da cobertura econômica, tornou-se a primeira mulher a dividir a bancada do *Jornal Nacional* como apresentadora permanente.

A criação do *JN* foi obra da dupla Armando Nogueira e Alice-Maria, uma mulher que imprimiu, atrás das câmeras, um estilo ao jornal e moldou nossa reportagem. Evoluímos também na linguagem. Herdamos do rádio a dicção que a televisão teve nos primeiros tempos. Era natural que o veículo mais popular da época emprestasse seu modelo para a irmã mais nova. Aos poucos, a TV foi ganhando autonomia. A chegada de novos apresentadores ajudou nessa transição em que o coloquial se tornou presente, aproximando a linguagem do jornal da língua falada nas ruas.

Ao ler este livro, me emociono com o relato do Canellas sobre sua série espetacular a respeito da fome no Brasil. Relembro a estreia de Fátima Bernardes no *JN*, onde permaneceu por catorze anos. Leio, deliciado, as lembranças de Cid Moreira e Sérgio Chapelin sobre o *JN* dos primeiros anos. Os depoimentos de Pedro Bial e Ernesto Paglia sobre a "Caravana *JN*" e o "*JN* no Ar" mostram nosso acerto ao levar o jornal para as ruas do Brasil. Essa é a razão deste livro: levar ao público essas e tantas outras histórias, revelando os bastidores da notícia, os nossos esforços, a luta diária pela informação, os momentos de tensão, aquela hora em que tudo parece que vai dar errado, mas que no final dá certo.

O leitor sairá deste livro com uma certeza: o *Jornal Nacional* a que assiste todas as noites é fruto de muito trabalho, honestidade exemplar e dedicação extrema de seus profissionais. Há cinquenta anos. Boa leitura.

1

O *JN* E O JORNALISMO PROFISSIONAL

ALI KAMEL
[DIRETOR-GERAL DE JORNALISMO]

Foi em junho de 2001 que comecei a trabalhar em TV. Iniciei minha carreira na Rádio Jornal do Brasil em 1982, passei pelas revistas *Afinal* e *Veja* e estava n'*O Globo* havia doze anos. Eu tinha sido promovido de editor-chefe a diretor do jornal em abril. Em junho, Evandro Carlos de Andrade, então diretor de Jornalismo da Globo, morreu. Foi um choque para todos nós, companheiros. Tinha Evandro como amigo e mentor – antes da Globo, ele fora diretor d'*O Globo* por 24 anos. Mas o choque, para mim, teve ainda outra razão. Carlos Henrique Schroder foi convidado para dirigir o Jornalismo da TV em substituição a Evandro e eu, chamado para ser diretor-executivo de Jornalismo. Migrar do jornalismo impresso para o televisivo era um enorme desafio, implicava um aprendizado intenso em uma época da vida em que eu, aos 39 anos, não imaginava que pudesse deixar a imprensa escrita. Foi tenso, mas tive a sorte de ter Schroder como meu diretor; ele, que entende tudo do veículo. Não à toa, ele se

Redação do *Jornal Nacional* (2009).

PAULO JABUR / MEMÓRIA GLOBO

tornaria diretor-geral da Globo onze anos depois, em 2012, quando o substituí como diretor de Jornalismo da emissora.

Desde então, sempre que alguém conversa comigo sobre as minhas funções, ouço o comentário que, creio, meus antecessores também devem ter ouvido: "Que responsabilidade, decidir o que vai ou não ser noticiado na emissora de maior audiência do país!". Entendo o que querem dizer, mas o comentário contém uma incompreensão. Um diretor de jornalismo não "decide" o que vai ou não ser noticiado, mas é o responsável por garantir a qualidade do noticiário (e nessa tarefa é auxiliado por muitos companheiros). E qualidade implica noticiar os fatos com isenção, correção e agilidade. Daí por que não se trata de "decidir", já que a missão do jornalista é informar sobre o que de mais relevante acontece no Brasil e no mundo. Notícia é notícia, sem tabus, sem preferências, sem idiossincrasias.

Para não haver dúvidas sobre isso, o Grupo Globo publicou em 2011 seus Princípios Editoriais, que podem ser lidos pelo público em todos os sites de seus veículos (e por você, leitor deste livro, no apêndice). São nesses Princípios, em essência compartilhados por todos os veículos que praticam o jornalismo profissional no mundo, que os jornalistas do Grupo Globo se baseiam para desempenhar a sua missão. Não há "sim" ou "não" que eu possa dizer sem estar ancorado nesse guia. Tenho consciência de que muita gente duvida dessa afirmação e é por esse motivo que decidi dedicar o capítulo que coube a mim neste livro para a discussão desse assunto, esmiuçando os conceitos que estão descritos nos Princípios Editoriais.

Principalmente porque, à entrada da terceira década deste século, o Brasil, como muitos países mundo afora, vive uma polarização extremada. Em tempos de redes sociais, essa divisão fica ainda mais estridente. Seus usuários mais frequentes parecem acreditar que apenas eles e seus "amigos" têm razão, e quem discorda é um inimigo a ser derrotado. Nesse ambiente, sofrem aqueles que se dedicam a noticiar os fatos com isenção e independência, a imprensa vira alvo e ela própria, que, por missão, combate o que se convencionou chamar de *fake news*, é acusada de produzir *fake news*. Se os fatos, publicados com isenção e correção, contrariam ou incomodam uma parcela, qualquer parcela, são logo rotulados como *fake*. O *JN*, cuja audiência, altíssima, é a prova mais evidente do seu prestígio entre a população em geral, é frequentemente criticado por grupos contrariados com fatos que lhes desagradam. No campo da política, e apenas para ficar neste século, não basta a constatação que qualquer espectador pode fazer de que o *Jornal Nacional* noticiou, com igual peso, fatos negativos (para usar um eufemismo) envolvendo os governos Fernando Henrique, Lula, Dilma, Temer e, agora, Bolsonaro. Ou fatos negativos envolvendo integrantes de partidos de praticamente todas as tendências. Ou fatos negativos envolvendo membros do Judiciário. Ou fatos negativos envolvendo empresas. Essa atitude do *JN* prova que o Grupo Globo é, e demonstra ser, independente de governos, partidos políticos, corporações, grupos econômicos, igrejas, é independente de tudo. E não faz isso apenas por um imperativo moral, mas porque tem a consciência de que só poderá continuar vivendo de fazer jornalismo se mantiver sua independência, raiz de sua isenção. Apesar disso, ao não levar em conta a quem um fato negativo possa atingir, mas apenas se o fato é mesmo um fato, ou seja, se é verdadeiro, o *Jornal Nacional* acaba contrariando em um momento uns e, em outros momentos, outros. Agrada apenas a população em geral, que deseja ser bem informada (e a prova disso, repito, é a sua audiência).

É esse ambiente que torna imprescindível definir: o que é o jornalismo? O jornalismo é um campo de batalha de ideologias ou é uma forma de conhecimento da realidade? Como fica a questão da objetividade, da isenção, sempre tão cobrada dos profissionais da área? E a questão da ética, que permeia toda a discussão?

A polarização do mundo atual faz muitos difundirem a ideia segundo a qual só existe um jornalismo tendencioso, um jornalismo de direita e um jornalismo de esquerda, um tentando mais do que o outro impor os seus pontos de vista e as suas crenças. O jornalismo seria então para essas pessoas um campo de batalha de ideologias, estaria a reboque delas ou, pior, a serviço delas. Os jornais (impressos, digitais, radiofônicos ou televisivos) seriam produzidos de acordo com os valores de seus donos e dos jornalistas que para eles trabalham. Para provar essa tese, lançam mão de postulados filosóficos de uma maneira simplista: a verdade é inalcançável, isenção é uma utopia, não existe objetividade total. Assim, o noticiário seria feito de acordo com os interesses de um grupo, com uma forte carga de subjetividade. Os fatos seriam escolhidos não por critérios de relevância mais ou menos reconhecidos por qualquer bom profissional, mas conforme os valores de quem escolhe. E ganhariam pouco ou muito destaque, seriam narrados e analisados dessa ou daquela maneira, segundo aqueles mesmos valores.

Ocorre que, se fosse assim, não existiria jornalismo, mas apenas publicidade. O objetivo da imprensa seria a cotidiana busca de adeptos, de almas, de seguidores para uma determinada visão do mundo. Fariam, então, propaganda; propaganda político-ideológica, mas, ainda assim, propaganda. O jornalismo não seria jornalismo. A sociedade não teria como se mexer, como andar: se não há verdade, se só há um relato de esquerda e outro de direita, como falar em fatos? Viveríamos em uma sociedade sem referencial, em um mundo de versões de acordo com o gosto do freguês.

É claro que existem veículos que nascem para ancorar visões políticas e fazer proselitismo, mas o público sabe que isso é diferente do jornalismo profissional. Para as empresas que se impõem como missão praticar o jornalismo profissional, a atividade é entendida como uma forma de conhecer, uma forma de apreensão da realidade, segundo um método próprio, com regras que, se seguidas corretamente, levam ao relato e à análise dos fatos com um bom grau de fidelidade. O *Jornal Nacional* acredita nisso. Diante de uma miríade de acontecimentos, os jornalistas profissionais são aqueles treinados para discernir quais fatos têm relevância e narrá-los e analisá-los de uma maneira lógica, coerente, isenta e ágil. Isso implica acolher na análise dos fatos os diversos pontos de vista que porventura existam sobre cada assunto. A pluralidade é regra geral em tudo o que se faz em jornalismo.

Comparar veículos absolutamente diferentes é a prova dos nove de que um bom grau de objetividade é possível. Se compararmos o *Los Angeles Times*, o *Washington Post* e o *New York Times*, que competem entre si, notaremos com facilidade que é muito parecida a cesta de assuntos oferecida aos leitores ao longo de qualquer período. Se excluirmos os assuntos locais, a mesma comparação pode ser feita entre os três jornais americanos e o *El País*, da Espanha, o *La Republica*, da Itália, e o *Daily Telegraph*, do Reino Unido – a coincidência também será grande. No Brasil, o leitor pode verificar que a *Folha de S. Paulo*, o *Estado de S. Paulo* e *O Globo*, jornais com poucas afinidades e concorrentes aguerridos, destacam mais ou menos os mesmos assuntos nacionais e internacionais. E se compararmos o conteúdo desses jornais impressos com o que vai ao ar no *Jornal Nacional*, pode-se notar que os assuntos são mais ou menos os mesmos – os mais relevantes no Brasil e no mundo. Não é falta de criatividade: é que os jornalistas que trabalham nesses veículos, profissionais treinados e talentosos, sabem reconhecer em um exame dos fatos o que é importante e o que não é. O mesmo acontece se a comparação for entre os principais telejornais das três

JOÃO COTTA / GLOBO

Acima: Ali Kamel (2017).

Abaixo: Ali Kamel e Carlos Henrique Schroder (2009).

PAULO JABUR / MEMÓRIA GLOBO

grandes redes abertas de televisão americana, a ABC, a CBS e a NBC, para citar apenas casos no exterior. Vão ao ar no mesmo horário, são adversários, disputam o mesmo público, mas apresentam cestas de notícias muito parecidas.

Embora haja objetividade na escolha dos assuntos, como fica a questão da verdade? Sim, claro, se nem a ciência consegue alcançar a verdade por inteiro, como o jornalismo faria essa mágica? Não faz. Como a ciência, o jornalismo é uma aproximação da realidade, mas a melhor aproximação que se pode obter naquele instante, com o instrumental e o método disponíveis. É certo que historiadores dissecam um episódio de vinte anos atrás com acurácia maior, mas eles têm acesso a um material a que os jornalistas não conheciam na época: documentos secretos, atas de reuniões, depoimentos dos envolvidos concedidos muito tempo depois, sem a pressão dos fatos. Daí emergirá um relato provavelmente mais acurado do que o que os jornais conseguiram fazer. Mas a informação jornalística

FRAMES DE VÍDEO / GLOBO

Redação do *Jornal Nacional* (2017).

tem valor justamente porque é imediata – daí a agilidade ser um dos principais componentes da boa prática jornalística. Por essa razão, diz-se que o jornalismo é um primeiro conhecimento de fatos e pessoas. Primeiro porque imediato, ágil. E primeiro porque forçosamente menos completo.

E a questão da isenção, sem a qual não se chega a nenhum grau de verdade? A isenção, problema posto a todos os que se dedicam à tarefa de "conhecer", também jamais será alcançada cem por cento, nem pela ciência nem pelo jornalismo. Mas nas duas atividades, por métodos e práticas diferentes, um grau aceitável de isenção pode ser alcançado. Nas ciências sociais, a busca por isenção, por um olhar neutro, embora não plenamente alcançável, repito, transforma a crítica à subjetividade do pesquisador em uma etapa sagrada do trabalho científico. Tenta-se, conscientemente, deixar de lado uma visão enviesada da realidade. Em ciências sociais, depois da escolha do objeto de estudo, há todo um longo processo: a discussão da bibliografia, que pode levar alguns meses; a delimitação ainda mais precisa do objeto; a crítica aos valores do pesquisador; a ida ao campo, a coleta, a crítica e a tabulação dos dados; a reflexão sobre eles, etc. Tudo em um longo processo até que o resultado possa estar no papel. Em jornalismo, essa crítica é muito mais difícil. Onde o pesquisador tem um único objeto de estudo, o jornalista se depara com uma multiplicidade de fatos. A cada minuto, ele deve estar pronto para ter acesso ao que está acontecendo no Brasil e no mundo. Deve ser capaz de captar os fatos, escolher aqueles que merecem ser divulgados por sua importância e impacto na vida das pessoas, entendê-los, decodificá-los, recodificá-los em uma linguagem acessível a multidões. É um processo contínuo, sem trégua, até o fechamento da edição em questão. Aqueles não habituados ao trabalho de uma redação costumam se referir ao trabalho jornalístico como "insano". Não é: há um método.

Nesse ambiente, nesse processo, exercitar a crítica permanente aos próprios valores para evitar a intromissão da subjetividade do jornalista e a consequente falta de isenção parece ser impossível. Mas será mesmo? Estarão de fato os profissionais condenados a produzir um jornalismo que se ressente de um pré-requisito tão básico? Será que o que se oferece ao público diariamente é totalmente contaminado, é material enviesado? É a realidade vista pelos olhos do editor?

Evidentemente, jornalismo e ciências sociais são formas diferentes de "conhecer". Não se pode buscar a isenção em jornalismo como os cientistas fazem: o tempo é curto. Apesar disso, há técnicas para se alcançar um grau bastante satisfatório de isenção. Primeiramente, o compromisso de ser isento, no jornalismo, deve ser também formalmente uma meta, deve ser uma busca consciente de todos os jornalistas: eles devem tentar despir-se sempre de seus preconceitos, de suas certezas, de suas paixões, mesmo sabendo que isso não é realizável totalmente. Se ao jornalista falta o tempo necessário para a crítica completa aos próprios valores, que um antropólogo ou um sociólogo fará antes, durante e depois de qualquer pesquisa, isso não quer dizer que o profissional de imprensa deva relaxar seu autocontrole e deixar que suas crenças e seus preconceitos contaminem o seu trabalho cotidianamente. Deve-se sempre evitar idiossincrasias ("esse tipo de assunto eu não noticio", "fulano não merece um minuto de jornal", "esse cara é um escroque, merece mesmo apanhar"). Um bom exercício é tentar abrir sempre espaço a quem pensa diferente, a assuntos de que o jornalista não gosta. Esse é o ponto de partida, o básico, aquilo que está em todo manual. Mas se sabemos que isso na prática não é realizável em cem por cento das vezes, se somente uma máquina ou um santo conseguiria o autocontrole desejável, isso quer dizer que o jornalismo estará sempre longe da isenção?

Não, porque o processo mesmo de produção de notícias tem mecanismos que ajudam a evitar desvios inconscientes ou propositais. Eu chamo esses mecanismos de vacinas. Como o jornalismo, e o telejornalismo em especial, é por definição uma obra coletiva uma multiplicidade de cabeças toma parte de todos os processos e de todas as decisões, cada uma com seus valores individuais, seus preconceitos, suas tendências. Um preconceito tende a anular o outro, uma decisão enviesada tende a ser revista ao longo do dia pela reação de colegas que pensam diferente. Não se trata de uma discussão eterna ou de uma guerra sem fim, mas de um processo natural, de que poucos se dão conta conscientemente. Mas que existe. No momento em que um fato chega à redação, o processo tem início. Quem o "vende" ao editor carrega a "venda" com um pouco do seu olhar. Isso poderia ser visto como uma desvantagem do trabalho jornalístico, mas logo uma vacina entra em ação. O sujeito que recebe a "venda", no mais das vezes um grupo de indivíduos, logo filtra o olhar do colega com o seu próprio olhar, neutralizando o efeito maléfico que o primeiro poderia ter. É muito comum que se ouça de primeira um "isso não vale" para, logo a seguir, ver-se instalar uma discussão rápida, mas intensa, sobre se "isso vale ou não vale mesmo", em um debate extremamente produtivo. A um bom editor, mesmo àqueles cheios de si, basta ouvir um "eu acho que vale e você vai errar se não publicar"

FRAME DE VÍDEO / GLOBO

Acima: Redação do *Jornal Nacional* (2017).

À esquerda: Sala de apuração e chefia de reportagem (2017).

CICERO RODRIGUES / MEMÓRIA GLOBO

para que uma luz amarela se acenda. Será que vale? Será que não vale?

Não se trata de indecisão, trata-se da consciência de que ninguém sabe tudo sozinho, de que o faro para o que é notícia muitas vezes é o faro para saber ouvir as opiniões daqueles que ali estão ao redor. Tudo é decidido rapidamente, mas sempre de uma maneira coletiva. Decidido que um assunto "vale", inicia-se o processo de "como" publicá-lo: com destaque ou sem destaque, grande ou pequeno, com imagem ou sem imagem, com ou sem espaço na escalada (nas manchetes do telejornal)? O assunto deve abrir a edição? Tudo isso vem acompanhado de uma discussão entre cabeças diferentes. Um editor, o bom editor, é aquele que não se sente derrotado em um ponto de vista, mas sabe formar uma convicção depois de uma discussão.

Não, não se trata de democratismo. Nada em jornalismo é decidido formalmente por maioria. Não se vota. A maioria nem sempre ganha. Eu me refiro à natureza mesma do processo de trabalho: trata-se de um trabalho coletivo, imperativamente coletivo, necessariamente coletivo: em jornal impresso, depende-se do repórter, do fotógrafo, do redator, do diagramador, do subeditor, do editor, do editor-chefe, do diretor de redação; em televisão, depende-se do produtor, do repórter, do cinegrafista, do editor de texto, do editor de imagem, do editor de área, do editor-chefe, do diretor. Tudo, sempre, depende de uma coleção de cabeças. Como o ambiente de uma redação está muito longe do ambiente de um quartel, o processo não se estabelece segundo a fórmula "eu mando, você obedece". O processo se estabelece segundo a fórmula: "Eu mando, mas para decidir dependo de muitos".

Outra vacina entra em ação graças a outra característica das redações de todo o mundo. Ao menos das redações de todo o mundo que praticam o jornalismo profissional: não existe filtro ideológico no recrutamento de profissionais. Evidentemente, uma redação procura se cercar dos melhores: daqueles que apuram bem, daqueles que escrevem bem, daqueles que são criativos, daqueles

Estúdio e redação do
Jornal Nacional (2017).

CÍCERO RODRIGUES / MEMÓRIA GLOBO

que são éticos, daqueles que têm uma boa história profissional. Mas nunca se seleciona um profissional com critérios políticos, ideológicos ou religiosos. Um católico não terá mais chance do que um evangélico ou um muçulmano. Ninguém pergunta a ninguém: "Em quem você votou nas últimas eleições?". Da mesma forma como não se pergunta sobre o time de futebol preferido. Não se quer saber também a orientação sexual dos profissionais.

Esse tipo de filtro simplesmente não existe. Quando se trabalha com grandes grupos profissionais (cem, duzentos, trezentos, ou, no caso de uma emissora de televisão como a Globo, de milhares de profissionais), é impossível reunir um time ideologicamente semelhante. Simplesmente não há tantos da mesma espécie. É essa diversidade que funciona como uma vacina – uma vacina cujo resultado é um jornalismo "naturalmente" mais isento. O trabalho coletivo e a multiplicidade de crenças e valores dos que fazem esse trabalho coletivo impedem, na maior parte das vezes, excessos ou desvios. É uma vacina natural. É um mecanismo de autocontrole natural, que funciona muito bem. A diversidade ideológica em uma redação é ao mesmo tempo um fato e uma necessidade.

Mesmo que essa vacina natural falhe, porém, outra entra em ação para corrigir eventuais desvios: a concorrência entre empresas jornalísticas que disputam o mesmo público. O que um veículo não dá por incompetência, o outro dará. Não existe conluio possível entre empresas jornalísticas que competem entre si. Não existe silêncio coletivo autoimposto. Se o veículo que errou não se corrigir, acaba manchado, fora do mercado. É da natureza do mercado das informações que tudo se dê dessa forma. Nas redações, há uma máxima: se você levou um furo hoje, trate de se esforçar ao máximo para superá-lo no dia seguinte com uma cobertura exemplar. Se você deixou de entrar em um assunto realmente relevante, trate de entrar, porque ninguém é escravo dos seus erros passados. Essa é a força da liberdade quando se fala em jornalismo. O erro de uns é sempre sublinhado pelo acerto de outros, não há escapatória.

Quem mais tem condições de praticar o jornalismo como uma forma de conhecer a realidade, com as características que procurei detalhar até aqui, é a chamada grande imprensa. É a única que, de maneira organizada, consegue reunir os recursos tecnológicos e humanos capazes de decodificar a realidade imediata e recodificá-la de modo a ser entendida pelo público. É a única que investe grandes somas de dinheiro em tecnologia de ponta, para

Ali Kamel e Carlos Henrique Schroder (2010).

À direita: Carlos Henrique Schroder e Ali Kamel nos bastidores da cobertura das eleições (2002).

Abaixo: Renato Ribeiro e Carlos Henrique Schroder (2004).

Ali Kamel e Carlos Henrique Schroder no debate do 1º turno das eleições presidenciais (2014).

Miguel Athayde, diretor de Jornalismo no Rio de Janeiro de 2013 a 2018 e atual diretor da GloboNews, na redação do Jornalismo (2015).

À esquerda: Vinicius Menezes, editor do *Jornal Nacional* de 2005 a 2012, atualmente diretor de Jornalismo no Rio de Janeiro, na redação do *Jornal Nacional* (2008).

Abaixo: César Seabra, diretor da GloboNews de 2009 a 2011 e diretor de Esportes em São Paulo de 2016 a 2017 (2015).

que o jornalismo possa cumprir uma de suas obrigações básicas: informar com rapidez. É também a única capaz de atrair pessoal qualificado e, na ausência dele, de qualificar pessoal de modo a torná-lo apto a desempenhar a sua tarefa. Isso é ainda mais verdadeiro em televisão, em que uma infraestrutura tecnológica cada vez mais sofisticada se impõe para que, entre outras coisas, a transmissão remota de imagens e sons ocorra de maneira rápida, com qualidade e a preços competitivos.

O compromisso das empresas que praticam o jornalismo profissional com esse conjunto de princípios é uma questão de sobrevivência. Um grupo de mídia sério jamais trocará a sua reputação de longo prazo, garantidora de audiência e de credibilidade, e, portanto, de lucros, para se imiscuir na vida política da sociedade visando a obter benefícios de curtíssimo prazo. Tais grupos sabem que o público demanda qualidade, o que implica correção, isenção e agilidade. Se solapar um desses quesitos, perderá a confiança do público, perderá audiência e colherá maus resultados financeiros.

E quando os erros acontecem? Evidentemente, como toda obra humana, o jornalismo profissional está também sujeito ao erro, e erra em quantidade. A regra aqui é a mais simples: reconhecer o erro e corrigi-lo. Às três dimensões da informação de qualidade (isenção, correção e agilidade, repito), deve-se acrescentar mais uma: transparência. Diante de um erro, a atitude certa é admiti-lo abertamente, explicar por que ele foi cometido e corrigir tudo amplamente. O bom jornalismo no mundo inteiro tem agido assim. Admitir um erro e corrigi-lo não diminui um jornal diante de seu público; engrandece-o. É evidente, porém, que tudo é uma questão de saldo médio: uma redação com alto índice de erro, mesmo se corrigindo prontamente, acabará caindo em desgraça. Ninguém compra rotineiramente mercadoria estragada. A credibilidade que uma redação tem vem dos seus acertos e de sua postura correta.

E o que é a ética jornalística? Em uma frase, ser ético em jornalismo é cumprir com as exigências do bom jornalismo descritas até aqui: é buscar entre todos os acontecimentos aqueles que de fato tenham relevância, é relatá-los com correção, isenção e agilidade, é analisá-los a partir de uma pluralidade de pontos de vista e, quando houver falhas, é ser transparente na maneira de se corrigir.

Esses são os pilares da profissão. Do jornalista iniciante ao diretor.

Esses são os pilares que fazem do *JN* a potência que é. São esses pilares que sustentarão o *Jornal Nacional* pelos anos à frente.

Armando Nogueira
[diretor da Central Globo de Jornalismo · 1966-1990]

A criação do *Jornal Nacional* foi uma imposição do mercado. Era uma necessidade técnica, tecnológica e mercadológica. A ideia era transformar a Globo em uma estação nacional, uma rede. Para isso, não havia laboratório melhor do que um telejornal que não só distribuía imagens para várias partes do Brasil, como recebia e selecionava, de acordo com a dimensão, conteúdos do país inteiro. Foi a experiência do JN que consolidou na empresa a consciência de que a rede era possível. Quando pusemos o jornal no ar, alguém me perguntou qual era a sensação. Apaixonado por aviação, eu disse: "A sensação é de que estou decolando com um Boeing". Botar no ar um jornal que tinha as fronteiras de um país era uma adrenalina!

A estreia do JN em rede, no dia 1º de setembro de 1969, foi comandada por editores e redatores. Eu, Alice-Maria e uma equipe de jornalistas fizemos um len-

Armando Nogueira e Cid Moreira na bancada do *Jornal Nacional* (1979).

ADIR MERA / AGÊNCIA O GLOBO

to trabalho de formação profissional. Os apresentadores do telejornal foram preparados para memorizar as informações antes do *teleprompter* para não perder a ligação com o telespectador. O texto na televisão tem que ser na ordem direta e seletivo, com orações enxutas. Nossa preocupação era simplificar o máximo possível e adequar o texto à imagem para que não houvesse conflito. Foi um aprendizado fazer isso sem ser redundante, deixando que a imagem mostrasse e a palavra esclarecesse. Além disso, sempre tivemos uma preocupação de simplificar o cenário para não distrair o telespectador.

Um dos grandes desafios era transformar calouros em repórteres capazes de falar fluentemente de qualquer lugar. Um artifício trazido pelo Hélio Costa, a partir de sua experiência como correspondente internacional, tornou essa tarefa mais fácil em meados dos anos 1970. Antes de fazer o *on* na câmera, ele escrevia o texto, gravava em um radinho de bolso, botava um fone no ouvido e, com um *delay* de meio segundo, disparava o gravador. A partir daí, ia repetindo o que ele estava ouvindo dele mesmo, pré-gravado. Foi uma revolução!

Armando Nogueira, Alice-Maria e Franklin Toledo (1979).

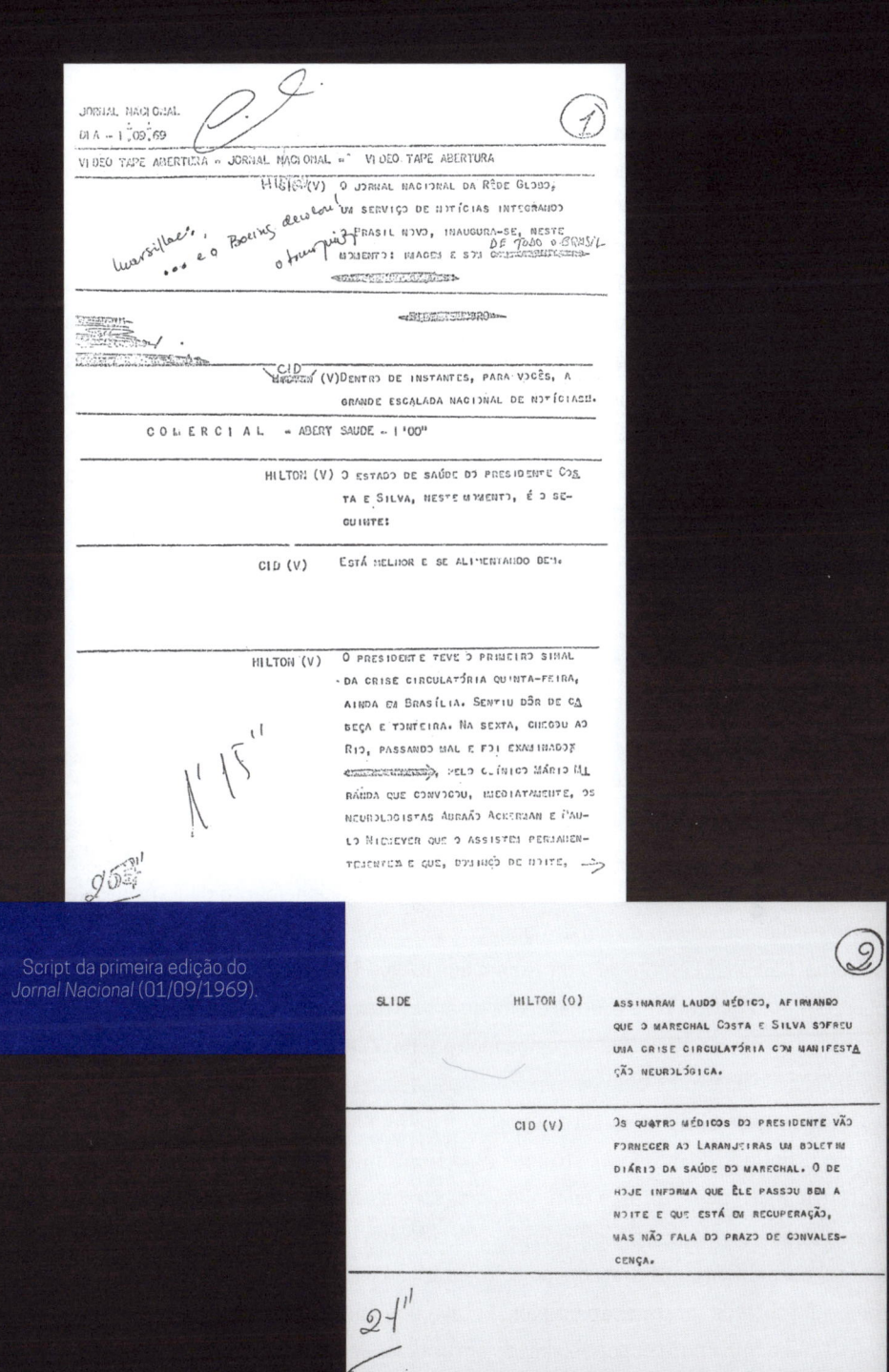

Script da primeira edição do *Jornal Nacional* (01/09/1969).

A censura aos órgãos de comunicação era intensa na época. Os censores não distinguiam o telejornalismo da Globo do jornalismo d'*O Estado de S. Paulo* ou de outros jornais. Sempre que havia um episódio dramático, como a morte de Carlos Lamarca, em 1971, ou o atentado no Riocentro, em 1981, eles reforçavam a vigilância sobre nossos noticiários. Tínhamos que dar satisfações de todos os nossos passos. Mas havia uma resistência passiva na imprensa, de modo geral. No "boa noite", havia sempre uma historinha de um elefante, de um jacaré, que era uma maneira alegórica de insinuar para o público que estávamos debaixo de censura. Usávamos de vários artifícios para driblar os censores. A televisão encerra em si uma carga enorme de emoção. Um sorriso em plano fechado na televisão é uma gargalhada; um piscar de olho, um editorial, um libelo, dependendo das circunstâncias. Há silêncios que têm o peso de mil palavras. Mas sempre achei que aquilo teria um fim, e que o telejornalismo da Globo iria sobreviver.

Alberico de Sousa Cruz
[diretor da Central Globo de Jornalismo · 1990-1995]

Entrei na Globo em 1980, convidado por Armando Nogueira para ser o diretor de Jornalismo da emissora em Minas Gerais. Eu era um homem da mídia impressa – tinha trabalhado na revista *Manchete*, participado da fundação da *Veja*, e, na época, era editor no *Jornal do Brasil*. Passei dias entendendo o funcionamento da televisão. Ia muito às ilhas de edição do Rio de Janeiro, onde ficava acompanhando a montagem do *Jornal Nacional*. Lembro de uma vez em que a Alice-Maria, de outra ilha, perguntou quanto tempo faltava para o jornal entrar no ar. "Um minuto", alguém respondeu. Para minha surpresa, ela falou "Então temos muito tempo". Achei aquilo fascinante e logo comecei a me apaixonar pelo veículo.

A década de 1980 foi difícil e importante para a história brasileira. Vínhamos de um longo período de ditadura extremamente frustrante para o jornalismo. Fazíamos matérias muito bem-feitas e bem elaboradas, mas não conseguíamos cobrir o dia a dia. Todos os veículos de informação sofriam com isso em alguma medida, mas a TV foi particularmente afetada, pois, já então, as pesquisas indicavam que era a principal fonte de informação do país. Estávamos iniciando o processo de democratização e tínhamos responsabilidade em noticiar as transformações pelas quais passava o país.

RODOLPHO MACHADO / ACERVO PESSOAL NEUSA ROCHA

Alberico de Sousa Cruz na redação do Jornalismo (década de 1980).

Em 1987, me tornei diretor dos telejornais de rede e, três anos mais tarde, diretor da Central Globo de Jornalismo. Nessa época, começamos a dar atenção especial ao tratamento da informação factual. Passamos a dar a notícia árida de Brasília, a notícia ruim de Belo Horizonte ou a notícia triste do Pará. Não podíamos refletir o que os jornais tinham dado de manhã, meu objetivo era servir de pauta para os jornais do dia seguinte. Tínhamos que encontrar soluções, utilizar os equipamentos e todos os instrumentos para dar os fatos. Essa foi uma mudança conceitual, que passou a ser seguida por todos os telejornais, praças e escritórios do exterior.

Televisão é coisa séria, mas há situações engraçadíssimas em seus bastidores. Em 1992, pela primeira vez uma mulher assumiu a bancada do *Jornal Nacional*, a Valéria Monteiro. Ela já tinha apresentado o *Fantástico*, *Jornal Hoje* e RJTV entre os anos 1980 e 1990, e, em um sábado em que um dos apresentadores teve um contratempo, decidi colocá-la no ar. No dia seguinte, choveram ligações para elogiar a iniciativa. Todo mundo pensa que fizemos pesquisas e várias reuniões antes de tomar essa decisão. Não aconteceu nada disso.

Outra situação curiosa foi na morte do Ayrton Senna, um evento que emocionou todo o país. Acompanhamos desde o primeiro minuto, em uma cobertura irrepreensível. Na hora em que o caixão chegaria ao local onde deveria ser enterrado, alguém me chama no controle para dizer que não tinha nenhuma câmera posicionada no lugar. Havia dezenas de câmeras espalhadas pela cidade, mas, na hora mais dramática, não contávamos com nenhuma. A solução foi cortar para o helicóptero que estava filmando do alto. Me ligaram depois dizendo que tinha sido genial, que havíamos levado o Senna para o céu. Nosso erro se transformou no melhor ponto da cobertura. A televisão é mesmo fascinante!

Evandro Carlos de Andrade
[diretor da Central Globo de Jornalismo · 1995-2001]

Televisão é singeleza, concisão, objetividade e conexão entre texto e imagem. O telejornalismo é uma ciência. Não pode exigir do público pensamento abstrato, pois a informação se perde. Mas também não pode ser explicativo demais, para não perder

ACERVO / GLOBO

Evandro Carlos de Andrade (década de 1990).

o ritmo. No telejornalismo da Globo, o texto está sempre criando uma expectativa de imagem. Se ela não vem, o telespectador fica frustrado. Quando se quer escapar da banalidade, o texto de televisão é mais difícil do que o do impresso.

O que chamamos de Padrão Globo de Qualidade é uma busca da excelência que se traduz em aprimoramento técnico e cuidado com conteúdo. É a aspiração de fazer televisão com o máximo de qualidade possível, técnica, artística ou informativa. Segui-lo significa mais do que não aceitar uma imagem fora de foco, um cenário mal executado, mal pintado ou de mau gosto. Significa não admitir a divulgação de informações deturpadas ou tentativas veladas de fazer marketing com notícia, por exemplo. Em suma, é defender princípios que garantam ao telespectador que as informações que recebe não estejam poluídas por nenhum outro interesse que não seja o de informar.

O dever do jornalista é denunciar o ilícito. Temos a obrigação de ser exatos, de confirmar tudo o que disserem, de ouvir a outra parte, respeitar o direito das pessoas, omitir qualquer possibilidade de identificação de testemunhas ou vítimas. Isso é sagrado. Nossa principal função é proteger o interesse público. Aproximamos questões legais e procedimentos de Estado do indivíduo. O telejornalismo praticado pela Globo contribui para a construção de cidadania.

2

JN: MODO DE FAZER

WILLIAM BONNER
[EDITOR-CHEFE E APRESENTADOR DO *JN*]

Eu apresentava o *Jornal Nacional* havia três anos como um dos sucessores da dupla mais marcante da história do telejornalismo brasileiro, Cid Moreira e Sérgio Chapelin. Em uma tarde de setembro de 1999, mês do trigésimo aniversário do *JN*, o diretor-geral da então chamada Central Globo de Jornalismo, Evandro Carlos de Andrade, me pediu que assumisse interinamente a chefia da equipe de editores do jornal, cujo titular, Mário Marona, havia sido nomeado para a direção de Jornalismo da Globo Brasília.

Minha experiência anterior como chefe de um telejornal tinha durado três anos, de abril de 1993 até o fim de março de 1996, no *Jornal Hoje*. E dividindo a chefia com colegas mais experientes: Carlos Absalão, depois Edson Ribeiro e Lúcia Santanna. Três anos depois de ter migrado para o *JN* sem cargo de chefia, sentia-me despreparado para o comando. E assustado. Perguntei ao Evandro o que esperava de mim nos dias em que ocupasse o cargo. "Faça o que acha que deva ser feito." E completou com uma frase que até hoje credito ao autor: "Na interinidade, os poderes do cargo devem ser exercidos na plenitude".

William Bonner e Renata Vasconcellos na bancada do *Jornal Nacional* (2015).

Minha condição de interino durou uns dois meses. Aí, sem aviso prévio, Evandro enviou uma mensagem a todo o Jornalismo da Globo em que anunciava minha efetivação no cargo de editor-chefe do *JN*. Âncora, portanto, porque acumularia as funções da chefia da equipe de edição com a de apresentador. O termo *anchorman*, cunhado pela televisão americana, se referia a esse profissional com dupla função. E a imagem da âncora associada a ele tinha a ver com a responsabilidade de representar a segurança da nau nas águas turbulentas de uma transmissão televisiva. É o âncora quem detém as informações sobre o todo do programa, porque cabe a ele eleger os temas a serem veiculados. No Brasil, talvez pela postura assumida pelos primeiros jornalistas a apresentar e chefiar telejornais, Carlos Nascimento e Boris Casoy, a imprensa passou a tratar como âncoras os profissionais que faziam comentários sobre os assuntos, emitindo opiniões pessoais. Coisa que os *anchormen* americanos não têm o hábito de fazer.

No *JN*, entre os colegas jornalistas que haviam tido o privilégio de ocupar a chefia, o jundiaiense Fabbio Perez detinha o recorde de cinco anos no cargo. Não é fácil. Mas Fabbio é um jornalista com talentos múltiplos, um líder

RENATO VELASCO / MEMÓRIA GLOBO

A bancada do *Jornal Nacional* (2015).

agregador de equipes, um grande contador de histórias. E nem precisaria, mas é, ainda, um locutor de primeira linha. É dele a voz cheia de personalidade que narra incontáveis documentários, os boletins informativos *Globo Natureza*, a transmissão da Missa do Galo, na Globo. Seus cinco anos na chefia do *JN* me pareciam uma marca inalcançável, porque esse é um dos postos de trabalho mais nobres da imprensa brasileira, com tudo que isso significa também em termos de ônus. Mas, muito provavelmente pelo fato de a Globo ter cometido a ousadia (ou a temeridade) de colocar no cargo de editor-chefe um dos apresentadores do *Jornal Nacional*, o recorde do Fabbio, de cinco anos, foi quebrado.

Em 2009, quando completei a primeira década na chefia de edição, a Globo me convidou a escrever um livro, no quadragésimo aniversário do *JN*. Em *Jornal Nacional – Modo de fazer*, descrevi pormenorizadamente a estrutura, o dia a dia, os bastidores de produção. Procurei relatar como centenas de jornalistas, aliados a outras centenas de técnicos das mais variadas especialidades, produzem um dos mais importantes, longevos e premiados programas jornalísticos do mundo.

Passados mais dez anos, minha releitura do livro detecta várias mudanças nos nossos modos de fazer o *JN*, impostas principalmente pelas transformações que a internet imprimiu na vida das pessoas. Durante ao menos quatro décadas, o *JN* carregou a responsabilidade de ser, para milhões de brasileiros, a fonte primeira de informações sobre aquilo que de mais importante se deu naquele dia. Mas, com a universalização da internet, das redes sociais e dos smartphones verificada nos últimos dez anos, quando o *JN* entra no ar, a maioria dos cidadãos já deverá ter sido confrontada com as notícias de maior apelo – muitas vezes, ao longo do dia, na telinha de seu celular, no computador, na própria tela da Globo, na GloboNews, no rádio. O que não elimina a responsabilidade do *JN*, obviamente, mas a transforma. Em vez de fonte em primeira mão, ele segue no papel de organizar os tantos e tantos fragmentos de notícias em uma história com começo, meio e fim, apresentada dentro do contexto em que se deu. O telejornal dá sentido a esses fragmentos ao fim de um dia. Com isso, torna-se também a referência de legitimação das notícias, para quem tomou conhecimento delas por meio de redes sociais, por exemplo. É como se a divulgação de uma informação pelo *JN*, como órgão importantíssimo da imprensa profissional brasileira, representasse a necessária confirmação de sua veracidade, em um universo infinito de boatos e mensagens falsas que chegam aos olhos e ouvidos

Fabbio Perez, editor-chefe do *Jornal Nacional* de 1984 a 1990, em entrevista ao Memória Globo.

de todos, no mundo inteiro. O *Jornal Nacional* é fonte confiável para separar o que é fato daquilo que é *fake* (para usar termo que se tornou absolutamente corriqueiro nos tempos atuais). Uma diferença notável entre o *JN* de 2009 e o de 2019 é exatamente a postura de vigilância máxima diante da disseminação caudalosa de boatos a que estamos todos sujeitos.

Outra mudança que preciso destacar em relação ao que descrevi no livro de 2009 tem a ver com a linguagem oral e visual do *JN* e do Jornalismo da Globo, como um todo. Nosso investimento na maior informalidade com que passamos a apresentar as notícias foi amplamente percebido e aprovado pelo público, especialmente ao longo dos últimos cinco anos. Tente lembrar como era a conversa dos âncoras do *JN* com o apresentador ou apresentadora da previsão do tempo dez anos atrás. Como era o painel no qual os âncoras interagiam com repórteres que participavam ao vivo do *JN*? Esse painel simplesmente não existia. Repórteres e apresentadores do boletim meteorológico não interagiam com os âncoras do *JN*. Isso passou a acontecer em 2015, quando inauguramos um cenário concebido para proporcionar maior movimento ao jornal. Não apenas os âncoras passariam a caminhar pelo cenário, mas essa caminhada seria registrada por uma *steadycam* – uma câmera acoplada a uma espécie de colete por meio de um sistema de amortecedores, que permite ao *cameraman* registrar imagens com maior estabilidade enquanto caminha. O resultado é uma oscilação suave, controlada, que confere dinamismo à imagem, mas elimina os tremores típicos de gravações com câmeras de celulares, por exemplo. A antiga estabilidade absoluta dos enquadramentos deu lugar a uma maior tolerância ao movimento, à instabilidade. Em consequência, tudo fica menos rígido na forma de apresentação. Menos formal.

Repórteres e editores tiveram oportunidade também de aprender técnicas de roteirização, para experimentar formas diferentes, surpreendentes e mais interessantes de organizar as informações, de contar histórias. E todos puderam participar de palestras que apresentavam maneiras de escrever mais parecidas com as construções que as pessoas usam para conversar. Ou seja: passamos todos a redigir textos com a preocupação de que fossem mais próximos da linguagem oral do que da linguagem escrita. Tudo em nome da clareza, da necessidade de sermos compreendidos pelo maior número possível de telespectadores, dentro de um universo extremamente amplo e variado de indivíduos, com formação educacional e condições socioeconômicas distintas. Esse processo surgiu no

Cid Moreira e Sérgio Chapelin na bancada do *Jornal Nacional* na edição comemorativa dos 50 anos de telejornalismo da Globo, acima (24/04/2015), e, abaixo, com o assistente de produção José Assis (década de 1980).

FRAME DE VÍD

ACERVO / GLOBO

meio da quarta década de história do *JN* e ainda está em curso, em um desafio que se reapresenta diariamente a todos nós, jornalistas.

Todo esse esforço tornou o título de meu livro de 2009 algo datado. Porque as múltiplas possibilidades de apresentação de um *JN*, praticamente infinitas com as mudanças de formato e de linguagem dessa última década, mostram que são também infinitos (ou quase isso) os modos de fazer um *JN*.

E muitos outros procedimentos do dia a dia sofreram alterações nos últimos dez anos. Até o horário da transmissão do *JN* voltou a se adaptar à piora do trânsito nas maiores cidades brasileiras. As pessoas chegam em casa mais tarde. E chegam com a cabeça cheia de informações emitidas pelas telas de seus smartphones. Informações de todo tipo. Bem apuradas, mal apuradas. Verdadeiras e falsas.

Ao longo da última década, por tudo o que a internet representou em relação à velocidade e ao volume de informações que circulam, um dia típico na nossa redação de jornalismo passou a seguir um roteiro ainda menos previsível do que antes. Mas, apesar disso, é possível descrevê-lo com algum grau de acuidade.

Logo cedo, por volta das sete da manhã, sempre no horário de Brasília, um produtor da chamada "mesa de produção da Rede" faz "a ronda". Por e-mail ou telefone, consulta colegas de emissoras afiliadas sobre os assuntos que têm a oferecer ao *JN* naquele dia. Os factuais – notícias surgidas desde o fim da última edição do *Jornal Nacional* – e também as pautas de atualidades, que não exigem exibição imediata, podem entrar no ar em outro dia, porque abordam temas atuais, mas não urgentes. Factuais e atualidades compõem a receita de qualquer produto jornalístico, em qualquer veículo. O que pode mudar é a proporção desses ingredientes na receita. No *Jornal Nacional*, por sua vocação original de apresentar os principais fatos do dia, os assuntos factuais costumam ocupar mais tempo do que os não factuais. As duas categorias de temas não têm a ver com o valor deles, apenas com a urgência que exigem para não "caducar". O *JN* é um jornal de assuntos prioritariamente urgentes.

Ao fim dessa consulta matinal, o produtor terá um cardápio de ofertas enriquecido por assuntos que ele próprio detectou na internet, onde o G1, do Grupo Globo, é fonte fundamental. Tudo é reunido em um relatório e distribuído aos participantes de uma videoconferência que começa às 11h30: colegas de Brasília, São Paulo, Belo Horizonte, Rio de Janeiro, Recife, Nova York, Londres, da área de Esportes, o coordenador dos correspondentes internacionais e um integrante da editoria de Arte – que precisará ilustrar com criatividade e estilo o material jornalístico que demanda apoio videográfico. O produtor que preparou o relatório da "ronda" representa as afiliadas espalhadas por todo o país. E o editor-chefe do JN preside a reunião virtual.

A videoconferência permite que todos tenham uma visão geral dos assuntos que, **até aquele momento**, se apresentam como obrigatórios ou recomendáveis na seleção do dia. O destaque na frase anterior retrata a alma do *JN*. Quando digo "até aquele momento", estou reconhecendo que a reunião das 11h30 está inevitavelmente contaminada pela efemeridade. Ao longo do dia, assuntos que pareciam da mais alta relevância naquele horário poderão se tornar menores, comparados a temas que emergirão nas horas seguintes e até que se encerre a exibição do *JN*. O trabalho de editar o *Jornal Nacional* não termina enquanto você não tiver ouvido o nosso "boa noite, até amanhã".

O *JN* nasceu em 1969, quando as pessoas se comunicavam à distância com o telefone instalado fisicamente em algum imóvel, ou em uma cabine pública. Ainda não existiam nem mesmo os "orelhões". O telefone fixo não tinha esse sobrenome porque não havia telefonia móvel. Hoje, quando as tecnologias de comunicação inundam as telas dos celulares com informação nova, fresquinha, em um volume caudaloso, ininterrupto, a notícia importante de agora poderá ser comparativamente desimportante daqui a meia hora.

Os assuntos obrigatórios em uma edição do *JN* são os que têm importância absoluta. Aqueles que se impõem no cardápio de notícias, mesmo que o mundo venha a desabar na próxima meia-hora. Nessa condição, entram grandes catástrofes, mortes de expoentes de alguma área de atividade humana, notícias que você não teria a menor dúvida de que são realmente dignas de nota. Mas os assuntos não obrigatórios segundo esses critérios podem ser recomendáveis quando sua veiculação, em companhia de outro tema contido no jornal, faz sentido como informação complementar. E deixar de exibi-los naquela edição não compromete, necessariamente, a relevância e a fidelidade do *JN* ao retrato jornalístico daquele dia.

Do início do dia até o encerramento da apresentação do *JN*, os assuntos que surgirem serão analisados segundo alguns critérios básicos, já esmiuçados no livro *Jornal Nacional – Modo de fazer*, e resumidos a seguir:

CRITÉRIOS PRIMÁRIOS

Abrangência ▪ Quanto mais gente for afetada pelas consequências ou desdobramentos de um fato, maior será a probabilidade de esse fato estar no *JN*.

Gravidade das implicações ▪ Quanto pior ou melhor for um dado estatístico relevante; quanto maior for a dimensão de um cataclismo; quanto mais grave for uma crise política, econômica ou diplomática, mais provável será que o *JN* aborde o tema.

Caráter histórico ▪ Tudo que se apresenta com importância para registro nos livros de história concorre fortemente para ocupar tempo em uma edição do *Jornal Nacional*.

Decisões editoriais baseadas nesses critérios primários têm um grau muito baixo de subjetividade. Mas eles não resolvem tudo. E os desafios maiores para editores-chefes exigem a aplicação de outros filtros, na seleção de assuntos do dia.

O peso do contexto ▪ Na minha adolescência, na já longínqua década de 1970, meninas do mundo todo sonhavam com o corte de cabelo da personagem de uma série americana exibida, no Brasil, pela Globo. *As Panteras* (*Charlie's Angels*) eram três mulheres bonitas que atuavam como investigadoras e solucionavam crimes em situações de alta periculosidade. Mas seus penteados jamais se alteravam. Especialmente o da loira Jill, interpretada por Farrah Fawcett. Não bastasse o sucesso nessa série, ela ainda incorporou o sobrenome Majors ao se unir ao ator Lee Majors – astro da série *Cyborg: o homem de seis milhões de dólares*, exibida no Brasil pela Bandeirantes. Por quase uma década, formaram um casal estelar da TV internacional. Por tudo isso, a morte precoce da atriz texana, em 2009, seria obviamente assunto de reportagem generosa no *JN*. Mas não foi.

Na noite de 25 de junho, faltaram holofotes para Farrah Fawcett. Naquela messíssima quinta-feira, a abertura do *JN* continha uma manchete metalinguística, por assim dizer: o anúncio de que um site dedicado a fofocas de Hollywood tinha afirmado que Michael Jackson estava morto. O *JN*, como toda a imprensa planetária, ainda buscava a confirmação. E ela ocorreu durante a apresentação daquela edição.

Pobre Farrah Fawcett. No contexto daquela noite, o brilho de uma carreira fulgurante foi completamente eclipsado. Porque uma notícia pode ter **peso relativo** menor quando comparada a outra. O contexto em que elas ocorrem vai determinar se estarão ou não em uma edição do *JN*.

A importância do todo ▪ O *Jornal Nacional* é um programa jornalístico de televisão. Portanto, se houvesse uma receita desse bolo, os ingredientes seriam todos jornalísticos. Notícias do dia, urgentes, combinadas com reportagens de atualidades, não urgentes. As duas naturezas de matéria-prima se combinam para que o *JN* tenha sabor de *JN*. Mas, como a vocação original do telejornal é apresentar os principais fatos do dia, são eles que ocuparão maior tempo, em condições normais. E os temas não urgentes, mas atuais, entrarão na receita para tornar esse bolo mais ou menos doce, mais consistente. Por isso, na escolha de assuntos não urgentes de uma edição, o editor-chefe tenta equilibrar o conjunto. Em um dia de *JN* cheio de no-

CRITÉRIOS PRIMÁRIOS

tícias tristes, ou trágicas, o tempo disponível para atualidades pode ser usado para atenuar essa carga dramática. Mas a escolha desse contrapeso não pode soar a escapismo, a uma tentativa de edulcorar o mundo, de dourar a pílula. Um assunto muito leve, em meio a um jornal muito denso, pode desandar a receita se o espectador gourmet sentir um sabor adocicado demais. Imagine uma ousadia culinária como virar uma colher de brigadeiro sobre um prato de feijoada. Exemplo prático: em um *JN* repleto de crimes contra a vida e desastres com vítimas, um contrapeso harmonioso poderá ser mostrar alguma iniciativa bem-sucedida de redução da violência urbana. Já uma reportagem sobre, digamos, a reintrodução de animais silvestres na natureza (assunto importante, mas leve como o ar), poderá oferecer aquele inesperado e indesejável sabor achocolatado sobre o feijão, o paio e a couve mineira. Assim, certos assuntos entram em uma determinada edição do *JN* porque ajudam a equilibrar o sabor, quando algum ingrediente se sobrepõe demais, naquela noite – seja esse ingrediente a violência, a política, a economia ou o combate à corrupção.

Como expliquei em *Jornal Nacional – Modo de fazer*, a aplicação dos critérios primários ajuda a filtrar aquilo que entrará no *JN* daquilo que não se imporá como fundamental naquela edição. Porém, uma vez escolhidos os assuntos, será necessário decidir **como** eles serão apresentados. Uma nota pura e simples, lida brevemente pelo apresentador? Ou uma reportagem longa, editada com recursos de arte gráfica que ilustrem da maneira mais clara possível o que se quer noticiar? Essa decisão depende da consideração de outros dois critérios.

CRITÉRIOS SECUNDÁRIOS

Complexidade ▪ Habitualmente, quanto mais complexo for um assunto a se abordar em um *JN*, mais tempo ele ocupará. O tempo de elaboração do produto jornalístico abrange a coleta de dados, marcação de entrevistas, elaboração cuidadosa de texto em nome da clareza, da correção e da precisão, além de edição de arte gráfica para ilustrar a reportagem. O tempo que a exibição do material já editado consumirá no *JN* daquela noite também deverá ser maior. Um assunto como a reforma da previdência, por exemplo, sempre demandará muito trabalho para atingir o objetivo de ser compreendido pelo maior número de espectadores. Haverá também exceções, quando a complexidade de um assunto atinge um patamar tão alto que torna inútil e pretensiosa qualquer tentativa de didatismo. Às vezes, explicar um trabalho que valeu o prêmio Nobel de Física poderá ser um desperdício imenso de tempo, em um telejornal exibido na TV aberta, em horário nobre. É claramente uma situação que recomenda que o *JN* convide o espectador a buscar informações complementares na nossa página na internet: g1.com.br/jn.

O tempo ▪ Quanto tempo a programação da Globo pode reservar para o *Jornal Nacional* de hoje? Vinte e cinco minutos de produção – ou seja, sem os comerciais? Quarenta e um? Podemos ter cinquenta? O tempo rege decisões editoriais, claro. E em dois sentidos. Porque temos um *deadline* – um horário em que a edição de uma reportagem deixa de ser possível e precisamos substituí-la pela participação ao vivo de um repórter. E também porque um *JN* completo, correto, representativo do dia, precisa caber no tempo disponível.

Faço uma pausa nessa descrição teórica para ilustrá-la com um exemplo prático. Diante do computador, na minha sala de trabalho, passava das sete da noite quando um desconforto físico me trouxe a sensação de culpa. Mais uma vez, eu tinha falhado na promessa feita ao médico de não deixar de visitar o banheiro em intervalos maiores do que três horas. No prontuário, três episódios de infecções urinárias pelo mau hábito de não fazer xixi. A promessa. A culpa. Meus passos acelerados para os cem metros com barreiras até o mictório foram interrompidos logo no primeiro deles. Sobre a mesa de uma editora, a TV ligada na GloboNews exibia ao vivo um incêndio. Alguém havia me avisado sobre fogo em um hangar do aeroporto de Congonhas, em São Paulo, e que isso havia prejudicado terrivelmente o trânsito. Não havia informação sobre vítimas. Engarrafamento na hora do rush em São Paulo não é necessariamente notícia de um *JN*, e um incêndio sem vítimas provavelmente também não. Mas as labaredas na TV atraíram minha atenção quase como em um processo de hipnose. Esqueci o desconforto na bexiga e a promessa ao médico. "É plantão! Vou pra bancada!". Sempre que lembro esse momento me vem à mente o filme alemão *Corra, Lola, corra*, em que uma decisão tomada com maior ou menor rapidez terá consequências absolutamente diferentes. Questão de segundos. Questão de tempo. Quatro minutos depois estou no ar. Imagens ao vivo do Globocop mos-

William Bonner na bancada do *Jornal Nacional* com Fátima Bernardes (1998), acima, e Lillian Witte Fibe (1996), abaixo.

tram o incêndio para milhões de brasileiros sintonizados em alguma das cinco emissoras e 115 afiliadas da Globo. Televisão aberta. Gratuita. Telejornalismo ágil. E a apuração exaustiva dos fatos, na urgência que eles exigem.

O plantão que poderia durar um minuto, em meio à novela *Sete Pecados*, não acabava. E emendava na edição absolutamente atípica do *Jornal Nacional* daquela terça-feira, 17 de julho de 2007. Nem eu nem ninguém mais, no Jornalismo da Globo, teve tempo para ir ao banheiro. Porque logo soubemos que o fogo não vinha de um hangar, mas do prédio da TAM Express, separado da pista de pouso de Congonhas pela avenida Washington Luiz. E o que ardia lá dentro não eram encomendas da empresa de transportes de cargas. Estávamos cobrindo, ao vivo, o acidente com o maior número de vítimas da história da aviação no Brasil, o do voo JJ3054. E as informações que consolidaram a dimensão trágica daquele desastre que causou 199 mortes foram surgindo em minutos, apuradas e compartilhadas enquanto exibíamos alguns dos mais dolorosos momentos da história do *JN*. Em minutos, o plantão se transformou na própria edição daquela noite. Em menos de vinte horas, deixamos o nosso estúdio usual no Rio de Janeiro e fomos para São Paulo, de onde ancoraramos o *JN* nos dias seguintes à tragédia, revelando os problemas da aeronave, da pista, ouvindo especialistas, registrando todos os passos das investigações e a dor infinita das famílias. Catorze meses depois, graças a essa cobertura, estaríamos em Nova York, honrados por mais uma indicação ao prêmio Emmy Internacional na categoria Notícia.

O desastre em Congonhas atropelou em cima da hora o planejamento daquela edição. Alguns anos depois, os planos traçados com meses de antecedência para uma cobertura jornalística complexa também seriam completamente alterados ao sabor do vento. Ou de um vendaval.

Desde minha chegada ao *Jornal Nacional*, só fui escalado para a cobertura especial de uma Copa do Mundo em 1998. Aquela em que o Brasil perdeu por 3x0 para a França na final, em Paris. Nos mundiais seguintes, essa tarefa coube às minhas parceiras de bancada. Fátima Bernardes em 2002 (Japão e Coreia do Sul), em 2006 (Alemanha) e em 2010 (África do Sul); Patrícia Poeta em 2014 (Brasil) e Renata Vasconcellos em 2018 (Rússia). Assim, minha escalação para a Copa das Confederações no ano que antecedia a Copa brasileira descumpriu uma espécie de regra não escrita. Mas não foi o único paradigma quebrado nas transmissões daquele evento esportivo.

A Seleção estreou em Brasília, no (megafaturado) estádio Mané Garrincha, com vitória de 3x0 contra o Japão, no dia 15 de junho de 2013. O jogo foi realizado em uma tarde de sábado – e apresentei o *Jornal Nacional*, horas depois, em uma área externa do hotel que hospedava os integrantes da equipe brasileira. No dia seguinte, embarcamos para Fortaleza, onde se daria a segunda partida do time treinado pelo técnico Luiz Felipe Scolari.

Na capital cearense, nosso estúdio ficava em uma espécie de torre com paredes de vidro, fincada em uma rotatória, nas proximidades da arena Castelão. Na noite de segunda-feira, naquele aquário suspenso, vivi uma das situações mais embaraçosas de minha carreira. O plano desenhado com muitos meses de antecedência era que, naquele período, eu trataria da Copa das Confederações enquanto minha colega Patrícia Poeta apresentaria, do estúdio do *JN*, no Rio de

Janeiro, todos os demais assuntos. Ao longo daquela edição, à medida que se sucediam as informações sobre atos públicos de protesto realizados em diversas cidades brasileiras, foi ficando evidente que não era naquele aquário de Fortaleza que eu deveria estar. Nem eu nem Patrícia.

Na terça-feira, 18 de junho, tudo o que estava planejado foi adaptado às necessidades impostas pelos fatos. Entregamos a ancoragem do *JN* na Copa das Confederações a Galvão Bueno, um especialista, e voei de volta para o Rio, para reassumir a chefia de edição do *JN*, em nosso estúdio, no Jardim Botânico. Os dias que se seguiram ainda estão na memória dos brasileiros. E foram se tornando crescentemente tensos.

Na tarde de 20 de junho, às quatro da tarde, horário de Brasília, Patrícia Poeta começou a entrar no ar em boletins durante a programação normal da Globo, com a atualização de informações dos nossos repórteres sobre atos de protesto que se registravam em diversas cidades, com milhares de cidadãos nas ruas. E os fatos foram se sucedendo de tal forma que simplesmente não havia condição nenhuma para Patrícia encerrar o boletim iniciado pouco antes das seis da tarde, porque além da capital federal e das duas maiores metrópoles brasileiras, São Paulo e Rio de Janeiro, as ruas estavam tomadas em todas as regiões do país – de Manaus e Belém, no Norte, a Salvador, Recife, Fortaleza e João Pessoa, no Nordeste; Campo Grande e Goiânia, no Centro-Oeste; Belo Horizonte, Vitória, Campinas, no Sudeste; Porto Alegre e Florianópolis, no Sul.

Dentro da minha sala de trabalho, diante do computador e das TVs ligadas na Globo e na GloboNews, ficou muito claro o que os fatos tinham decretado: todo o planejamento daquela edição do *Jornal Nacional* estava perdido. Deixei a redação e subi para o mezanino do estúdio, onde estava Patrícia Poeta. E, juntos, passamos a apresentar aos brasileiros um registro da História, ao vivo. O tempo foi passando, os repórteres foram trazendo informações de todos os cantos, imagens de atos predominantemente pacíficos eram pontuadas por um ou outro ato de vandalismo. Em Brasília, por exemplo, uma bomba incendiária atingiu o Palácio do Itamaraty. Até que passou a hora de exibirmos a "escalada" – a sucessão de manchetes que abre toda edição do *JN* desde 1º de setembro de 1969. E nos demos conta de que precisávamos apresentar uma explicação ao público sobre mais aquele paradigma quebrado.

Tentei assim:

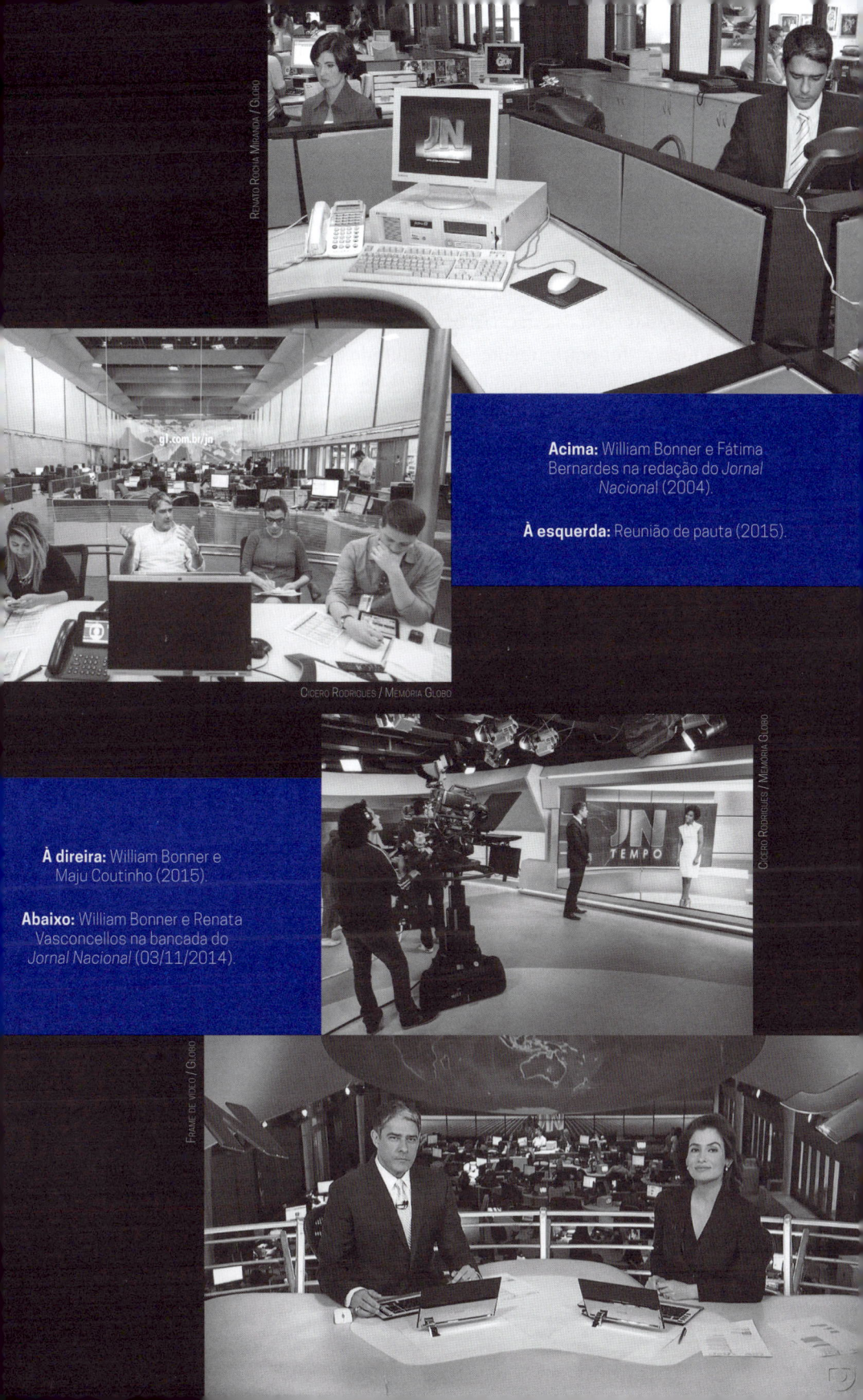

Renato Rocha Miranda / Globo

gf.com.br/jn

Cicero Rodrigues / Memória Globo

Acima: William Bonner e Fátima Bernardes na redação do *Jornal Nacional* (2004).

À esquerda: Reunião de pauta (2015).

Cicero Rodrigues / Memória Globo

À direira: William Bonner e Maju Coutinho (2015).

Abaixo: William Bonner e Renata Vasconcellos na bancada do *Jornal Nacional* (03/11/2014).

Frame de vídeo / Globo

"Nesta quinta-feira, 20 de junho de 2013, o *Jornal Nacional* está iniciando, a partir de agora, uma edição completamente diferente daquela que estamos habituados, pelos motivos que você vê claramente na tela da sua TV. Neste momento, as notícias mais importantes do dia estão transcorrendo diante dos seus olhos. São as manifestações que se repetem na maior parte das cidades brasileiras, das capitais estaduais brasileiras."

Aquele *JN* foi praticamente todo dedicado às manifestações. E você poderá perguntar: mas e aquelas notícias todas de 20 de junho que estavam selecionadas, segundo todos os critérios acima, e que sumiram do *Jornal Nacional* por causa das manifestações de protesto? Foi exatamente isso o que aconteceu. Elas sumiram por causa do caráter histórico, do peso do contexto, da gravidade das implicações daqueles acontecimentos, do inexorável critério do tempo. E o mesmo vale para os assuntos retirados, à última hora, da edição de 17 de julho de 2007, por conta da tragédia de Congonhas.

A imensa maioria dos jornalistas brasileiros concorda que a profissão se tornou muito mais difícil e desafiadora nos últimos anos. Muitos enxergam o ponto inicial desse recrudescimento das adversidades exatamente na época daquelas manifestações. Elas foram um marco histórico para a política, mas, aparentemente, também para o comportamento das massas, no mundo real e no universo virtual da internet. O caldo resultante daqueles dias de 2013 foi uma mistura contraditória da defesa legítima, justa e democrática de direitos civis com algumas das formas mais agressivas de intolerância político-ideológica. Como consequência secundária, tornaram-se assustadoramente comuns, nas redes sociais e nas ruas, atitudes que afrontam a civilidade e a própria democracia. E essa contradição não é exclusividade brasileira. Em outros países, vizinhos ou distantes daqui, o fenômeno é o mesmo – e tem conexão com os casulos tribais em que as pessoas se enclausuraram, na internet. Nesses microcosmos de paredes impermeáveis, construídas por algoritmos, pessoas que defendem as mesmas teses só leem e ouvem pessoas que defendam aquelas mesmas teses –

Alice-Maria, Edson Ribeiro e Mauro Costa na redação do Jornalismo (1973).

RODOLPHO MACHADO / AGÊNCIA O GLOBO

Acima: Redação da Central Globo de Jornalismo no Rio de Janeiro (década de 1990).

Abaixo: Redação do *Jornal Nacional* (2004).

JAO JONER / ACERVO GLOBO

RENATO ROCHA MIRANDA / GLOBO

e demonizam quem não comungue com elas. É um fenômeno planetário para o qual pesquisadores, cientistas sociais, psicólogos, psicanalistas e psiquiatras, entre tantos especialistas, têm voltado suas atenções e preocupações. No Brasil, sobretudo ao longo de campanhas eleitorais, esse fenômeno destruiu amizades, afastou parentes, aborreceu e entristeceu milhões de pessoas. E foi usado na política para orquestrar ataques sistemáticos à imprensa. Também não se trata de uma realidade exclusivamente brasileira, ou restrita a países emergentes. Mas o fato é que, nesse ambiente extremamente adverso, a importância da atividade jornalística profissional tem se tornado exponencialmente maior, como embarcação segura na travessia das águas imundas das *fake news*.

Coberturas jornalísticas especiais, tenham sido planejadas com antecedência ou impostas por acontecimentos urgentes, redesenham completamente a estrutura de um *JN*. Refiro-me à visita de um papa ao Brasil, a um julgamento por corrupção e à consequente prisão de políticos eminentes, ou uma Copa do Mundo. Mas nada pode ser mais desafiador e complexo do que o *JN* que contenha entrevista com candidato à presidência da República, ao vivo.

Primeiro é preciso considerar o ineditismo desse produto jornalístico. Sua maior ousadia consiste em abrir um tempo generoso para a entrevista **dentro** do *JN* – nosso telejornal do horário nobre –, e não na faixa horária mais avançada da programação da Globo, como no caso do antigo *Palanque Eletrônico* das décadas de 1980 e 1990. E, repito, essas entrevistas acontecem ao vivo, sem nenhuma edição, nenhum corte.

Desde 2002, quando inauguramos esse espaço no *Jornal Nacional*, o processo de preparação para aqueles minutos é longo e extremamente trabalhoso. No formato concebido pelo então diretor-executivo Ali Kamel, hoje diretor--geral de Jornalismo, nosso objetivo é levar o candidato a esclarecer pontos obscuros ou polêmicos de suas plataformas eleitorais ou de suas biografias, no exercício anterior de mandato, de cargo público, no desempenho de atividades profissionais. Tudo que o candidato prefira não abordar, mas que precise ser explorado para a boa informação do eleitor, será do nosso interesse. Na tela da TV, diante de cada entrevistado, o papel que exercemos é o do eleitor que não definiu seu voto e quer saber o máximo possível sobre os candidatos para balizar com mais segurança sua decisão. As questões que formulamos são frutos de pesquisa ampla e profunda, e a forma de condução das entrevistas tem uma lógica: oferecer ao candidato a oportunidade de explicar ao eleitor opiniões controversas ou contraditórias, que não são abordadas em seus comícios e na propaganda eleitoral. Na preparação da entrevista, estudamos a forma mais clara e incisiva de realizar nossas perguntas para prevenir qualquer tentativa do entrevistado de tergiversar, além das réplicas e tréplicas pertinentes para cada possibilidade de resposta, seja esta evasiva ou não. Tudo isso para que a entrevista não deixe perguntas sem resposta, o eleitor sem esclarecimento. Desde 2002, tem sido assim para todos os candidatos que ocuparam lugar na bancada do *JN*, bem como para aqueles que concorreram a uma reeleição – e que tiveram direito a conceder a entrevista em Brasília, no Palácio da Alvorada.

Essa postura dos entrevistadores não visa a agradar ao candidato, ou aos eleitores que ele já tenha conquistado. E, frequentemente, não agrada mesmo.

Em 2002, assim que encerramos a entrevista ao vivo com José Serra, do PSDB, entraram no estúdio o então diretor-geral de Jornalismo, Carlos Henrique Schroder, e seu diretor-executivo, Ali Kamel. Eu e Fátima Bernardes ainda estávamos surpresos com o que Serra havia acabado de nos dizer quando lhe perguntei se havia gostado da entrevista. Um enfático "não" reverberou pelo mezanino em que estávamos todos. O candidato dirigiu, então, aos diretores, suas queixas quanto ao questionamento que fizemos de suas relações com uma figura controversa no processo de privatização da Telebras, que havia ocupado um cargo na diretoria do Banco do Brasil.

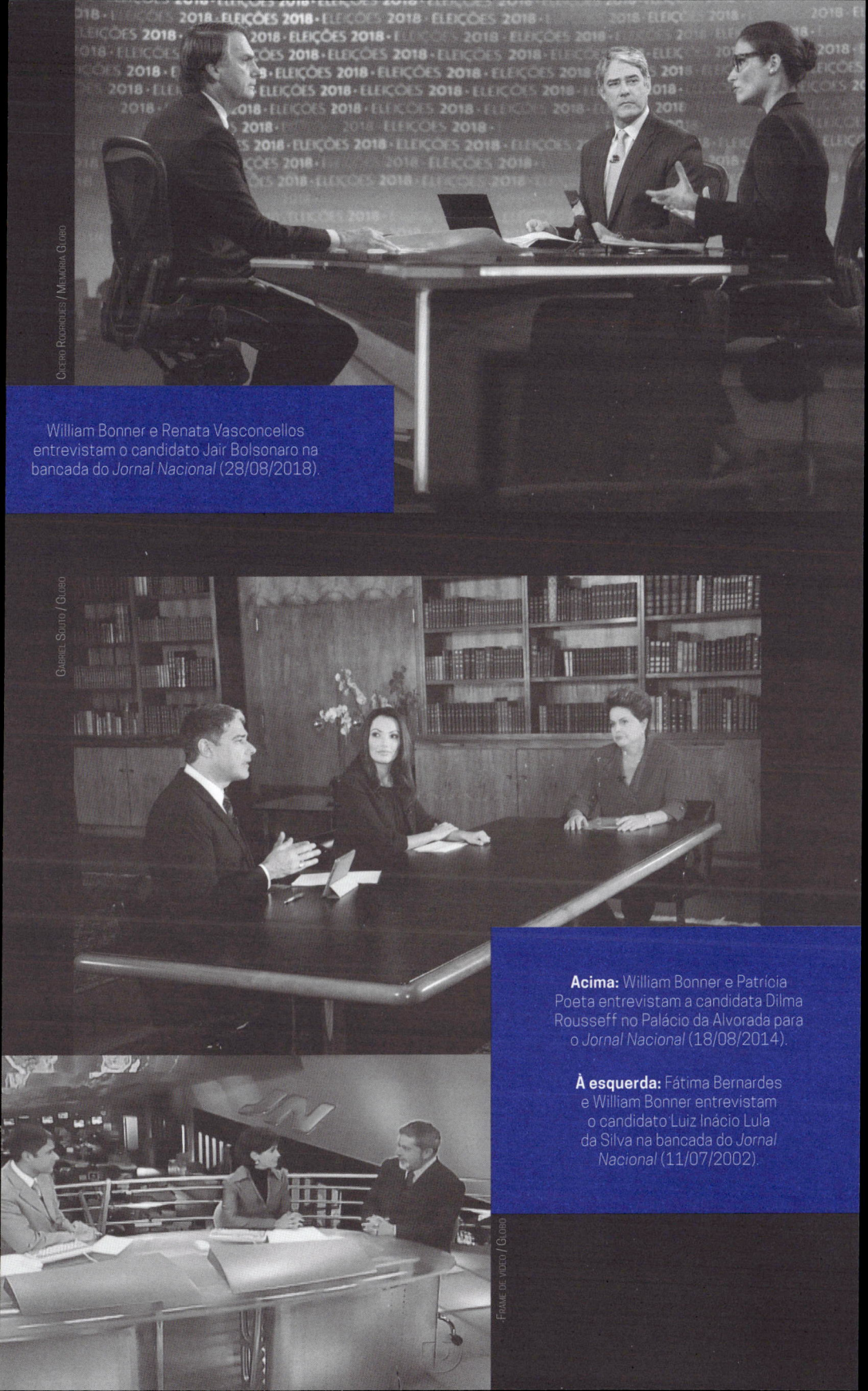

CÍCERO RODRIGUES / MEMÓRIA GLOBO

William Bonner e Renata Vasconcellos entrevistam o candidato Jair Bolsonaro na bancada do *Jornal Nacional* (28/08/2018).

GABRIEL SKUITO / GLOBO

Acima: William Bonner e Patrícia Poeta entrevistam a candidata Dilma Rousseff no Palácio da Alvorada para o *Jornal Nacional* (18/08/2014).

À esquerda: Fátima Bernardes e William Bonner entrevistam o candidato Luiz Inácio Lula da Silva na bancada do *Jornal Nacional* (11/07/2002).

FRAME DE VÍDEO / GLOBO

No dia seguinte, aparentemente arrependido, José Serra enviou flores para Fátima, com um pedido de desculpas pelo que chamou de "rabugice de candidato".

Naquele mesmo ano, Anthony Garotinho, do PDT, instado, também ao vivo, a liberar a divulgação de conversas gravadas, que eram mantidas em sigilo pela Justiça a seu pedido, deixou a bancada do *Jornal Nacional* prometendo que iria liberar os áudios em questão. No dia seguinte, com críticas à entrevista, procurou relativizar o valor do compromisso que havia assumido diante de milhões de telespectadores.

Em agosto de 2006, o *JN* foi a Brasília para entrevistar o candidato à reeleição Luiz Inácio Lula da Silva. Cerca de quinze meses antes, havia eclodido o escândalo do Mensalão do PT – o esquema de compra de apoio parlamentar mediante pagamentos regulares do partido a integrantes da chamada "base governista" na Câmara e no Senado. Obviamente, esse era um assunto inevitável no questionamento que dirigiríamos ao presidente-candidato. A tensão daquela entrevista era previsível. Ainda assim, o presidente Lula não acolheu a sugestão que havíamos feito a todos os candidatos de se juntar aos âncoras com antecedência. Até então, todos – inclusive ele próprio, na entrevista de 2002 – haviam chegado mais cedo para "quebrar o gelo", ambientar-se ao local da entrevista e reduzir as tensões. Mas Lula só desceu de seus aposentos no Palácio da Alvorada a poucos minutos do início da entrevista.

De imediato, queixou-se da temperatura da biblioteca e ordenou que ligassem o ar-condicionado. O então secretário-geral, Gilberto Carvalho, tentou explicar, com cuidado:

"Está ligado, presidente. Mas as luzes da TV esquentam muito."

Lula sentou-se à mesa demonstrando desconforto. E foi minha vez de intervir cautelosamente:

"Presidente, Fátima e eu tomamos a liberdade de recolher algumas almofadas do palácio para elevar os assentos dessas cadeiras porque elas são muito baixas para a mesa. Talvez o senhor se sinta mais confortável usando uma delas, também."

O presidente se voltou para Gilberto Carvalho, em um tom de voz ainda menos amistoso:

"E por que puseram essas cadeiras aqui?"

"Elas são daqui, presidente. São as cadeiras da mesa da biblioteca."

Lula irritou-se ainda mais. E, sem olhar para nenhum dos presentes, soltou o seguinte comentário, como se falasse consigo mesmo:

"Eu só queria saber quem foi o gênio que teve a ideia de usar a biblioteca para gravar essa entrevista."

Ninguém disse ao presidente, porque o clima não recomendava, mas a ideia tinha sido do estafe do palácio. E, como todas as demais, aquela entrevista seria ao vivo.

Foi um questionamento incisivo, como todos desde 2002. E com uma primeira pergunta jornalisticamente obrigatória para a ocasião:

"Candidato, o Ministério Público denunciou o que ele chamou de 'uma quadrilha de quarenta integrantes', que teria como 'núcleo central', nas palavras do procurador, o seu ex-ministro-chefe da Casa Civil, José Dirceu, e dirigentes do PT: José Genoino, Silvio Pereira e Delúbio Soares. Segundo a denúncia – eu vou ler aqui um trechinho – 'os objetivos deles', desse núcleo, eram 'desviar recursos de órgãos públicos e de estatais para pagar dívidas do PT, antigas e novas despesas, tanto da campanha do PT quanto de partidos aliados'. E, ainda segundo o procurador, o objetivo deles era garantir que o PT continuasse no poder 'comprando o apoio de outros partidos', em referência ao Mensalão. Candidato, diante de uma acusação tão dura quanto essa, que parte de um órgão politicamente independente, como é que fica a questão ética, uma bandeira, um carro-chefe das suas campanhas eleitorais?"

O presidente passou grande parte do tempo com os lábios contraídos e com saliva no canto da boca. E, ao fim, diferentemente do que tinha feito quatro anos antes, saiu apressadamente pela porta lateral, com a cara amarrada. O secretário-geral Gilberto Carvalho, sempre muito cortês, se exaltou. Disse que tínhamos passado do limite. Carlos Schroder e Ali Kamel tomaram nossa defesa. Argumentaram que tínhamos cumprido nossa obrigação como entrevistadores e que Carvalho sabia disso. Em minutos, inexplicavelmente, Lula ressurgiu mais relaxado, espalhando simpatia em uma conversa longa, no pós-entrevista. Nossa suspeita foi de que ele tinha tomado conhecimento das pesquisas que são feitas durante a entrevista, e que, possivelmente, o resultado havia lhe agradado. Seja pelo que for, o presidente-candidato à reeleição voltou a exibir sorrisos e comentários brincalhões, como habitualmente fazia em seus contatos conosco desde a eleição anterior.

Em 2014, quando a igualmente petista Dilma Rousseff concorreu à reeleição e também fez uso da prerrogativa de conceder a entrevista na mesmíssima biblioteca do Palácio da Alvorada, a candidata não incorreu no mesmo erro de

Redação do *Jornal Nacional* (2017).

CÍCERO RODRIGUES / MEMÓRIA GLOBO

Lula e se juntou aos entrevistadores com maior antecedência. Naqueles minutos de ambientação, fora do ar, teve tempo até para uma troca de delicadezas com a âncora Patrícia Poeta:

"Patrícia, você está muito bonita."

"Obrigada, presidente. A senhora também."

É verdade também que, após a entrevista, em uma conversa com os entrevistadores, o diretor-geral de Jornalismo, Ali Kamel, e o diretor-executivo, Mariano Boni, Dilma já não exibia o mesmo humor. Especialmente quando ouviu menção ao nome de Marina Silva, que viria a ser indicada pelo PSB para substituir Eduardo Campos, morto tragicamente uma semana antes, em um desastre aéreo, em Santos, São Paulo. Marina e Dilma nutriam uma antipatia antiga, desde os tempos em que integravam a equipe ministerial de Lula.

Uma conversa entre o candidato e os jornalistas antes da entrevista pode render inconfidências, risos, emoção. Eduardo Campos comoveu-se quando sua então companheira de chapa e de partido Marina Silva contou aos presentes como ele havia trocado horas de preparação para a entrevista pela atenção ao filho: "Eduardo fez *media training* com Miguel". O azul dos olhos do candidato iluminou-se, enquanto ele repetia o nome de seu caçula, sorridente e pensativo: "Miguel...". Ao fim da entrevista, minutos depois, Eduardo Campos cumprimentou os âncoras e saudou os técnicos e câmeras do estúdio: "Vejo vocês no segundo turno!".

Campos morreu na manhã seguinte. Eu e os diretores Ali Kamel e Mariano Boni tomamos conhecimento da tragédia ao religarmos os celulares, ainda dentro do avião, na pista do aeroporto de Brasília. Tínhamos acabado de pousar na capital para a entrevista com a candidata à reeleição, Dilma Rousseff. Em comum acordo do estafe da candidata com o Jornalismo da Globo, a entrevista foi postergada para dali a uma semana. E o *JN*, apresentado dos estúdios da Globo Brasília, registrou, naquela noite, um dos capítulos mais dolorosamente tristes da história das eleições no Brasil.

Ainda sobre essas conversas que antecedem as entrevistas com candidatos, pode-se dizer que também são propícias a malvadezas políticas. Em 2002,

Amauri Soares, editor-chefe do JN de 1995 a 1996, atual diretor de Programação e Controle de Qualidade, em entrevista ao Memória Globo (2008).

quando o então candidato do PPS Ciro Gomes experimentou uma queda de popularidade ao dar uma declaração infeliz sobre o papel que sua mulher desempenharia na campanha eleitoral, o petista Lula, seu adversário na corrida presidencial, comentou, sorrindo, ao lado da esposa, Marisa: "Eu tenho pena do Ciro, sabe? Coitado...".

Eleito, Luiz Inácio Lula da Silva fez de Ciro Gomes um de seus ministros, em 2003. E para quem está atento ao andar da carruagem da História, não deixa de ser irônico que, em 2018, o mesmo Lula, de dentro da prisão, em Curitiba, viesse a inviabilizar alianças políticas necessárias para dar sustentação (e tempo na propaganda eleitoral no rádio e na TV) à candidatura de Ciro Gomes pelo PDT.

Na jornada de entrevistas da eleição presidencial de 2014, o tucano Aécio Neves protagonizou um momento de humor involuntário. Nossa conversa "quebra-gelo" tinha sido interrompida pela notícia urgente trazida por um editor: a morte do ator americano Robin Williams. Na sala com paredes de vidro em que estávamos, exatamente embaixo do mezanino do estúdio, passamos todos a falar de papéis marcantes de Williams. Até que chegou o momento em que Patrícia Poeta e eu nos despedimos do candidato, para irmos para o estúdio em que a entrevista se daria minutos depois. Foi quando Aécio Neves juntou as mãos, baixou o queixo e disse: "Bom... Eu espero que, num dia como esse, com uma notícia triste como essa, da morte do Robin Williams... os entrevistadores amoleçam um pouco seus corações na hora de entrevistar um candidato". Gargalhadas generalizadas. Mas os corações dos entrevistadores não interferem nas perguntas. Quando a sabatina ao vivo terminou, Aécio demonstrava claros sinais de contrariedade, sobretudo com nossa insistência em extrair do candidato uma explicação para a pista de pouso pavimentada com dinheiro público do estado de Minas Gerais em uma fazenda desapropriada de parentes dele no município de Cláudio, à época em que era o governador.

Sobre as entrevistas ao *JN*, há entre os candidatos os que as encarem como um pelotão de fuzilamento. Há os que entendam a proposta e sigam seus caminhos na campanha eleitoral sem ressentimentos. E há também os que se despeçam dos âncoras com sorrisos, mas se tornem ferozmente críticos ao teor da entrevista algumas horas depois. Também é fato que as manifestações de desagrado deixaram há muito de se limitar à "rabugice de candidato" depois do pinga-fogo. A cada eleição, sobretudo por obra de robôs atuantes em redes sociais, as queixas contra uma suposta impertinência dos questionários foram se transformando em insultos, em ataques virulentos aos entrevistadores, ao *Jornal Nacional* e à própria Globo. Mas não deixa de ser alentador que as reclamações tenham partido de hostes de todos os candidatos, de todos os matizes ideológicos. Porque absolutamente ninguém deixou de ser tirado de sua zona de conforto durante a nossa busca jornalística por respostas.

E assim, na reafirmação diária do compromisso de isenção, correção, clareza e pluralidade, o *Jornal Nacional* completa meio século como o produto jornalístico de maior alcance e relevância no Brasil. No ambiente tão adverso para o qual a imprensa profissional tem sido empurrada, esse marco pode e deve ser celebrado por todos: os integrantes da equipe *JN*, o Jornalismo da Globo, a imprensa profissional do Brasil, o cidadão telespectador. Por todos, em suma, que prezam e defendem a democracia brasileira.

Cid Moreira e Hilton Gomes na bancada do *Jornal Nacional* (1971).

RONALD FONSECA / AGÊNCIA O GLOBO

Cid Moreira [apresentador do *JN* • 1969-1996]

O *Jornal Nacional* foi ao ar em setembro de 1969, apresentado por mim e pelo Hilton Gomes. Estreou às 19h45 e concorria com o *Repórter Esso*, da TV Tupi, apresentado pelo Gontijo Teodoro.

A estreia do JN foi um nervosismo geral. Cheguei no horário de fazer o jornal, não participava da redação, mas vi todo mundo preocupado. Era um jornal em rede nacional. Eu sabia, mas não tinha a dimensão. Tinha na cabeça a ideia de rádio, que, pela facilidade, estava em todos os lares. Quando o JN foi lançado, usavam-se links de micro-ondas, ligando Rio, São Paulo, Porto Alegre e Curitiba. Com o satélite é que se tornou nacional. Em 1975, grande parte da programação da Globo passou a ser exibida simultaneamente para todo o Brasil. Em 1982, toda a programação era transmitida via satélite para as então cinco emissoras e 36 afiliadas.

Os textos das notícias eram batidos em mimeógrafos, e as folhas soltavam tinta. Eu me lembro da Alice-Maria, então editora nacional, toda manchada de roxo. Eu preferia ler no papel que soltava tinta mesmo, porque era mais nítido. Geralmente, a cópia do mimeógrafo vinha com falhas. E eu queria ter a certeza do que estava lendo. Às vezes, transpirava, passava a mão naquela tinta, me coçava e ficava pintado de roxo. No intervalo, alguém gritava: "Passa um pano!". Era um drama danado. E hoje temos essa instantaneidade com a informática.

Quando o Hilton Gomes saiu, em 1971, fiquei apresentando o jornal sozinho durante um mês e meio, dois, mais ou menos. Todos os dias. Hilton Gomes foi substituído por Ronaldo Rosas, que permaneceu na emissora por um ano. Então, veio o Sérgio Chapelin.

A introdução do *teleprompter* – aparelho que fica abaixo da câmera e que projeta o texto para o locutor – foi uma maravilha. O Jornalismo da Globo começou a usar o sistema em 1971. Até então, eu sempre mentalizava as notícias, mas é impossível decorar o jornal todo. Daí, surgiram algumas regrinhas. Por exemplo, o redator dividia as palavras, como "per-fume". Colocava o "fume" na linha de baixo. Assim, você batia o olho e via tudo. A outra ideia era a coluna, criando um campo visual em que você via, imediatamente, todo o texto, do começo ao fim. Se fosse um script com a frase tomando toda a largura do papel, como você acompanharia? Então, tinha que ser uma coluna menor. Além disso, era preciso observar o espaço entre as palavras para facilitar a leitura. A dália – texto que se esconde no cenário para auxiliar o intérprete, caso ele se esqueça de sua fala – nunca foi usada em jornal. Eu procurava mentalizar sempre a primeira frase para passar credibilidade naquilo que estava dizendo.

Cid Moreira (década de 1970).

Quando o *teleprompter* começou a ser usado na Globo, ninguém sabia o que era. Antes disso, o Armando Nogueira, então diretor de Jornalismo, me chamava na sala dele para ver os jornais americanos da CBS, da NBC. E eu ficava imaginando, sem falar nada: "Mas eu nunca vou conseguir fazer isso". Não sabia que eles já usavam o *teleprompter*. "Esse cara é um monstro. Como é que ele guarda isso tudo?", pensava. Depois que foi instituído o *teleprompter* na Globo, também me perguntavam como eu conseguia guardar tudo aquilo. Quando alguém contava que era o *teleprompter*, eu dizia: "Poxa, não fala".

Tive a satisfação de ser apresentador no período da introdução da TV em cores no Brasil, no começo dos anos 1970. Também foi um nervosismo geral. O Boni, então superintendente de Produção e Programação, comandou essa operação, e, um dia, cismou com a minha gravata. Foi correndo em casa e pegou outra. A implantação da cor foi gradativa. No começo, poucos programas eram coloridos; o restante da programação continuava em preto e branco. Lembro que os tecidos eram extravagantes, quadriculados. Eu criava meu figurino, vinha com paletó amarelo, cor de abóbora, verde. Ainda estávamos pesquisando.

Eu sabia da responsabilidade de apresentar o *Jornal Nacional*. Até hoje, aonde vou, sou reconhecido. Mas quando você está falando para milhões de pessoas, como falei durante 27 anos, não dá para se preocupar com isso.

Eu gostava mais das notícias de grande impacto. Tem uma coisa que eu sempre digo: "O apresentador é um ser humano como outro qualquer, mas o verdadeiro profissional não pode se deixar tomar pela emoção". Quando morreu o poeta Carlos Drummond de Andrade, fizemos um "boa noite" diferente. No final do jornal, eu sussurrei: "E agora, José?". Ninguém esperava isso. Fizeram uma fila para me cumprimentar e, até hoje, me sinto honrado.

Sérgio Chapelin
[apresentador do *JN* · 1972-1996; apresentador do *Globo Repórter*]

Minhas primeiras experiências profissionais foram nas rádios Clube de Valença, Tamoio, Nacional e Ministério da Educação e Cultura. Estava na rádio Jornal do Brasil quando, em 1972, Dirceu Rabelo, que era a voz *off* da Globo e também trabalhava na rádio JB, me levou para um teste na emissora. Não acreditei muito que daria certo, porque não tinha experiência em televisão. No primeiro teste, fui sem paletó, sem gravata. Estava com

Cid Moreira e Sérgio Chapelin (década de 1970).

ACERVO / GLOBO

o cabelo da moda – comprido, na altura do ombro – e camisa de manga curta. Depois, soube que os editores Silvio Júlio e Alice-Maria avaliavam o teste. Julinho, então, me chamou para outra tentativa, mas disse: "Venha de paletó e gravata". No dia seguinte, Armando Nogueira, na época diretor de Jornalismo, também me avaliou. Entrei no *Jornal Hoje*. Nessa época, o Ronaldo Rosas apresentava o *Jornal Nacional* com Cid Moreira, substituindo o Hilton Gomes. Quando o Ronaldo resolveu seguir os passos do Hilton e foi para a tv Rio, fui chamado para compor a bancada do *JN*, ainda em 1972.

Cid Moreira fazia os blocos do noticiário nacional, e eu assumi o internacional. O nosso cenário era supersimples: duas bancadinhas muito modestas, duas cadeiras de madeira, sem nenhum estofamento, sem qualquer sofisticação. Não tinha camarim, não tinha maquiagem, nada disso. Trazia meu paletozinho de casa para fazer o noticiário. Nossas pernas não apareciam jamais. O enquadramento era o chamado "plano americano".

A gente ainda se acostumava com o uso do *teleprompter* e teve que desenvolver a capacidade de olhar pouco para o texto para estar em contato com o telespectador. As imagens eram editadas, mas os textos eram lidos ao vivo. Era um olho no texto e outro na imagem que estava no monitor. Você ia narrando e tratando de correr um pouco mais ou de diminuir a velocidade para casar com as imagens. Então, fazíamos a

Sérgio Chapelin nos bastidores do *Jornal Nacional* (década de 1970).

narração de longas matérias ao vivo. Todo o nosso trabalho era ao vivo. Contando, as pessoas não acreditam que funcionasse. Era assim, e ninguém se preocupava com isso. Hoje seria muito estranho.

Todo mundo dizia: "Locutor americano não lê texto, o cara entra e improvisa tudo". Eu pensava: "Impossível. Então, todos os gênios estão nos Estados Unidos". Ninguém consegue falar sobre diversos assuntos o tempo todo sem cometer erros, sem se perder dentro do assunto, com tamanha precisão. Aí o Armando descobriu a maravilha do *teleprompter*, que, na época, era uma geringonça. E percebi que a inteligência dos americanos estava ao nosso alcance.

Uma cobertura histórica para mim foi a da morte do Tancredo Neves. Era noite de domingo, 21 de abril de 1985, e o *Fantástico* estava no ar. Carlos Nascimento entrou ao vivo com a notícia, do Incor, onde o presidente estava internado. Logo depois do programa, eu comecei a apresentar a edição especial do *Jornal Nacional*, com cerca de quatro horas de duração. O Brasil estava perplexo. Cid estava de folga e, sem a facilidade do celular, ninguém conseguiu encontrá-lo. Fiquei sozinho na bancada até que Leda Nagle, que apresentava o *Jornal Hoje*, veio dar um suporte à apresentação.

O tempo passou. Em 2015, foi emocionante participar da edição comemorativa dos cinquenta anos da Globo com o Cid Moreira, o William Bonner e a Renata Vasconcellos. Muitas pessoas vieram falar comigo: "Chorei vendo vocês no jornal, me lembrei da minha casa, eu com os meus pais". Somos uma lembrança muito forte. Muita gente, durante muitos anos, respondeu ao nosso "boa noite". O *Jornal Nacional* e a novela das oito têm uma identidade profunda com o povo brasileiro. Diria até que a televisão faz parte da vida de todos nós. De televisão todo mundo entende, todo mundo discute, todo mundo dá palpite, todo mundo vê!

Fátima Bernardes
[apresentadora e editora executiva do *JN* · 1998-2011; apresentadora do *Encontro com Fátima Bernardes*]

Até Lillian Witte Fibe fazer o *Jornal Nacional*, eu não achava que uma mulher podia estar naquela bancada. A partir dali, pensei: "Posso almejar chegar lá". Aconteceu em março de 1998. Eu vinha de um programa de variedades e jornalismo, o *Fantástico*, e fui convidada para apresentar o JN.

Ao longo dos quase catorze anos em que estive na bancada, a função de apresentador mudou muito. Quando vejo uma pessoa que está começando, conto a ela como era antes. Primeiro, ser jornalista é fundamental. Existe um compromisso em saber do que estamos falando: ou você gosta de notícia e informação, ou vai fazer outra coisa. Durante todos aqueles anos, eu chegava à redação um pouquinho antes das duas da tarde, quando tinha uma reunião de "venda" do espelho, que é a estrutura do telejornal, composta pelas matérias. Eu ficava responsável pela edição das chamadas: três ao longo da tarde. Participava da aprovação das reportagens e, na hora da apresentação do JN, era uma das integrantes da equipe, mas com a responsabilidade de colocar no ar o trabalho de todos.

Até 2005, quando acabava o *Jornal Hoje*, às 13h45, só voltava a ter jornalismo na Globo em rede nacional às 20h15. O *Globo Notícia* veio para dar conta do que acontecia nesse intervalo. Fiquei como editora-chefe desse pequeno jornal, que fechava com a ajuda dos editores do JN. Mesmo com o tempo apertado, conseguíamos dar, às vezes, dez assuntos na edição. Eu quase me sentia dizendo para o público que tinha acabado de ver a *Sessão da Tarde* e esperava a *Malhação*: "Olha, é só um minutinho, mas você precisa saber disso".

Quando o projeto do *Globo Notícia* estava começando, em abril de 2005, morreu o papa João Paulo II. William Bonner estava de mala pronta, sabia que teria que viajar para Roma muito em breve. Ele embarcou na sexta-feira e chegou no sábado, dia da morte do papa. Na segunda, o projeto estreou, e chamamos o William por telefone, de dentro de um táxi em Roma. Uma grande estreia!

Meu último dia no *JN* foi difícil, mas eu tinha muita convicção do que estava fazendo. Foram anos de avaliação de prós e contras, de conversas com a direção do Jornalismo, de horas e mais horas pensando em alternativas. Eu era feliz, mas me perguntava: "Será que daqui a dez anos ainda vou querer fazer a mesma coisa?". Em 2011, fiz um projeto com minhas intenções, sugerindo um programa no horário da manhã. Meses depois, a direção avaliou e aprovou o lançamento do *Encontro* para o ano seguinte. Carlos Henrique Schroder, na época diretor-geral de Jornalismo e Esporte, marcou minha saída para o dia 5 de dezembro de 2011.

Foi uma edição emocionante. Dessa vez, eu era notícia, e foi dolorido. Não me despedia só do *JN*. Era um adeus a 25 anos de jornalismo diário, uma interrupção na convivência com pessoas que via todos os dias, o abandono do prédio da Lopes Quintas, no Jardim Botânico, onde construí minha carreira e fiz amigos. Era o fim de um ciclo de vida que, felizmente, foi muito bem vivido.

Fátima Bernardes se despede do *Jornal Nacional* (12/05/2011).

FOTOS: RENATO ROCHA MIRANDA / GLOBO

Estreia de Patrícia Poeta no *Jornal Nacional* (06/12/2011).

FRAME DE VÍDEO / GLOBO

Patrícia Poeta
[apresentadora e editora executiva do *JN* •2011-2014;
apresentadora do *É de Casa*]

Lembro da minha primeira matéria para o *Jornal Nacional*. Eu trabalhava no escritório de Nova York como correspondente desde 2003. Em setembro, houve um show do então ministro da Cultura Gilberto Gil na ONU. No dia seguinte, fui entrevistá-lo. Gilberto Gil falou da emoção de ter subido ao palco, de ter sido tão aplaudido. Virou matéria do *JN* naquela noite. Comemorei muito a minha estreia.

Em 2007, voltei ao Brasil depois de quatro anos fora e fui convidada para apresentar o *Fantástico*. Em 2011, Carlos Henrique Schroder e Ali Kamel, na época diretor-geral de Jornalismo e Esporte e diretor da Central Globo de Jornalismo, respectivamente, me chamaram para uma conversa. Fiquei sabendo então que Fátima Bernardes migraria para o Entretenimento, e eles tinham pensado no meu nome para substituí-la. Adorei, confesso que adorei. Demorou um tempo para eu entender: "Eu estou indo para o *Jornal Nacional*?". Senti a responsabilidade, a pressão, assim que saí da sala. Depois, avaliei a responsabilidade que teria. A Fátima Bernardes tinha ficado quase catorze anos na função! Decidi encarar a experiência como um aprendizado, assim como tinha encarado todas as minhas etapas na Globo, todas as oportunidades que tinham me dado.

Patrícia Poeta ancora o *Jornal Nacional* do centro do Rio de Janeiro após o desabamento de três prédios (26/01/2012).

FRAME DE VÍDEO / GLOBO

Foi tudo muito rápido. Bonner e eu fizemos um ou dois pilotos no sábado, cinco dias depois de eu saber que iria apresentar o JN. Na segunda, já estava na bancada, sendo apresentada ao público, ao lado da Fátima, que se despedia. Eu estrearia oficialmente no dia seguinte.

Fiz várias ancoragens fora do estúdio, que para mim foram marcantes nesse período. A primeira foi em janeiro de 2012, quando três prédios desabaram no Centro do Rio. Lembro até hoje do cheiro da fumaça e da busca incessante dos bombeiros por pessoas com vida em meio aos escombros. Acompanhei cada momento com o coração apertado, sempre com a esperança de receber e dar uma boa notícia. Mas isso, infelizmente, não aconteceu.

Missão cumprida. Assim costumo definir o meu trabalho no *Jornal Nacional*. Foram 22 anos dedicados ao telejornalismo e três deles na bancada do JN. Eu estava em uma posição de destaque, mas gosto de correr atrás dos meus sonhos, e um dos maiores era migrar para o Entretenimento. Não foi fácil tomar a decisão. Em 2013, comuniquei esse desejo ao Schroder e ao Ali Kamel, na época diretor-geral da Globo e diretor-geral de Jornalismo e Esportes, respectivamente. Ali ficou surpreso e quis ter a certeza de que era isso mesmo que eu queria. Respirei fundo e, sim, não havia dúvidas. A transição se efetivou em novembro de 2014. Posso dizer que tive a honra de ter apresentado o telejornal mais importante do país.

Renata Vasconcellos
[editora executiva e apresentadora do *JN*]

Estava havia três anos na bancada do *Bom Dia Brasil* quando fui convidada, em 2005, para fazer o *Jornal Nacional* nos dias de folga da Fátima Bernardes e plantões. Foi um prazer enorme, mas a camisa pesa. A bagagem do *Bom Dia Brasil* e da GloboNews me deram segurança e tranquilidade. E, em novembro de 2014, assumi a bancada do *JN* oficialmente, no lugar da Patrícia Poeta, que havia anunciado em setembro que se dedicaria a um novo projeto.

Com a velocidade de atualização proporcionada pela internet, a notícia não espera mais. Com isso, a rotina do *JN* mudou. Dependendo da importância do fato, não aguardamos a entrada do telejornal, muito menos o detalhamento do acontecimento: entramos com chamadas ao vivo. Sempre checamos tudo o que noticiamos, claro, mas não guardamos informação. Vamos complementando à medida que for necessário, o que tem se tornado cada vez mais frequente. Essa instantaneidade cria uma dinâmica diferente das décadas anteriores.

Renata Vasconcellos (2015).

CÍCERO RODRIGUES / MEMÓRIA GLOBO

Renata Vasconcellos e Galvão Bueno entrevistam a judoca Rafaela Silva no estúdio da Globo na Olimpíada do Rio de Janeiro. *Jornal Nacional* (08/08/2016).

Sou encarregada de fazer as chamadas programadas ou antecipadas, a partir das 15h. Em um dia normal, temos três. Mas, se surgir um factual muito forte, podem ser quantas forem necessárias. Chegamos a entrar ao vivo de dez em dez minutos. Não tem dia monótono. Com a integração das equipes de Jornalismo da Globo, tenho o suporte da GloboNews, do G1 e de todas as praças. A Globo está presente em várias plataformas, 24 horas por dia. Não estou sozinha nessa missão.

A Olimpíada 2016 foi minha primeira grande cobertura de esporte, logo para o *Jornal Nacional* e no Rio de Janeiro. Uma tremenda responsabilidade. Fizemos muitas entrevistas, ao vivo, com os medalhistas, direto do estúdio construído no Parque Olímpico. Foi um trabalho incrível de produtores e repórteres.

Na Copa do Mundo na Rússia, em 2018, fiquei responsável, pela primeira vez, por apresentar o JN em outro país. Essa experiência me permitiu fazer matérias, uma atividade que não faz parte do meu dia a dia. Nessas grandes coberturas esportivas, é possível sair um pouco do factual, que tem sido tão tenso no Brasil. Sentir a presença do público. Voltei da cobertura da Copa do Mundo com o espírito de missão cumprida.

Logo em seguida, viria um novo desafio: o Brasil entrava em processo eleitoral. Seria minha primeira eleição pelo JN. As entrevistas com os candidatos no telejornal são muito esperadas. Tentamos esclarecer dúvidas, inconsistências, polêmicas, e todos os políticos são cobrados no mesmo nível. Procuramos nos aprofundar nos principais temas que envolvem a candidatura de cada aspirante ao cargo. Como temos um tempo relativamente pequeno, são definidas prioridades para as perguntas. Por serem entrevistas ao vivo, há também o componente do improviso. O importante é nunca perder o tom correto, a seriedade, o respeito, seguir sempre com firmeza. Diante de uma provocação, voltamos ao mais importante, que são os questionamentos ao candidato. Não é fácil nem para os candidatos nem para os âncoras, mas ficamos sempre muito revestidos de senso de responsabilidade e dever jornalístico. Quando termina, a sensação é de orgulho pelo bravo trabalho de toda uma equipe.

Nessa cobertura eleitoral, a Globo tratou das *fake news*, muito disseminadas pela internet, pelas redes sociais, às vezes até em uma velocidade maior do que as informações corretas. A responsabilidade do jornalismo profissional ficou ainda maior com as notícias falsas. Temos o papel de informar o tempo inteiro, com embasamento, checagem e rechecagem, tudo feito com agilidade, pelos melhores profissionais.

3

DESTRINCHANDO A ECONOMIA

SILVIA FARIA
[DIRETORA DE JORNALISMO]

Os temas econômicos estão na minha vida profissional praticamente desde o início. Em 1978, ainda como estagiária, eu trabalhava na editoria de Cidades do *Jornal de Brasília*, mas no ano seguinte, já formada, comecei na editoria de Economia. E nunca mais parei. Desde muito cedo aprendi que para um jornalista da área é importante entender de economia, mas fundamental mesmo é saber traduzir o assunto para que todos entendam. É preciso mostrar ao público como a aridez dos números e dos conceitos têm um impacto no dia a dia de qualquer cidadão. Foi com esse espírito que, sem me dar conta, eu "estreei" em televisão, mesmo sendo, à época, repórter do jornal *O Globo*. Era o dia 16 de março de 1990, e as emissoras estavam transmitindo ao vivo a entrevista da equipe econômica de Fernando Collor de Mello, que tinha sido empossado no dia anterior. No discurso oficial, a medida mais polêmica do plano de combate à hiperinflação foi anunciada como um "congelamento do saldo das cadernetas de poupança que excedesse 50 mil Cruzados Novos", o equivalente hoje a 14 mil reais se corrigidos pelo IGP-M (todo o resto ficaria bloqueado por dezoito meses, quando começaria a ser liberado em doze parcelas mensais, com juros de 6% ao ano).

Congelamento? Fui uma das primeiras a perguntar e, treinada para traduzir o economês, indaguei sem rodeios: "Esse confisco que o Banco Central está promovendo não vai desestimular novos investimentos, com consequências desastrosas sobre o nível de emprego e o agravamento dos problemas sociais?".

Zélia Cardoso de Mello, a poderosa ministra da Economia, ficou em silêncio. Depois de alguns segundos, coube ao presidente do Banco Central, Ibrahim Eris, responder, visivelmente irritado: "Primeiro, eu não usaria a palavra 'confisco' para caracterizar o que está sendo proposto. Nada está sendo confiscado. Todos os ativos que o cidadão tem, ele terá daqui a dezoito meses corrigidos monetariamente a título de 6% de juros, que são os juros aplicados no ativo mais nobre que é a caderneta de poupança".

FRAMES DE VÍDEO / GLOBO

Ministra Zélia Cardoso de Mello anuncia detalhes do Plano Collor. *Jornal Nacional* (16/03/1990).

Não importava mais. Depois daquele instante, o tal congelamento passou a ser chamado por todos pelo nome certo: confisco. Porque era disso que se tratava, e os cidadãos precisavam saber que, arbitrariamente, o governo estava impedindo a todos de usarem o seu dinheiro quando e como quisessem. Naquele momento, não fiz a pergunta para provocar ou criar embaraços. Como todo repórter de economia, eu estava treinada para traduzir para o leigo o que economistas dizem de um jeito complicado (e, naquele caso, intencionalmente de forma dissimulada). Foi automático.

Claro que esse episódio não foi a minha estreia em televisão. Entrei no ar apenas porque a entrevista estava sendo transmitida ao vivo. Conto essa história apenas para ilustrar o papel do jornalismo econômico. Somente em 2001, quando fui convidada para ser chefe de redação da TV Globo em Brasília, pude conhecer mais de perto que o desafio do jornalismo econômico em televisão é enorme. No impresso ou na internet, o espaço que o jornalista tem para escrever a sua reportagem é grande. Em TV, é de apenas um ou dois minutos, às vezes segundos. A TV aberta, em geral, e o *JN*, em particular – em função do amplo público que alcança, em todas as classes sociais –, exigem cuidados adicionais no trato com a informação econômica. Apuração junto a fontes de credibilidade, checagem da compreensão da informação e precisão na redação da notícia são rotinas dos profissionais familiarizados com a economia. Diferentemente da imprensa escrita, que tem um público mais definido e permite que o leitor releia a informação quantas vezes for necessário até entendê-la, na TV, a mensagem é instantânea. Se o público não compreender a notícia, não tem como voltar os olhos e revê-la durante o telejornal (pode, hoje, é claro, revê-la no Globoplay ou lê-la no G1, mas a obrigação do repórter do *Jornal Nacional* é se fazer entender na hora). Eu me deparei com esse desafio assim que pus os pés na Globo.

Ao conversar com uma autoridade da área econômica da época, obtive uma informação exclusiva e relevante: o Brasil não cumpriria a meta de redução do deficit público acordada com o FMI. Hoje, variações do nível do deficit público são uma notícia corriqueira. Na ocasião, o descumprimento da meta significava desgaste para o governo perante seus credores externos, exigia pedido de perdão formal (*waiver*). Era uma notícia de grande repercussão e relevância. Fiquei entusiasmada e "vendi" a informação para o *JN*, que iria ao ar em poucas horas. A equipe do jornal destacou a repórter Zileide Silva para conversar comigo e preparar a notícia. Expliquei a ela a informação e o contexto, com todo meu conhecimento sobre o tema. Devo ter gasto cerca de uma hora. No momento de ir ao ar, Zileide se posicionou diante das câmeras e deu o recado em poucos segundos, de forma simples e objetiva. O que eu gastara um bom tempo para explicar, ela traduziu naquele curto espaço de tempo de forma clara e didática. O *JN* deu então o furo, a notícia em primeira mão. E todo mundo entendeu a gravidade da notícia. Tirei uma grande lição dessa experiência com a Zi, como hoje a chamo carinhosamente: eu era, então, *expert* em jornalismo econômico e uma negação em jornalismo televisivo. Zileide não era uma especialista em temas econômicos e me deu uma aula de como extrair a notícia essencial de um emaranhado de explicações técnicas. Ela mostrou o que era relevante para o público. Capacidade de síntese, clareza da mensagem e objetividade.

Nunca apareci no vídeo, e nunca aparecerei, porque isso requer um talento especial: voz, postura, vocação. Mas, hoje, sei construir uma reportagem de televisão porque aprendi com os melhores profissionais do veículo. O *Jornal Nacional* sempre foi mestre em traduzir o "economês" para o grande público. Até 1990, as notícias eram centralizadas no chamado CPN (Centro de Produção de Notícias), com profissionais de diversas áreas. Depois, os telejornais ganharam editorias, e a economia foi uma delas. Antes ou depois, foi na Globo que os brasileiros puderam entender o que foi o Plano Cruzado, o Plano Cruzado 2, o Plano Bresser, o Plano Verão, o Plano Collor, o Plano Real. Tudo explicado em detalhes. Quem viveu aquele período de busca pela melhor maneira de combater a inflação tem cenas marcantes na memória. Quem não se lembra daquele senhor em Curitiba mandando fechar um supermercado que tinha desrespeitado o congelamento de preços do Plano Cruzado? "Fecho em nome do presidente Sarney", ele disse, como bom "fiscal do Sarney", como foram apelidados os cidadãos que fiscalizavam o congelamento. O Plano Cruzado fracassou em poucos meses, assim como os demais, até a vitória do Plano Real.

Mas mesmo este enfrentou tempestade quando não foi mais possível garantir a paridade entre o real e o dólar. No auge da crise, em 1999, eu estava assessorando o Banco Central, em meio ao tenso enfrentamento de ataques especulativos contra o real. A televisão participava das diversas coletivas, organizadas às pressas, para expor detalhes da crise, as medidas adotadas e suas repercussões no mercado financeiro. Técnicos e dirigentes da área econômica, em geral, não gostavam de falar com profissionais das emissoras de TV, porque consideravam que aqueles não eram assuntos para a televisão. Eles alegavam que eram pontos difíceis de serem explicados para o grande público e para os profissionais de TV, considerados generalistas. Estavam errados, porque, sem a televisão, a crise nunca seria explicada para o grande público.

Nos relatos das minhas experiências, vou tentar descrever como reforcei essa opinião, como aprendi a respeitar ainda mais os profissionais de TV e a incontes-

FRAME DE VÍDEO / GLOBO

DINHEIRO NO BANCO

ATÉ 50 MIL
VIRA CRUZEIRO

ACIMA DISTO
vai para o Banco Central
devolvido em 18 meses
com correção e juros
de 6% ao ano

Arte do *Jornal Nacional*
sobre o Plano Collor (16/03/1990).

tável credibilidade do *Jornal Nacional* para levar ao grande público, com acuidade e seriedade, a notícia econômica. Uma das missões do JN é levar às pessoas informações sobre a economia do país e do mundo, que deem elementos para que elas tomem decisões na sua vida cotidiana. Quando uma pessoa trabalha em troca de um pagamento, seja ou não com carteira assinada, está criando um fato econômico. Se uma pessoa gasta todo o seu dinheiro, faz uma poupança ou toma um empréstimo, ela está criando, com milhões de outras pessoas, o sistema econômico. O mesmo acontece com o país. Empresas tomam essas mesmas decisões diariamente, e o governo faz o mesmo. Se a economia vai mal, a sociedade vive mal.

Explicar isso para as pessoas, de forma didática e simples, é um esforço diário do JN. Nem sempre é fácil, porque o tempo é limitado. Mas o esforço é permanente. Quando damos notícias complexas, tentamos dizer o que esse fato tem a ver com a vida do cidadão. Tentamos sempre mostrar que para ter uma vida econômica equilibrada, o cidadão tem que saber das consequências de suas decisões. Quando estamos tratando de decisões que tomamos todos os dias, quando o governo ou o Congresso tomam decisões de qualquer natureza, a sociedade tem que conviver com as consequências delas. Em grande parte, são consequências econômicas.

Costumamos dizer em economia que "não existe almoço grátis". A expressão é de autoria desconhecida, equivocadamente atribuída ao filósofo e economista britânico Adam Smith (século XVIII). O próprio esclareceu que só fez uso dela. O que significa que tudo que fazemos, ou deixamos de fazer, tem um custo. Ao noticiar uma lei aprovada no Congresso ou um decreto presidencial que cria normas gerais, sempre haverá um impacto na vida do cidadão. E um custo. Se aplaudimos um gestor público ampliando benefícios, como auxílios de naturezas diversas, temos que saber que, mesmo se justa e bem-vinda, essa decisão tem consequências para a sociedade. Pagaremos por ela.

Visitei a Grécia em 2017, quando o país vivia uma tímida retomada da recuperação econômica, depois da crise de 2008, que o quebrou. Os gregos viveram momentos dramáticos, com cortes drásticos das aposentadorias e salários, desemprego recorde, principalmente entre os mais jovens, com aumento de impostos e alta inflação. O governo teve que reconhecer que não contabilizava a elevada despesa e a inadministrável dívida pública. Ou seja, os gastos públicos estavam muito acima da capacidade de geração de receita, e a sociedade não estava atenta à marcha do crescente endividamento do país. Na minha viagem de férias, quis saber das pessoas comuns que encontrei como superaram momentos tão difíceis. Todos tinham histórias de perdas para contar, mas também uma surpreendente observação sobre a crise: o povo grego havia aprendido, na dor, que decisões do governo aparentemente positivas para a sociedade, como aumentos de benefícios, salários e aposentadorias, têm um preço. E esse preço é pago por todos, mais cedo ou mais tarde. O povo grego – não posso afirmar que todo ele, pois não tenho uma pesquisa científica, mas pessoas comuns com quem tive contato – aprendeu que "não existe almoço grátis". Esse aprendizado é uma missão que o jornalismo econômico deve ter. Passar ao público essa lógica da relação entre causa e consequência, por meio do noticiário, é um desafio que o *Jornal Nacional* busca incansavelmente superar.

Se é fato econômico relevante, tem que estar no *JN*. O telejornal tem a missão de contribuir para a compreensão das pessoas sobre o que aquele fato impacta na vida delas. Temos de falar de superavit primário, do crescimento do PIB, das contas externas, dos balanços de empresas afetadas pela corrupção, de oscilação da bolsa. Todos esses assuntos são econômicos e tem a ver, diretamente, com o bem-estar da sociedade. O cuidado extremo de não cometer erros de informação e de não especular com decisões econômicas em elaboração é uma preocupação cotidiana da equipe do *JN*. Todos estão conscientes de que uma notícia que se propaga em segundos, para milhões de pessoas, pode gerar perdas e ganhos para os negócios.

Durante a greve dos caminhoneiros que parou o país em 2018, ficamos no ar por muitas horas, com transmissões ao vivo em todo o território nacional. Nossas equipes, espalhadas por todos os estados e dezenas de cidades, sabiam da necessidade de ter rigor absoluto ao dar informação sobre a greve, de nunca especular sobre desabastecimento, bloqueios planejados e ameaças constantes de novas paralisações. Mantivemos o compromisso de mostrar o movimento que acontecia diante das nossas câmeras, para que a sociedade tirasse suas próprias conclusões e tomasse suas precauções. Sem estimulá-lo.

Nos turbulentos anos de crise econômica, em que planos de estabilização se sucediam ano a ano, governo a governo, como já contei aqui, muito se especulava sobre desvalorização da moeda – cruzeiro, cruzado ou real. O jornalista de economia acompanhava as discussões técnicas com o cuidado de não as tornar públicas. Antecipar uma possível desvalorização da moeda nacional levaria a uma corrida especulativa de compra de moedas estrangeiras. Muitos ganhariam muito dinheiro. E outros tantos seriam prejudicados, com o encarecimento de seus compromissos no exterior. Pode parecer contraditório, mas, às vezes, o mérito do jornalista é ter a informação e não a divulgar até que a medida se concretize, em benefício de um bem maior. Não se noticia a possibilidade de fechamento de um banco – fato comum no início dos anos 2000 –, antes do anúncio oficial. O vazamento de uma informação dessa natureza leva a uma corrida bancária, e produz ela própria o fechamento do banco.

FRAMES DE VÍDEO / GLOBO

Rodovia em Minas Gerais interditada durante a greve dos caminhoneiros. *Jornal Nacional* (21/05/2018).

Arte do *Jornal Nacional* para a cobertura da greve dos caminhoneiros (21/05/2018).

O *Jornal Nacional* tem um time de jornalistas dedicados à cobertura da economia que figuram entre os mais preparados do país. Além de repórteres que acompanham fatos econômicos diários, a equipe conta com profissionais que não aparecem no vídeo, mas que são de vital importância para produzir a notícia que vai ao ar. Com a frequência e a gravidade dos problemas econômicos, a Globo organizou equipes cada vez mais especializadas em economia. Produtores de reportagem e repórteres mais simpáticos ao tema fizeram cursos – que a própria emissora organizou junto a instituições de ensino –, investiram no conhecimento do processo de decisão econômica, desenvolveram relacionamento com formadores de opinião, no mercado financeiro e nas áreas empresarial e acadêmica, além das autoridades instaladas em Brasília.

Em Brasília, de onde saem decisões econômicas que impactam todo o país, vários profissionais nem sequer frequentam a redação da emissora. Saem direto de suas casas para os diversos órgãos públicos, onde acompanham extensa agenda de reuniões, sessões de julgamentos ou discussões no parlamento. Eles alimentam a redação com notícias transmitidas do local onde esses eventos ocorrem. Centenas de mensagens são compartilhadas no grupo de jornalistas do JN. O que dizem as autoridades, as reações políticas, do mercado financeiro e do meio empresarial circulam quase instantaneamente entre os profissionais. Na redação, editores e coor-

Silvia Faria em entrevista ao Memória Globo (2018).

FABRICIO MOTA / MEMÓRIA GLOBO

denadores avaliam a importância desses relatos e oferecem um cardápio de notícias que irão ao ar no *JN*. Esse trabalho se repete todos os dias.

Temas como a reforma da previdência ou a reforma trabalhista exigem meses de cobertura, de avanços e recuos sobre os detalhes das propostas. Em um sistema democrático, decisões econômicas de maior abrangência, que exigem alteração na Constituição ou em leis vigentes, nascem como uma ideia de natureza econômica, mas são enviadas ao Congresso, passam por adaptações na Câmara e no Senado, até tornarem-se medidas efetivas, para cumprimento de toda a sociedade. O acompanhamento desse processo, que todos veem no noticiário, requer domínio e conhecimento técnico dos profissionais envolvidos. Uma ideia de reforma econômica, por exemplo, sempre traz impactos na organização dos agentes econômicos, que somos todos nós. Transmitir isso no noticiário requer conhecimento do contexto: se gera gastos, requer mudança nas leis, se aumenta impostos ou a dívida do governo, entre outros fatores. Um profissional qualificado está preparado para analisar os desdobramentos das decisões econômicas e levar esse conhecimento ao público.

É comum assistir a debates em sessões acaloradas na Câmara ou no Senado. Traduzir esses eventos em poucos minutos de uma reportagem requer conhecimento sobre os atores que constituem grupos de pressão. Ao ver homens públicos expondo suas opiniões, o telespectador passa a entender como funciona o processo decisório em uma democracia. As reportagens tentam condensar as opiniões diversas que fazem o debate, até a tomada de decisão final. O telespectador recebe, por meio do noticiário diário, a diversidade de opiniões em jogo, para que tire suas próprias conclusões, para que tenha conhecimento de grandes questões nacionais. As sessões que discutem temas relevantes são levadas ao conhecimento público pelo *JN* nas várias etapas decisórias. Os grupos de pressão são compostos por representantes de diferentes setores da sociedade. São proprietários de terras, representantes de indústrias, dos sindicatos, dos movimentos sociais, entre outros, atuando em defesa de seus pontos de vista. A decisão final será fruto do democrático jogo de poder. A decisão econômica que resultará desse debate pautará nossas decisões, enquanto sociedade. Sejamos trabalhadores, empresários, cidadãos, minorias ou maiorias.

Quando o assunto é por demais complexo, uma das opções é fazer não apenas uma reportagem, mas uma série. Toda série é precedida de semanas de preparação: a escolha do tema, dos profissionais, da divisão dos subtemas e seus desdobramentos. O time de uma reportagem é amplo: conta com o produtor que fará o levantamento de dados, personagens e entrevistados, além de planejar viagens, com toda a logística requerida. Juntam-se a esse time o repórter, que vai orientar os caminhos derivados da apuração, o repórter cinematográfico e o editor de texto, que vai trabalhar no roteiro das reportagens, selecionando material para compor cada uma delas. Agrega-se, ainda, o editor de imagens, que dará forma à estrutura visual e sonora do material, até que se finalize aqueles minutos do noticiário levados ao ar.

Estou explicando tudo isso para narrar uma realização que levarei comigo para sempre, que só foi possível, pelo tamanho do desafio, porque um time dedicado, composto por esses profissionais, abraçou a causa com convicção, competência e entusiasmo.

O país vivia frequentes problemas impeditivos do crescimento – atuais ainda – e problemas de infraestrutura diversos. Concebemos uma série para o *JN*, que chamamos de "Barreiras para o desenvolvimento". A série levou ao público os enormes problemas da infraestrutura brasileira, que constituíam fatores inibidores do desenvolvimento econômico e, consequentemente, social brasileiro. Exploramos desde problemas no sistema de transportes, até a elevada carga tributária do país. Um trabalho cuidadoso, em que uma ideia de natureza econômica foi traduzida com clareza para que o grande público entendesse a complexidade dos problemas e o tamanho do desafio para superá-los.

Fiquei tão orgulhosa da série, que a levei para exibir para colegas, executivos de grandes empresas que cursavam MBA comigo naquele ano. A recepção comprovou o acerto da abordagem dos problemas, pois até mesmo executivos familiarizados com aqueles gargalos em seus diversos ramos de atividade pediram cópias da série para terem como material de referência. Festejamos internamente quando conseguimos levar um produto elaborado ao público que nos assiste. Uma série ou reportagem sobre um tema complexo, mas que seja de fácil compreensão para quem não tem conhecimento sobre o tema abordado, e até mesmo para aqueles que lidam cotidianamente com tais problemas.

O *JN* tem o compromisso de noticiar toda informação econômica que impacta a vida das pessoas. Essa informação pode estar relacionada ao aumento do preço de um determinado produto, à variação da taxa de juros, até o debate das reformas mais complexas. O grande desafio é a tradução de todos esses fatos e suas consequências para a vida dos cidadãos. Temos que deixar claro que, em economia, "não existe almoço grátis".

Tonico Ferreira [repórter]

O ano de 1986 foi excepcional para a cobertura jornalística da economia do país: época do Plano Cruzado, a primeira tentativa de derrubar uma hiperinflação com um só golpe. Ou melhor, com um choque, como se dizia.

No início, foi uma euforia; os índices de inflação despencaram. Mas a pergunta era: vai dar certo? Quase todos os dias, o *Jornal Nacional* exibia matérias de avaliação, até mesmo comparando a situação no Brasil com a de outros países – fui enviado à Argentina e a Israel, que também estavam com planos anti-hiperinflação em andamento.

Como a base do Plano Cruzado era o congelamento de preços, muitos repórteres do JN passaram o ano nos supermercados. No início, para conferir se alguém estaria aumentando preços e, depois, para mostrar o desabastecimento que o congelamento havia provocado.

Houve vários episódios interessantes. Não me esqueço da caça aos bois. Era campanha eleitoral de 1986 e Orestes Quércia, candidato ao governo de São Paulo, começou a exigir uma caça de boi gordo, porque a carne tinha sumido dos açougues. Ele dizia que os pecuaristas estavam escondendo o animal no pasto, e que o governo tinha que caçar boi gordo – uma coisa sem pé nem cabeça, mas com apelo eleitoral.

A insistência foi tal que a Sunab (a antiga Superintendência Nacional de Abastecimento) e alguns órgãos de defesa do consumidor foram ao interior do país, caçar boi gordo. A ordem era trazer duas mil cabeças. Ficamos sabendo, mais ou menos, onde seria o confisco e fomos para lá. Foi uma trapalhada desde o início. Primeiro, era para caçar em uma única fazenda, mas a propriedade tinha sido dividida em três construções diferentes. Depois, não havia dois mil bois gordos. Para completar a cota, pegaram até o gadinho do administrador de uma das fazendas. Achei aquilo bizarro e triste. Logo depois que mandei a matéria para o JN, voltei ao local do confisco e fui conversar com os caminhoneiros que estavam embarcando os bois para o frigorífico e um deles falou o

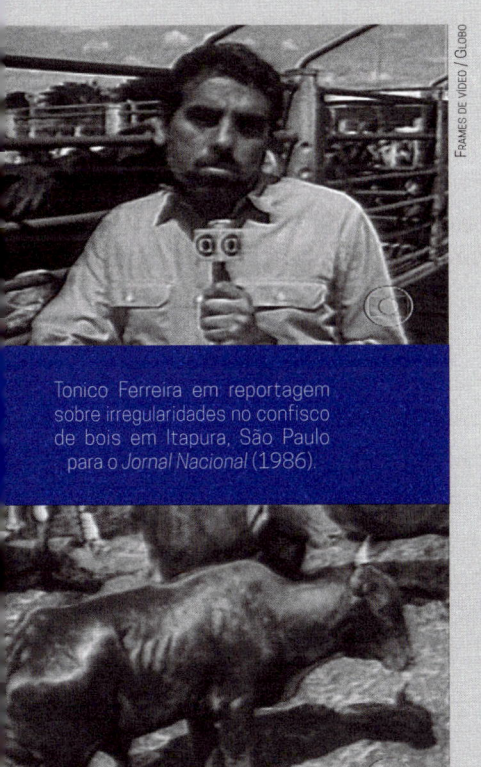

Tonico Ferreira em reportagem sobre irregularidades no confisco de bois em Itapura, São Paulo para o *Jornal Nacional* (1986).

FRAMES DE VÍDEO / GLOBO

seguinte: "Em geral, ponho 20 bois num caminhão desses; agora estão entrando uns 22, 23 bois, e está sobrando espaço". Aparentemente, o boi parecia gordo porque era grande – eram nelores de grande carcaça –, mas não era boi gordo. No dia seguinte, fui ao local onde os animais seriam abatidos e, conferindo o peso de cada um, comprovei que era boi magro. O gado confiscado ainda não havia chegado ao ponto de abate.

O presidente era José Sarney, que fazia um esforço danado para manter um plano que estava dando errado. Liguei para o Woile Guimarães, então diretor dos telejornais em rede, para contar a descoberta. Até hoje me lembro dele perguntando: "É boi magro, você tem certeza?". "Eu vim aqui no frigorífico conferir", respondi. E botamos a matéria no ar.

Esta foi uma daquelas coberturas que lavam a alma dos jornalistas e que, mais importante, confirmam a necessidade de uma imprensa livre e independente.

Heraldo Pereira
[repórter; apresentador do *Jornal das Dez* – GloboNews]

FRAMES DE VÍDEO / GLOBO

Acima: Heraldo Pereira na cobertura do impeachment de Fernando Collor. *Jornal Nacional* (29/09/1992).

Abaixo: Fernando Collor olha o relógio antes de deixar o Palácio da Alvorada após sofrer o impeachment. *Jornal Nacional* (02/10/1992).

Quando, no dia 29 de setembro de 1992, a Câmara dos Deputados aprovou o prosseguimento do processo de impeachment do então presidente Fernando Collor, a ameaça de afastamento já circulava havia muito tempo pelos corredores e conversas de cafezinho de Brasília. Ainda não se usava a palavra impeachment porque não conhecíamos direito os trâmites de um processo desses; era tudo muito novo para todos nós. Mas tínhamos a sensação de que a situação estava degringolando. Até os setores mais governistas estavam desembarcando do governo Collor. O mais interessante era a romaria que se via em direção ao gabinete do vice, Itamar Franco – que tinha uma relação absolutamente distante com o presidente.

Collor era um sujeito midiático: ele corria, andava de jet ski, aparecia com umas camisetas com frases de efeito, era impetuoso e imprevisível. No dia em que foi comunicado da abertura do processo, 2 de outubro, a imprensa, que o acompanhava em regime de plantão, estava toda à espera, atenta ao que poderia acontecer. Lembro da cena, que ficou registrada: ele recebe a notificação, olha o relógio, que marcava 10h18, assina e sai para pegar o helicóptero com o qual ia trabalhar diariamente. Só que, uma vez assinado

Arte do *Jornal Nacional* sobre as medidas do Plano FHC (07/12/1993).

aquele papel, ele estava afastado e perdia o direito de pegar o helicóptero. A informação que recebemos na época foi que Itamar teve que autorizar o voo.

Ex-senador, Itamar Franco chamou logo alguns "cardeais" tucanos para compor o governo. Entre eles, Fernando Henrique Cardoso, à época senador e um conhecido estudioso do poder no Brasil, que logo reuniu alguns economistas – Edmar Bacha, Pérsio Arida – para formatar um plano. Seria o embrião do Plano Real.

Se Collor era um midiático, Itamar era um falso discreto. Vivíamos todos sobressaltados com as surpresas que ele fazia. Fernando Henrique me contou, certa vez, que o Plano Real quase não saiu porque Itamar, em algum momento, ficou irritado por se sentir apartado das negociações. Felizmente, conseguiram conduzir e o plano acabou virando a referência do governo seguinte, do próprio Fernando Henrique.

Na verdade, o Plano Real nasceu a partir da URV, a Unidade Real de Valor, uma espécie de estágio para a implementação de uma nova moeda. E para explicar no *Jornal Nacional* o que era URV, uma referência em forma de moeda, nada mais que uma sigla? Criamos grupos na redação para tentar entender aquilo e estudar como passar aquelas informações para o público de televisão. Passamos a ter cobertura permanente no Ministério da Fazenda; tinha jornalista que passava 24 horas no comitê de imprensa que esse ministério montou.

O país passou meses convivendo com uma moeda que não existia de fato até que se chegou à etapa seguinte, do Plano Real em si. A Globo, especialmente por meio do JN, teve um papel fundamental nesse contexto.

Elaine Bast [repórter]

Insegurança para a gente e para o mercado financeiro traz as mesmas reações: medo, paralisia, aquela sensação de ameaça. A diferença é que, no mercado de câmbio e na Bolsa de Valores, esses sentimentos são vistos, minuto a minuto, nos gráficos. Naquele ano, o mercado financeiro entrou em "piripaque" e dominou o noticiário do *Jornal Nacional*.

No dia 10 de outubro de 2002, o JN anunciava: "Esta quinta-feira foi mais um dia de forte alta na cotação do dólar. Durante a tarde, a moeda americana chegou a ultrapassar os R$ 4,00, mas fechou a R$ 3,99, atingindo a maior cotação do Plano Real".

À medida que Lula avançava nas pesquisas eleitorais, as incertezas em relação ao futuro da política econômica aumentavam. Afinal, seria o primeiro governo de esquerda depois da redemocratização do Brasil. Não era apenas o mercado financeiro que estava nervoso. Todos nós estávamos. Nessa manhã cheguei cedo a uma corretora de câmbio para acompanhar a evolução do dia, mas ninguém tinha ideia do que viria nas horas seguintes. O tal do gráfico do dólar só subia nas telas... Pouco depois, a cotação disparava, junto com as vozes dos corretores, até bater os R$ 4,00 – algo nunca visto desde o início do Plano Real. Em economia, o valor do dólar e o índice da Bolsa costumam ser um termômetro do que empresas e investidores acreditam que vá acontecer no futuro. Mas, em momentos de grande insegurança, esse termômetro sobe e desce em velocidade absurda. As referências se perdem e a irracionalidade – em um mundo considerado tão racional; quem diria! – toma conta das ações de compra e venda, dando espaço para especuladores botarem ainda mais lenha na fogueira.

Aquela cobertura econômica seguiu esses altos e baixos, acompanhando os desdobramentos no cenário político até o dia da eleição. Mas o acontecimento mais marcante para mim foi na esfera política.

No dia 27 de outubro, segundo turno das eleições presidenciais, todo o Jornalismo de Brasília estava de plantão em pontos diversos da cidade, preparado para entrar ao vivo assim que o novo presidente do país fosse confirmado, onde quer que ele estivesse. Eu e o repórter cinematográfico Ricardo Vital ficamos no lobby do hotel em que o então candidato Luís Inácio Lula da Silva acompanhava a apuração das urnas. Depois das cinco da tarde, líderes do PT começaram a chegar em peso no local. Pouco depois das oito da noite, recebo um pedido do então editor-executivo do JN, Mariano Boni: "José Serra acabou de ligar para o Lula, reconhecendo a derrota. Vamos entrar ao vivo contigo em cinco minutos". Como o lobby do hotel estava completamente tomado de jornalistas – do mundo inteiro –, Vital me posicionou em frente aos elevadores, único local de

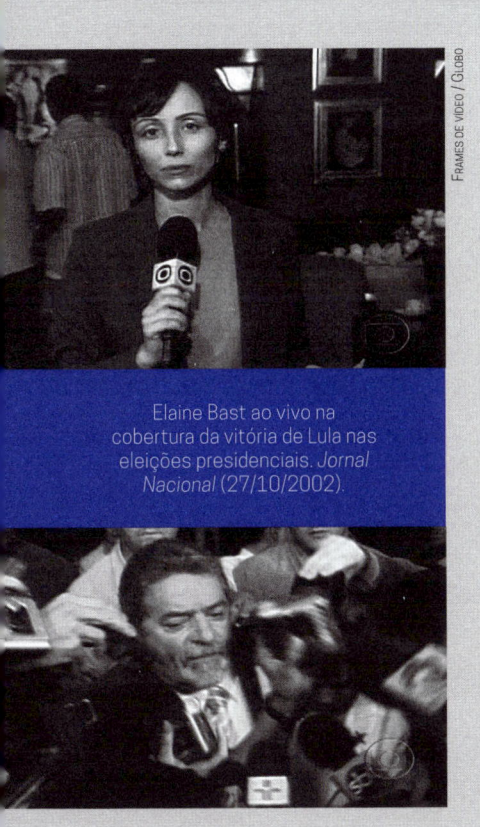

FRAMES DE VÍDEO / GLOBO

Elaine Bast ao vivo na cobertura da vitória de Lula nas eleições presidenciais. *Jornal Nacional* (27/10/2002).

onde conseguiríamos entrar ao vivo sem perder de vista quem estivesse chegando.

Mal começo a falar para a câmera e vejo todos os colegas correrem na nossa direção. Foi um tsunami de gente gritando com microfones na mão e olhares desesperados. Me viro e descubro o porquê: o recém-eleito presidente saía do elevador exatamente atrás de mim. Eu e Vital estávamos na posição mais privilegiada do mundo! Ficamos ao lado dele durante todo o trajeto até a saída do hotel. E que saída!

Ao vivo – embora àquela altura meu ponto de retorno, o aparelhinho que usamos para nos comunicar com a equipe no estúdio, tivesse sido arremessado longe e já não tivéssemos mais certeza se estávamos ou não no ar – Lula, e todos nós, jornalistas, mal conseguimos andar até a porta principal do prédio em meio ao tumulto que havia se formado. Uma jornalista acabou caindo no meio da muvuca – uma bola humana cheia de braços, microfones e câmeras – sendo levantada pela mão por Lula. Foram quase dez minutos até a saída em direção ao local onde aconteceria a coletiva de imprensa na qual faria seu primeiro pronunciamento como presidente. Mesmo sem a certeza de que estávamos no ar – na verdade, eu nem sabia onde estava o cinegrafista – continuei narrando até que os carros da segurança de Lula fossem embora.

Quando o último carro se foi, me virei – e mentalmente rezei – para que o Vital, quem eu já tinha perdido de vista, estivesse com a câmera em mim para que eu pudesse encerrar e entregar para o apresentador do estúdio. Graças a Deus, ele estava lá! Curiosamente, esse momento também está registrado no documentário *Entreatos*, do cineasta João Moreira Salles, sobre a candidatura de Lula. Quase gritei quando me vi na tela do cinema!

Meia hora depois de terminada a entrada ao vivo – e alguns copos de água com açúcar –, achamos, finalmente, o ponto de retorno. Havia sido jogado atrás de um vaso. Estava escondido, mas inteiro e cheio de bateria para novas coberturas jornalísticas.

4

COBERTURA POLÍTICA

RICARDO VILLELA
[DIRETOR-EXECUTIVO DE JORNALISMO]

Onze de abril de 2017 não foi um dia comum para os jornalistas de Brasília. Em pequenos grupos nas redações e nas salas de imprensa do Congresso Nacional, Palácio do Planalto e Supremo Tribunal Federal (STF), repórteres, produtores e editores respiravam ansiedade. A Operação Lava Jato, iniciada cerca de três anos antes, em Curitiba, havia imposto um estado de tensão permanente a quem vive de notícia. Mas aquele dia tinha algo de diferente. Seria o ponto culminante de um suspense que vinha aumentando desde a homologação da delação da Odebrecht pela então presidente do STF, ministra Carmem Lúcia, em janeiro daquele ano.

A colaboração premiada da Odebrecht era tratada de forma ora jocosa, ora nervosa, em Brasília, como "a delação do fim do mundo". Com o tempo, fomos aprendendo que havia outras delações do fim do mundo por vir, como a dos irmãos Joesley e Wesley Batista, da JBS, em maio de 2017. Mas em termos de volume de informação, número de delatores, políticos envolvidos, nada superava ou viria a superar aquela colaboração dos executivos e ex-funcionários da emprei-

William Bonner com Alexandre Garcia e Heraldo Pereira ao vivo da Câmara dos Deputados durante a votação do impeachment de Dilma Rousseff. (17/04/2016).

FRAME DE VÍDEO / GLOBO

teira. Antes do levantamento do sigilo do material pelo ministro relator Edson Fachin, o que se sabia era que 77 executivos haviam citado dezenas de políticos em mais de 200 depoimentos em vídeo. Desconhecia-se a extensão exata desses depoimentos, quantos e quais os suspeitos delatados ou ainda quantos procedimentos judiciais seriam abertos. Mas o volume esperado era uma enormidade. Processar esse mundo de informações com velocidade e precisão era um desafio para o qual todas as redações de Brasília vinham se preparando.

Os setenta dias entre a homologação e a divulgação da delação nos deram tempo para preparar e executar uma operação que ilustra bem o quanto a disciplina, talentos individuais e senso de equipe fazem diferença no que o *Jornal Nacional*, em particular, e o Jornalismo da Globo, em geral, levam ao ar diariamente. O marco zero desse planejamento foi uma visita que eu, na época diretor de Jornalismo de Brasília, e a produtora da Globo no Judiciário, Mariana Oliveira, fizemos à Secretaria de Imprensa do STF.

Mariana representa bem um profissional pouco conhecido pela audiência de TV, mas muito importante nos bastidores da cobertura do poder em Brasília. É, no jargão do jornalismo, uma setorista. Uma produtora de notícias especializada em uma determinada área de cobertura. No caso dela, a Justiça. Mariana raramente é vista na redação. Ela tem uma mesinha com computador na sala de imprensa do edifício principal do STF, onde trabalha ao lado de colegas de diversos veículos. Cabe a ela compreender os diversos despachos emitidos por procuradores e magistrados, e traduzi-los para o grande público com uma linguagem que todos entendam. Outros profissionais, como repórteres especialistas, também contribuem para essa missão. É o caso de Marcos Losekann, que, após uma longa carreira como correspondente internacional, ingressou na faculdade de Direito para se aprofundar e aprimorar na cobertura do Judiciário. A liturgia dos tribunais inclui uma forma específica de os magistrados se expressarem, nem sempre compreensível a todos. Como clareza no jornalismo é fundamental, o trabalho dos setoristas aumenta. E com o crescente interesse por julgamentos do STF, principalmente após o julgamento do Mensalão, em 2012, o JN ampliou e sistematizou a cobertura das sessões. Foi criado um modelo de apresentação dos julgamentos: primeiro, Bonner e Renata explicam o conteúdo da sessão – com o resultado dela. Em seguida, sintetizam, no que chamamos de cabeça, o voto de cada magistrado, seguido de um trecho do voto na voz do próprio ministro durante a sessão. Essa forma ajuda o público a compreender o ritual, mas também deixa que se conheça a palavra dos ministros. Assim, obtemos clareza sem perder precisão acerca de decisões relevantes da Justiça. No princípio, houve quem receasse que essa forma de apresentação dos julgamentos no JN, longa, detalhada, fosse espantar a audiência. Mas anos de experiência com diversos julgamentos cobertos dessa forma mostraram que a audiência não caiu. Se é relevante e os votos são precedidos de uma boa explicação, a audiência prestigia. E nós cumprimos nosso papel de informar, com contexto e precisão.

Além de setoristas no Judiciário, há na Globo Brasília produtores especialistas em outras instâncias do poder, como Câmara dos Deputados, Senado, Palácio do Planalto, Ministério da Justiça/Polícia Federal e Ministério da Economia/Banco Central. Pergunte sobre a tramitação de um projeto de lei a um dos setoristas no Congresso, e ele terá a resposta na ponta da língua, ou saberá exatamente onde buscar a informação. Brinco que os setoristas do Palácio do Planalto trabalham tanto quanto o presidente. Começam quando ele acorda e só desligam quando ele vai dormir. A produtora no Planalto tem a agenda presidencial na cabeça: quem o presidente mais encontra, para falar o quê e em quais circunstâncias. Já o setorista responsável pela Polícia Federal acorda sempre antes do nascer do sol e se informa com as fontes se há alguma operação em andamento. Tem contatos entre os investigadores e é quem desperta todos os colegas em caso de algo relevante (nos cinco anos e meio em que dirigi a redação de Brasília, quantas e quantas vezes fui acordado por estes chamados!). Os setoristas de economia, por sua vez, acompanham e interpretam das atas do comitê de política monetária do Banco Central aos relatórios de emprego do Cadastro Geral de Empregados e Desempregados (Caged).

Quando Mariana e eu fomos ao STF naquele dia, em janeiro de 2017, queríamos construir um caminho oficial para que o material completo dos processos chegasse à Globo, após a quebra de sigilo. Não estávamos preocupados naquele momento em conseguir informações exclusivas, mas em traçar um meio de obter acesso geral aos vídeos e documentos, ainda que esse método beneficiasse toda a imprensa. De posse do material na data estabelecida pelo Supremo, cada veículo exercitaria a melhor forma de processar, editar e transmitir as informações para seus leitores, ouvintes ou telespectadores.

Essa história pode provocar estranheza. Como assim um jornalista defende viabilizar o recebimento da delação para toda a imprensa ao mesmo tempo? O jornalismo não vive de furo de reportagem? A resposta é: também. E os cerca de 270 jornalistas que trabalham na redação da Globo Brasília dedicam a maior parte do seu tempo à busca pelo furo, que pode ser obtido de várias formas: até a partir da escrutinação minuciosa de um material disponível a todos. Mas também de contato com uma fonte, ou à custa de muita sola de sapato.

Isso é feito tanto por produtores, quanto por nossos repórteres, já conhecidos pelo público. Ambos atuam *in loco* na busca por notícias e são responsáveis por muitos furos que vão ao ar no *JN*. É normal que os jornalistas em Brasília sejam vistos com autoridades em público. Almoços, jantares, cafés e mais cafés são parte da rotina. O importante é que todos tenham sempre a clareza de que a relação do jornalista com suas fontes em nada se assemelha a uma amizade. O jornalista vive de informação, e a fonte tem a informação. O repórter deve ter fontes de todos os espectros políticos e falar com membros de todos os partidos – governo e oposição – para que sua visão não fique enviesada. Além disso, ele deve estar sempre atento aos possíveis interesses por trás da vontade de sua fonte em divulgar uma informação. O contexto é fundamental. Essa é uma disputa

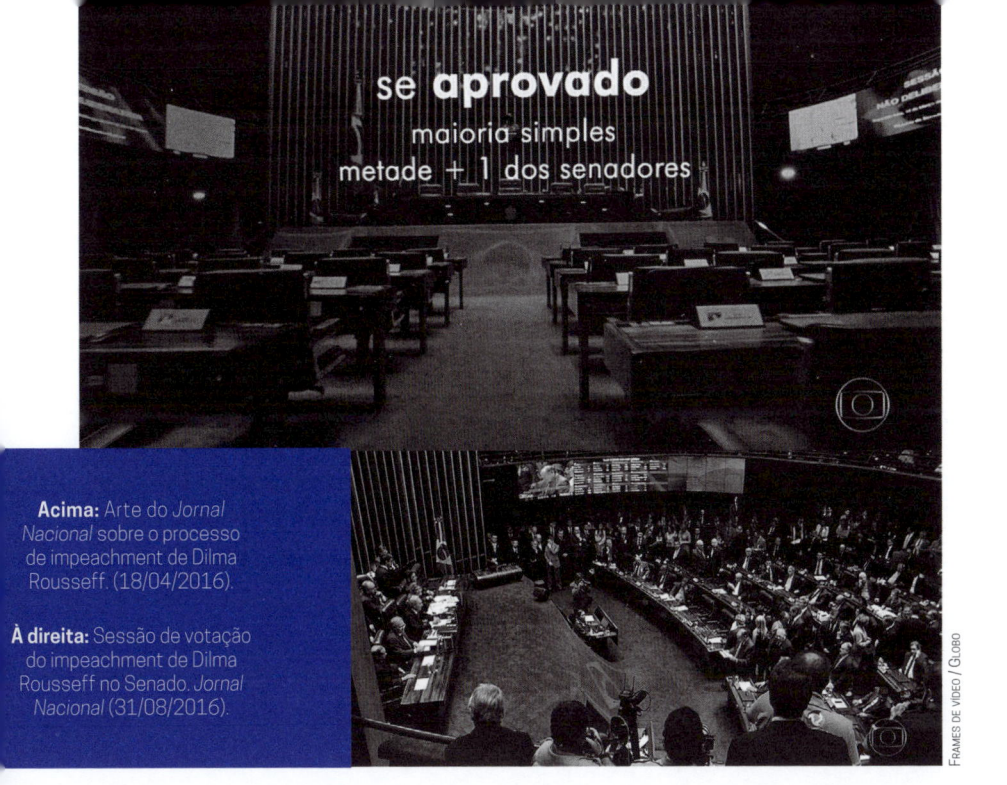

se aprovado
maioria simples
metade + 1 dos senadores

Acima: Arte do *Jornal Nacional* sobre o processo de impeachment de Dilma Rousseff. (18/04/2016).

À direita: Sessão de votação do impeachment de Dilma Rousseff no Senado. *Jornal Nacional* (31/08/2016).

aguerrida em que todos jogam. Mas, como está nos princípios editoriais do Grupo Globo: "a lealdade do jornalista é com a notícia".

E a notícia precisa ser apurada. Muitas vezes, o entrevistado dá ao jornalista apenas uma pista da pauta, e cabe a ele iniciar uma investigação. Durante o governo Michel Temer, por exemplo, a repórter Andréia Sadi tinha uma fonte que a avisava de todos os encontros fora da agenda do presidente da República. A partir dessa informação, um repórter cinematográfico era escalado para fazer discretamente a imagem de qualquer pessoa que entrasse no Palácio do Jaburu, onde morava o presidente. Depois, Andréia procurava o convidado secreto para extrair o conteúdo da conversa. Surpreso com a descoberta da reunião, ele acabava por revelar o que foi discutido. Boas reportagens nasceram assim.

Em outras situações, esse fio do novelo da notícia é puxado com muito suor, até que se chegue a uma grande reportagem. Um bom exemplo é a matéria de Vladimir Netto, que foi ao ar no *JN* em 3 de dezembro de 2013, sobre o dono de um hotel que ofereceu emprego ao ex-dirigente petista José Dirceu. Naqueles dias, o outrora poderoso ministro do ex-presidente Lula cumpria pena no presídio da Papuda, condenado por corrupção no esquema do Mensalão. Para conseguir progressão para o regime semiaberto, precisava de um emprego. E o hotel Saint Peter, em Brasília, se dispôs a contratá-lo. Uma fonte do Vladimir passou a ele uma única informação: o nome do sócio do hotel registrado em cartório parecia ser de um laranja.

Uma pesquisa em documentos oficiais mostrou que esse laranja constava como proprietário de várias outras empresas além do hotel, todas ligadas a uma companhia no Panamá. Parecia um caso de dissimulação de propriedade, uma tentativa de esconder os verdadeiros donos do hotel. Para ter certeza, só indo ao Panamá e falando com ele. Vladimir Netto e o repórter cinematográfico Salvatore Casella voaram para lá com esses documentos e a missão de descobrir quem era o misterioso proprietário do hotel. No escritório registrado em nome do laranja panamenho, um luxuoso edifício em uma área nobre da Cidade do Panamá, Vladimir e Salvatore tomaram um chá de cadeira. Mas, por fim, eles conseguiram acionar uma outra fonte, dessa vez da Interpol, a polícia internacional, que os ajudou a localizar um endereço que poderia ser o da residência do laranja. Os jornalistas acabaram por encontrar o suposto milionário dono de hotel lavando um carro popular na frente de casa, em um bairro pobre da cidade. Uma imagem preciosa. Na conversa, ele reconheceu singelamente que tinha dezenas de empresas registradas em seu nome, mas que era apenas um auxiliar de escritório. O hotel, na verdade, pertencia ao presidente de um partido nanico da base do governo. Estava explicado o esforço para dissimular a propriedade. Esse é um bom exemplo de furo que independe dos órgãos de investigação, como polícia ou procuradoria. Fomos ao Panamá por nossa própria conta, sem que houvesse inquérito oficial sobre a propriedade do hotel.

Um dos capítulos mais importantes da queda do ex-presidente da Câmara Eduardo Cunha foi a revelação de suas contas na Suíça. Exibida pelo *JN* em 16 de outubro de 2015, a reportagem era ilustrada pelos formulários de aberturas de contas dele e de sua família, cópias de passaportes e contratos. Essa divulgação foi determinante no processo porque, semanas antes, Cunha garantira, em sessão de uma CPI na Câmara, que essas contas não existiam. Os documentos provavam o contrário. Ficou evidente a quebra de decoro de Cunha, o que eventualmente levaria à cassação de seu mandato.

Após a comprovação da existência das contas, impôs-se uma nova questão: de onde vieram os nove milhões de dólares que as abasteceram? Como o presidente da Câmara justificaria o dinheiro? Algumas semanas após a publicação da matéria, recebi um telefonema importante. Era um convite para um encontro com Eduardo Cunha, em que ele daria suas explicações. Isso faz parte da rotina de trabalho do diretor de Jornalismo de Brasília: ouvir as autoridades, suspeitas de crimes ou não. Essas conversas ajudam a definir pautas, entender o que é relevante, conhecer as agendas de quem está no poder ou na oposição. Mas essa conversa, em particular, me deixou intrigado. Eu já encontrara com Cunha em outras oportunidades. Em todas, ele estava por cima, partindo para o ataque, criticando os adversários, parecia senhor da razão. Como se comportaria na defensiva, precisando se explicar?

No encontro, na residência oficial do presidente da Câmara, ele apresentou pela primeira vez a versão de que os nove milhões de dólares das contas foram amealhados com exportação de carne enlatada para a África, no início de sua vida profissional. Não apresentou nenhum documento para comprovar o que dizia. Mas disse com uma convicção! Convidei-o então a contar seu lado da história em uma entrevista para o *JN*. Com isso, cumpriria uma obrigação de todo jornalista profissional que também é um mantra na Globo: ouvir, de boa-fé, a defesa de acusados de corrupção, garantir-lhe espaço. Recentemente, o telejornal até criou uma inserção de arte na tela com a frase "O que dizem os citados". Nesse caso específico, contudo, como seria a primeira vez em que o presidente da Câmara falaria sobre as acusações, o espaço tinha que ser maior, e o formato de entrevista pareceu mais apropriado para questionar as afirmações e ouvir as explicações com o detalhamento que o assunto merecia.

O repórter Júlio Mosquéra foi escalado para a entrevista, exibida em 7 de novembro de 2015. Entrou em cena outra característica do trabalho na Globo Brasília: o zelo na confecção da pauta. Antes de sentar diante do presidente da Câmara, Mosquéra contou com uma ampla pesquisa feita pelos produtores, que prepararam uma série de 25 questões com a ajuda da equipe de editores do *JN*. Nossos editores funcionam como uma espécie de guardiões da informação, acompanham todo o processo de produção da matéria, permanecendo em contato com o repórter, buscando conteúdo complementar, pesquisando imagens de arquivo e dialogando com a equipe do departamento de Arte para encomendar as inserções gráficas necessárias para a reportagem. Esse acompanhamento, desde a pauta, é o que garante que, em um caso como o da entrevista de Cunha, nada importante deixará de ser perguntado. E também que não faltarão ao repórter informações e argumentos para contrapor a respostas incompletas ou mesmo falsas. Em português direto, é o que faz com que o repórter não seja enrolado. A preparação sempre rende frutos. Na

Sala de Guerra montada na Globo de Brasília, para a cobertura da delação da Odebrecht. (abril de 017).

FRAMES DE VÍDEO / GLOBO

entrevista, Cunha reafirmou que o dinheiro vinha da exportação para a África e foi confrontado com falta de documentos que comprovassem o negócio. O contraditório era que, embora Cunha atribuísse a origem do dinheiro ao fruto de seu trabalho em negócios lícitos, ele não admitia, desde a CPI, ser o proprietário de fato da fortuna. Mosquéra foi arguto e, após ouvir as explicações sobre os negócios, perguntou diretamente se o dinheiro pertencia a ele. Cunha respondeu com uma pérola: "Não sou dono do dinheiro. Sou usufrutuário em vida". A resposta teve enorme repercussão. Estava confirmado o acerto da opção pela entrevista.

Há uma frase que, de tão repetida por jornalistas de TV, virou lugar comum: "Televisão se faz em equipe". Isso pode ser notado nos dias mais ordinários, mas, quando há um evento como o impeachment de um presidente da República, fica evidente que não se faz nada sozinho. O processo do impeachment de Dilma Rousseff por crime de responsabilidade levou quase nove meses para ser concluído – da aceitação do pedido, em dezembro de 2015, ao julgamento final no Senado, em agosto de 2016. Nesse período, houve muitas fases, todas acompanhadas de perto pelo jornalismo da Globo.

A primeira delas foi o próprio dia do acolhimento do pedido por Eduardo Cunha. Uma história que só pôde ser contada em sua complexidade pelo *JN* porque a equipe envolvida na cobertura ouviu fontes de todos os lados. Cunha já tinha recusado diversos pedidos de abertura de impeachment e se encaminhava para rejeitar mais um, no dia 2 de dezembro de 2015. Mas para isso pedia em troca algo muito valioso: que os votos dos deputados do PT no Conselho de Ética da Câmara fossem contrários à continuidade do processo de cassação de seu mandato. A cúpula do partido chegou a fechar este acordo, mas os deputados do PT, preocupados com a repercussão no eleitorado, se recusaram a seguir a orientação. Foi um jogo de acordos – pouco republicanos – não cumpridos. A apuração desse caso não podia se basear apenas no que contavam os petistas ou os pemedebistas. Se pessoas com interesses opostos contam a mesma história, bingo! Temos uma reportagem. Repórteres do *JN* como Camila Bomfim, Delis Ortiz, Zileide Silva e Claudia Bomtempo, por exemplo, são especialistas nessa arte de extrair de entrevistados o que eles até sabem, mas não querem dizer.

Pedido acolhido, foi instalada no mês seguinte uma comissão especial da Câmara para emitir um parecer sobre a denúncia contra a presidente Dilma. Foram catorze sessões ao longo de quatro semanas. O trâmite foi aprovado e seguiu para o Plenário, que votou pela abertura do processo de impeachment. Só a transmissão da Globo da sessão daquele domingo, dia 17 de abril de 2016, tomou oito horas e catorze minutos da programação.

A etapa seguinte foi no Senado. A votação que afastaria Dilma Rousseff temporariamente e abriria o processo na casa foi na noite de 11 para 12 de maio de 2016. A sessão durou vinte horas. Em períodos assim, mais da metade do *JN* é produzida em Brasília. Todos participam. Os produtores no Congresso elaboraram roteiros minuciosos sobre o que o regimento diz, com o passo a passo da tramitação. Eles apontaram também a tendência do voto de cada parlamentar. Setoristas do Judiciário analisaram os processos e prepararam um dossiê com as implicações legais. Como os crimes de responsabilidade cometidos por Dilma eram de ordem orçamentária, também os setoristas de Economia precisaram se debruçar para entender as famosas pedaladas. A partir desse manancial, repórteres e editores elaboravam seus textos concatenando o que viam diante de seus olhos com o que estava nos dossiês preparados de antemão. As equipes de Tecnologia e Operações precisaram multiplicar os pontos de vivo, com o crescimento do espaço do jornalismo na programação da TV aberta e da GloboNews. A edição do *JN* de 12 de maio teve cerca de 70 minutos de duração, sendo 45 produzidos em Brasília. A sensação de dever cumprido veio às 21h55, quando William Bonner deu boa noite, encerrando aquela edição.

Meses depois, em agosto, aquele capítulo da história do Brasil seria encerrado definitivamente com o julgamento final do impeachment de Dilma Rousseff e sua consequente perda do mandato presidencial. Ou seja, se o dia 12 de maio foi marcante, esteve longe de representar o início de um período de sossego no noticiário político em Brasília. Entre aquele dia e a divulgação da colaboração premiada da Odebrecht, em abril de 2017, não se passou um ano.

Voltamos à visita à Secretaria de Imprensa do STF. Eu e Mariana lá fomos com o objetivo de desenvolver um meio para receber e interpretar a colaboração premiada da Odebrecht, a agora famosa delação do fim do mundo. Nunca o órgão precisara divulgar material tão extenso em prazo tão exíguo. Nessa conversa, ajudamos a estabelecer um processo que seria seguido por todos os veículos de comunicação interessados no material das delações da Odebrecht. Semanas antes do levantamento do sigilo, jornais, revistas, sites e emissoras de televisão entregaram HDS externos à instituição, à espera de uma decisão do ministro-relator para começar a gravação do conteúdo.

Paralelamente, enfrentávamos um desafio interno: como processar, analisar e estabelecer ordem de prioridade nessa montanha de informações? Como garantir a dianteira se toda a imprensa receberia o material ao mesmo tempo? E mais: como decifrar as dezenas de inquéritos, depoimentos, delações e organizá-los em matérias para o *JN*, a GloboNews e o G1?

Sob a coordenação dos chefes de redação Daniel Martins e Iain Semple, e do editor-executivo do *JN* em Brasília, Marlon Herath, reservamos uma sala na Globo Brasília, que se tornou cenário dessa operação. Ela foi apelidada de Sala de Guerra. O espaço era equipado com dezesseis computadores, onde trabalhariam jornalistas do G1, da GloboNews e de todos os telejornais de rede. Esses profissionais eram os maiores especialistas em Lava Jato do Brasil, emprestados de São Paulo, do Rio e da RPC, a afiliada da Globo no Paraná – alguns deles com experiência em dados –, que se dedicariam a analisar os documentos em busca

Andréia Sadi na cobertura do impeachment de Dilma Rousseff. *Jornal Nacional* (31/08/2016).

À direita: Júlio Mosquéra e Vladimir Netto ao vivo de Brasília durante a cobertura da Lava-Jato. *Jornal Nacional* (06/03/2015).

Abaixo: Júlio Mosquéra acompanha o julgamento de Eduardo Azeredo pelo STF. *Jornal Nacional* (05/11/2009).

de informações de interesse público. Entre eles estavam os produtores Marcelo Parreira, de Brasília, e José Vianna, da RPC de Curitiba.

Para que o trabalho jornalístico pudesse ser executado com velocidade e precisão na hora certa, necessitávamos de um sistema integrado de indexação, arquivamento e busca de informações que fosse capaz de processar diferentes mídias, já que não sabíamos o que viria do STF. Além disso, precisava ser bem organizado em categorias preestabelecidas, como nome de possíveis delatáveis e número de inquérito para que o time de jornalistas trabalhando em diferentes turnos localizasse o que procurava. Entrou em cena a área de Tecnologia, que desenvolveu um sistema integrado ao nosso software interno de preparação de notícias para TV, o que facilitava a introdução de dados e a navegação posterior.

Todos os profissionais estavam devidamente treinados e ansiosos naquele estranho 11 de abril de 2017, quando as primeiras decisões referentes à delação vazaram, sendo publicadas primeiro no site do jornal *O Estado de S. Paulo*. Logo, houve o levantamento oficial do sigilo, e o material começou a chegar à Sala de Guerra. Foi uma correria. Só então percebemos a real dimensão da delação.

Ricardo Villela em entrevista ao Memória Globo (2018).

Fachin autorizou abertura de inquérito contra 97 suspeitos e mandou cerca de 200 para tribunais inferiores. Cada decisão podia ter até 100 páginas. Seriam investigados 8 ministros, 12 governadores, 24 senadores, 37 deputados e 5 ex--presidentes. Cada um podia ter sido citado por 1, 2 ou mais dos 77 delatores. Imagina transcrever e cruzar o que cada um deles disse nos 739 depoimentos gravados em vídeo pelos procuradores?

Na sala, a todo vapor, jornalistas de diferentes backgrounds dividiam vídeos e documentos entre si. Quando alguém encontrava algo relevante, alertava a todos. As reportagens foram feitas a partir de trechos de depoimentos e documentos encontrados por pessoas diferentes ao longo do dia. Os editores e repórteres, coordenados pelas jornalistas Fátima Baptista e Evane Bertoldi, juntavam as peças, faziam o desenho e preparavam as matérias para todos os nossos produtos, incluindo o *JN*. Eram furos obtidos a partir de um material que toda a imprensa tinha, mas localizados por quem se organizou melhor. Por dez dias, a Sala de Guerra funcionou 24 horas, em três turnos. Em seus cinquenta anos, o *Jornal Nacional* deu incontáveis furos, mas dificilmente houve período em que tenha dado mais furos concentrados no mesmo espaço de tempo do que naquela semana. A cada dia, o *JN* e os outros telejornais da Globo tinham cinco, até seis, furos por edição. Era um trabalho de garimpagem emocionante, em que a descoberta de uma informação exclusiva na Sala de Guerra era celebrada por todos. Mais da metade do conteúdo das edições do *JN* daquela semana saiu do esforço daquele grupo.

Esse trabalho de transcrição completa só a Globo tem. Nem a Procuradoria Geral da República, a quem coube a investigação, o fez. São 225 horas, 35 minutos e 17 segundos de depoimentos transcritos e indexados ao alcance dos nossos profissionais. Até hoje, quando uma operação é deflagrada ou um julgamento é marcado, nossas equipes recorrem a esse trabalho para consultar o que foi dito sobre aquele caso específico pelos delatores da Odebrecht. A Sala de Guerra da delação da Odebrecht foi um momento sublime do jornalismo de suor – de treinar para um jogo e jogá-lo à perfeição –, que simboliza bem o esforço empreendido diariamente pela redação de Brasília para levar aos brasileiros um jornalismo profissional e isento, tão necessário à democracia.

Álvaro Pereira [repórter]

Eu era especializado em jornalismo político quando cheguei à Globo Brasília, em 1978. Era o final do governo de Ernesto Geisel, que tinha perspectiva de abertura política lenta, gradual e segura, articulada pelo general Golbery do Couto e Silva, chefe da Casa Civil. Eu vinha da revista *Veja*, era tímido e introvertido, e, por isso, insisti para começar trabalhando nos bastidores. Tornei-me editor de Política do *Jornal Nacional*, atuando em parceria com a repórter Marilena Chiarelli para suprir a falta do grande Geraldo Costa Manso (1951-1977).

Até então, o *JN* não dedicava muito espaço à política. A ditadura não dava abertura: as liberdades eram cerceadas, não havia possibilidade de crítica e opinião. O desafio que eu assumira era tornar o jornalismo político mais atraente, com linguagem simples, objetiva, direta. Como era o processo de votação no Congresso? E o processo de decisão do Executivo? Passei a apurar nos Três Poderes, entrevistar políticos importantes, mas ainda sem aparecer na frente das câmeras. Seis meses depois, por insistência do Toninho Drummond (1936-2018), então diretor da Globo em Brasília, gravei uma passagem no Salão Verde. Para a minha surpresa, a direção, no Rio, aprovou. Foi o meu primeiro vídeo para o *JN*, um dia de glória não só para mim, mas para minha família, que assistia ao jornal no interior de Minas.

Como repórter – e, depois, comentarista – do *JN* nesse contexto de fortalecimento da política, vivi momentos difíceis. O principal foi a cobertura da votação da emenda Dante de Oliveira no Congresso, que tentaria estabelecer eleições diretas para a presidência da República, em 1984. Meses antes, houve em todo o país comí-

FRAMES DE VÍDEO / GLOBO

Acima: Álvaro Pereira em Brasília às vésperas do início do governo Figueiredo. *Jornal Nacional* (06/03/1979).

Abaixo: Tancredo Neves em entrevista coletiva. *Jornal Nacional* (17/07/1984).

cios pelas Diretas, acompanhados pelo JN. Para o dia da votação, a Globo preparou uma estrutura eletrônica grande no Congresso, comprou sinal de satélite, mobilizou dezenas de jornalistas. Fizemos ensaios e estávamos dispostos a interromper a programação para transmitir como votou cada deputado. Mas o governo usou a última força que tinha para impedir que fizéssemos o jornalismo que deveríamos, e determinou a censura prévia às emissoras de rádio e televisão. Houve manifestações na Esplanada dos Ministérios, e o general Newton Cruz colocou suas tropas nas ruas, ficando célebre aquela cena dele em cima do cavalo, com um bastão na mão, reprimindo as pessoas.

Paralelamente, nós, jornalistas, trabalhávamos como se estivéssemos entrando no ar. Foi muito frustrante. No final, a maioria que o governo tinha no Congresso conseguiu impedir a aprovação da emenda.

No ano seguinte, começou a campanha pelas eleições indiretas, em que o Tancredo Neves saiu candidato por uma coligação improvável de oposição. A cobertura foi um trabalho intenso e desgastante do Jornalismo da Globo em Brasília, de que participei fazendo muitas entradas ao vivo. Quis o destino que ele nunca assumisse, mas sua eleição consumava um processo doloroso de resistência que levou à redemocratização do país.

Delis Ortiz [repórter]

Cobri pela Globo todos os governos eleitos pelo voto direto. Em 1991, quando comecei como repórter do *Jornal Nacional* em Brasília, o Jornalismo fervilhava. Nossa atenção

estava voltada para inflação, planos econômicos, ajustes feitos na Constituição. Fernando Collor era um presidente diferente dos anteriores: só falava para a câmera, era preocupado com a performance, não olhava no olho de jornalista. Para conseguir falar com ele, só correndo. Todo dia, ele corria no Cerrado, e o jornalista que o acompanhasse até o fim ganhava uma entrevista. Fiz isso em um sábado de manhã, calçando um *dockside*. Resultado: fiquei pelo meio do caminho, não consegui nenhuma fala e ainda perdi a sola do sapato.

Delis Ortiz durante a cobertura do impeachment de Fernando Collor. *Jornal Nacional* (29/09/1992).

Delis Ortiz em entrevista com Fernando Henrique Cardoso (década de 1990).

ACERVO PESSOAL DELIS ORTIZ

Um pouco depois, começaram as denúncias contra ele, a instauração da CPI do PC Farias. Trabalhei em parceria com o Alexandre Garcia, na época diretor de Jornalismo em Brasília, acompanhando as investigações e os bastidores no Congresso. Eu fazia a reportagem do dia para o *JN*, e ele entrava no ar, ao vivo, em seguida, arrematando o assunto. O processo seguiu todo aquele rito, teve julgamento, assumiu o Itamar Franco, foi criado o Plano Real, houve as eleições de 1994.

Na cobertura dessa campanha eleitoral, abracei as normas editoriais da Globo de isenção e equidade – ou seja, demos o mesmo tempo de reportagem para cada um dos oito candidatos. Se dependesse de mim, não sofreríamos nenhum processo judicial, era esse o desafio. Para isso, tínhamos notícias diárias no *JN* a respeito de cada um deles. Eu media cada palavra, cada letra, para relatar o dia a dia dos candidatos. Depois disso, acompanhei quase todas as viagens internacionais de Fernando Henrique Cardoso em seu primeiro mandato como presidente. A relação do governo com a imprensa era boa, a assessoria tinha jogo de cintura para equilibrar as nossas demandas, tínhamos acesso para fazer perguntas – e Fernando Henrique Cardoso, durante as viagens, ficava solto, sentia um indisfarçável prazer no assédio dos repórteres.

Porém, nem tudo era fácil nessas coberturas. Uma vez, fiquei 36 horas acordada por conta do trabalho. A maratona havia começado no dia 18 de abril de 1998, um fim de semana, em Santiago do Chile, na Cúpula das Américas. No fim do domingo, quase à meia-noite, veio a notícia da morte de Sérgio Motta, um dos ministros mais importantes de Fernando Henrique Cardoso. O presidente voltou a São Paulo, onde participaria do funeral. Eu, ao contrário, segui para Madri, onde se daria a segunda etapa da viagem oficial. No dia seguinte, já na Espanha, em agenda oficial, o presidente contou que seu líder na câmara, Luís Eduardo Magalhães, havia sido internado. Atravessei a cidade para transmitir via satélite a matéria para o JN. Na madrugada, quando parecia que, finalmente, eu conseguiria dormir, apurei e descobri com exclusividade que o deputado havia falecido. Liguei e informei a redação no Rio. Fui eu quem passei a informação para a assessoria da Presidência, que decidiu acordar Fernando Henrique para dar a notícia. Conseguimos acesso ao palácio El Prado, onde a comitiva oficial estava hospedada, e passamos a noite sentados em um salão à espera da nota de pesar, que saiu pela manhã. O governo perdia dois de seus mais importantes articuladores em menos de 48 horas, e eu perdia duas inestimáveis fontes de informação.

Quis o destino que o sucessor de Fernando Henrique fosse Luiz Inácio Lula da Silva. Ao contrário do que imaginei, tudo mudou. Ele foi muito blindado pelos assessores, se distanciou dos jornalistas, uma situação muito diferente de quando era candidato. Depois que começaram as denúncias do escândalo do Mensalão, em 2005, a distância aumentou. Não foi fácil ver a mudança dos que, antes na oposição, se vestiram de soberba ao assumir o poder. Com a Dilma Rousseff, surgiu uma certa empatia. Quando ela, já presidente, respondia a alguma pergunta em coletivas de imprensa, tinha mania de falar "Delis" no meio das respostas.

Tive o privilégio de testemunhar a história da República de perto. Conhecer os palácios do Planalto, da Alvorada e do Jaburu, além da Residência do Torto, me deu a sensação de estar dentro da história. Mas a consciência sempre latejou: "Sou apenas narradora do que vi, ouvi e vivi". Ao longo desses quase trinta anos cobrindo o poder, aprendi sobre jornalismo e sobre a natureza humana: o poder, transitório e inexorável, revela o caráter das pessoas.

Alexandre Garcia [diretor de Jornalismo de Brasília · 1990-1995; repórter e comentarista]

Sou de uma escola de jornalismo que rejeita adjetivos, que aposta nos substantivos e busca o equilíbrio. Costumo dizer que, para sobreviver em Brasília, precisamos man-

Alexandre Garcia na redação
da Globo Brasília (2018).

ter uma distância de segurança do poder, traçar uma relação profissional, mas sem intimidade. Sempre busquei estabelecer esse tipo de relacionamento.

O José Dirceu, por exemplo, por muitos anos, foi uma força política importante em Brasília. Me lembro dele desde que voltou ao Brasil na época da anistia, quando entrou para a política. Convivemos nos ambientes políticos, sempre com uma relação reciprocamente respeitosa. Assim também era o meu convívio com o Roberto Jefferson quando surgiu o escândalo do Mensalão, em 2005. Nessa época, conversávamos bastante, e percebi que havia algo ali que vinha de longe. Já havia estourado a crise envolvendo o Waldomiro Diniz, com quem às vezes encontrava no elevador do hotel. Percebia que ele virava o rosto, parecendo envergonhado com algo. Comecei a conhecer os protagonistas que estavam envolvidos naquelas situações. Eram figuras que eu via havia muitos anos tendo uma participação grande na política brasileira.

Durante a cobertura do Mensalão, lembrei muito de outro escândalo da política brasileira: os Anões do Orçamento. Esse foi esquema marcante, que teve, inclusive, um assassinato no meio. Lembro-me de mulheres de políticos indo para a CPI (comissão parlamentar de inquérito) contar sobre o dinheiro que os maridos mantinham em casa. Naquela época, ainda no início dos anos 1990, parecia que tinham encontrado e corrigido um importante foco de corrupção – e que aquilo não aconteceria de novo. No entanto, estávamos em 2005, descobrindo novamente todo um esquema de dinheiro e propinas para sustentar os principais partidos. Muitas vezes, com os mesmos personagens, mostrando uma doença grave da qual padece o país.

Por isso, um jornalista precisa saber administrar muito bem essa proximidade com o poder em Brasília. Manter uma certa distância para garantir a nossa liberdade de abordar qualquer assunto com isenção e neutralidade, sempre do lado da lei.

Júlio Mosquéra [repórter]

O Mensalão mudou a cobertura política no Congresso Nacional. Ao contrário de outros escândalos, envolveu um grande número de parlamentares de uma só vez. Eu cobria política em Brasília para o *Jornal Nacional* desde 2002 e passei a ver muitas das fontes com as quais trocava visões diariamente sendo investigadas por participar do esquema de corrupção. Dali em diante, não vi mais cenas como a do ex-deputado José Genoíno – na época presidente do PT – chegando nas rodas de jornalistas no Salão Verde da Câmara com os braços abertos, dizendo alto: "Vim falar para as massas".

O depoimento do então deputado Roberto Jefferson – com sua peculiar eloquência desafiadora –, em junho de 2005, na Câmara, provocou mudanças com desdobramentos que se prolongam até hoje. Incorporei na minha rotina o trabalho de repórter investigativo, a análise de cópias de contratos, depósitos bancários, saques na boca do caixa, com os quais montava organogramas do "caminho do dinheiro" para reportagens do JN. Fazíamos vigílias do lado de fora da "Sala do Cofre", onde ficavam os documentos sigilosos sobre as investigações, no subsolo da ala Nilo Coelho, do Senado.

Foi nessa linha política-investigativa que fiz, seis anos depois, a entrevista exclusiva com Antônio Palocci, um dos mais hábeis políticos do PT, respeitado pela capacidade de articulação e negociação. Palocci havia coordenado a campanha presidencial de Dilma Rousseff, virara ministro-chefe da Casa Civil e enfrentava denúncias de enriquecimento ilícito com contratos de consultoria de fachada para empresas em troca de facilitar a elas negócios com o governo. Trabalhamos muito naquela entrevista, fazendo análise de documentos para preparar as perguntas que esmiuçassem todo o caso. Silvia Faria, diretora de Jornalismo em Brasília, fazia contato permanente por telefone com a Direção no Rio. Era a primeira entrevista longa que Palocci concederia.

Lembro que quando eu estava entrando no Palácio do Planalto, um amigo jornalista me disse que

Júlio Mosquéra entrevista o então presidente da Câmara dos Deputados, Eduardo Cunha. *Jornal Nacional* (07/11/2015).

FRAME DE VÍDEO / GLOBO

todos no comitê de imprensa estavam ansiosos, ficariam grudados na TV. Estava tenso, o momento era delicado. Mas eu conhecia bem o assunto, tinha algumas perguntas na cabeça, o roteiro estava dominado. Subimos para o terceiro andar do palácio. Minutos depois, Palocci chegou, nervoso. Sabia que ali seria decidido seu futuro político. A entrevista durou quarenta minutos. Em um momento, eu o interrompi para contrapor informações, ao que me disse: "Júlio, eu respeito suas perguntas, então, respeite minhas respostas". No fim, cumprimentou a Silvia e a mim: "Você foi muito duro comigo, mas foi muito respeitoso. Obrigado!". Ele tinha consciência de que a entrevista fora devastadora e que, assim que fosse ao ar no *JN*, sua situação ficaria insustentável. Quatro dias depois, pediu demissão.

Outra entrevista marcante nessa mesma linha foi com o então presidente da Câmara, Eduardo Cunha, do PMDB, em 2015. Cunha era um obstinado. Conhecia como poucos as regras de funcionamento do Congresso. Gostava de dizer que sabia antecipar os movimentos políticos de seus adversários. Tinha uma marcante vaidade intelectual. Era ousado. Lembro de um café da manhã que eu, Ricardo Villela, então diretor de Jornalismo em Brasília, e Zileide Silva tomamos com ele. Perguntamos mais de uma vez se ele não tinha receio de enfrentar a eleição para a presidência da Câmara, que aconteceria em dois meses. Afinal, ele estava sendo apontado como um dos beneficiários de um esquema de desvio de dinheiro do PMDB. Cunha respondeu que não. No dia da exclusiva, em sua residência oficial, levei comigo as perguntas que preparamos detalhadamente. Fiz uma a uma – com tranquilidade, sem confrontos, esmiuçando o caso das contas no exterior. Ele começou à vontade, mas entrou em contradições sobre o "usufrutuário". Quando terminamos, vi que estava bem desconfortável. Tivemos uma despedida mais fria do que de costume. Depois que a entrevista foi ao ar no *JN*, o que eu mais ouvi era que a situação dele ficara insustentável. Ele de fato cairia em seguida.

ACERVO PESSOAL JÚLIO MOSQUÉRA

Júlio Mosquéra na Câmara dos Deputados (2016).

Zileide Silva [repórter]

A cobertura política é, às vezes, burocrática. Encontrar caminhos para explicar ao público o que acontece em Brasília foi um desafio extra na cobertura do processo de impeachment da presidente Dilma Rousseff no *Jornal Nacional*. A base legal dessa história era um assunto econômico árido: manobras para melhorar o desempenho das contas do governo, chamadas de pedaladas fiscais. Em paralelo à economia, havia o jogo político. Eduardo Cunha, na época presidente da Câmara, vinha negando vários pedidos de impeachment, mas deixou guardadinho um determinado documento, como carta na manga.

O dia em que o PT decidiu abandonar Eduardo Cunha foi um dos mais marcantes para mim, nessa cobertura. Eu estava no Congresso, como sempre, e começou um zum-zum-zum típico de momentos caóticos: nesse caso, a ocasião em que três petistas no Conselho de Ética votariam pela continuidade do processo de cassação do deputado. Era 2 de dezembro de 2015. Lembro que descemos para a sala da liderança do partido tentando confirmar a informação. O celular, que normalmente apita o tempo todo, nesse dia, estava mudo. A expectativa só aumentava. Foram horas esperando por uma resposta, sem tempo nem de almoçar, ou tomar um café. A decisão poderia ser anunciada a qualquer momento. Terminada a reunião, a suspeita se confirmou. Uma bomba. Saí correndo para avisar a redação e apurar qual seria a reação de Cunha – tudo indicava uma retaliação. Fontes me contaram que o presidente da Câmara ficara atônito com a decisão, se sentiu traído. Foi aberto o processo de impeachment.

Toda essa história, assim como a sua repercussão imediata, foi contada no JN daquela noite. Um trabalho danado, que me deu enorme prazer.

Nas semanas seguintes, correria e cuidado na apuração dos trâmites do processo de impeachment. Bancadas foram rachadas e, na votação, houve debandada de aliados. Em *off*, deputados cravavam a derrota da então presidente Dilma Rousseff, o que se confirmou nas votações da Câmara, do Senado e, depois, em seu julgamento.

ANDRÉ COELHO. / ACERVO PESSOAL ZILEIDE SILVA

Zileide Silva em entrevista do então presidente da Câmara dos Deputados, Eduardo Cunha (década de 2010).

IMPEACHMENT VOTAÇÃO NA CÂMARA

Brasília

Zileide Silva acompanha a votação do impeachment de Dilma Rousseff na Câmara dos Deputados. (17/04/2016).

FRAME DE VÍDEO / GLOBO

Cobri para o *JN* a despedida de Dilma no dia 31 de agosto, em Brasília, um momento marcado por manifestações de apoio a ela e agressões aos jornalistas. Quando Dilma assinou o documento oficial que a afastaria da Presidência, me encaminhei com outros colegas para o "chiqueirinho" – como chamamos o espaço reservado à imprensa nessas ocasiões – para acompanhar o discurso dela. Os manifestantes invadiram o nosso espaço, com ânimos exaltados. Os seguranças do palácio não perceberam a movimentação, nos deixando no meio do povo. De repente, colegas gritaram para mim: "Sai daqui! Eles estão vindo, vão te agredir!" Mas eu não queria ir embora, estava trabalhando e não senti que seria algo tão pesado. De uma hora para outra, vários manifestantes partiram na minha direção, xingando. Congelei. No meio da confusão, um policial me chamou: "Corre, Zileide!" Eu e a produtora Roniara Castilhos corremos na direção dele, que conseguiu me proteger, mas não a Roniara, que levou um chute nas costas. Foi horrível. Nós só estávamos fazendo jornalismo, nada mais.

Vladimir Netto [repórter]

Quando a Operação Lava Jato estourou, em 17 de março de 2014, no Paraná, não tínhamos ideia do que iria se tornar. Uma fonte na Polícia Federal me alertou para prestar atenção no caso. Dias depois, Paulo Roberto Costa, ex-diretor da Petrobras, foi preso. Era como se um rastilho de pólvora tivesse sido aceso em Brasília. As fontes ficaram agitadas, principalmente as do submundo do poder.

A partir dali, comecei a me informar, busquei mais fontes em instituições públicas, viajei várias vezes a Curitiba. Na tarde de 13 de novembro, uma fonte me deu a dica: "Se prepara para amanhã. Acorde cedo". Já sabia o que significava. Na manhã seguinte, uma grande operação da PF ganhou as ruas e prendeu empreiteiros, alguns, donos das maiores empresas de construção do país. Entrei na cobertura. No feriado do dia 15, o JN ofereceu novas informações sobre a investigação. O assunto atraía a atenção da população, pessoas ficavam em pé perto da nossa equipe para ouvir as notícias, queriam detalhes. A pergunta que mais se fazia era: até quando eles permaneceriam presos?

Cinco dias depois, vencia o prazo das ordens de prisão temporária e o juiz do caso, Sergio Moro, decidiria se estendia ou não esse tempo. A decisão saiu à noite, no último bloco do JN. A notícia era complexa, e era preciso ler com cuidado o extenso documento redigido pelo juiz. A estrutura do JN me ajudou. Jornalistas do Rio, de Brasília e de Curitiba se debruçaram sobre as informações para redigir o mais rápido possível – a tempo de eu falar no ar – um resumo. Foi uma correria típica dos momentos mais emocionantes do Jornalismo da Globo. No ponto eletrônico, a coordenadora me perguntava repetidas vezes: "Você está pronto para entrar?". O texto chegou no último bloco, os colegas não paravam de mandar mensagens e meu celular apitava, impedindo a leitura. "Coloca o celular no modo avião", disse ela segundos antes de William Bonner

resolveram fazer uma sociedade pra administrar o St. Peter?

Vladimir Netto em reportagem para o *Jornal Nacional* (03/12/2013).

me chamar. Entrei no ar com orgulho de fazer parte daquela equipe.

Outro momento desafiador foi quando o então procurador-geral da República, Rodrigo Janot, enviou ao STF uma lista com nomes de políticos a serem investigados pela Lava Jato, em março de 2015. O documento tinha o nome de 54 investigados com foro privilegiado. Ainda não sabíamos quais. Entrei na luta para obter o conteúdo da lista em primeira mão, fiquei em cima das fontes e tive informações bem precisas, seguras. Nos preparamos para alguns cenários, mas aguardamos a autorização de quebra de sigilo pelo ministro Teori Zavaski. Era dia 6 de março, o *JN* estava no ar, e eu estava com o Júlio Mosquéra na porta do STF, a postos. A informação saiu, e entramos ao vivo, de maneira inédita, sem a preocupação de passar o texto antes – não sabíamos o que cada um falaria, nos comunicávamos por olhares, intercalando a leitura da lista com o nome dos investigados, citando seus partidos. Não podíamos errar. Fiquei feliz de participar e, mais tarde, demorei para dormir. Fiquei revivendo aqueles momentos.

Fizemos bom jornalismo o tempo todo. Mas bom jornalismo desagrada, porque expõe aquilo que algumas pessoas não gostariam que viesse a público.

Luciana Marangoni [diretora de Jornalismo da RPC]

A Lava Jato alterou a rotina do Jornalismo da RPC, afiliada da Globo no Paraná, em Curitiba. Tivemos que mudar a forma de trabalhar após o susto que foi a sétima fase das investigações, no dia 14 de novembro de 2014, quando vários empreiteiros foram presos. A Polícia Federal havia cumprido 85 mandados de prisão e apreensão nas sedes de empresas como Camargo Corrêa, OAS e Queiroz Galvão. Em horários diferentes, os presos viriam para a sede da PF. Não dimensionamos a estrutura daquela ação e, por isso, não conseguimos fazer as imagens de todos eles. Também sofremos para fechar a matéria de oito minutos para o *JN*, porque o sistema de edição deu problema. Assim que o jornal acabou, tomamos uma decisão: para cobrir bem a Lava Jato, precisaríamos reorganizar o fluxo da produção local e contar com a parceria de áreas de apoio, como a Engenharia.

O núcleo de profissionais de jornalismo de rede triplicou, e passamos a usar ilhas de edição de alta resolução. No ano seguinte, investimos mais. Além do ganho de estrutura, nossos profissionais passaram a cultivar relações com fontes da área e analisar documentos no sistema da Justiça Federal, o E-proc. Apanhamos, mas aumentamos a quantidade de furos de reportagem.

Nosso maior esforço de cobertura desde então foi a prisão do ex-presidente Luiz Inácio Lula da Silva, em abril de 2018. A prisão foi decretada no dia 5, e Lula se entregou à polícia dois dias depois. Planejamos cada etapa, porque queríamos (e conseguimos) não apenas uma imagem da chegada do ex-presidente à sede da PF em Curitiba, mas "a" imagem, a melhor imagem da cobertura. Para isso, envolvemos noventa

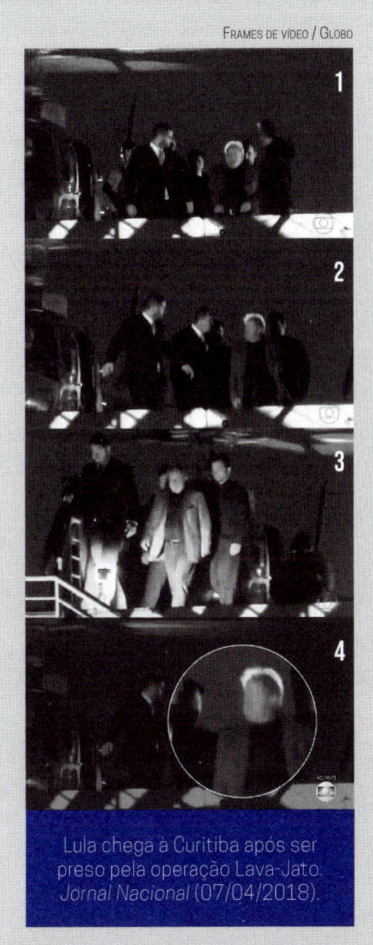

Lula chega à Curitiba após ser preso pela operação Lava-Jato. *Jornal Nacional* (07/04/2018).

profissionais e montamos trinta pontos de vivo. Garantimos a segurança das equipes, que não podiam circular devido às hostilidades, alugando imóveis no entorno dos prédios da Justiça Federal, da PF e do aeroporto. Não sabíamos nem o horário, nem o itinerário de Lula, mas estávamos preparados para tudo. Jornalistas foram distribuídos em pontos estratégicos, fazendo turnos, em um plantão que durou setenta horas.

Durante o JN do dia 7, o ex-presidente deixou o aeroporto de Congonhas, em São Paulo. A partir dali, a cobertura era principalmente nossa. Tínhamos três repórteres à espera, passando informações ao vivo para o telejornal. A aeronave pousou pouco depois de o JN terminar. Entramos em plantão, aguardando para registrar sua chegada no heliponto da PF. No prédio em frente, o repórter cinematográfico Leonardo Morrone estava posicionado com uma lente de câmera esportiva, de longo alcance. Mesmo em meio à cortina de fumaça provocada por fogos de artifício disparados na região, ele conseguiu captar o momento em que Lula descia da aeronave e caminhava em direção à porta do edifício. No *switcher* – a sala de controle, onde todas as imagens são recebidas –, eu tinha acesso a todos os sinais da transmissão e via que a repórter Malu Mazza, que acompanhava o Leonardo, não conseguia ver a mesma cena. Perdemos contato com ela pelo ponto eletrônico e torcemos para que tudo estivesse dando certo. Com ajuda de um auxiliar nos bastidores, ela narrou os acontecimentos, ainda que não conseguisse vê-los. Deu certo, resultado de um trabalho cansativo, de equipe. Depois, agências nacionais e internacionais compartilharam nossa imagem.

Malu Mazza [repórter da RPC]

Antes e depois da Lava Jato. Assim posso definir a minha trajetória na Rede Paranaense de Comunicação (RPC), onde sou repórter do *Jornal Nacional* desde 2010. O período entre 2014 e 2018, quando me dediquei à cobertura da investigação que mudou o rumo do país, foi o mais marcante da minha carreira. Acredito que toda nossa equipe pense assim. Participávamos diariamente do telejornal, muitas vezes com mais de uma reportagem, fazendo *links* ao vivo quando necessário. Era uma responsabilidade enorme.

Nosso núcleo da Lava Jato na redação tinha um grande volume diário de documentos para ler, compreender e traduzir para os telespectadores. O trabalho de checagem era coletivo. Fazíamos várias matérias. Nossa agenda ficava escrita em um quadro enorme, para que ninguém se perdesse. Tínhamos imagens guardadas e catalogadas de todos os investigados, para poder usá-las rapidamente. Foi surgindo uma espécie de protocolo de trabalho. Acabei compreendendo melhor nosso Direito Criminal, de tanto revisar textos e buscar explicações com fontes. Também ampliei o círculo de contatos e aumentei o grau de exigência com meu próprio trabalho.

Um momento marcante para mim no *JN* foi uma entrevista exclusiva com um dos investigados na Operação, o advogado Carlos Alberto Pereira da Costa, braço-direito do doleiro Alberto Youssef, em setembro de 2014. Na época, ainda não se tinha ideia de quem eram os políticos envolvidos no esquema. Na conversa guiada por mim, com a ajuda dos produtores José Vianna e James Alberti, o advogado dizia que o doleiro entregava valores a um ministro. Depois, soube-se que se tratava de Mário Negromonte, do Ministério das Cidades no primeiro governo Dilma. Costa era o único investigado, dentro desse núcleo financeiro da Lava Jato, a dar entrevista para uma equipe de televisão.

Outro dia de forte emoção foi 28 de fevereiro de 2018, quando e-mails do Marcelo Odebrecht foram anexados a um dos processos envolvendo o ex-presidente Lula quase às 20h, pouco antes de o *JN* entrar no ar. Nos dividimos para ler o conteúdo, enviando resumos aos editores do telejornal. Bonner decidiu que daríamos a notícia ao vivo. Em vinte minutos, montamos o texto do *link*, já que a complexidade do assunto não permitia que fizéssemos de forma improvisada. Tudo pronto, tinha o papel em mãos para ler o conteúdo, o que me tranquilizava. Mas não foi necessário – quando Renata Vasconcellos me chamou do estúdio, o texto já estava todo na minha cabeça; nem precisei usá-lo.

Malu Mazza na cobertura da Lava Jato. *Jornal Nacional* (20/09/2014).

Foram anos de preparação até me sentir segura em fazer um vivo dessa magnitude para o JN. Como, no início da cobertura, nossa praça não estava no centro dos acontecimentos políticos nacionais, não tínhamos experiência para enxergar o furo nas pilhas de processos da Lava Jato. Aprendemos aos poucos que o jornalismo político é um trabalho de formiguinha, ou seja, de persistência e atenção aos detalhes.

PROJETOS ESPECIAIS DE JORNALISMO NAS ELEIÇÕES

MARIA THEREZA PINHEIRO E TERESA CAVALLEIRO
[DIRETORAS DE PROGRAMAS E PROJETOS ESPECIAIS]

Quando se junta o adjetivo "especial" a qualquer substantivo, imediatamente pensamos em algo diferente, importante ou ousado. O adjetivo comporta essas interpretações. No caso dos projetos especiais do Jornalismo, elas até se aplicam. Trabalhamos em um ritmo diferente do jornalismo diário, temos objetivos de longo prazo, montamos redações paralelas, somos regidos por outras premências e dificuldades; cumprimos missões audaciosas. Mas, no fim, o que importa é que o nosso trabalho se soma ao dos colegas do JN, com o mesmo objetivo: fazer cada dia melhor o mais longevo e bem-sucedido telejornal da TV brasileira.

Uma boa amostra dos projetos especiais são as coberturas das eleições presidenciais, desde 2002. A introdução de outras formas de narrativa enriqueceu a cobertura, despertou uma curiosidade maior do público e inaugurou uma nova maneira de tratar de assuntos que podem ser áridos. Ao lado do factual, levamos aos telespectadores um contraponto às campanhas do horário eleitoral

William Bonner media debate com Ciro Gomes, José Serra, Anthony Garotinho e Luiz Inácio Lula da Silva no primeiro turno das eleições presidenciais de 2002.

gratuito, reduto de grandes publicitários vendendo seus candidatos. Qualquer candidatura se apresenta como novidade e solução para o Brasil; a nós, jornalistas, cabe mostrar o país mais próximo da realidade, com seus imensos desafios. E ao falarmos de problemas que afetam a maioria dos brasileiros, damos voz a quem precisa ser ouvido. Nosso objetivo é oferecer aos telespectadores e eleitores ferramentas para julgar o que eles veem e ouvem no período eleitoral, mergulhando no Brasil profundo, longe das manchetes.

Quando o *JN* estreou, em setembro de 1969, Jânio Quadros tinha sido o último presidente eleito pelo voto direto, em 1960. Demoraria mais vinte anos para voltarmos às urnas. O golpe militar de 1964 suspendeu as eleições; em 1968, o cerco à imprensa e à política foi fechado. A censura tornou-se praxe nas redações. A cada troca de general na presidência, restava pouco mais do que fazer o anúncio da mudança. Quando finalmente recuperamos nossos direitos de votar para presidente, tivemos a eleição de Fernando Collor, em 1989, seguida pelo impeachment, em 1992. A normalidade democrática não foi rompida. O vice Itamar Franco assumiu, e novas eleições se realizaram em 1994, com a vitória de Fernando Henrique Cardoso, em primeiro turno. A eleição de 1998 repetiu o resultado de 1994.

Em 2002, já plenamente readaptados à normalidade democrática, estava na hora de pensar novas formas de cobertura da eleição, que informassem o público mais profundamente sobre as propostas dos candidatos e os problemas que o Brasil enfrentava, testando novos formatos, uma demanda do presidente do Conselho Editorial do Grupo Globo, João Roberto Marinho, feita a todos os veículos da casa ainda em outubro de 2001. Na Globo, a ideia foi acolhida com entusiasmo pelo diretor-geral de Jornalismo e Esporte na época, Carlos Henrique Schroder, e pelo diretor executivo Ali Kamel. Juntos, eles imprimiram uma nova dinâmica para a cobertura eleitoral.

A mais importante mudança, idealizada por Ali Kamel, e que se tornaria um dos momentos mais importantes dessa e das eleições seguintes, foi a entrevista dos candidatos na bancada do *Jornal Nacional*, ao vivo, cara a cara com os âncoras. Até ali, esse formato era inédito: uma entrevista densa, curta, nervosa, ao vivo, no horário nobre, com todos os riscos que a empreitada ensejava, para a emissora e para os candidatos. O objetivo? Mostrar os candidatos reais por trás do marketing, abordando os pontos mais polêmicos de cada candidatura. Antes, entrevistas com candidatos eram feitas bem no fim da noite, em clássicos programas de entrevistas. Na Globo, esses programas especiais recebiam o nome de *Palanque Eletrônico*. A ideia era fazer algo ao vivo dentro do jornal de maior audiência do país. Desde então, as entrevistas do *JN* são um dos momentos mais aguardados das coberturas eleitorais, ocupando um ponto central no debate público.

A outra inovação foi a introdução dos eleitores indecisos, com direito a perguntas, no debate final entre os dois candidatos que chegassem ao segundo turno. Na eleição americana, um comitê bipartidário organiza três debates e um deles se dá, geralmente em alguma universidade, com alguns eleitores indecisos da região, que fazem perguntas aos candidatos. Os candidatos ficam cercados pelos eleitores, em um palco redondo, e, para responder as perguntas, se movimentam livremente pela arena. Ali discutiu com Schroder uma evolução desse modelo: em vez de indecisos de uma única região, o Ibope, monitorado por uma empresa de auditoria, recrutaria oitenta eleitores indecisos de todo o país. Um pente-fino asseguraria que os indecisos não tinham filiação partidária nem parentes vinculados a partidos. E passariam por um teste psicológico para detectar possíveis exibicionistas em busca de fama, que poderiam ser um risco para o evento (levantar-se fora de hora para fazer um gracejo em busca de notoriedade ou coisas assim). Um trabalho meticuloso e profissional, feito sem a participação da Globo. Eles seriam trazidos para um hotel dois dias antes do debate, onde ficariam isolados do mundo exterior, sob vigilância da auditoria. E ali, fariam cinco perguntas para os candidatos. Uma equipe da Globo selecionaria uma pergunta por eleitor. Na hora, doze seriam sorteados para fazer as perguntas (portanto nenhum deles saberia antes se participaria ou não de forma direta). Marcado sempre no último dia previsto por lei, uma sexta-feira, dois dias antes das eleições, o debate encerraria a campanha. Deu tão certo que virou uma tradição no calendário eleitoral. O *JN* do sábado anterior às votações passou a mostrar uma reportagem com os bastidores dos debates, o nervosismo dos eleitores, gente de todas as profissões, sotaques e origens.

Em 2002, houve outro projeto no *JN*: um retrato do Brasil, comparando os dados dos censos de 1991 e 2000. Em uma eleição já polarizada, que acenava com a vitória do PT depois de quatro candidaturas fracassadas e oito anos de

JOÃO MIGUEL JÚNIOR / GLOBO

William Bonner media debate entre os candidatos Luiz Inácio Lula da Silva e José Serra no segundo turno das eleições de 2002.

PSDB no poder, Ali e Schroder apostaram em uma cobertura que confrontasse dados, sem possibilidade de acirrar a polarização. Partiu-se para uma série de oito reportagens, cada uma com seis matérias, ocupando uma semana, com temas como saneamento e saúde, cidadania, educação, emprego. No comando de cada grupo de seis matérias, havia um time de repórteres experientes e conhecidos da rede. Para colocá-los em campo nesse projeto, como em todos os outros chamados de "especiais", montamos uma retaguarda de produtores, que começam e monitoram o trabalho, além de editores de texto e imagem. Todos esses profissionais vêm de outros telejornais ou programas do departamento de jornalismo, "emprestados" por um tempo. No lugar deles, ficam outras pessoas contratadas para cobrir esse desfalque. Isso significa que o orçamento do projeto deve contemplar essas substituições. Mas ter dinheiro não é a única condição para fechar a equipe ideal. Ninguém abre mão de seus profissionais de ponta sem chorar um pouquinho. Ou muito. E haja negociação para derrubar os obstáculos: o repórter A está comprometido com uma viagem, o produtor B está desenvolvendo uma série, seis editores de imagens estão doentes, cinco cinegrafistas já estão emprestados... Até fechar a equipe, fazemos muita conta, pedimos com muito jeito e, às vezes, vencemos pelo cansaço. Na piada interna de William Bonner, a Central Globo de Teresas, a CGT, é dura na queda.

Além desses profissionais da linha de frente, há envolvimento da Tecnologia, da Engenharia, da Gestão Financeira, do departamento de Viagens. Coordenar tantas idas e vindas pelo Brasil inteiro exige uma logística complexa, que aprendemos todos na prática.

FRAMES DE VÍDEO / GLOBO

TÍTULOS DA SÉRIE

▪ **O poder do cidadão**, por Edney Silvestre, foi exibida de 5 a 10 de agosto.

▪ **As contas do governo**, por Tonico Ferreira, de 12 a 17 de agosto.

• **Concentração de renda**, por Marcelo Canellas, de 19 a 24 de agosto.

• **Educação e emprego**, por Sônia Bridi, de 26 a 31 de agosto.

• **Saúde e saneamento**, por Vinícius Dô-nola, de 2 a 7 de setembro.

• **Desigualdades regionais**, por Marcelo Canellas, de 09 a 14 de setembro.

• **O valor do voto**, por Ernesto Paglia, de 30 de setembro a 5 de outubro.

• **Meio ambiente e grandes cidades**, por William Waack, de 16 a 20 de setembro.

Em 2006, um e-mail do Ali ao Schroder deu origem ao que seria a "Caravana *JN*". "Vi que tinha uma joia; um material a ser lapidado, evidentemente, mas que teria um belo resultado se fosse bem trabalhado", lembra Schroder. É difícil acreditar que a ideia tenha saído de um obituário. Ao ler sobre a morte do âncora

Peter Jennings, em 2005, Ali se impressionou com o fato de Jennings, baseado em Nova York, ter apresentado o jornal da ABC nos cinquenta estados norte--americanos ao longo de sua carreira. E que tivesse usado um ônibus para ir entrevistar um senador em outro estado, nas últimas eleições. Juntando tudo isso, Ali fez seu e-mail com a ideia da caravana. Primeiro, houve simulações "alucinadas", como ele mesmo definiu depois: ter o *JN* ancorado nos 27 estados brasileiros, isso é, apresentar o jornal ao vivo em outra cidade, fora do estúdio. A conta não batia. Schroder, ao lapidar a ideia, chegou ao formato de ancoragens nas cinco regiões brasileiras, o que se mostrava mais viável. Partiu de nós, as Teresas, a sugestão de aproveitar melhor o ônibus. Por que não fazer todo o trajeto com ele, em uma caravana que fosse parando por cidades entre uma ancoragem e outra? A ideia foi aceita na hora. O ônibus faria paradas estratégicas nas cinco regiões do país e, de lá, o *JN* seria transmitido, ao vivo, com um dos âncoras na cidade escolhida. Entre uma parada e outra, matérias diárias, todo dia em uma cidade diferente.

A antecedência do pedido ajudou a destrinchar as mil armadilhas de pôr o pé na estrada por tanto tempo. Começamos cerca de sete meses antes a montagem da viagem que recebeu o nome de "Desejos do Brasil", comandada por Pedro Bial (o público acabou batizando o projeto de "Caravana *JN*"). Seria inesquecível para todos! O desafio era fazer uma matéria por dia, em uma cidade diferente, em cada estado, que não distassem mais de trezentos quilômetros uma da outra. Era o tempo necessário para chegar, apurar, editar, mandar o material para o *JN* daquele dia e seguir adiante.

Primeira providência depois de montar a equipe de seis pessoas: alugar o ônibus que faria a viagem. Fomos encontrar lá em Itu, interior de São Paulo. E um barco, sim, um barco! Uma das primeiras constatações foi que não daria para cruzar o Brasil só por terra. No Norte do país, as estradas desaparecem, e os rios tornam-se as vias por onde as pessoas vão e vêm. Para sair de lá, precisaríamos ainda de outra alternativa: avião! Reservamos passagens para deslocar a equipe para o Centro-Oeste, nossa última parada, onde o ônibus estaria esperando.

O *motorhome* de 12 metros de comprimento, 2,2 metros de altura interna e 2,4 metros de largura de carroceria, que acabou apelidado de "Priscilão" – em referência ao filme *Priscilla, a rainha do deserto* –, foi totalmente adaptado para essa missão. Por fora, recebeu uma envelopagem do departamento de Arte do Jornalismo. Por dentro, mudou ainda mais. O espaço do fundo, normalmente usado como quarto, foi transformado em sala de reunião de pauta e ilha de edição. Nas laterais, uma

Acima: Ônibus da "Caravana JN" (2006).

Abaixo: O barco da "Caravana JN" (2006).

das mesas virou poltrona, e a outra foi transformada em mesa de trabalho, com notebooks. As demais "dependências" foram mantidas: duas beliches, um banheiro e uma minicozinha com geladeira, fogão e micro-ondas. Também era preciso pensar na nossa comunicação. Tínhamos que conseguir falar com a equipe e eles conosco, a qualquer hora do dia ou da noite. Para isso, equipamos nosso ônibus com três conjuntos de telefones celulares, todos com um chip de cada operadora que atuava no Brasil naquele momento. Total segurança, imaginamos.

Vinte e sete de julho. Tudo pronto, e nosso ônibus partiu do Rio de Janeiro. Parecia tudo lindo, mas o Priscilão deu sinais de fragilidade quando se encaminhava para a cidade de São Miguel das Missões, ponto de partida oficial da Caravana. Ficou uma noite na estrada, parado. A equipe queria pedir socorro, mas... nenhum daqueles celulares, de nenhuma operadora, funcionou. Soubemos do primeiro percalço do nosso ônibus por uma ligação feita de favor, a cobrar, do posto de gasolina onde ele estava estacionado. Estávamos no Rio, de forma que não podíamos ajudar tanto. A equipe precisou se resolver por lá mesmo. E resolveram. A cidade mais próxima tinha um único mecânico, que nossa equipe teve que tirar de um velório para trocar a peça que havia sido danificada e consertar o Priscilão.

Uma luz vermelha se acendeu para todos: e se...? O jeito foi alugar um Priscilinha, um micro-ônibus que faria a viagem atrás do Priscilão e assumiria a dianteira em caso de pane técnica da nave-mãe. Essa segurança necessitou um reforço no orçamento e mais gente envolvida. Refizemos as contas e seguimos em frente.

Arestas aparadas, e uma equipe de doze profissionais embarcou para uma viagem de mais de 15 mil quilômetros. A bordo do nosso ônibus, além de Pedro Bial, estavam a produtora Ana Paula Brasil; a editora e produtora executiva Gisele Machado; a assessora de imprensa da Globo Gisela Pereira; os repórteres cinematográficos Luiz Claudio Azevedo e Helio Alvarez; e os técnicos Vinicius Ferraz Andrade e José Carlos Suarez, fundamentais para operar a *fly away*, um dos maiores "trunfos" desse projeto. Essa antena possibilitava a transmissão, via satélite, de qualquer ponto do Brasil. Só assim era possível cumprir o objetivo do projeto, enviando uma reportagem de uma cidade diferente por dia para o *JN*. O equipamento era montado diariamente, em cada cidade em que a caravana parava. O técnico alinhava a antena com um dos satélites (em função do tamanho do país, foram usados dois satélites, dependendo da localização da Caravana) e "gerava" a reportagem do dia para a emissora no Rio de Janeiro. Para garantir a integridade da equipe e a tranquilidade de quem ficou na retaguarda, quatro agentes de segurança da Globo completaram o time, seguindo o Priscilão de carro, Brasil afora: os "águias", como eram chamados, Sylvio Chaves, Claudio Neves, Paulo Sergio da Conceição e José Bernardino da Fonte.

Junto com eles ia uma coleção de três pautas para cada cidade programada no roteiro – uma precaução para deixar a equipe mais tranquila, caso não encontrasse um assunto interessante a tempo.

Priscilão, com a ajuda do Priscilinha, seguiu bem, recuperou-se, e não deu mais dor de cabeça. Mas para não dar chance ao azar, um mecânico também foi incorporado à equipe. Com esse problema resolvido, ninguém esperava que um barco contratado desde março fosse causar o maior desafio de todo o projeto.

A equipe deveria embarcar na segunda-feira, dia 11 de setembro, em Belém, e viajar por cidades ribeirinhas do Norte durante uma semana. O barco *Velho Chico do Sul*, bem típico da região, não chegou a sair da marina onde estava ancorado. Quando a equipe precursora chegou para os últimos ajustes, no sábado, esperou algum tempo pelo barco, que deveria estar no ensaio geral da ancoragem. Tudo ensaiado e nada. Fizemos contato com a marina, para saber o que havia acontecido. "Tivemos um pequeno problema, entrou um pouquinho de água no barco",

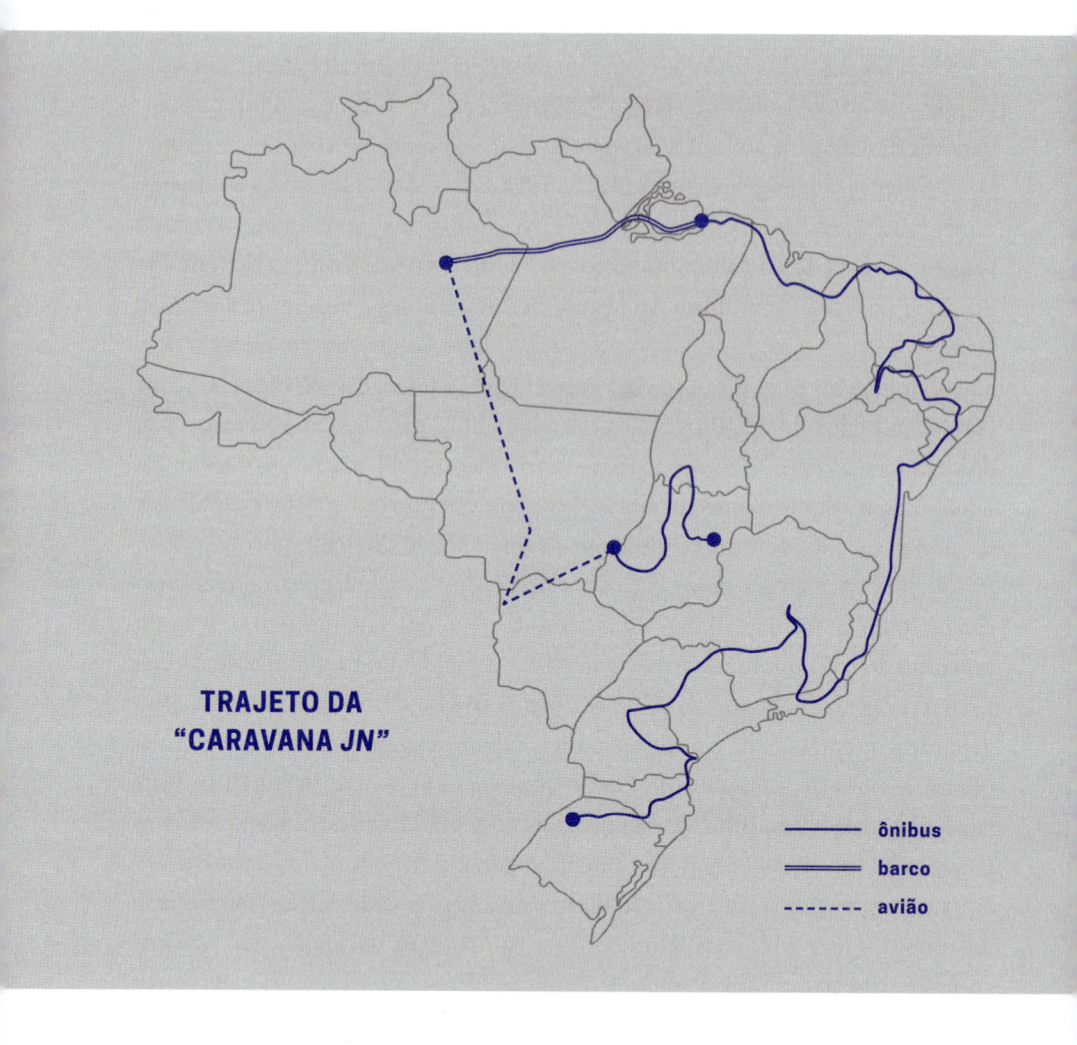

**TRAJETO DA
"CARAVANA *JN*"**

——— ônibus
═══ barco
------- avião

disse um dos responsáveis. Fim do ensaio, partimos para lá. Ao chegar, ainda na portaria, Ali, de brincadeira, perguntou: "E o nosso barco já afundou?" E o funcionário, calmamente, respondeu: "Afundou, sim, senhor". Ficamos entre acreditar que a resposta também fosse uma brincadeira e o pânico de que houvesse ali, alguma verdade... Até chegarmos perto do píer e ter a pior visão que poderia nos esperar: fora da água, só se via um pequeno pedaço do nome do nosso barco: "... ico do Sul"... O resto estava submerso. Soubemos que o *Velho Chico do Sul* tinha sido condenado por uma manobra malfeita. Na hora de sair para o ensaio, o comandante bateu em uma antiga viga de concreto encoberta pela maré alta. Sete meses de trabalho estavam, naquele momento, perdidos nas águas do Amazonas.

Pedro Bial, Ana Paula Brasil, Luiz Claudio Azevedo, Helio Alvarez, Kiko Gomes e Vinícius Ferraz com índios guaranis em São Miguel das Missões durante a gravação da série "Desejos do Brasil" (31/07/2013).

Imprevistos entram no planejamento, mas, dessa vez, a situação escapava de qualquer previsão. O café da manhã de domingo foi lúgubre. Todo mundo cabisbaixo, cada um pensando em uma solução. Ali, nervoso, queria avisar o Schroder e suspender tudo. Com muito custo, conseguimos dar uma chance à nossa caravana. Quem sabe não encontraríamos um outro barco? Não sabemos de onde saiu tanto otimismo. Naquele momento, a equipe se dividiu, cada um foi para um ponto da cidade, todos na missão de encontrar um substituto. O primeiro que encontramos parecia até milagre. Era perfeito! O problema era que os donos não queriam fazer negócio conosco. Eram nipo-brasileiros que tinham uma agência de viagens e estavam esperando agentes de turismo do mundo todo para vender passeios pelo Amazonas. Ali quase levou os japoneses à loucura, mas não foi bem-sucedido. Pulamos para outras marinas. Por incrível que pareça, encontramos um catamarã espetacular. Houve quem torcesse o nariz: "Uma pocilga!", disse Ali. Não era. O tempo estava se esgotando quando voltamos para rever o catamarã. Chegamos à conclusão de que uma boa faxina resolveria todos os problemas. Restava o domingo para adaptar a embarcação, adesivá-la como o ônibus, limpar, desinfetar, comprar mantimentos, roupa de cama e banho, instalar os equipamentos e achar uma cozinheira que topasse a viagem. Os colegas da TV Liberal, afiliada da Globo no Pará, que já haviam ajudado na procura do barco, nos trouxeram duas, dona Joana e a assistente Selmira.

Nada mais emocionante do que ver nosso barco, imponente, entrar em quadro exatamente na hora do *JN*, na segunda-feira, quando William Bonner anunciava a nova etapa da caravana! E Ali exclamou, para gargalhada de todos, fazendo ironia com seu diagnóstico errado na véspera: "Que barco sensacional!"

Como esse projeto incluía ancoragens, a cada quinze dias a equipe triplicava de tamanho. Juntavam-se ao pessoal do ônibus os técnicos que poriam o *JN* no ar daquele local específico. Apesar de o Brasil ter só cinco regiões, decidimos que o Nordeste, pelo número de estados, deveria ser ancorado de duas cidades: Petrolina e Juazeiro do Norte. A escolha recaiu sobre cidades simbólicas e significativas para as regiões. Meses antes, a equipe de operações já tinha mapeado os lugares onde armaríamos nossa base para a apresentação do jornal. É um trabalho sem fim e minucioso, que não pode perturbar a vida dos moradores. Por isso, era importante o apoio logístico da polícia local. Tivemos também um encontro com o então ministro da Justiça, Márcio Tomás Bastos, para informar sobre o projeto da caravana e nosso trajeto. Nem todas as estradas do Brasil são tranquilas, menos ainda para uma equipe de televisão, com um ônibus recheado de equipamentos. Não pedimos nada, mas recebemos ótimas dicas sobre o caminho.

Foram encontros maravilhosos com os brasileiros, por onde a caravana passou. Nas ancoragens, estavam todos convidados para assistir ao *JN*

Pedro Bial grava passagem para reportagem da série "Desejos do Brasil" (2006).

GISELA PEREIRA / GLOBO

Acima: Pedro Bial na transmissão da "Caravana *JN*" em Juazeiro do Norte (29/08/2006).

À direita: População de Juazeiro do Norte se despede da "Caravana *JN*". *Jornal Nacional* (29/08/2006).

William Bonner ancora o *Jornal Nacional* em Juazeiro do Norte durante a "Caravana *JN*" (29/08/2006).

literalmente ao vivo. Quem não conseguisse um bom lugar, tinha telão para acompanhar. A receptividade em São Miguel das Missões, onde fazia um frio de quase zero grau, Ouro Preto, Juazeiro do Norte, Petrolina, Belém, Cidade de Goiás e Brasília foi muito além do que esperávamos. Tornou--se memorável o encerramento do jornal em Juazeiro do Norte, terra de Padre Cí-

William Bonner ancora o *Jornal Nacional* em Goiás durante a "Caravana *JN*" (2006).

GISELA PEREIRA / GLOBO

cero. A multidão, compacta aos pés da estátua onde se realizava a transmissão, nos deu adeus acenando com o chapéu do romeiro, típico da região.

Depois de vencer estradas (e rios!) em todas as regiões brasileiras, chegamos a 2010 com o desafio de fazer algo diferente, mas igualmente bom. E veio a ideia tão simples quanto ousada: por que não percorrer o Brasil pelo ar? A ideia era a mesma da Caravana, explorar o Brasil profundo, chegar onde o *Jornal Nacional* nunca tinha estado antes. Dessa vez, queríamos expor as carências, mas também o que cada cidade tinha de bom para mostrar ao Brasil. Um orgulho que nem sempre se traduz em números, mas na história e na cultura de cada lugar. Nossa missão era visitar uma cidade de cada estado, mais o Distrito Federal.

Como escolher essas 26 cidades? A forma mais democrática seria um sorteio, ao vivo, todo dia, na bancada do *JN*. Novo impasse: se todas as cidades entrassem no sorteio, correríamos o risco de ter uma equipe exausta depois de atravessar a noite voando de uma região para a outra. Era preciso escolher uma região por dia. E, dessa região, colocar em uma urna o nome de todos os municípios que ficassem a até três horas de voo e onde houvesse um aeroporto para aterrissarmos. Aí descobrimos a enorme deficiência da malha aérea brasileira. Nem se quiséssemos poderíamos aterrissar em várias regiões, às vezes nem perto. É o que acontece no interior da Bahia, por exemplo. Não há aeroportos. Essa foi nossa primeira constatação. A segunda foi que percebemos que com um avião atingiríamos poucas cidades; poucos aeroportos estavam preparados para uma aeronave como a nossa, um Falcon 2000 com capacidade para levar setecentos quilos de equipamento, três tripulantes e a nossa brava equipe, de oito pessoas. Era necessário um outro avião, menor, para continuar a viagem: um turbo-hélice Caravan, capaz de pousar praticamente em qualquer aeroporto brasileiro – mas que só poderia voar de dois em dois dias. Com capacidade reduzida para grandes distâncias, ele precisava desse tempo para sair de uma região e chegar à seguinte.

Na maioria dos casos, depois do voo, ainda era preciso mais uma hora de carro para, finalmente, chegar à cidade sorteada – todas elas, por decisão nossa, com mais de 40 mil habitantes. A logística desse planejamento testou toda a capacidade da nossa equipe. Mapear os seiscentos aeroportos do Brasil, fazer contato com os responsáveis, explicar o projeto, providenciar autorizações para pouso em horários excepcionais. Além disso, deixar pré-reservados carros e hospedagem e, principalmente, levantar a ficha completa de mais de quatrocentas cidades que poderiam ser sorteadas – tamanho, características culturais, base da economia, nome e contato de autoridades, curiosidades. Um trabalho gigantesco e minucioso que Ernesto Paglia levou na bagagem para lançar mão diariamente.

Ernesto Paglia e os aviões do "JN no Ar" (2010).

ACERVO PESSOAL ULISSES MENDES

Vencidas todas essas questões, por onde começar? Como a "Caravana *JN*" partiu do Rio Grande do Sul, dessa vez a decisão foi decolar do Norte. O nosso avião sairia do Amapá e a viagem começaria em grande estilo – com o *JN* sendo ancorado de lá. Mas não sem antes enfrentarmos a primeira grande turbulência do projeto. Desde o começo, ficou decidido que todos os sorteios seriam feitos por Bonner e Fátima, no estúdio do *JN*, no Rio. Mas eis que no sábado, dia 21, dois dias antes da estreia, Ali nos alertou: se o projeto vai começar em Macapá, o primeiro sorteio tem que ser feito pelo William Bonner aqui, em Macapá. Gelamos. A urna de acrílico que seria usada nos sorteios, o envelope com as cidades de Pernambuco, que seria o primeiro estado visitado, tudo estava no Rio de Janeiro. Pior: todos os sorteios seriam auditados pela PricewaterhouseCoopers e os auditores, é claro, também estavam no Rio. Tínhamos 48 horas para resolver tudo. Conseguimos convencer a auditora Renata Fernandes, da Price, a voar pra Macapá no domingo à noite. E ainda levando o envelope com os nomes das cidades e a urna de acrílico. Ela chegou na madrugada de segunda-feira. Fora isso, foi preciso fazer uma inusitada produção local. A urna precisava de um suporte, já que não haveria bancada do jornal. Rodamos a cidade toda atrás de uma solução, até que, passando em frente a uma loja, vimos um suporte de acrílico expondo vários pares de sapato. Naquela mesma noite, 23 de agosto, aquele suporte estava no ar, no *Jornal Nacional*, coberto por um pano preto também comprado naquela tarde. E como se todo esse sufoco jamais tivesse

William Bonner grava reportagem para o "*JN* no Ar" (2010).

existido, William Bonner ancorou o *JN* em frente à imponente Fortaleza de São José, em Macapá, diante de um público encantado e vibrante. E lá foi feito, então, o sorteio do primeiro destino do nosso avião: Igarassu, em Pernambuco.

Todos os outros sorteios foram realizados na bancada do *JN* por William e Fátima Bernardes. As exceções aconteciam nas sextas-feiras e nos sábados. Às sextas, exibíamos a matéria gravada no dia, mas não havia sorteio porque sábado era o dia de descanso da equipe. No domingo, voltávamos a fazer o sorteio, no Fantástico, recomeçando a maratona semanal.

A bordo do Falcon 2000 estavam o repórter Ernesto Paglia; a produtora Adriana Caban; os repórteres cinematográficos Dennys Leutz e Lúcio Rodrigues; Hailson Barros, técnico de sistema, e Vinicius Ferraz, que o substituiu no meio da viagem; Ulisses Mendes, responsável por todo o equipamento e a operação de engenharia do projeto; a editora de imagens Gisele Machado, que também se encarregou da produção executiva; e o editor de internet Alfredo Bokel, que incorporou uma grande novidade ao projeto. No blog *JN no ar*, Alfredo contou, dia após dia, os bastidores dessa aventura, em textos, vídeos e fotos. Todos esses profissionais eram cuidadosamente guiados por um trio que quase virou família: o experiente comandante Reinaldo Kede, o copiloto Bruno Alvarado e a comissária de bordo Luciane que, não à toa, acabou carinhosamente apelidada de "Lu". Ela era a encarregada do abastecimento da aeronave e passava o dia procurando e produzindo o jantar que a equipe faria a bordo, durante o voo para o próximo destino.

Paglia e equipe acompanhavam o sorteio ao vivo e decolavam logo depois do jornal. Enquanto isso, o grupo "de terra", na emissora, preparava tudo para a chegada da equipe ao próximo destino: confirmava o hotel e os carros e enviava o dossiê da cidade sorteada. A "equipe de bordo" chegava já quase de madrugada, e o dia seguinte começava cedo. Para dar conta da missão, Paglia saía com uma parte da equipe, e a produtora Adriana Caban, com outra. Passavam o dia em duas frentes. Ele fazendo a reportagem, e ela gravando cenas e personagens da cidade, que iriam enriquecer o material. Até o final da tarde, a matéria tinha que estar editada e gerada, para entrar no *JN* à noite. E assim foram 35 dias de viagem, 27 pousos e decolagens, 55 horas de voo cruzando o país. Uma aventura de números expressivos para fazer um retrato das riquezas e diferenças do Brasil.

Olhando em retrospectiva, dá um baita orgulho ter feito com sucesso esse projeto. A proposta era tão inédita que nem tivemos tempo de pesar as dificuldades. Vantagens da inocência.

Nas eleições seguintes, o planejamento foi de quatro anos: acompanhar entre um pleito e outro a vida de onze eleitores indecisos que fizeram perguntas no debate de 2010. Cada time de repórter, editor, produtor e repórter cinematográfico ficou com a missão de acompanhar dois dos nossos eleitores. O contato entre uma visita e outra, a cada seis meses, era feito por telefone ou mensagens. Durante esses quatro anos, vimos o nascimento do segundo filho de Robinson, da cidade de Frederico Westphalen, no Rio Grande do Sul; o casamento do Pablo Alex, em Belém; as mil e uma reviravoltas na vida da mineira Madalena; a formatura da Misterly, em São Paulo; o sucesso do Josivaldo com seu mercadinho em Recife.

O resultado foi um minidocumentário sobre as vidas de onze brasileiros de todas as regiões do Brasil, em um longo período de tempo. A ousadia do projeto, entretanto, teve seu preço. Era impossível condensar em menos de vinte minutos tanto material, tantas histórias interessantes. A saída foi exibi-los na GloboNews, na íntegra. Apesar do acesso limitado aos assinantes, o belo trabalho chegou ao público.

O BRASIL QUE EU QUERO

O embrião da ideia veio da produtora Clarissa Cavalcanti, em um workshop interno da Editoria São Paulo: pedir ao público, via G1, sugestão sobre o que poderia melhorar em sua cidade. Era um passo a mais na integração entre duas plataformas, a TV e a internet, uma alimentando a outra. A ideia era ter, durante as eleições, um banco de dados com problemas e personagens, à mão para serem usados em reportagens

Ali desenvolveu então uma outra ideia: cada um dos 5570 municípios do Brasil teria voz nos vários telejornais de rede da Globo. Pediríamos que mandassem vídeos de até quinze segundos, e escolheríamos um único de cada cidade, respondendo à pergunta: que Brasil você quer para o futuro?

Não sem alguma resistência, fomos à luta, preocupados com a grande incógnita do projeto: a resposta do público. Dessa vez, estávamos dividindo a responsabilidade. E se o público não se interessasse? E se, mesmo interessado, não conseguisse enviar o vídeo por dificuldades de conexão com a internet ou pelas limitações do celular disponível?

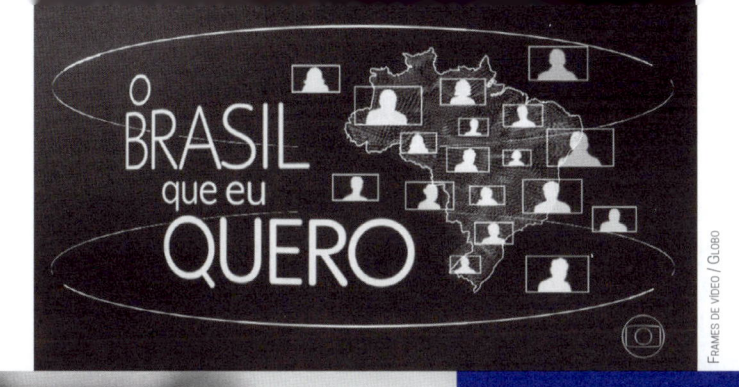

FRAMES DE VÍDEO / GLOBO

A solução foi uma campanha que começou a ir ao ar já em janeiro de 2018 e que durou quase dois meses. Repórteres e âncoras entravam em todos os telejornais, nacionais e regionais, pedindo a colaboração de todos e ensinando a como gravar a mensagem de quinze segundos: com o celular na horizontal e enquadrando o ponto que identificasse a cidade ou o problema que se quisesse mencionar. A campanha deu tão certo que o pedido "gravar com o celular na horizontal" rendeu vários memes nas redes sociais, e o celular deitado virou até fantasia de carnaval, inequívocos sinais de adesão ao projeto. O mesmo aconteceria quando o "O Brasil que eu quero" entrou no ar, em 4 de março. Foram centenas de memes divertidos, que ajudaram a popularizar a ideia.

A estratégia para receber os vídeos, selecioná-los, exibi-los e distribuí-los em sete telejornais de rede exigiu a participação fundamental do departamento de Tecnologia da Globo, que, em parceria com o G1, criou uma plataforma para receber as mensagens, atualizada automaticamente. Um sistema sofisticado, que nos permitia saber, diariamente, quantos vídeos tinham chegado, de onde, e ainda fazer pesquisas pelo remetente, pela cidade, estado, data etc. Era um sofrimento diário: quantos vídeos chegaram, de que estado, de que região? Já temos 10% dos municípios! Vinte! Trinta! Sabíamos que naquele ritmo chegaríamos muito próximo dos 100%, mas era preciso reforçar o pedido.

Uma equipe de nove pessoas acompanhava essa primeira etapa e pré-selecionava os vídeos que poderiam ser aproveitados. Os critérios eram simples: condições de áudio e imagem razoáveis, pedidos que fizessem sentido para a comunidade, certeza de quem era o remetente. A produção fazia uma busca profunda na internet para garantir que nenhum deles trabalhava em campanha eleitoral, tinha relação com políticos ou mesmo já tinha sido candidato a qualquer cargo público nos últimos anos.

Quanto mais temas fossem tratados, melhor. Acabamos contemplando uma agenda razoável para o governo que seria eleito. Para nossa surpresa, em um país com um alto índice de desemprego, a educação foi o desejo mais expressado entre os quase sessenta mil brasileiros que nos mandaram vídeos.

Uma vez aprovados, os vídeos eram enviados on-line para três duplas de edição, de texto e imagem, que montavam os pacotes para cada telejornal. E toda terça-feira, nos reuníamos – nós, produtores e editores, em uma animada e democrática tarde, para assistir a todos os pacotes montados e avaliá-los. Todos opinavam e, juntos, decidíamos se havíamos mesmo feito a melhor escolha dos vídeos, no tempo e no perfil de cada telejornal. Batido o martelo, cada edição era "finalizada", ou seja, inserida naquela máscara com o mapa do Brasil e depois enviada, prontinha, ao editor-chefe de cada jornal. Um produtor controlava a planilha de exibição para que não repetíssemos inadvertidamente um município.

Muitas vezes, produtores e editores tiveram que telefonar para tirar dúvidas sobre quem mandara o vídeo. Embora existam 229 milhões de celulares no país, o acesso à internet é menor, atingindo cerca de 64% da população. Não raro, quem estava cadastrando o vídeo no G1 não era exatamente o autor do vídeo, mas um amigo, conhecido ou parente que tinha internet. Outras vezes, o vídeo trazia um pedido inusitado que não tinha aparecido ainda, mas tinha problemas de captação de áudio ou de imagem. Os produtores entravam em contato com a pessoa e pediam para regravar. A grande maioria atendeu ao nosso pedido.

O mosaico formado pelos 5543 brasileiros que expressaram suas expectativas para o país, ao longo de nove meses, foi além do que imaginávamos. Não houve

FABRÍCIO MOTA / MEMÓRIA GLOBO

Maria Thereza Pinheiro, Teresa Cavalleiro e Felippe Cavalleiro nos bastidores do debate presidencial nas eleições 2014.

assunto que não tenha sido tratado, de economia à identidade de gênero, de política à fixação do jovem no campo, da questão indígena aos portadores de doenças crônicas. Imagine um tema, e tenha certeza de que ele esteve no ar.

O sucesso tão grande nos fez ampliar o projeto inicial. Uma equipe de dez pessoas foi montada rapidamente para assistir aos mais de cinquenta mil vídeos que recebemos e tirar deles um painel significativo de informações: quem são esses brasileiros, onde vivem, quantos homens, quantas mulheres, quais os cinco desafios do nosso país que mais apareceram nos vídeos. O trabalho durou um mês e, com base nele, *Fantástico*, *Globo Repórter*, *Jornal Nacional* e *Como Será?* traçaram retratos aprofundados de alguns dos nossos brasileiros. Encontramos atrás daquelas mensagens de quinze segundos histórias comoventes e inspiradoras.

Pronto. É assim que funciona uma editoria de projetos especiais. Nada do que se vê em televisão é improviso. Projetos levam meses para sair do papel, equipes se dedicam em tempo integral para desenhar a estrutura, para se antecipar a problemas. O resultado, porém, fica registrado para sempre.

Sônia Bridi [repórter]

Em 2002, a esperança transbordava no Brasil. Estávamos nos preparando para eleições depois de oito anos de mandato democrático e ininterrupto de um presidente eleito e reeleito. Tudo indicava que o partido que estava no poder perderia as eleições – mas o processo corria tranquilo, civilizado até, para padrões brasileiros. Um ambiente ainda mais memorável quando o olhamos de 2019, em meio à polarização que tomou conta do país. A inflação finalmente não era o principal assunto a ser discutido. E o *Jornal Nacional* estabeleceu o tom dos debates, propondo séries de reportagens baseadas no censo da virada do milênio. Que Brasil queríamos construir?

Eu vivia um momento de renovação e esperança – o nascimento do meu filho, em setembro de 2001, em plena semana do atentado às Torres Gêmeas. A mim, na série, coube um tema que prezo: educação e sua relação com emprego e oportunidades na vida, com ascensão social e desenvolvimento. E foi com filho no colo – estava amamentando – que percorri o Brasil e encontrei personagens inesquecíveis.

Na Grande São Paulo, uma vila de classe média baixa, formada por operários da indústria automobilística, foi o grande exemplo de como o mercado de trabalho já sofria uma transformação brutalmente rápida. Aos imigrantes nordestinos que vieram com a cara e a coragem tentar a vida em São Paulo – um deles seria o presidente eleito naquele ano – não bastavam a vontade de trabalhar e a dedicação. Faltavam anos nos bancos escolares. Quem não conseguia ler manuais complexos para operar máquinas cada vez mais sofisticadas, não conseguiu se manter no emprego. Parte da elite operária começava a se transformar em um exército de subempregados.

O desemprego ultrapassava a marca de 7% – metade do que temos hoje. Em um mercado ainda sem aplicativos e internet universalizada, eram as filas no meio da rua e as agências do centro de São Paulo que concentravam as multidões de desempregados. Era uma época em que o desemprego era visível, gritante, e não o fantasma sem rosto do desemprego de hoje.

FRAME DE VÍDEO / GLOBO

Sônia Bridi em reportagem para a série "Educação e Emprego". *Jornal Nacional* (31/08/2002).

Para mostrar como a universidade transforma famílias e promove mobilidade social duradoura, fomos ao interior de Minas Gerais, onde um agricultor meeiro conseguiu botar as duas filhas na prestigiada Universidade Federal de Viçosa. Ele mal sabia ler e escrever. As filhas seriam engenheira e veterinária. Lembrei muito da minha própria família – meus pais tinham apenas o ensino primário e botaram oito filhos na faculdade.

Mais do que desfilar números do IBGE, nossa série mostrava, com a força implacável das estatísticas, como a educação e o emprego andam juntos. Quando o engenheiro capacitado perde o emprego, ele cria seu próprio trabalho e oferece emprego a outros. Inacreditável que quase duas décadas depois, o valor do acesso ao ensino superior esteja sendo questionado.

A última reportagem era um soco na boca do estômago. Sete milhões e meio de crianças que foram obrigadas a trocar os bancos escolares pelo trabalho. Encontramos crianças exercendo tarefas pesadas pelo Brasil afora. Nas casas de farinha do Nordeste, nas olarias do entorno de São Paulo. Retratamos um país que nega oportunidades para os mais frágeis, permite o desperdício de talentos e massacra vidas que ainda nem se desenvolveram. E foi com a história de Caíque, um menino de onze anos que passava a infância sem tempo para brincar porque trabalhava desde antes do nascer do sol, que encerramos a série. E com a imagem do menino de 25 quilos, carregando feixes com 12 quilos de tijolos, que resumimos a necessidade de decidir o voto a partir de propostas: Quer aliviar esse peso? Preste atenção nos programas dos candidatos.

Pedro Bial
[repórter; apresentador e redator final do *Conversa com Bial*]

A "Caravana *JN*" é uma lembrança maravilhosa, foi uma janela que se abriu para o experimentalismo dentro de um jornal que tem que ser, por definição, o mais tradicional do Brasil. O *Jornal Nacional* saiu do cenário futurista e passou a ser um ônibus sem ar condicionado, cujos pneus furavam. Foi uma aventura.

No início, fomos tateando, buscando a linguagem adequada para a série "Desejos do Brasil", percebendo que as matérias precisavam ter menos *off* e mais gente falando. Tínhamos essa dificuldade de tratar da nação sem entrar nos méritos de quem estava postulando o comando do Estado. Não estávamos cobrindo a campanha eleitoral de 2006, mas, ao mesmo tempo, tínhamos que ter "mordida", ser duros e fir-

Gisela Pereira / Globo

Pedro Bial e William Bonner na "Caravana *JN*" em São Miguel das Missões (31/07/2006).

mes para mostrar os problemas sem parecer parciais. Queríamos identificar também o potencial das cidades, além de sair sem pauta na rua, vendo o que acontecia. E era extraordinário, porque as coisas realmente acontecem. Como em um dia em que eu estava andando por uma estrada do Maranhão, passei por uma escola chamada Pai Lobo e decidi entrar para ver como era. Paramos o carro e abrimos a porta: era só uma fachada. O interior tinha caído. Procuramos na fazenda ao lado, e crianças de sete a catorze anos estavam tendo aula na varanda do casarão. Aquele dia era 6 de setembro e, quando eu perguntei, ninguém sabia me dizer o que tinha acontecido no Sete de Setembro, Independência do Brasil. Em todas as matérias da série, perguntávamos aos entrevistados: "E o seu desejo, qual é?". Ali, a professora, deprimida com a situação, me falou: "Não tenho desejo algum". A equipe toda chorou. Foi extraordinário, como uma experiência profissional e pessoal.

Na Caravana, precisamos também lidar com a multidão. Na cidade de Santa Inês, no Maranhão, nosso hotel foi cercado por umas três mil pessoas – e me lembro da dona falando: "Nem com Chitãozinho e Xororó foi assim!". A polícia nesse dia não conseguiu contê-las, o hotel foi invadido. Eu me escondi na lavanderia, já a nossa editora, Ana Paula Brasil, ao sair do banho, deu de cara com dois meninos pulando para dentro do banheiro. Uma loucura total. Criamos esquemas para despistar, sair em carros separados. Fazíamos a matéria em quinze minutos e voltávamos para editar. Foram dois meses assim, mas foi muito legal. Quando chegamos àquela que era considerada a pior estrada do Brasil – a BR-316 –, onde percorremos vinte quilômetros em cinco horas, fizemos ao vivo a entrada no JN, revelamos a nossa posição e, novamente, começaram a nos cercar. Logo depois, chegamos a Belém, no Pará, e pegamos o rio Amazonas de barco.

Durante a caravana, descobri essa curiosidade que o brasileiro tem pela própria história. A primeira coisa que as pessoas falavam quando a gente chegava era da história do lugar, sobre algum evento que aconteceu ali. Parece que a gente precisa dessas referências para sentir ou desenvolver uma identidade própria regional. Fizemos um retrato do Brasil que ficou muito eloquente, gostoso de se assistir. O trabalho foi muito bonito, coroado com a honrosa indicação como um dos quatro finalistas do Prêmio Emmy Internacional do ano seguinte.

Ernesto Paglia [repórter]

A ideia do "JN no ar" foi simples e brilhante, uma ousadia sem igual. Fui chamado para a missão pelas "Teresas", uma verdadeira entidade no Jornalismo da Globo — Maria Thereza Pinheiro, a Terezoca, e Teresa Cavalleiro, a TCav — as diretoras dos projetos especiais. Acostumado às superproduções dessas brilhantes companheiras, embarquei sem muitas perguntas. Mas, lá no fundo, o desafio mexeu comigo. Fazer ziguezague, país afora, tentando compor um mosaico instantâneo da realidade pré-eleitoral em poucas horas... isso que é testar os limites de qualquer esquema, projeto e profissional! Não tem melhor combustível para um repórter. A aventura começou.

O Brasil tem os mesmos problemas de Norte a Sul: saneamento básico, educação, segurança. O desafio era procurar assuntos novos, não podíamos contar histórias iguais em 38 municípios. Mostrávamos os problemas, mas também coisas boas. Houve momentos em que a gente disse: "Meu Deus, mas a sorte nos reservou isso?". Foi o caso do Acre. Um dos grandes desafios de trabalhar no estado é a posição geográfica. Ele está distante dos grandes centros e, mesmo Rio Branco, a capital, tem problemas de comunicação. Fomos a Cruzeiro, no interior, uma cidade que passa alguns meses do ano isolada por causa da cheia, que cobre as estradas. E enfrentamos nosso quinhão de dificuldade por causa desse isolamento: a internet não funcionava, nem mesmo o nosso sistema de acesso ao satélite. Na hora da transmissão para o

JN, tentamos todo o abecedário de possibilidades, mas não conseguimos sinal. Sentimos na pele o que era viver ali... Estendemos a nossa estadia, adiamos toda a cobertura, fizemos questão de ficar mais um dia, escolhendo como cenário a praça central da capital, em frente ao Palácio Rio Branco.

Essa etapa também não foi sem percalços por dois outros motivos. Primeiro, mosquitos. Estávamos prontos para entrar no ar às seis e pouco da tarde – lembrando que o Acre tem duas horas a menos do que Brasília, e três quando estamos em horário de verão – e vimos que tinha bastante gente começando a se juntar para nos ver. Subi na carroceria de um caminhão para ficar a certa distância e conseguir falar o que eu precisava. Acendemos a luz. Choveram insetos de proporções amazônicas – gigantes! Decidimos apagar e só ligar de novo na hora certa, torcendo para não pousar nenhum monstro em mim. Passado isso, veio a segunda preocupação. Perto da hora de entrar, comecei a ver uma movimentação estranha na praça, pessoas chegando com instrumentos – bumbo, corneta, pratos, todas aquelas coisas. Era uma fanfarra que iria treinar a apresentação de Sete de Setembro. Fiquei desesperado. Nossa produtora, Adriana Caban, foi negociar uma pausa com o instrutor, e deu certo.

Ernesto Paglia e o repórter cinematográfico Lúcio Rodrigues gravam reportagem para o "*JN* no Ar" (2010).

ACERVO PESSOAL ULISSES MENDES

Avião do projeto "JN no Ar". (2010).

Foram longos 39 dias (e noites) de cobertura, literalmente, a jato. Nunca se fez algo assim na TV brasileira (e, desconfio, do mundo). E dificilmente será feito novamente. Tive a honra de participar dessa ousadia, em posição que me permitiu pôr a prova todo o meu treinamento como repórter, atuar como editor e desempenhar o papel de líder de um grupo competentíssimo. Repórter não é chefe de equipe. Mas, até pela minha experiência, cobravam-se de mim decisões e definições constantes, minuto a minuto. Era uma corrida contra o relógio, o hodômetro, a superficialidade e, eventualmente, as cortinas de fumaça que alguma autoridade local gostaria de lançar diante das nossas câmeras. Sem a destreza de todos os profissionais envolvidos nessa série, ninguém faria o que fizemos. Respeito eterno pelo trabalho dos meus companheiros e chefes. Orgulho de ter participado dessa empreitada única.

Poliana Abritta [jornalista; apresentadora do *Fantástico*]

Os dados e as estatísticas que os candidatos usaram durante toda a campanha estavam ali, de frente para eles, vestindo a sua melhor roupa – e indecisos. Foi no último debate antes do segundo turno entre os presidenciáveis Dilma Rousseff e

Poliana Abritta em entrevista ao
Memória Globo (2018).

José Serra, em 2010, que surgiu o projeto do então diretor da Central Globo de Jornalismo, Ali Kamel. Os doze eleitores que fizeram perguntas aos candidatos teriam suas vidas acompanhadas por nós, nos próximos quatro anos, independentemente de quem ganhasse as eleições. Seis repórteres do *Jornal Nacional* foram escalados para a série de reportagens "Retratos brasileiros", exibida na GloboNews, em julho de 2014. Coube a mim reportar o cotidiano do Pablo Alex e do Josivaldo Silva. Os dois tinham, coincidentemente, 27 anos, na época. Pablo era de Belém e havia perguntado sobre sustentabilidade. Josivaldo, do Recife, fizera uma pergunta sobre aposentadoria.

Ao longo dos quatro anos, estive oito vezes na casa de cada um deles, acompanhada do repórter cinematográfico Marconi Prysthon, do operador de áudio Eduardo Paiva e da editora de texto Denise Lacerda. De seis em seis meses, batíamos na porta daquelas famílias e registrávamos tudo o que estava acontecendo: os dramas, as alegrias, as conquistas, as preocupações. Fiz mais visitas àquelas duas famílias do que a muitos parentes meus.

Josivaldo era comerciante. Tinha um pequeno mercadinho na periferia do Recife. Acompanhar a rotina dele significava estar de pé às quatro da manhã e seguir, ainda no escuro, para a Ceasa, onde ele comprava produtos frescos para revender horas depois. Com o dinheiro do caixa do dia anterior no bolso, ele negociava o melhor preço de banca em banca. Josivaldo contribuía para a Previdência Social, mas muitos daqueles trabalhadores, colegas de labuta, não. Assim como nenhum dos seus seis irmãos. Com isso, quem ficasse doente, não teria direito a qualquer benefício; se fosse mulher e engravidasse, não teria licença-maternidade. Foi essa preocupação que o comerciante levou ao debate na véspera das Eleições de 2010 e que persistiu na cabeça dele ao longo dos anos em que o acompanhei. Um dia, cheguei ao Recife e a mulher dele, Patrícia, tinha acabado de descobrir que estava grávida. Era ela quem ajudava o marido quando os outros dois filhos estavam na escola. Com um bebê em casa, não conseguiria trabalhar no mercado. Tampouco teria o direito ao benefício do INSS, porque, com o orçamento apertado da família, não era possível contribuir. A realidade do Brasil estava dentro da casa daquela família mais uma vez.

Mesmo com as dificuldades do dia a dia, vi o casal apostar junto em novos projetos: primeiro, a ampliação do mercadinho – quando vagou o imóvel ao lado; depois, a mudança de casa – para diminuir o custo com o aluguel; e até a abertura de um novo ponto em um bairro próximo. A terceira filha nasceu. Quando chegávamos ao Recife, eram mais alguns pares de braços para revezar o colo, dar comida para as crianças e até ajudar no caixa quando necessário. Uma troca que acontecia pelo menos nos quatro dias por ano que passávamos ali, com eles.

A série mostrou um mosaico da vida daquelas pessoas com as decisões tomadas em Brasília. A história do Josivaldo foi costurada com o que aconteceu em relação à Previdência no país no mesmo período. E foi além... Em nossa última visita, Josivaldo estava preocupado com a inflação. Ele não tinha referência desse problema em sua vida adulta: "O supermercado estoca, compra muito, faz promoção. Não tenho condições de fazer isso, sou microempresário".

Do Nordeste seguíamos para o norte do país. Lá, conhecemos e passamos a fazer parte da vida do Pablo – que começou o projeto desempregado e continuou nessa condição durante muito tempo ao longo da gravação da série. Ninguém escondia a angústia e as dificuldades, a aposta e a esperança de que a vida andaria para a frente. Estava tudo ali, diante da câmera, em cada abraço de chegada e de despedida. Acompanhamos muitas mudanças. Pablo se casou, e nós estávamos lá, registrando e nos emocionando no cartório na periferia de Belém. Veio a segunda filha e, de novo, tínhamos uma mascote também na vida do nosso segundo personagem. Por ter sido criado em um município onde os índices de desmatamento eram altíssimos no passado, o olhar de Pablo estava sempre voltado para as questões do meio ambiente. Foi o que motivou a pergunta feita por ele no debate para presidente. Por mais de uma vez, ele nos levou a Paragominas, no Pará. O lugar chegou a ser conhecido como "Paragobalas" – marca da violência e do desmatamento. Mas um projeto de mobilização das lideranças locais fez o município, em março de 2010, deixar essa lista dos maiores desmatadores e tornar-se um exemplo de município verde.

A série "Retratos brasileiros" tinha que ser um retrato do meio ambiente no período. Ao longo dos quatro anos, houve a aprovação do novo Código Florestal, os protestos contra a Usina de Belo Monte, a crise hídrica, o aumento do desmatamento no país. Na periferia de Belém, onde Pablo morava com a família, nada mudou em relação à falta de saneamento básico e aos alagamentos causados pelas chuvas nas ruas sem asfalto. Na vizinhança, era difícil encontrar alguém que não tivesse contraído dengue – por causa da água parada, a proliferação do mosquito *Aedys aegypti* era enorme, e os casos da doença também. Mas nossa vida, a do Josivaldo, a do Pablo e também a sua, são feitas de um salpicado de notícias. E, enfim, as boas tiveram lugar no fechamento do projeto. Pablo, pela primeira vez, conseguiu um emprego com carteira assinada. Foi assim que nos despedimos: deixando um jovem pai de família empregado e cheio de sonhos.

Pedro Bassan [repórter]

O formato de uma série no *Jornal Nacional* com o material de "O Brasil que eu quero" foi ideia do Bonner. Ele queria que a gente apresentasse uma solução possível a um problema enviado pelo público, com o mote: "O Brasil que eu quero existe e está logo ali". A forma de mostrar isso foi um desafio logístico, que envolvia levar personagens a viajar pelo Brasil para conhecer projetos bem-sucedidos em determinada área. Queríamos mostrar mais do que os quinze segundos que foram ao ar na televisão – o que levou a pessoa a enviar o vídeo e quais as circunstâncias do local em que ela morava? Precisávamos criar uma conexão entre a mensagem e a vida daqueles indivíduos.

O tema da minha reportagem era "Corrupção e obras paradas", uma das maiores preocupações dos brasileiros. A matéria nasceu a partir de uma pauta de Campo Limpo Paulista, onde dois cidadãos fiscalizavam as licitações do município e apresentavam impugnações para o Tribunal de Contas e até para a Justiça. Eles são fiscais da administração pública da cidade, um caminho para quem reclama da corrupção. Foi difícil a escolha de personagens que tivessem enviado mensagens sobre o assunto, mas acabamos ficando com duas histórias.

Pedro Bassan em Felixlândia, Minas Gerais, durante reportagem para a série "O Brasil que eu quero". *Jornal Nacional* (04/10/2018).

FRAME DE VÍDEO / GLOBO

A primeira era do Altino Rodrigues Neto, que mora na Ilha de Mangabal, localizada em uma represa do rio São Francisco no estado de Minas Gerais. Ele havia pedido transparência nas informações públicas e o combate à corrupção, o que combinava muito com o projeto de Campo Limpo. O Altino tem uma atuação pública destacada na região, e os dois assuntos casaram bem. A segunda era da Claudete, de Anta Gorda, no Rio Grande do Sul, que reclamava da obra de uma ponte que estava havia trinta anos parada – a conexão entre sua casa e seu trabalho foi levada pela correnteza em um temporal. No lugar, construíram uma ponte provisória muito rente ao nível do rio, que, nos meses de cheia, é encoberta pela água. Foi o único caso na série toda em que levamos o exemplo que dava certo até a pessoa, e não o contrário – o senhor Sir Carvalho, dos Vigilantes da Gestão, saiu de Curitiba para visitá-la. Ela precisava receber uma aula de internet, do que fazer para fiscalizar o dinheiro que deveria ir para a ponte. Deu certo, a ponte está andando, trocamos mensagens a respeito.

É impressionante como o Brasil é grande e como encontramos realidades que não imaginamos. Mesmo sendo repórter e passando a maior parte do tempo na rua, ao fazer essa série, conheci um país rural que vai desaparecendo cada vez mais.

PRODUÇÃO NACIONAL: INÍCIO, FIM, MEIO

FÁTIMA BAPTISTA
[CHEFE DE PRODUÇÃO DE REDE · 2013-2019; CHEFE DE REDAÇÃO DE PROGRAMAS DA GLOBONEWS]

Fronteira fechada. Pesquisa inédita. Feminicídio. Inflação. Chuvas torrenciais, deslizamento, morte. Elas vêm de todos os lados, as informações que servem de aditivo para uma engrenagem que, na verdade, não para nunca: a produção do *Jornal Nacional*.

De segunda a sábado, há cinquenta anos, dias da produção começam do mesmo jeito, na ronda de notícias. De cada informação que captamos, construímos o detalhado menu de notícias do JN. Algumas têm o poder de virar do avesso o nosso cardápio. Notícia tem mesmo esse hábito, chega sem cerimônia, a qualquer hora.

Foi assim no dia 25 de janeiro de 2019. Os principais assuntos daquela sexta-feira eram a Reforma da Previdência, a terceira cirurgia do presidente Jair Bolsonaro e a prisão do ex-governador do Paraná, Beto Richa. Perto de

Ricardo Soares na cobertura do rompimento de barragem em Brumadinho. *Jornal Nacional* (25/01/2019).

uma da tarde, o telefone tocou. A então produtora Marina Borges, de Belo Horizonte, contou que o Globocop da capital mineira havia captado, na frequência dos bombeiros, a comunicação do rompimento de uma barragem em Brumadinho. "Não pode ser, isso não", respondeu Rogerio Nery, na época, produtor no Rio de Janeiro.

Era pior. Rejeitos de mineração, mais uma vez, tinham coberto de lama dezenas de vidas. A parti dali, um novo jornal nasceu para a cobertura de uma das maiores tragédias ambientais da história do nosso país.

Foi assim na edição de estreia, em 1º de setembro de 1969, "com imagem e som para todo o Brasil", como registrou Hilton Gomes minutos antes da escalada do *Jornal Nacional*. Também naquele dia, uma equipe de jornalistas preparou uma seleção de temas para o nosso *JN* número um. Na edição que foi ao ar, se sucederam "reportagens diretas" do Rio de Janeiro, Porto Alegre, Curitiba – que apareceu com o epíteto de "capital dos acidentes de trânsito". Soubemos que, naquele dia, começou o alargamento da Praia de Copacabana e que Pelé havia posto o visto de saída no passaporte do Brasil para a Copa do México. E Cid Moreira se despediu anunciando para breve a integração do circuito de Brasília, a capital do país, e de Belo Horizonte ao *JN*, primeiro serviço de notícias realmente nacional da TV brasileira. "É o Brasil ao vivo aí na sua casa. Boa noite!", encerrou.

Hoje, cobrimos 99,5% do Brasil, com nossas 122 emissoras (cinco próprias e 117 afiliadas), ligadas via fibra óptica, satélite, internet. Estamos em todas as capitais, de todos os estados do país. No exterior, temos os escritórios da Globo de Londres e Nova York, além de repórteres e colaboradores espalhados em muitos pontos do mundo.

HOUVE, UMA VEZ, UMA SALINHA

A produção do *JN*, propriamente dita, conta com cinco produtores e um editor de internacional da Mesa Rede, que é o nome oficial da equipe que faz a articulação entre os profissionais dedicados aos cinco telejornais de rede de todas as nossas emissoras – *Hora Um*, *Bom Dia Brasil*, *Jornal Hoje*, *Jornal Nacional* e *Jornal da Globo*.

A turma da salinha, como já fomos conhecidos por causa dos poucos metros quadrados que ocupávamos na antiga redação no Jardim Botânico, prepara diariamente a cobiçada "previsão do *JN*". Rogerio Nery e Eric Hart, nosso coordenador de internacional, redigem desde as sete da manhã o relatório de cerca de dez páginas, que reúne tudo que de mais importante aconteceu naquele dia, até aquele momento, no Brasil e no mundo.

O trabalho de preparar essas páginas começa, na verdade, nos dias anteriores. É quando a produtora Karina Barros recolhe, avalia e constrói, em conjunto com outros produtores pelo país, as sugestões de pauta que seguem para avaliação do William Bonner. Todo fim de tarde há um encontro marcado com o futuro do *JN*.

Reunião de pauta do *Jornal Nacional* (2015).

CICERO RODRIGUES / MEMÓRIA GLOBO

Mas é pela manhã que começa o garimpo de outros investimentos em temas de atualidade, em estreita conexão com os factuais, investigações ou material exclusivo. É o momento em que os números do IBGE viram gente em busca do emprego que não vem. Que a identidade dos brasileiros por trás da violência se revela. Que o alerta "PF nas ruas" das seis da manhã dá a pista: conhecemos, naquele dia, mais um intrincado esquema criminoso em operação no país.

Nos cinco anos de cobertura da Operação Lava Jato, por exemplo, tem sido assim. No dia 17 de março de 2014, uma mensagem chegou cedinho, de Brasília, informando que havia equipes da Polícia Federal nas ruas para cumprir 81 mandados de busca e apreensão, 18 prisões preventivas e 10 temporárias, além de 19 ordens de condução coercitiva. Isso, em 6 estados e no Distrito Federal e com um toque insólito: as ordens tinham saído da Justiça Federal do Paraná, determinadas por um juiz de nome Sergio Moro.

Imediatamente, nossa rede foi articulada: repórteres, cinegrafistas, produtores – todo mundo correndo junto para tentar entender aquela operação gigante, com motivos ainda não muito esclarecidos, que tinha como alvo um ou dois nomes conhecidos, entre muitos tantos estranhos para nós.

Às 16h24, o editor Leonardo Alves, da RPC, afiliada da Globo no Paraná, nos revelou em um e-mail dois nomes que, a partir daquele dia, ficariam conhecidos. Alberto Youssef e Carlos Habib Chater, o dono do tal lava-jato que funcionava, na verdade, como uma lavanderia de dinheiro. Naquela noite, o *JN* registrou em nota coberta, como chamamos as notícias ilustradas com imagens, sem a participação de repórteres:

A Polícia Federal prendeu 24 suspeitos de lavagem de dinheiro, hoje, em seis estados e no Distrito Federal. Em três anos, essa quadrilha teria movimentado dez bilhões de reais. Dez bilhões. Segundo as investigações, eles faziam operações no mercado clandestino de câmbio para legalizar dinheiro do tráfico de drogas. Foram apreendidos carros, dinheiro e obras de arte. Entre os presos está Alberto Youssef, que a polícia afirma ter atuado como doleiro. E também o ex-sócio da corretora Bônus Banval, Enivaldo Quadrado. No julgamento do Mensalão do PT, Enivaldo foi condenado exatamente por lavagem de dinheiro, mas teve a pena de prisão convertida em trabalho comunitário.

René Astigarraga, editor executivo do *Jornal Nacional* de 1990 a 2003 e diretor do Jornalismo em Minas Gerais de 2003 a 2019, em entrevista ao Memória Globo (2011).

Como a operação se seguiu, já é sabido. Mas como a gente vem contando no *Jornal Nacional* é um outro capítulo, assinado pela nossa afiliada RPC e por produtores/repórteres de Brasília, Rio, São Paulo e da Mesa Rede. Foram eles que mergulharam nos processos, papéis, tribunais, e personagens dessa história cheia de momentos surpreendentes, que acabou se revelando a maior operação de combate à corrupção da nossa história.

Com ou sem Lava Jato, o esquema do jogo traçado na previsão de pautas entra em campo na reunião de caixa das 11h30. O nome ainda é o de décadas atrás, quando falávamos por meio da chamada "caixa de sapato", um sistema rudimentar de comunicação telefônica. Hoje, é feita uma videoconferência com Brasília, São Paulo, Belo Horizonte, Londres e Nova York. À mesa, estão os produtores do Rio de Janeiro, os do Esporte e o editor-chefe. Repassamos ponto a ponto. Atualizamos. Reformatamos ofertas. São os últimos ajustes antes de enviarmos as equipes às ruas.

Mas produtor é, por natureza, inquieto, não sossega enquanto não encontra a melhor fonte, fuça de um tudo. Junte-se isso à dinâmica dos fatos – e que dinâmica temos vivido nos últimos tempos, amigos! –, e você terá uma ideia do que é um de nossos dias.

Voltemos a 20 de junho de 2013. O país vivia um momento inédito: ondas de manifestações populares vinham tomando as ruas. O motivo inicial, a alta dos preços do transporte público, foi cedendo espaço a uma insatisfação generalizada. Não era só pelos vinte centavos. Em São Paulo, o aumento da passagem entrou em vigor no dia 2 de junho de 2013; no Rio de Janeiro, na véspera. Na reunião de caixa do dia 6, a equipe de São Paulo sabia da convocação de um protesto e ofertou uma nota coberta. O *JN* acabou entrando ao vivo, com o Globocop, de onde o repórter César Galvão contava que manifestantes tinham enfrentado a polícia em plena Avenida Paulista.

Aquela noite terminou com catracas queimadas e vandalismo nas ruas da maior metrópole brasileira. Rio, Goiânia e Natal também tiveram protestos naquele dia. No dia 13 de junho, a polícia de São Paulo mudou de conduta. Reprimiu violentamente o movimento, prendendo duzentas pessoas, inclusive jornalistas. O *JN* registrou. Nada parecia capaz de parar aquele movimento. Nem o futebol.

Acontece que também era a temporada da Copa das Confederações no Brasil. A Produção tinha o desafio de ajudar a cobrir factuais nas cidades-sede, a movimentação das seleções e dos torcedores.

Mas o eixo do nosso mundo mudou. A então presidente, Dilma Rousseff, foi vaiada na abertura da Copa das Confederações, ao lado do presidente da Fifa, Joseph Blatter. Do lado de fora do Estádio Nacional Mané Garrincha, em Brasília, homens a cavalo faziam a segurança, contendo protestos.

No dia 17 de junho, 250 mil pessoas foram às ruas em doze estados do Brasil. E havia promessa de mais barulho. Acompanhávamos a onda em um ambiente que era novidade para nós, as redes sociais. Não que elas não fizessem parte da rotina, mas era inédito usá-las como fonte primária de informação. Aquele junho mudou definitivamente nosso jeito de trabalhar.

Pouco vimos dos jogos. Acionamos todos os produtores da Rede para monitorar a marcha das adesões. Dez mil confirmações, 20 mil, 50 mil. No dia 19,

Acima: Patrícia Poeta apresenta o *Jornal Nacional* durante a cobertura das manifestações. (17/06/2013).

Abaixo: Manifestações em frente ao Congresso Nacional, em Brasília. *Jornal Nacional* (20/06/2013)

FRAMES DE VÍDEO / GLOBO

estávamos convictos: a tarde seguinte teria o maior número de protestos até aquele momento, em quase todos os estados do país, justamente nas horas que antecederiam o *JN*.

Havia um primeiro desafio: como cobrir, simultaneamente, todos aqueles protestos? Desafio extra: como abrir espaço na grade de programação no horário do "clássico" do futebol mundial Espanha e Taiti, se a manifestação fosse mesmo gigante? E depois: como resumir tudo aquilo em uma edição do *JN*?

Nossa previsão daquela quinta-feira, 20 de junho, registra: cinco pontos de entradas ao vivo no Rio de Janeiro, quatro em São Paulo, três em Minas Gerais e em mais catorze estados, além do Distrito Federal. Sobre Brasília, aliás, prevíamos uma reportagem do Ari Peixoto para o *JN*. Naquele dia, ele não gravaria um segundo sequer de *off*, como chamamos no jargão televisivo o texto que o repórter diz para casar com as imagens.

O resultado se viu no ar, em um telejornal praticamente todo realizado ao vivo. Durante a tarde, diante da magnitude das manifestações, a transmissão do jogo foi cancelada. Nunca, até aquele momento, nós da Mesa Rede tínhamos feito tantas ligações, trocado tantos e-mails com nossos pares e autoridades pelo Brasil. Nunca nossas praças e afiliadas tinham sido tão requisitadas, por tanto tempo, para uma cobertura em tempo real. Coordenamos todas as participações, a partir das quatro da tarde, quando começaram os *flashes* com imagens de diferentes cidades. Depois do jogo, a programação foi interrompida em definitivo para a cobertura dos protestos em Brasília, Rio, São Paulo, Campinas, Vitória, Belo Horizonte, Porto Alegre, Florianópolis, Recife, João Pessoa, Fortaleza, Goiânia, Campo Grande, Belém, Manaus e Salvador. Do estúdio do *JN*, Patrícia Poeta ancorou as entradas dos repórteres.

Naquele dia, o *Jornal Nacional* não apresentou uma escalada (as manchetes do dia). Às 20h30, William Bonner se juntou à Patrícia Poeta na bancada, afirmando que era uma edição diferente: "Neste momento, as notícias mais importantes do dia estão transcorrendo diante dos seus olhos", ele destacou, enquanto na tela manifestantes tomavam o espelho d'água na frente do Congresso Nacional. No Rio de Janeiro, blindados circulavam nas ruas do Centro; em Belém, a prefeitura era cercada; e, em São Paulo, uma multidão ocupava cinco quarteirões da Avenida Paulista. A edição especial durou 1h20. E o resultado de Espanha e Taiti, para quem ficou curioso, foi de 10 a zero para a equipe de Iniesta.

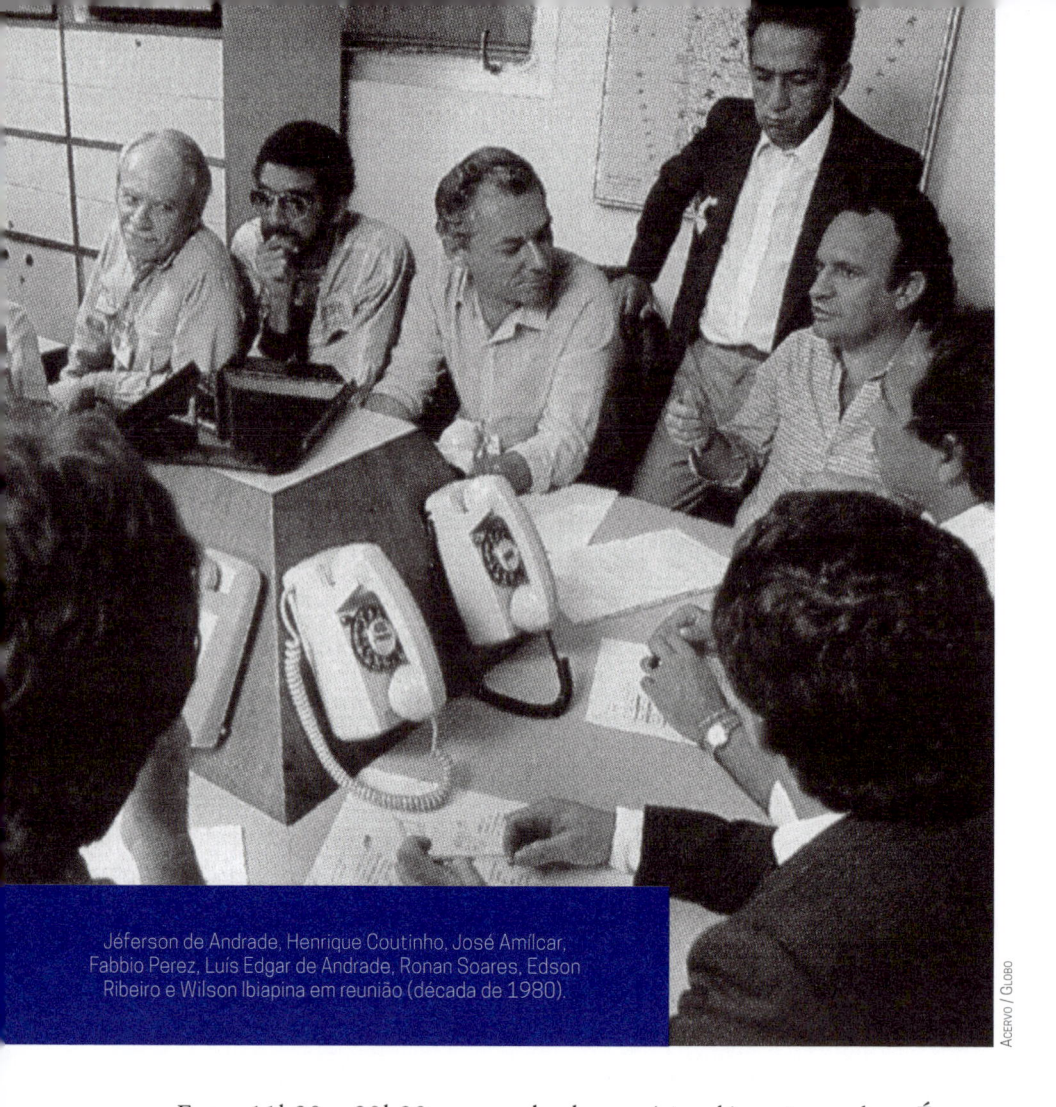

Jéferson de Andrade, Henrique Coutinho, José Amílcar, Fabbio Perez, Luís Edgar de Andrade, Ronan Soares, Edson Ribeiro e Wilson Ibiapina em reunião (década de 1980).

Entre 11h30 e 20h30, o mundo das notícias dá muitas voltas. É uma nova fase do jogo para a nossa produção. Até que o "avião decole", estamos em permanente alerta para o desdobramento dos fatos. São três produtores dedicados a esse trabalho: Dagoberto Souto Maior, Ingrid Kebian e Carolina Iskandarian.

Mesmo nos dias em que o plano de voo é mantido, o fechamento do *JN* nunca é simples, seja o tema político, jurídico ou econômico. Foi assim em 29 de novembro de 2016, na cobertura da queda do avião da Chapecoense. Morreram 71 das 77 pessoas a bordo do avião da empresa aérea Lamia.

Não bastasse a dor imensa pelos atletas mortos ou gravemente machucados, o acidente levou ainda três de nossos colegas da emissora – o repórter Guilherme Marques, o produtor Guilherme van der Laars e o repórter cinematográfico

Ari Júnior. Engolimos a tristeza, enquanto despachávamos equipes e montávamos a infraestrutura. Em menos de duas horas, colocamos uma equipe em um avião saindo do Rio de Janeiro para a Colômbia, a tempo de entrar no *JN* daquela noite. Mas quase que o trânsito na Linha Vermelha, uma via expressa do Rio de Janeiro, nos traiu. O cinegrafista Junior Alves chegou ao Aeroporto Tom Jobim minutos antes de as portas do avião serem fechadas.

Trabalhamos em conjunto com a NSC, então chamada RBS, nossa afiliada de Santa Catarina, e o Esporte da Globo para narrar aquela tragédia e explicar o inexplicável; acompanhar as investigações a quilômetros de distância; abordar as famílias das vítimas. A redação, sempre tão agitada, era silenciosa e grave naquele dia.

O CPN DO SÉCULO XXI

Em um mundo em que as *headlines*, as manchetes, chegam quase instantaneamente a todos, via celular e redes sociais, honramos nosso compromisso de ir além delas. São os temas de atualidades que completam o cardápio do *JN*. É da sintonia fina com as redações das praças e afiliadas que surgem os desdobramentos, contextualizações e novas perspectivas de cada notícia. Esse relacionamento começou a ser cultivado pelo CPN, Centro de Produção de Notícias, como era chamada a Mesa Rede. Por ele, passaram grandes nomes do Jornalismo da Globo.

A partir da década de 1970, era para o CPN que convergiam todas as apurações, tudo que estava acontecendo na produção jornalística da emissora, em todas as praças. Dali, depois de reunidas no JP, o Jornal da Pauta, elas circulavam entre as equipes logo de manhãzinha. O CPN também tinha a postura propositiva de escolher assuntos e escalar equipes pelo Brasil. Reportagens inesquecíveis e séries históricas foram pautadas no Rio de Janeiro.

Com o passar dos anos e o amadurecimento das nossas redações no Brasil e no mundo, essa relação vem se transformando. As iniciativas partem de todos os lados, são aprimoradas, complementadas e ganham forma com a ajuda de muitos sotaques. Foi da observação da equipe de São Paulo, por exemplo, que surgiu uma reportagem, que tinha como pano de fundo um dos assuntos que mais tocam os brasileiros: o desemprego.

Ao longo deste ano de 2017, 1,2 milhão de brasileiros passaram a traba-lhar por conta própria. Foi o jeito que encontraram de ganhar a vida, num ambiente econômico de crise. E eles tiveram que se virar para conquistar o freguês. A oferta é de ovos. Trinta por R$ 10. E sendo em Salvador, em-balados com música: "São trinta ovos por dez reais, trinta ovos por dez reais, trinta ovos por dez reais, pode vir que tem, papai". (...) Em São Paulo, a capital brasileira dos restaurantes, da boa comida de todas as origens, já é possível encontrar sushi de dez reais, yakisoba, marmitex de todos os tipos. E como não poderia deixar de ser: pizza de forno a lenha a dez reais. Virou uma febre, principalmente nos bairros mais pobres da cidade.

Importante notar: a pauta foi produzida em São Paulo, mas continha ima-gens e sons de Salvador. Um *JN* de verdade se faz assim, com muitas contribui-ções. A tecnologia é mais que uma aliada nesse processo. Evoluímos muito em cinquenta anos, assim como o papel do produtor. Ele tem que dominar os meios para garantir o melhor material, no menor tempo, no seu melhor registro – mesmo que seja uma imagem feita por um telespectador.

Até a década de 1990 – ontem mesmo –, precisávamos marcar o dia e a hora de uma transmissão via satélite, como costuma contar na redação o re-pórter Ernesto Paglia a respeito da libertação de Nelson Mandela do cárcere,

Fátima Baptista em entrevista ao Memória Globo (2019).

FABRICIO MOTA / MEMÓRIA GLOBO

Sala da Produção de Rede (2015).

Sala da Produção de Rede e Editoria Internacional (2015).

na África do Sul. Mas, vinte anos depois, na cobertura dos ataques terroristas em Paris, o repórter Roberto Kovalick e o repórter cinematográfico Paulo Pimentel já conseguiam captar e transmitir suas informações e imagens da rua, a partir de um equipamento conectado à internet.

Os dispositivos móveis e ferramentas menores transformaram o nosso modo de cobrir um país de dimensões continentais. Foi com celulares que, em 26 de novembro de 2016, conseguimos os primeiros registros das ruas de Cuba horas depois de anunciada a morte de Fidel Castro. A repórter Larissa Schmidt, de férias na ilha, saiu gravando o que pôde. O produtor Dagoberto Souto Maior ficou encarregado de orientá-la e receber os 22 pequenos vídeos que compuseram uma das matérias especiais daquele *JN*.

Jô Mazzarolo, chefe de produção de Rede de 1995 a 2000 e atual diretora de Jornalismo em Pernambuco, em entrevista ao Memória Globo (2011).

Na Amazônia profunda, equipamentos de LiveU – que transmitem imagens e som via sinal de celular – são tão importantes quanto voadeiras, pequenas embarcações usadas para transporte fluvial. Câmeras ocultas registram os assaltos no bairro paulistano do Brás. Celulares são discretos o suficiente para captar, de pertinho, a tensão no meio das barricadas montadas na greve dos caminhoneiros, em maio de 2018. Os aplicativos de mensagens, em especial, aceleraram a nossa forma de produzir e apurar. Quem acompanhou pela Globo a cobertura da greve – em boletins extraordinários e no *JN* – viu imagens exclusivas, flagrantes de agressão, prateleiras vazias, desespero nos postos de combustíveis e hospitais sem remédios. Mas não teve acesso à incessante troca de mensagens em nossos grupos de e-mail e aplicativos de mensagens com re-pórteres e fontes do país inteiro. Era informação instantânea, checada e reche-cada, em meio a muita *fake news*. Só no dia 28, por exemplo, foram duas horas de produção do JN – do total de mais de sete horas que dedicamos ao tema na rede ao longo daquela segunda-feira.

Hoje, produzimos mais e mais depressa. Porém, mantemos a essência do CPN: encontrar, desvendar, entender, reportar os acontecimentos. Há cinquen-ta anos, somos a antena que capta tudo que é notícia, no Brasil e no mundo. Somos a telinha na antessala do JN, o emaranhado de fios que conectam praças, afiliadas, escritórios, correspondentes e a nossa redação. Somos o início, o fim e, sobretudo, o meio.

Francisco José [repórter]

FRAME DE VÍDEO / GLOBO

Francisco José em reportagem sobre seca no Nordeste. *Jornal Nacional* (08/08/1983).

Comecei na Globo em janeiro de 1976, fazendo matérias para o *Globo Esporte*, em Pernambuco. Foi breve: um mês depois, me tornei repórter da editoria Geral para os telejornais locais. Um dia, a Alice-Maria, então diretora de telejornais da Globo, viu uma matéria minha sobre um incêndio em um posto de gasolina e pediu que eu fizesse uma versão para o *Jornal Nacional*. Lembro de ter chegado com a equipe ao local do incêndio antes dos bombeiros. Entrei em cena com uma camisa quadriculada, cabelo grande, andando de costas para a câmera, mostrando que o posto ia explodir. Era uma imagem completamente diferente do que era exigido na época pelo JN – plano do repórter parado, sempre de paletó e gravata, sem andar ou se mexer. Foi muito espontâneo, recebi elogios e, depois, fui convidado para ir ao Rio de Janeiro cortar o cabelo e ter aulas com a fonoaudióloga Glorinha Beuttenmüller. Mantive meu sotaque, porque ele é autêntico.

Nos anos 1980, o grande problema do Sertão era a seca, que acompanhei como repórter para o JN. A pedido do CPN, fiz viagens para o interior praticamente toda semana. A apuração era na rua, as pautas apareciam, não precisava de produção prévia.

Nunca vou me esquecer do dia em que dirigíamos por uma estrada de terra em uma caminhonete com ar-condicionado, ouvindo música. Era 1983. Olhei casualmente pelo espelho retrovisor e vi que atrás da poeira havia uma pessoa caminhando. Paramos o carro. Uma senhora correra mais de um quilômetro atrás de nós. Ao abrir a porta, vi que ela estava suada e empoeirada, chorava, não conseguia falar. Depois de beber água gelada, se acalmou e disse que queria que fôssemos à sua casa, ver seus filhos, que estavam morrendo de fome. Lá, ela me mostrou que o fogão à lenha não era aceso havia quinze dias, não tinham o que comer. O escritor Euclides da Cunha disse que o sertanejo é, antes de tudo, um forte. Mas, para mim, a mulher sertaneja é, antes de tudo, forte. É ela que assume a família quando os maridos vão para São Paulo procurar emprego. Essa era uma viúva da seca, assim como a dona

Iraci, personagem de outra matéria que fiz naquele ano para o JN. Iraci morava em uma casinha de paredes de barro, coberta de palha, e tinha dez filhos. Todo dia, andava seis quilômetros para trabalhar em uma barragem, carregando pedras em um carrinho de mão, de um lado para o outro. Os filhos só tinham uma refeição quando ela voltava e preparava alguma coisa. O mais velho cuidava dos menores, e a família inteira dependia daquela mãe.

Durante quase dez anos, fui o mensageiro da miséria, em plena ditadura militar, onde vivíamos sob um rigor de censura tão forte que não podia se usar a palavra "fome" no ar enquanto as pessoas de fato morriam de fome. O nosso desafio era falar sobre o assunto, mas sem dizer aquela palavra.

José Raimundo [repórter]

A área territorial da Bahia é do tamanho da França. Cruzar o estado é enfrentar mais de mil quilômetros de estrada em qualquer uma das direções. É semiárido de um lado, com o secular drama da seca, litoral do outro, com belíssimas praias e um restinho de Mata Atlântica. Ainda tem o Cerrado, o eldorado agrícola que mais cresce no país. Nesse mosaico, temos culturas diversificadas, é um caldeirão de pautas que nos ajuda muito a descobrir e contar boas histórias. Eu tive três experiências como repórter de rede da Globo e pude explorar bem essas faces do Nordeste: na TV Aratu, afiliada na Bahia nos anos 1980; na Globo Nordeste, em Recife, por três anos; e na TV Bahia, a partir dos anos 1990.

FRAME DE VÍDEO / GLOBO

José Raimundo em reportagem no Rio São Francisco. *Jornal Nacional* (17/03/1984).

No início, trabalhávamos com filme: saíamos para a rua com trezentos pés, o equivalente a nove minutos de gravação. Não podíamos errar. Aprendi bastante com as dificuldades daquele tempo. Para colocar uma matéria no *Jornal Nacional*, havia um funil mais apertado. Nesse início, fiz uma reportagem sobre uma mina de cobre no norte do estado, que existe até hoje, que busca minério a quase mil metros de profundidade. Chegar lá embaixo nos anos 1980 era uma aventura complicada, mas ainda assim consegui mostrar o trabalho das pessoas que extraíam cobre, uma atividade perigosa. O material foi enviado para o JN como uma aposta da afiliada e recebeu elogios. Assim como o trabalho que me alçou a repórter de rede, em 1984, quando consegui um furo de reportagem durante a cobertura de um desastre ecológico no leito do São Francisco, na região de Juazeiro. Centenas de peixes apareceram mortos, contaminados por metais pesados, fruto de vazamento em uma usina de cana-de-açúcar.

Até meados dos anos 1990, o CPN concentrava as pautas de interesse da Globo e as espalhava por esses tentáculos do grupo, as afiliadas. Os produtores da rede centralizavam, principalmente, os assuntos de interesse do JN, que absorvia as notícias mais fortes do período. Eles nos davam um norte, estabelecendo o rumo da cobertura e da execução das pautas. Depois, passavam o retorno das matérias, o que possibilitava melhorar a qualidade do trabalho. Hoje, o espírito continua o mesmo: levar informação bem apurada e de qualidade. Com a vantagem de que a agilidade é maior – falamos ao vivo da Bahia para o JN sempre que precisar. Antigamente, em algumas áreas de Salvador, como no Pelourinho, os técnicos não conseguiam fazer conexão com a torre da TV devido à geografia da cidade. O JN me abriu caminhos que eu não fazia ideia de que poderia percorrer um dia. E continua me ensinando. Eu tive sorte.

Dulcinéia Novaes [repórter]

Eu trabalhava na imprensa escrita quando, em 1981, fui convidada para uma vaga de repórter na TV Coroados de Londrina, hoje RPC. Essa mudança foi um desafio na minha carreira, porque o jornalismo de televisão é um exercício constante de síntese. Minha primeira dificuldade a ser vencida foi resumir conteúdo para encaixar a informação no tempo. Não houve treinamento, aprendi na prática a achar o meu próprio jeito de fazer telejornalismo, de acordo, claro, com as exigências da rede. Logo me adaptei.

Em 1986, me tornei a representante do *Jornal Nacional* no norte do estado do Paraná. Era época do Plano Cruzado, e eu parti para uma matéria sobre o confisco do boi pelos fiscais da Sunab (Superintendência Nacional de Abastecimento) na região de Maringá. Conseguimos captar o embarque dos animais em um caminhão.

Foi uma correria enorme para gerar o material para o Rio de Janeiro antes do prazo final para entregar a matéria – o *deadline* –; tivemos que percorrer cem quilômetros, entre Santa Isabel do Ivaí, na região noroeste, até Paranavaí, onde havia um horário reservado na estação de transmissão via satélite. No dia seguinte, o meu chefe, Wilson Serra, recebeu uma ligação do CPN: eu tinha passado pelo crivo rigoroso dos editores-chefes e conquistado o posto concorrido, o que era visto como uma promoção por mérito.

Pouco tempo depois, fui transferida para a RPC, de Curitiba, que tinha uma estrutura maior. Antes do início da Operação Lava Jato, em 2014, cobríamos muito economia – fazendo pautas relacionadas ao Porto de Paranaguá, que era o maior da América do Sul em exportação de grãos. Também fazíamos assuntos de fronteira, como pautas sobre o movimento na Ponte da Amizade e os problemas relacionados ao contrabando ou de carros roubados no Brasil e vendidos no Paraguai. Era uma das nossas áreas de atuação, além de política.

Dulcinéia Novaes em reportagem (década de 1990).

Ao longo dos anos, como repórter de rede, criei uma teia de relacionamento, em que mantenho fontes desde aquela época. É verdade que, hoje, a rotina produtiva mudou com a entrada de um produtor que apura, faz contato com o entrevistado e deixa a entrevista pré-agendada. Mas criamos referências na profissão e construíamos relações de confiança. No nosso trabalho, somos questionados, estamos no vídeo, precisamos ter certeza de tudo.

Tragédia em Mariana (2015).

Ricardo Soares [repórter]

A barragem de Fundão, em Mariana, estourou no dia 5 de novembro de 2015. Lembro que era uma quinta-feira. Eu, o repórter cinematográfico Gustavo Pimentel e o auxiliar Marcelo Viana tomávamos café em uma padaria, perto da Globo, em Belo Horizonte, quando a chefe de reportagem Juliana Noronha ligou, dizendo: "Estourou uma barragem de rejeito! Tem notícia de gente morta. Vai para Mariana, a referência é o povoado de Bento Rodrigues". Nunca tinha ouvido falar desse lugarejo, apesar de ter viajado 30 mil quilômetros pelo interior do estado atrás de histórias sobre hábitos dos mineiros.

Chegamos a Mariana no início da noite pela BR-356. Procurávamos placas, quando dois carros da guarda municipal passaram com sirenes ligadas, em alta velocidade. Era a nossa deixa. Rodamos quarenta minutos atrás deles até um lugarejo que descobrimos ser Paracatu de Baixo. Pedimos informações e os guardas nos deram ordem para buscar abrigo no alto de um morro, apontado como seguro.

Em pouco tempo, a lama arrasaria com tudo. Já havia caído a noite quando topamos com dezenas de pessoas assustadas, gente que saiu correndo e não pôde tirar nada de casa.

Não havia sinal de celular, não tínhamos equipamento que pudesse iluminar a passagem da lama, não sabíamos nem de onde ela viria. Recolhidos atrás do cordão de isolamento, escutamos a barulheira. Saímos por uma estrada de terra e fizemos um breve relato em um *flash* para o JN. Uma hora depois, chegávamos ao ginásio em Mariana, onde os sobreviventes ficaram abrigados. De lá, fizemos um vivo para o *Jornal da Globo* e saímos em busca do local de trabalho dos bombeiros. A área foi isolada assim que entramos.

De manhã cedo, quando as máquinas reabriram a estrada, tivemos autorização da polícia para visitar as casas destruídas pela lama. Era uma visão apocalíptica. As matérias para o *Jornal Nacional*, no início dessa cobertura, davam ênfase ao drama das famílias das dezenove pessoas até então desaparecidas. Com a chegada de reforço de outras equipes de reportagem, seguimos o trajeto da lama, que desceu pelo rio Gualaxo do Norte até o Rio Doce.

Na cidade de Rio Doce, uma cena marcante: a represa de uma hidrelétrica reteve milhares de troncos de árvores que a onda de lama arrancou pelo caminho. Foi ali, a cem quilômetros do local do rompimento, que os bombeiros resgataram os corpos da maioria das vítimas.

Três anos depois, bem mais perto de Belo Horizonte, foi a vez de Brumadinho. Naquele 25 de janeiro, chegamos logo após a tragédia e demos de cara com o rio Paracatu completamente parado. A lama que desceu da barragem de Córrego do Feijão, de propriedade da Vale, impediu a passagem da água.

À medida que íamos chegando perto das casas, conversando com os moradores, ficava claro que a tragédia humana era de proporções muito maiores do que a registrada em Mariana. Mais uma vez, a tarefa era difícil e dolorosa. O JN daquele dia levou ao ar um cenário desolador e números iniciais assustadores: mais de trezentos mortos. Era o maior acidente envolvendo barragens de rejeitos do planeta. Nos dias seguintes, recebemos reforços de colegas do Rio e de Brasília. Não desgrudávamos o olho do trabalho de resgate feito por centenas de bombeiros. Três meses depois, famílias ainda aguardavam a localização de desaparecidos. Nossa missão estava longe de terminar, pois depois dessa fase vem a apuração das causas, a punição dos responsáveis. É preciso continuar cobrindo, cobrando repostas das autoridades, para que a gente não precise noticiar fatos assim nunca mais.

7

GRANDES COBERTURAS

CRISTINA PIASENTINI
[DIRETORA DE JORNALISMO DE SÃO PAULO]

São 312 edições por ano. Milhares de imagens, de notícias apuradas, flagrantes incríveis, um número incalculável de entrevistas, centenas de repórteres contando o que de mais importante acontece a cada dia. Mas se a gente pudesse perguntar para qualquer brasileiro qual foi a matéria do *Jornal Nacional* que mais marcou a vida dele, é quase certo que ele lembraria de um fato extraordinário, daquela história que ficou no ar não por um, mas por vários dias, talvez semanas, meses.

São as grandes coberturas que ficam gravadas na memória do telespectador. São as grandes coberturas que entram nos currículos dos repórteres e cinegrafistas e viram casos lembrados também nos bastidores das redações. São às grandes coberturas que se entregam apaixonadamente os produtores, os editores e os repórteres, chefes e subordinados. Ninguém quer ficar de fora, não importa como se desdobrará em horas de trabalho que requerem um esforço físico e emocional extenuante, em longos dias sem folga.

A história do *JN* está repleta de exemplos dessas coberturas marcantes, que fazem parte da memória do telejornalismo brasileiro. Muitas delas, minuciosamente planejadas e cumpridas com rigor para que nenhum fato, nenhuma imagem escape do telespectador. Outras, construídas no calor dos acontecimentos quando os fatos atropelam qualquer tentativa de projetar o dia seguinte.

Em 1982, quando o Brasil estava prestes a eleger seus governadores depois de um jejum de vinte anos, a cobertura foi cuidadosamente planejada. Equipes de repórteres, cinegrafistas, produtores, editores de texto e de imagem foram enviados para as principais capitais do país para acompanhar a votação e a apuração dos votos. Em tempos de comunicação incerta via satélite, havia um manual de procedimentos, que continha até os principais ramais telefônicos da redação e dos hotéis onde as equipes se hospedavam. Tudo perfeitamente desenhado para que a informação chegasse rapidamente à redação do *JN*.

Até hoje a cobertura de eleições é um trabalho de fôlego para as redações Globo, com preparativos que começam meses antes e incluem a análise dos principais temas da campanha, checagem de dados, construção de reportagens e pesquisa detalhada das propostas e declarações anteriores de cada candidato para elaborar a série de entrevistas do *JN*.

Não é sempre que se pode planejar uma grande cobertura. Foi em um clima de imprevisibilidade que cobrimos os ataques de uma organização criminosa contra as forças de segurança pública de São Paulo, em maio de 2006.

Era início da noite da sexta-feira, dia 12 de maio, quando surgiu a primeira informação sobre um homicídio na Zona Leste da cidade. Um policial havia sido baleado. A chefia de reportagem estava checando os detalhes por telefone quando veio o informe sobre uma segunda morte. A confirmação demorou a vir e chegou por volta das dez da noite, com o acréscimo de um terceiro policial morto. Sentados na mesa da chefia de reportagem, os produtores tentavam apurar as circunstâncias daqueles homicídios enquanto os repórteres, que já tinham saído da redação, começaram a receber os primeiros telefonemas de fontes: algo estranho estava acontecendo, mas nenhuma autoridade dizia claramente do que se tratava. Às quatro da manhã, a plantonista Angélica Camargo recebeu um aviso. Haveria uma entrevista coletiva do secretário de segurança dali a poucos minutos – já eram 25 policiais mortos.

Nas primeiras horas daquela manhã de sábado fizemos o que era mais urgente: mobilizar repórteres, cinegrafistas e técnicos que estavam de folga. Editores também foram convocados pela coordenadora do *JN*, Rosane Baptista, à redação. Era véspera do dia das mães e muita gente estava fora da cidade.

William Bonner e Fátima Bernardes ancoram o *Jornal Nacional* durante a cobertura dos ataques de facções criminosas em São Paulo (15/05/2006).

À essa altura, já não dava para contar ao certo o número de delegacias, quartéis e bases da polícia atacadas por tiros. Começavam a chegar também informações de ataques semelhantes no interior e no litoral. A equipe do *Jornal Hoje*, que estava na redação, começou a dar as primeiras informações nas chamadas do jornal ao longo da manhã. Despachamos as equipes de reportagem para rua para garantir as matérias do JH. E só depois disso, fizemos a primeira reunião para distribuir o trabalho entre os editores e produtores do JN.

A cada cobertura se aprende um pouco mais, aprimoram-se os processos de trabalho. Na sofreguidão de convocar as equipes, levantar as informações e preparar o noticiário que entraria no ar em poucas horas, ninguém tomou a mais óbvia e necessária das iniciativas: avisar ao diretor de jornalismo. Foi só depois de assistir à chamada do JH que um perplexo Ali Kamel ligou para entender o que se passava e, em seguida, ajudar no planejamento do JN. A bronca desconcertante ficou para o fim. Lição aprendida.

Presídios do interior do estado explodiram em megarrebeliões. Havia reféns. Todo o efetivo policial estava nas ruas e as primeiras prisões foram anunciadas. As equipes espalhadas pela cidade trabalhavam para registrar os ataques aleatórios, as mortes que já passavam de dezenas e a reação atônita das autoridades e da população.

Quando o JN saiu do ar na noite de sábado, já dava para saber que aquela cobertura estava longe de acabar. Eram 30 mortos, 27 feridos e 64 atentados computados. E era só o começo.

Imediatamente iniciamos o planejamento para a cobertura do domingo. Dividimos as equipes por grupos completos. Cada uma delas teria a supervisão de um editor e um produtor encarregados de auxiliar na apuração de informações e garimpar imagens. Em coberturas grandes como essa, controlar a produção de imagens é garantia de que não se perderá nenhuma cena importante durante horas e horas de gravação na rua.

Na madrugada houve o primeiro registro de ônibus incendiado. Os ataques chegavam à população, e a sensação de que a situação estava fora do controle começou a rondar também a redação. Sessenta e nove presídios amanheceram dominados pelos presos. Em muitas cidades do interior e na capital, enterros emocionantes, policiais amedrontados, feridos.

Foram 103 ataques atribuídos ao crime organizado, 72 mortes. Não perdemos nada.

A segunda-feira amanheceu caótica. Com mais de cinquenta ônibus atacados e incendiados, a população enfrentou uma pane no sistema de transporte. A reação foi em efeito dominó.

Com medo de saques e assaltos, os bancos e o comércio foram um a um fechando as portas. As escolas começaram a dispensar os alunos. O número de ataques a postos policiais continuou crescendo: 150 e 96 mortes. Na redação, os editores dos telejornais locais assumiram a tarefa de manter no ar, ao vivo, o noticiário atualizado na tentativa de tranquilizar a população e desmentir as informações sobre um falso toque de recolher. A chefia de reportagem coordenava as equipes em meio à onda de boatos e ao caos motivado pela antecipação da volta para casa em plena hora do almoço. O alvoroço na redação não deixava dúvida. Aquela era uma jornada única, uma cobertura gigante, com os fatos acontecendo em uma incrível velocidade. Mas havia serenidade e concentração também. O foco era ter informações completas, corretas, sem precipitação; foi o que nos impediu de publicar uma série de notícias e entrevistas falsas que circulavam entre os jornalistas.

O *JN* foi ancorado ao vivo de São Paulo naquele 15 de maio. Depois de 73 horas de ataques, o governo anunciou o fim das rebeliões. O número de mortos chegou

Denise Cunha Sobrinho, chefe de redação de Rede em São Paulo de 2012 a 2019, em entrevista ao Memória Globo (2014).

RENATO VELASCO / MEMÓRIA GLOBO

FRAMES DE VÍDEO / GLOBO

Acima e à esquerda: Tonico Ferreira (18/05/2006) e César Tralli (13/05/2006) na cobertura dos ataques de facções criminosas em São Paulo. *Jornal Nacional.*

Abaixo: William Bonner ancora o *Jornal Nacional* em São Paulo durante os ataques (05/2006).

ACERVO PESSOAL FERNANDO GUERROS

À direita e abaixo: José Roberto Burnier (15/05/2006) e Ernesto Paglia (17/05/2006) cobrem os ataques. *Jornal Nacional.*

FRAMES DE VÍDEO / GLOBO

FRAME DE VÍDEO / GLOBO

Fátima Bernardes em reportagem durante visita do papa Bento XVI ao Brasil. *Jornal Nacional* (09/05/2007).

a 128 – alguns somam mais de 500 vítimas, contando retaliações de policiais contra supostos criminosos.

Coberturas que envolvem praticamente toda a redação precisam de uma retaguarda muito afinada. Primeiro, há o controle sobre as equipes que estão na rua e o que cada uma delas está produzindo. A logística envolve também o pessoal de Operações e de Tecnologia para que a distribuição dos recursos técnicos seja equilibrada e constante. Cabe à apuração e aos produtores abastecer os repórteres de informações que eles não têm como checar sozinhos. De alguns anos para cá, as ferramentas de comunicação ajudaram muito a disseminar essas informações para todo o grupo, de modo a que todos sejam continuamente notificados do que já foi checado e produzido, evitando redundâncias e retrabalho. Editores têm um papel importantíssimo, seja na construção das reportagens e de tudo o mais que será publicado, como no ordenamento físico desse material. Aqui, também, a atualização tecnológica favorece cada vez mais a disciplina e o rigor na catalogação de tudo o que é gravado e editado. Quanto maior o volume de trabalho, mais a necessidade de um processo alinhado na redação.

Existem algumas situações, porém, em que o planejamento detalhado é possível e muito desejável. Cumprido à risca, ele dá espaço para que até o inesperado seja incorporado sem grande estresse. A cobertura da visita do papa Bento XVI foi um desses casos.

O anúncio de que Joseph Ratzinger viria ao Brasil foi feito seis meses antes de sua chegada, e os preparativos para a cobertura começaram imediatamente. Em outubro de 2006, enquanto a cúpula da Conselho Episcopal Latino-Americano tomava as primeiras decisões sobre o itinerário e a segurança do papa, nosso pessoal começou a se movimentar para garantir a infraestrutura da TV. A primeira providência foi reservar hotéis para as equipes que teriam que se deslocar de São Paulo para Aparecida, onde o papa rezaria a missa de abertura da Quinta Conferência

Geral do Episcopado da América Latina e do Caribe, principal evento de sua jornada brasileira. Um grupo multiprofissional viajou ao Vale do Paraíba para mapear os locais por onde o papa iria circular: a basílica, o seminário onde ficaria hospedado, o percurso até a fazenda onde visitaria dependentes químicos em recuperação e o lugar do encontro com bispos latino-americanos. Tudo foi fotografado, medido, reservado, combinado com seis meses de antecedência. Nessa viagem também foram acertados os contatos com o pessoal da TV Vanguarda, afiliada da Globo, e com a TV Aparecida, que faria parte do esforço para a cobertura de imagens.

Depois, houve uma série de encontros com os bispos responsáveis pela viagem e os preparativos em São Paulo para a montagem da estrutura para cobrir os diferentes locais por onde Bento XVI iria se encontrar com os fiéis católicos, sobretudo no centro da cidade, onde ficaria hospedado.

Se a estrutura operacional é fundamental para garantir os melhores cenários, os recursos de luz, som e espaço, é importante assegurar que o conteúdo também tenha um tratamento especial. Por isso, já nas primeiras semanas de janeiro, poucos meses antes da visita, a redação começou a ser preparada para a cobertura. Palestras sobre a história das religiões e workshops sobre nomenclatura e símbolos do catolicismo foram agendados para que repórteres, produtores e editores tivessem conhecimento básico do assunto e pudessem propor pautas para todos os telejornais. Além disso, foram convidados à redação estudiosos da vida e da obra de frei Galvão, o primeiro santo brasileiro, que seria canonizado durante a

visita do papa, e especialistas em geografia humana e estatística. Os editores-chefes receberam sugestões de séries preparatórias e elegeram, entre as sugestões, aquelas mais adequadas ao perfil de cada público.

A Globo foi escolhida pela Arquidiocese de São Paulo para liderar um pool de emissoras de televisão responsável por distribuir os recursos técnicos para que nenhum deslocamento ou atividade do papa ficasse sem imagens ao vivo. A TV Aparecida e todas as emissoras de São Paulo

ZÉ PAULO CARDEAL / GLOBO

Fátima Bernardes ancora o *Jornal Nacional* em frente ao Mosteiro de São Bento em São Paulo (10/05/2007).

Cristina Piasentini em entrevista
ao Memória Globo (2012).

participaram com equipamentos e pessoal operacional. Foram inúmeras reuniões com o comando da equipe de segurança, do Exército e Aeronáutica, que planejaram os deslocamentos dentro da cidade de São Paulo e na ida e volta à Aparecida.

Na redação, montou-se um esquema detalhado para as equipes de reportagem, em que estavam previstas não apenas as matérias que fariam, mas também os recursos técnicos que cada uma usaria, como o sinal trafegaria e para quais telejornais o material estava sendo produzido.

Esse detalhamento é possível apenas em casos especiais. E, mesmo assim, não evitou alguns imprevistos, como o que aconteceu com a apresentadora do *JN*, Fátima Bernardes. Escalada para ancorar a visita do papa para o telejornal, Fátima veio para São Paulo de carro, com um motorista que não conhecia a cidade. Os dois se encontraram em um ponto determinado com um motorista local, que a levaria ao Mosteiro de São Bento, onde gravaria com os monges beneditinos, anfitriões de Bento XVI. E era imprescindível que chegasse no horário. A gravação aconteceria assim que os padres terminassem o ensaio do coral, às 12h30 em ponto. Quando chegou embaixo do viaduto Santa Ifigênia, o motorista avisou que não iriam conseguir dar a volta necessária para entrar no calçadão à frente da igreja, a produtora Cristina Angelini, aflita, esperava por Fátima. Ela não teve dúvida. Pegou a bolsa, desceu do carro no meio do trânsito e disparou pelo Vale do Anhangabaú, seguindo as instruções do motorista. Enquanto corria pelo viaduto, via as pessoas se estatelarem à sua frente, incrédulas em dar de cara com a moça do *JN*. Esbaforida, mas no horário, Fátima ainda aproveitou os últimos acordes do canto gregoriano, gravou sua participação de primeira e passou uma hora posando para fotos com os monges.

Rodrigo Bocardi [repórter; apresentador do *Bom Dia São Paulo*]

Era o fim do expediente do dia 17 de julho de 2007, por volta das sete da noite. Com a mochila nas costas, me despedia dos colegas de redação, quando o tchau foi interrompido pela informação de que um avião havia batido em um hangar do aeroporto de Congonhas, em São Paulo. Havia fogo e um monte de dúvidas. O que teria acontecido? Repórter não convive sem a resposta para uma das principais questões do ofício. Onde? Congonhas. Quando? Terça-feira. Quem? Um Airbus 320. Como?

Pedi ao Anderson Colombo, produtor, para arrumar uma equipe (repórter cinematográfico e assistente). Em segundos, estava no carro a caminho do aeroporto. Em minutos, estava a quinhentos metros de Congonhas, impedido de seguir por causa do trânsito travado. A avenida Washington Luís, que leva ao aeroporto, já estava interditada. Era o primeiro sinal da gravidade. Abri a porta do carro, parei o primeiro motoqueiro que passava e pedi carona. O cinegrafista Wellington Almeida fez o mesmo com outra moto.

Fomos a primeira equipe de TV a chegar ao local da maior tragédia da aviação comercial brasileira. Como um avião atravessaria uma avenida de grande movimento e iria parar e explodir no terminal de cargas da própria companhia aérea? Difícil de entender e de acreditar.

Rodrigo Bocardi na cobertura do acidente com o avião da TAM em São Paulo. *Jornal Nacional* (17/07/2007).

FRAMES DE VÍDEO / GLOBO

Sob sirenes e labaredas, o Globocop começou a levar para todo o Brasil as imagens ao vivo ainda no decorrer da novela das sete. Logo, outras equipes do jornalismo de São Paulo chegaram, e conseguimos, debaixo de chuva, montar uma transmissão ao vivo da sarjeta que divide as duas pistas da avenida Washington Luís. Era o que tínhamos às 20h30 para o *Jornal Nacional*. Uma edição construída ali, com imagens chocantes, com informações que nos levaram a acreditar no que era considerado impossível. E aquele dia foi apenas o primeiro de uma longa cobertura.

No dia seguinte, o *JN* foi transmitido ao vivo de Congonhas. William Bonner, do alto de um prédio, e dezenas de equipes no chão, ao lado dos parentes de 199 pessoas e em busca de informações sobre a causa do acidente.

Vivíamos o caos aéreo no Brasil. Aeroportos que não funcionavam bem, filas enormes, voos atrasados e cancelados. Esse cenário foi apenas um dos elementos que contribuíram para a falta de explicação sobre a tragédia. Botamos na mesa (nas nossas reportagens) todas as possibilidades para o nosso público tentar enxergar o que mais fazia sentido naquilo tudo. E uma das hipóteses que poderiam ter contribuído para o acidente foi um furo jornalístico de William Bonner – a informação de que um reverso (equipamento usado na frenagem) do avião estava "pinado" (desativado). Entre outras questões, mostramos em primeira mão a falta de precisão do aeroporto ao verificar o nível da lâmina de água na pista e a qualidade das ranhuras no asfalto de Congonhas.

Até agora, mais de dez anos depois, o que a investigação mostrou é, em boa parte, aquilo que o *JN* já tinha levado ao seu público nos dias seguintes ao acidente: um conjunto de fatores provocou essa enorme tragédia da aviação brasileira.

César Tralli [repórter; apresentador do *SP1*]

Em outubro de 2008, a menina Eloá foi sequestrada em uma terça-feira, e passou quatro dias dentro de casa, sob poder de um ex-namorado armado, descontrolado, que ameaçava matá-la a todo instante. A imprensa inteira acompanhava o caso 24 horas por dia. Foi uma cobertura muito tensa e angustiante. Até que, na véspera do fim de semana, no final da sexta-feira, a polícia surpreendeu a todos, invadindo o apartamento onde sequestrador e vítima estavam.

Quando a polícia toma uma atitude radical dessas, depois de quatro dias, você supõe se tratar de uma ação muito bem pensada e planejada. Porém, o desfecho da invasão foi o oposto do esperado.

Eloá Cristina Pimentel e seu sequestrador, Lindemberg Fernandes Alves. *Jornal Nacional* (15/10/2008).

O ex-namorado tinha montado uma barricada atrás da porta, com móveis do apartamento. Será que a polícia não vislumbrou algo tão óbvio?

Os policiais militares arrebentam a porta. Ela fica bloqueada. Eles não conseguem entrar. O sequestrador mata a vítima a tiros e sai preso, ileso.

O Caso Eloá foi marcante por todo o desespero e especialmente por mostrar os erros graves da polícia no episódio. A PM paulista insistiu na defesa de que a invasão foi necessária porque eles tinham ouvido um disparo vindo de dentro do apartamento. Parte da imprensa comprou de imediato essa versão. Nós, não.

Minutos antes da invasão trágica, a própria polícia se preparava para dar uma entrevista coletiva perto do apartamento-cativeiro. Haviam muitas câmeras já posicionadas, inclusive uma nossa com sinal aberto, que transmita tudo em tempo real para a nossa redação.

César Tralli entrevista o perito Ricardo Molina sobre o Caso Eloá. *Jornal Nacional* (18/10/2008).

FRAMES DE VÍDEO / GLOBO

Fomos atrás desse registro. Ao rever as imagens várias vezes, percebemos algo de equivocado na tese da polícia.

Convidamos um perito criminal da Unicamp para analisar minuciosamente os doze minutos de gravação bruta. Fizemos uma linha do tempo com apoio de recursos gráficos. O perito concluiu: não tinha ocorrido disparo algum antes da invasão. Todos os tiros foram sequenciais à tentativa de entrar no imóvel.

A verdade dos fatos: o sequestrador teve tempo de matar Eloá, atirar em uma segunda menina que estava com eles no cativeiro e ainda atirar contra os policiais que entraram no apartamento. Recontamos todo o caso, mostrando que a equipe da PM agiu sem o planejamento rigoroso e esperado. Eloá foi morta pelo ex-namorado.

Foi um trabalho jornalístico extenuante, em equipe, que nos levou à final do Emmy.

Luiz Fernando Ávila [editor-chefe adjunto do *JN* · 2005-2014; diretor de Jornalismo de Brasília]

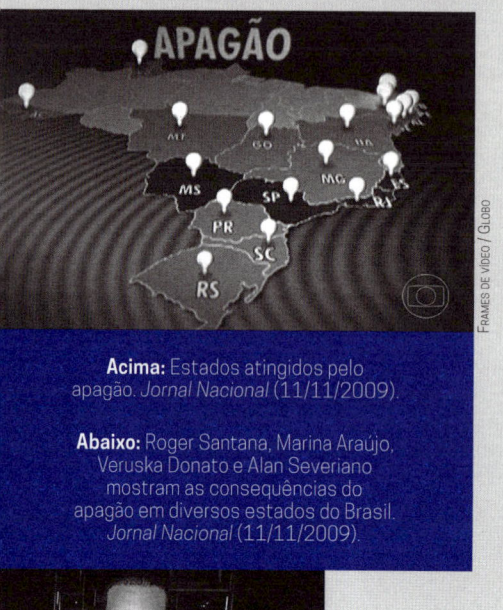

Acima: Estados atingidos pelo apagão. *Jornal Nacional* (11/11/2009).

Abaixo: Roger Santana, Marina Araújo, Veruska Donato e Alan Severiano mostram as consequências do apagão em diversos estados do Brasil. *Jornal Nacional* (11/11/2009).

O olhar sobre os grandes eventos é moldado a partir das condições de cada um deles. A cada acontecimento, uma estrutura é necessária, um planejamento é realizado. Em 10 novembro de 2009, um apagão atingiu dezoito estados do Brasil. Um curto-circuito em linhas de transmissão energética provocou o desligamento da usina de Itaipu, principal fonte de abastecimento do país. Foi a primeira vez em 25 anos que a hidrelétrica parou de funcionar. Nas contas do ONS – Operador Nacional do Sistema Elétrico – órgão responsável pelo gerenciamento de distribuição de energia no Brasil – 60 milhões de pessoas foram afetadas. Em algumas cidades, como São Paulo e Rio de Janeiro, ondas de assaltos e problemas no abastecimento de água provocaram um verdadeiro caos.

O apagão não foi um evento qualquer. Portanto, não poderia ser tratado assim pelo *Jornal Nacional*. Não foi. O *JN* é o principal veículo da Globo e tem que ser o melhor sempre. Ele tem que voar, e um acontecimento da magnitude do apagão, com problemas específicos de cada um desses dezoitos estados, exige uma visão diferente. A cobertura foi ampla, envolveu todas as praças atingidas e acabou levando o telejornal a mais uma indicação ao Emmy, considerado o Oscar da TV mundial. Não é para qualquer um. Reportagens como essa envolvem o que a gente costuma chamar de musculatura. A cobertura do apagão exigiu um planejamento bastante eficiente e particular. E veio da troca de ideias, das conversas entre chefia e equipe – nesse dia, eu estava de plantão e era o editor-chefe adjunto do *JN*. Não inventamos nada, mas pensamos corretamente.

Luiz Ávila em entrevista ao
Memória Globo (2014).

O diferencial da cobertura foi organizar um apanhado de repórteres espalhados pelo Brasil. Cada um dava um destaque ou contava uma peculiaridade ou acontecimento de seu local ou de sua região, revelando o drama e as dificuldades de seu povo. A essência do evento e a fragilidade do poder público foi ouvida na voz e no sotaque de cada um, em cada canto do Brasil, em edições rápidas, vivas e instigantes. Mas apenas isso não era suficiente. Um evento que mexe com a vida de tanta gente, de uma nação inteira, nos obriga a pensar mais e melhor. Mais que cobrir, era preciso investigar. Descobrir a causa, o responsável, o erro, o acerto, responder a todas as perguntas. Isso é jornalismo: fazer a denúncia certa e, sobretudo, perseguir e revelar a informação correta. Afinal, o JN é o olhar de todos os brasileiros.

Paulo Renato Soares [repórter]

Lembro como se fosse hoje das primeiras imagens que vi ao chegar em Itaipava, Região Serrana do Rio de Janeiro, em 2011. Parecia que a tromba d'água tinha passado por cima de todo o distrito. A cada trecho de lama que vencíamos para mostrar o que tinha acontecido, encontrávamos histórias devastadoras. A correnteza varreu bairros inteiros. Carregou móveis, eletrodomésticos, carros, paredes, casas.

Para muitas famílias, não sobrou nada. O cinegrafista Carlito Chagas e eu entramos em várias casas onde só havia lama. Para outros moradores, as consequências foram ainda piores. A força da água carregou pessoas. Havia muitos desaparecidos. Em entrevista que foi ao ar no *Jornal Nacional*, um homem me contou que salvou os pais, já idosos, segurando os dois em cima da mesa da cozinha. Em uma localidade co-

Paulo Renato Soares na cobertura das chuvas na Região Serrana do Rio de Janeiro. *Jornal Nacional* (12/01/2011).

FRAMES DE VÍDEO / GLOBO

nhecida como Buraco do Sapo, um homem contou que conseguiu salvar os três filhos, mas não a mulher, que foi levada pelo rio que se formou no lugar. Dizia que era como se faltasse um dos dedos da mão e não sabia como seria a vida deles sem ela. Foram dias assim, acompanhando e sofrendo junto. Era preciso mostrar o que tinha acontecido, mas faltava forças muitas vezes.

Sentimos muito toda aquela tristeza. A catástrofe jamais vista no país não deveria pegar a população tão desprevenida. Descobrimos que dezenove estações meteorológicas espalhadas por Petrópolis poderiam ter dado o alerta sobre as chuvas fortes. Essas estações poderiam informar com antecedência qualquer mudança brusca no tempo. Mas, apesar de estarem em operação, faltava um sistema para que os dados coletados pelos equipamentos fossem enviados para as cidades atingidas – não se sabia quem seria o responsável pela operação e manutenção dele. Nossa cobertura foi finalista do Emmy Internacional do ano seguinte, mas nem isso minimizou a tristeza e a revolta de descobrir que essas estações poderiam ter salvado algumas das mais de novecentas vidas perdidas na tragédia.

César Menezes [repórter]

O incêndio na boate Kiss foi a cobertura mais chocante e mais pesada da minha carreira. Chegou sem aviso, como todo grande factual. Era a manhã do dia 27 de janeiro de 2013. Eu estava de folga e tinha chegado em casa perto das cinco da manhã, depois de uma animada noite exatamente em uma boate. Foram poucas horas de descanso antes de o telefone tocar e me tirar do sono pesado. Do outro lado da linha, a Carmen Pecoraro, da chefia de reportagem do plantão, em São Paulo, tentava me explicar que uma tragédia tinha acontecido. A primeira notícia era assustadora: oitenta pessoas teriam morrido em uma boate em Porto Alegre. Foi muito pior. Descobrimos ao longo da manhã que 242 pessoas morreram e 680 ficaram feridas na catástrofe que marcou a história de Santa Maria, uma cidade a 292 quilômetros da capital. A cobertura seria maior, em local com menos estrutura e logística complicada: difícil de chegar, produzir as reportagens e colocar o material no ar.

No telefone, ainda na cama e zonzo de sono, eu ouvi: "Tem que estar no aeroporto de Guarulhos daqui a quarenta minutos". Mesmo em um domingo, levaria mais tempo do que isso. O sono sumiu. Cheguei à TV com mala feita. Fomos de avião fretado direto para Santa Maria, em duas equipes, uma delas composta por mim e pelo repórter cinematográfico Franklin Feitosa. Havia pouquíssimas imagens, a maioria gravada por moradores com celulares. Começamos a cavar conversas com bombeiros, seguranças, testemunhas. Aos poucos, confirmamos informações que contavam uma história de falta de cuidado, desrespeito às normas de segurança, fiscalização ineficiente, ausência de uma cultura de prevenção e treinamento para ação em situações de perigo. Contamos isso no *Fantástico* daquele domingo.

Ninguém esperava que o dia seguinte fosse mais fácil, mas bastou sair do hotel para sentir o tamanho da dor que o incêndio tinha deixado; não havia vozes nas ruas. Quem não estava chorando, estava em silêncio, olhando para o chão. A cidade era pequena e todo mundo – todo mundo mesmo – tinha sido atingido. Não havia quem não tivesse perdido alguém querido.

César Menezes na cobertura do incêndio da boate Kiss. *Jornal Nacional* (28/01/2013).

FRAME DE VÍDEO / GLOBO

Ao longo da semana de cobertura diária, sentávamos no café da manhã e dividíamos a pauta. Buscamos informações, seguimos pistas, arrancamos a cobertura "na unha". Conseguimos explicar exatamente a sequência de erros, falta de cuidado e despreparo das autoridades que levaram àquela tragédia. Descobrimos, por exemplo, que os vizinhos já tinham reclamado do barulho da boate Kiss – houve ação na justiça, medição de decibéis, laudo de perito, projeto de isolamento acústico. Eu e o editor Mauricio Setubal passamos uma madrugada inteira lendo centenas de páginas do processo, que conseguimos com exclusividade. A reforma da boate foi feita sem nenhum tipo de respeito às regras da prefeitura e fiscalização. O dono da boate resolveu – da cabeça dele – comprar uma espuma de segunda mão para colocar no teto, e ninguém foi lá dentro avaliar se aquele material era adequado, seguro. E foi dali que saiu o gás cianureto que matou a maioria das pessoas.

Mostramos os detalhes no *Jornal Nacional*: a inconsequência do dono da boate, que exigia shows pirotécnicos, ausência de rota de fuga, a irresponsabilidade da banda que acendeu fogos de artifício inadequados e a conivência das autoridades que deixaram o risco se repetir noite após noite.

Em outras boates no Brasil havia material inadequado, inflamável, e risco de incêndio. A cobertura levou o *JN* a outras cidades para mostrar situações parecidas. O jornalismo tem esse dever também. Além de correr para mostrar com exatidão o que aconteceu e investigar para revelar a sequência de eventos, é preciso fazer pensar, para, quem sabe, provocar mudanças. Até hoje, quando entro em uma boate, olho em volta para ver por onde devo sair correndo, já que a tragédia não foi suficiente para mudar as regras de segurança.

José Roberto Burnier [repórter]

Aquela quarta-feira, 13 de agosto de 2014, tinha tudo para ser um dia comum de trabalho. Ao chegar à redação, no entanto, percebi uma agitação. Walter Mesquita, chefe de reportagem da Globo em São Paulo, deu a sentença: "Parece que caiu um avião em Santos. Se confirmarmos, você vai para lá". Havia a suspeita de que fosse o avião de Eduardo Campos, então candidato à Presidência da República. Decidimos descer a serra imediatamente, mesmo sem a confirmação.

No meio do caminho, procurei no celular contatos de fontes que pudessem acabar com aquela suspeita. Ao buscar "Eduardo Campos", apareceu o nome "Percol", como era conhecido Carlos Augusto, assessor de imprensa do candidato. A ligação ia direto para a caixa de mensagens. Meus olhos marejaram. "Ele devia estar no avião", pensei. E estava. Quem me confirmou a morte foi o deputado federal Walter Feldman, que trabalhava na campanha de Eduardo Campos em São Paulo. Além dele, outras seis pessoas estavam a bordo daquele voo. Contei à minha equipe. O silêncio no carro disse tudo.

Ao chegar no local da queda, fui ao ponto de link onde estavam os colegas da TV Tribuna, afiliada na região, e entrei ao vivo no *Jornal Hoje*. Em meio à chuva, o bairro do

FRAMES DE VÍDEO / GLOBO

José Roberto Burnier na cobertura da morte de Eduardo Campos. *Jornal Nacional* (13/08/2014).

Boqueirão, em Santos, era a imagem do caos. Tinha gente correndo para todo lado – socorristas, bombeiros, policiais, vizinhos e curiosos. Logo percebi a dimensão da tragédia. Fui batendo de porta em porta nos prédios vizinhos, em busca de um lugar de onde desse para ver a área do acidente, até que dona Roseli me abriu seu apartamento. Bem encostado à janela dos fundos, estava o que sobrou do avião. Não havia quase nada além de um enorme buraco e muita fumaça.

Registramos os bombeiros vasculhando os escombros, legistas recolhendo partes de corpos e técnicos da aeronáutica atrás de pedaços do avião. Ao redor, prédios com marcas da explosão e moradores sem entender direito o que viam. Testemunhas oculares contavam, atônitas, suas versões. Um momento delicado na cobertura: separar o que pode ser verdade do exagero ou da fantasia. Eu mesmo fui vítima disso. Entrevistei um homem que, em dado momento, disse ter localizado o corpo do candidato nos escombros e tê-lo reconhecido pelos olhos. Puxei o microfone de volta e encerrei a conversa. Infelizmente, eu estava ao vivo.

A comoção ia aumentando à medida que as pessoas se davam conta do impacto para o país. Eduardo Campos era simpático, atencioso e conseguia a atenção até mesmo de quem não era seu eleitor. Diante do teatro da tragédia, as especulações políticas e as teorias conspiratórias se espalhavam. No *Jornal Nacional*, um lívido William Bonner abriu a escalada com a nossa matéria. No dia anterior, Campos tinha sido ouvido na tradicional entrevista de candidatos na bancada do jornal. Nesse dia, seria a vez da então presidente Dilma Rousseff, no Palácio da Alvorada. A entrevista foi adiada; o país queria respostas rápidas que aliviassem a angústia. Mas acidentes aéreos são complexos, nunca têm uma causa só e, por isso, levam um longo tempo para serem esclarecidos. Por vezes, não se chega a conclusão alguma, como foi o caso.

Beatriz Castro [repórter]

Os primeiros casos de microcefalia surgiram em meados de 2015. No começo, foi um grande susto para as famílias, a área médica e a imprensa. Todo mundo foi pego de surpresa, ninguém imaginava a dimensão que atingiria, porque os casos não surgiram todos de uma vez. Eram dispersos em regiões do Nordeste, tendo Recife como o epicentro. Pesquisadores nordestinos tiveram papel relevante na compreensão do que estava acontecendo com os bebês. Comprovações importantíssimas dessa síndrome congênita do vírus da zika vieram do Recife e da Paraíba.

Os próprios especialistas demoraram para entender e juntar as histórias. Nós tivemos que aprender junto com eles. Na época, tive acesso a algumas mensagens que os médicos trocavam entre si; estavam assustados, porque era uma microcefalia com

FRAME DE VÍDEO / GLOBO

Beatriz Castro em reportagem sobre a rotina das mães de bebês com microcefalia. *Jornal Nacional* (27/02/2016).

características mais graves do que as provocadas por causas conhecidas. No princípio, era um tema de saúde local, mas rapidamente virou uma ameaça global: em fevereiro de 2016, a Organização Mundial de Saúde decretou a situação de emergência.

Só entramos oficialmente na cobertura quando a Secretaria Estadual de Saúde de Pernambuco deu o alerta. Fomos com carga total atrás dos especialistas, que são sempre as melhores fontes nesses casos, e passamos a acompanhar diariamente os dados oficiais. Imediatamente, o *Jornal Nacional* entrou no assunto. No início, não tínhamos acesso a essas crianças, que ficavam internadas em estado grave em UTI. Não tínhamos como comprovar e as tratávamos como número, estatística. Até conseguirmos humanizar as histórias e mostrar as vítimas demorou um pouco – as famílias tinham medo da imprensa, foi difícil conquistar a confiança. Alguns veículos realmente não os tratavam com o devido respeito.

Uma história muito marcante nesse sentido foi a da Jaqueline. Ela deixava o filho mais velho na casa da sogra e pegava três conduções para levar o menor, com microcefalia, ao Centro de Referência para fazer tratamento. Eu a acompanhei desde casa, dentro do ônibus, para mostrar às pessoas como a situação era difícil. A matéria foi exibida em um sábado no JN. Foi muito importante, pois ela deu confiança a essas mães, que passaram a anunciar tudo que fariam. Pudemos acompanhar mais de perto, para além das fontes oficiais, contando a história delas. Descobrimos várias famílias com casos parecidos. A maioria das mães era pobre e teve que largar o emprego, muitas foram abandonadas pelos maridos. Além disso, houve tratamento desigual para essas crianças – quem teve atendimento precoce, conseguiu algum desenvolvimento, mas as crianças do interior, sem assistência, não tiveram essa possibilidade. As condições para evitar essa tragédia podiam ter sido atendidas. São regras básicas de saúde que não existem – há falta de saneamento e proliferação do mosquito causador do quadro.

Seguimos acompanhando no JN a questão do benefício da prestação continuada do INSS, a falta de especialistas e de creches. Nunca abandonamos a pauta; todo ano fazemos séries especiais, porque essas famílias precisam de cuidado para o resto da vida. Eu me sinto comprometida com o caso, como cidadã e ainda mais como jornalista. É minha função manter essa história viva, e me sinto muito satisfeita com alguns resultados desse esforço.

Ajudamos a colocar em foco algumas pessoas importantes: a médica Adriana Mello, que provou a ligação da zika na gravidez com a microcefalia pelo líquido amniótico; a Celina Turchi, da Fundação Oswaldo Cruz, que ficou entre as 100 pessoas mais influentes do ano no ranking da revista norte-americana Time. Foi interessante conhecer esses brasileiros que dedicaram seu conhecimento e o seu tempo a essa causa, fizeram dela uma missão. Fomos finalistas do Emmy com o conjunto da cobertura.

Tyndaro Menezes
[chefe de reportagens especiais da editoria Rio]

As Olimpíadas são um evento cujo envolvimento, na Globo, é majoritariamente do Esporte. No caso dos jogos de 2016, sediados no Rio de Janeiro, o Jornalismo ficou responsável pela logística e a cobertura factual relativa à segurança, ao acompanhamento das obras e ao movimento do público.

Quando o nadador Ryan Lochte deu a declaração de que fora assaltado, em 14 de agosto de 2016, confesso que não entendi a importância daquilo. O evento estava indo bem, e eu, particularmente, já havia tirado o pé do acelerador. Foi o Marcelo Moreira, na época coordenador de Projetos Especiais da editoria Rio, que me provocou para o assunto.

Apurei que a polícia tinha encontrado fatos que não faziam sentido nas declarações do nadador, e já havia uma investigação em curso. Tinha como vantagem estar na minha cidade e ter minha rede de informações. Comecei a ter acesso às investigações, acompanhar o depoimento dos envolvidos e montar o quebra-cabeça junto com a polícia. Nesse momento, assumi o risco calculado de não compartilhar com meus superiores os detalhes das investigações. Combinei que daria ciência da história quando ela estivesse completa, pois os questionamentos durante o processo eram muitos, e as informações, contraditórias.

Na verdade, armou-se uma confusão devido a uma história mal contada. Ryan Lochte tinha mentido para a noiva que não havia saído no dia em que supostamente fora assaltado, mas a informação de que esteve em uma festa chegou nos Estados Unidos. A partir daí, nas

Ryan Lochte e outros atletas norte-americanos em imagens obtidas com exclusividade pela Globo. *Jornal Nacional* (18/08/2016).

FRAME DE VÍDEO / GLOBO

FRAME DE VÍDEO / GLOBO

Entrevista exclusiva de Ryan Lochte ao *Jornal Nacional* (20/08/2016).

poucas vezes em que o nadador e os três colegas de delegação que o acompanhavam falaram às autoridades policiais brasileiras, mostraram má vontade e desconfiança. Eles se negavam a dar informações ou davam informações vagas e imprecisas. A história só foi esclarecida quando dois seguranças de um posto de gasolina foram contatados pela polícia.

O depoimento dos seguranças permitiu que o chefe de polícia, o delegado responsável pelo caso e o chefe da investigação construíssem uma narrativa com as imagens de câmeras de segurança de todos os lugares pelos quais os rapazes passaram naquela noite. Eles saíram da festa, pegaram um taxi, pararam no posto de gasolina onde criaram uma confusão e foram rendidos pelos seguranças. O táxi que os esperava foi embora, e eles entraram em outro, rumo à Vila Olímpica. Ficava claro, pelas imagens, que estavam alcoolizados e não tinham plena consciência do que estava acontecendo. Foi quando abri todo o caso ao meu diretor e combinei que pegaria o material exclusivo na manhã seguinte para colocar no ar.

Uma vez elucidado o caso, o então secretário estadual de Segurança do Rio de Janeiro, José Mariano Beltrame, convocou uma coletiva de imprensa para apresentar os resultados. Corremos e antecipamos o RJTV. Colocamos as autoridades que estavam à frente das investigações para comentar, ao vivo, imagens e documentos. Enquanto isso, no Parque Olímpico, os jornalistas esportivos abandonavam as competições para acompanhar o telejornal. Nem preciso dizer que a coletiva que aconteceria naquela tarde foi esvaziada. A imprensa do mundo todo foi obrigada a reproduzir as reportagens produzidas pela Globo.

Ao longo do dia, o trabalho foi refinado para levar ao *Jornal Nacional* a história mais bem-acabada do ponto de vista da edição. Foi um espetáculo de assunto, não apenas pela sua grandiosidade, mas porque devolveu ao brasileiro o orgulho que tinha ficado abalado com declarações irresponsáveis e que botaram em xeque a segurança do Rio de Janeiro e do Brasil.

Lilia Teles [repórter]

Acordei assustada na manhã daquele 29 de novembro de 2016. Minha filha entrou no quarto falando alto sobre um acidente de avião que levava a delegação da Chapecoense para a Colômbia. Liguei a TV e fui acompanhando o *Bom Dia Brasil*. Ari Peixoto e o repórter cinematográfico Junior Alves haviam embarcado no primeiro voo comercial para Bogotá. Chegaram a me ligar da redação, mas eu não acordei. No noticiário, as informações eram dadas aos poucos, com cuidado e atenção: "Todo o time da Chapecoense estava no avião"; "A aeronave caiu na Zona Rural de Medelín"; "Havia sobreviventes"; "Muitos jornalistas viajavam com o time para cobrir a final da Copa Sul-Americana"; "Uma equipe do Esporte da Globo podia estar entre os mortos".

Os nomes da nossa equipe só foram confirmados quando não havia nenhuma chance de sobreviventes: o repórter Guilherme Marques, que tinha acabado de fazer 28 anos e já brilhava na tela; o produtor Guilherme van der Laars, querido de todos os colegas e pai de três filhos; e o repórter cinematográfico Ari Júnior, meu amigo goia-

FRAME DE VÍDEO / GLOBO

Homenagem da equipe do *Jornal Nacional* às vítimas do acidente com o avião da Chapecoense (29/11/2016).

La Ceja, Colômbia

Lilia Teles fala, ao vivo, da Colômbia, sobre
o acidente com o avião da Chapecoense.
Jornal Nacional (29/11/2016).

FRAME DE VÍDEO / GLOBO

no, um dos maiores e mais excepcionais cinegrafistas da televisão. Se as tragédias diárias mexem com o nosso coração, imagine quando elas batem à nossa porta e nos tiram gente querida.

Estava tentando lidar com essa dor, quando voltaram a me ligar da redação, perguntando se conseguiria ficar pronta em vinte minutos. Um avião levaria as equipes da Globo, da GloboNews e do Esporte para Medelín. O repórter cinematográfico que me acompanhava era o Wanderley Serbonchinni, que só ficou sabendo no aeroporto que o Ari estava entre os mortos. Os dois eram amigos e vizinhos. Nosso voo seguiu em silêncio durante quase todo o caminho até a Colômbia.

A edição do *Jornal Nacional* daquele dia, sobre o acidente da Chapecoense, foi escrita entre lágrimas e com muita parceria. Além do sofrimento, tinha o fuso horário da Colômbia, três horas a menos em relação ao Brasil. Da redação do JN, no Rio de Janeiro, o editor José Alan me mandava informações enquanto eu voava, e fomos construindo o texto a quatro mãos. As investigações mostraram que o avião caiu por falta de combustível. Foi uma das coberturas mais tristes da minha carreira. Nos dias seguintes, acompanhei a recuperação dos seis sobreviventes. A cada dia mostrava a melhora de todos eles. Um milagre a que eu assisti de perto. A parte feliz de uma história triste que ajudei o JN a contar para o mundo.

8

O *JN* VENCE O EMMY

[CHEFE DE REDAÇÃO DE REDE – RIO · 2009-2012; CHEFE DE REDAÇÃO DA GLOBONEWS]

"Um dos bandidos é baleado e cai. A todo instante surgem mais traficantes armados. Contamos pelo menos duzentos homens. Eles começam a cortar caminho pela mata." Na noite do dia 26 de setembro de 2011, a voz da repórter Tatiana Nascimento – com legendas em inglês – tomou o teatro Jazz at Lincoln Center, em Nova York. A narração cobria a imagem impressionante projetada no telão, captada um ano antes pelo operador de câmera Francisco de Assis, do Globocop, durante a cobertura jornalística da Globo da ocupação policial dos conjuntos de favelas da Penha e do Alemão, no Rio de Janeiro. Na cena, conhecida pelos brasileiros, mas novidade para o público internacional, víamos dezenas de criminosos em disparada morro acima. Estávamos na cerimônia do Emmy Internacional, onde o *Jornal Nacional* concorria na categoria Notícia, ao lado de pesos-pesados do jornalismo mundial. Assim como no Oscar, os indicados ao Emmy são anunciados e em seguida é possível ouvir pequenos trechos com os melhores momentos do trabalho dos finalistas.

Estar ali – eu, pela primeira vez, e o *JN* pela sétima – já era um feito e tanto. Fruto do trabalho de muita gente – 216 nomes foram impressos na revista do Emmy, que reúne as informações sobre todos os concorrentes. Éramos, de longe, a maior equipe – a TV inglesa Sky News, por exemplo, tinha cinco profissionais listados. E não foi exagero de nossa parte, foi preciso um time grande – e aguerrido – para cobrir aqueles dias de intensa atividade. Vamos relembrá-los aqui.

CAOS NO RIO ANTES DA OCUPAÇÃO

Em 2010, o Rio de Janeiro enfrentava – e perdia – uma guerra contra o crime organizado. Durante quatro dias, integrantes de facções criminosas espalharam o terror na cidade, incendiando carros e ônibus, viaturas e cabines da polícia. A onda de horror que acuava os moradores do Rio vinha sendo exibida pelo *JN*. Em 24 de novembro, a escalada do telejornal dava ideia da gravidade do momento:

> *O quarto dia de ataques de bandidos no Rio de Janeiro.*
> *Só de manhã, dezessete veículos queimados.*
> *A polícia reage e faz operações em 27 favelas.*
> *Dezoito pessoas morrem nos confrontos.*
> *Traficantes armados ficam acuados no Conjunto do Alemão.*
> *A Justiça decide: quem for preso em flagrante envolvido nos ataques irá direto para presídios federais.*

Era um cenário de país em guerra. As autoridades diziam que os ataques eram reação ao projeto de segurança pública do governo que, até aquele momento, havia implantado doze Unidades de Polícia Pacificadora, UPPS, levando policiamento permanente a comunidades do Rio de Janeiro. Expulsos dessas regiões, traficantes passaram a se concentrar no Complexo do Alemão, formado por quarenta comunidades, que abrangia dez bairros, habitado por 400 mil pessoas. Naquela semana, foram cem ataques. Folgas de policiais foram suspensas, e quem fazia trabalho interno nos quartéis foi mandado para a patrulha nas ruas. Nada surtia efeito. O sentimento era unânime: alguma coisa tinha que ser feita. Com urgência.

Acima: Carlos Jardim em entrevista ao Memória Globo (2016).

Abaixo: Márcio Sternick em entrevista ao Memória Globo (2014).

Foi então que, em 25 de novembro, a polícia do Rio – com o apoio de carros blindados (os "caveirões") e tanques da Marinha – entrou na Vila Cruzeiro. A Globo transmitiu ao vivo esta ação para o Rio de Janeiro. O restante do Brasil teve acesso aos momentos marcantes por meio de *flashes* na programação e pelos telejornais. À noite, o *JN* condensava o que de mais expressivo acontecia naquele dia, e nos seguintes.

Naquela época, eu era o chefe de redação da editoria Rio para os telejornais de rede. Cabia a mim organizar a cobertura, orientar repórteres e editores, selecionar o melhor material, principalmente para o *JN*, diante de uma quantidade imensa de vídeos produzidos pelas equipes. Vencemos desafios como o de levar para as reportagens gravadas o "calor" da cobertura ao vivo e o de estruturar o roteiro de cada matéria, evitando repetições e cuidando para que nenhum detalhe relevante ficasse de fora. Também precisávamos ter em mente que a história deveria ser compreensível para quem não conhece a geografia do Rio. Por isso, contávamos com recursos de arte, que explicavam onde e como tudo aquilo acontecia: usamos mapas de localização para situar na Zona Norte da cidade o complexo de favelas, animações com a estratégia militar, grafismos com horários do início e fim das operações, trajetos a serem efetuados pelos comboios civis e militares, interdições de vias públicas.

A cobertura para o *JN* chegava a conter, diariamente, até sete reportagens de longa duração, intercaladas com entradas ao vivo dos nossos repórteres da editoria Rio, que atualizavam o público com as últimas informações. Para contextualizar e analisar os fatos, tínhamos sempre a palavra de especialistas em segurança pública, que podiam ser entrevistados tanto em reportagens quanto ao vivo pelos apresentadores.

Também havia a tarefa de logística de bastidores. Os jornalistas que atuam na cidade já se acostumaram a cobrir violência, isso infelizmente faz parte da rotina do Rio e do nosso trabalho. Mas, naquela situação nova e que parecia insustentável, precisávamos ter cuidado extra.

No dia 25, o dia da imagem feita por Francisco de Assis, não houve grandes confrontos. Os bandidos fugiram pela mata para morros vizinhos, como mostrou a cena exibida na noite do Emmy. Mas a operação policial estava longe de acabar. O estado recebeu apoio federal, com a chegada de homens do Exército, da Marinha e da Polícia Federal. Seriam 2.800 profissionais atuando com apoio de "caveirões" e tanques de guerra no domingo, dia 28 – data da ocupação definitiva do Complexo do Alemão.

Ao mesmo tempo, nós nos preparávamos para uma cobertura de guerra, de possível enfrentamento entre as forças policiais e o "exército" de bandidos armados com fuzis, granadas, em vantagem por estarem no alto, cercados por cidadãos inocentes. Nesse contexto, uma grande preocupação das nossas transmissões era dar informações aos cidadãos e orientar os moradores sobre a melhor maneira de se protegerem. Mostramos ao vivo a população colocando panos brancos nas janelas, indicando às forças de segurança que ali moravam trabalhadores honestos.

Também pensávamos na segurança de nossas equipes. Foram extensas reuniões preparatórias, nas quais discutíamos o posicionamento e o deslocamento dos repórteres, a alimentação, os locais seguros para a movimentação dos nossos profissionais. Os vinte jornalistas que estariam no front já haviam passado por treinamentos para atuação em áreas de risco, fornecidos por institutos internacionais. Eles usavam coletes à prova de balas, foram orientados a nunca estar na linha de tiro, saíam acompanhados por equipes de segurança. Durante a cobertura, apuravam as informações em pontos fixos na região, ou no ar, a bordo dos helicópteros da Globo.

Havia outra dificuldade: a tecnologia de transmissão de informação ao vivo. Os recursos mais robustos para esse tipo de cobertura são normalmente os carros com equipamentos para transmissão via satélite ou sistema de micro-ondas – chamados aqui de Unidades Móveis de Jornalismo, as UMJ. Mas esses são veículos grandes, que ficariam facilmente na linha de tiro, ou seja, seu uso era limitado. O Globocop foi um aliado de peso, que permitia mostrar toda a ação da operação com velocidade e precisão. Para os repórteres que entrariam na comunidade seguindo militares e policiais, dependíamos de equipamentos de

Ônibus incendiado no Complexo do Alemão. *Jornal Nacional* (24/11/2010).

Acima: Tanque do Exército durante a invasão do Complexo do Alemão. *Jornal Nacional* (27/11/2010).

À esquerda: Policiais Militares na entrada do Complexo do Alemão. *Jornal Nacional* (24/11/2010).

À direita: Bandidos fogem da Vila Cruzeiro durante a invasão do Complexo do Alemão. *Jornal Nacional* (25/11/2010).

transmissão que usavam a rede de dados de celular, ainda vacilante naqueles tempos, especialmente em uma região cercada por morros, o que dificultava tremendamente o tráfego de sinais.

Como previsto, houve troca de tiros no dia 28. Mas a resistência dos criminosos durou pouco: uma hora e vinte minutos depois do início da operação, as forças de segurança conseguiram chegar ao ponto mais alto do Complexo do Alemão. Nossa equipe conseguiu captar uma imagem marcante: as bandeiras do Estado do Rio de Janeiro e do Brasil hasteadas no alto da estação do teleférico. Parecia ser o fim do domínio do tráfico naquela região.

Para nós, jornalistas da Globo, a cobertura tinha ainda um componente emocional. Naquele conjunto de favelas, nosso colega Tim Lopes – repórter investigativo vencedor do Prêmio Esso de 2001 por reportagens sobre o feirão das drogas na região, material que tive a honra de editar –, fora capturado, torturado e morto por traficantes, em 2002. Ele fazia uma reportagem sobre abuso sexual de menores em bailes funk promovidos por bandidos na Vila Cruzeiro, lugar onde havia presença massiva de armamento e farto consumo de drogas. Ver o Estado assumindo o controle daquelas comunidades nos fazia crer, naquele momento, que o trabalho do querido Tim não havia sido em vão. Infelizmente, poucos anos depois, o tráfico e as milícias ocuparam várias regiões do Rio, fazendo o medo e a insegurança virarem de novo uma triste rotina dos moradores da cidade.

De volta à cobertura da ocupação do Alemão, o *JN* do dia seguinte ao último ato da ocupação foi ainda uma edição com amplo espaço para o assunto. Nossos repórteres mostraram o primeiro dia nas comunidades libertadas do domínio do tráfico, o trabalho de varredura dos policiais – atrás de bandidos escondidos, armas e drogas. Mais uma vez era preciso organizar a estrutura de cada matéria, selecionar o que de mais importante precisava ser mostrado, as imagens mais marcantes de uma cobertura extensa – no domingo, ficamos oito horas e meia ao vivo no Rio, com entradas em rede nacional. Havia muito a mostrar. Depois, os melhores momentos foram selecionados e inscritos para concorrer ao Oscar da televisão.

EM NOVA YORK

Tínhamos consciência de ter participado de uma cobertura histórica, registrando um momento simbólico no combate ao crime organizado no país. Foi com esse orgulho – e cheios de esperança – que embarcamos para Nova York para a cerimônia do Emmy, um ano depois. O então presidente da Academia de Televisão, Malachy Wienges, foi categórico no discurso de abertura: "As pessoas que estão nesta sala, nesta noite, representam o que há de melhor no telejornalismo". Como não se emocionar? Na plateia, havia jornalistas internacionalmente conhecidos, como o apresentador da CNN Larry King, o homenageado da noite pelo conjunto da obra, que pacientemente tirava fotos com dezenas de fãs – eu inclusive.

A cerimônia transcorria, os vencedores de outras categorias eram anunciados e meu grau de ansiedade atingia índices estratosféricos. Estávamos sentados juntos, nas primeiras filas do teatro, o então diretor-geral de jornalismo, Carlos Henrique Schroder (hoje diretor-geral da Globo), William Bonner, o repórter André Luiz Azevedo, a apresentadora e repórter Ana Paula Araújo, o cinegrafista Sergio Costa, o operador de câmera do Globocop Francisco de Assis, o então chefe de redação dos telejornais locais da editoria Rio, Marcio Sternick, e eu.

Os americanos, comedidos, certamente levaram susto quando Bruce Paisner, presidente do Emmy Internacional, abriu o envelope a anunciou: "*The Emmy goes to Jornal Nacional, War on Drugs, TV Globo*" ("O Emmy vai para *Jornal Nacional*, 'Guerra às Drogas', TV Globo"). Gritamos e nos abraçamos – um grupo pequeno, feliz e barulhento. Saímos dali atordoados, alguns chorando (eu me acabei!), uma emoção inesquecível. Havia uma certeza inabalável: o mundo reconheceu a qualidade do nosso jornalismo, reafirmando a nossa determinação.Nós, jornalistas da Globo que estamos no front, nas ruas e na redação, só temos um lado: o do público brasileiro, por quem ficamos tantas horas no ar nos momentos decisivos e a quem dedicamos o mais alto prêmio da TV mundial.

O RIO CONTRA O CRIME: BASTIDORES DA COBERTURA PREMIADA

MARCIO STERNICK
[CHEFE DE REDAÇÃO DE REDE – RIO]

Manhã de quinta-feira, 25 de novembro de 2010. Eu dirigia cedo para a TV quando recebi um telefonema do então diretor-executivo de Jornalismo, Ali

Tatiana Nascimento no Globocop durante a cobertura da invasão do Complexo do Alemão. *Jornal Nacional* (25/11/2010).

Kamel. Precisávamos de mais informações para colocar no ar. Entrávamos no quinto dia de caos no Rio: carros e ônibus incendiados, 23 mortos, cabines da PM metralhadas. Os ataques se espalhavam. Preso no trânsito, queria chegar ao trabalho. Na época, eu era o chefe de redação dos telejornais locais.

Minhas recordações desse importante episódio da história do *Jornal Nacional* são assim: lampejos de memória, conversas rápidas. A partir daquele telefonema, mais de duzentos profissionais foram tragados para o olho do furacão. Enfrentamos a tempestade e de lá saímos, quatro dias depois, com a cobertura premiada – "O Rio contra o crime" –, a imagem clássica da fuga dos traficantes, a prisão do assassino do Tim Lopes, a bandeira do Brasil hasteada no alto do teleférico.

Meu colega, Carlos Jardim, chefiou a produção e a edição das reportagens em todos os telejornais. Eu coordenei a transmissão ao vivo no *switcher* – o centro de gravação e exibição de programas, que é uma sala repleta de monitores, computadores, mesas áudio e corte de imagens. Lá, fazemos a comunicação com apresentadores, repórteres e a equipe na redação; também controlamos a exibição de reportagens e conteúdo ao vivo.

Mesmo nessa posição privilegiada, é difícil construir um relato completo dos bastidores. Éramos muitos – espalhados pelo Rio, imersos no trabalho, focados na próxima informação e na próxima imagem. Para formar um quadro amplo, optei por descrever momentos da cobertura, mesclando minhas lembranças com trechos da transmissão. Pretendo mostrar como a integração entre diferentes áreas levou a um resultado espetacular, criando um padrão para outros desafios que apareceram desde então: jornadas intensas de longas transmissões ao vivo, ora para o Rio, ora para todo o Brasil. Muitos méritos, de muitos profissionais.

Essa foi uma cobertura inesquecível, base das edições memoráveis do *JN*, que fez com que o jornal conquistasse pela primeira vez o Emmy Internacional, o Oscar da televisão.

Vencido o trânsito, chego à TV. Recebo um telefonema do diretor de Jornalismo, Carlos Henrique Schroder: "*RJ1* vai entrar mais cedo no ar". A equipe reagiu com surpresa, as matérias não haviam chegado da rua. Ninguém estava pronto, o que fazer? Falo de 2010, um outro tempo, sem divulgação de imagens em redes sociais ou via celular. Dependíamos apenas de nós mesmo. A primeira medida era óbvia: mandar imediatamente a apresentadora Ana Paula Araújo e o comentarista Rodrigo Pimentel para o estúdio.

Minutos depois, já estou no *switcher*. Na minha frente, Cecília Mendes, editora-chefe do *RJ1*, e Ricardo Borges, coordenador de operação do telejornal. Cecília me diz: "Marcio, não temos o espelho do jornal ainda". "Esquece o espelho, vamos com o que temos: Ana Paula, Rodrigo, um repórter chama outro ao vivo", decidi.

Espelho é uma planilha digital, elaborada pelo editor-chefe, que organiza a exibição do conteúdo do telejornal. Fica disponível em diversos monitores, serve de referência para a equipe e oferece previsibilidade à operação do programa. Naquele momento, não tínhamos nada disso.

Mas assim fomos. Cecília comandando o ponto de áudio – a comunicação com os apresentadores – e Ricardo organizando o que chegava. Embora nos primeiros minutos não tivéssemos essa convicção, as horas seguintes provaram que estávamos preparados para longas transmissões ao vivo. O *RJ1* tinha passado, meses antes, por uma profunda mudança de linguagem, liderada pelo jornalista Erick Brêtas: a apresentadora Ana Paula Araújo

Erick Brêtas, editor do *Jornal Nacional* de 2000 a 2001 e atual diretor de negócios no Vale do Silício, em entrevista ao Memória Globo (2011).

RENATO VELASCO / MEMÓRIA GLOBO

deixou de ler os textos do *teleprompter*, passou a narrar imagens recém-chegadas da rua, a reagir ao inesperado. Era a vez da linguagem coloquial, da conversa com o telespectador. Contávamos também com apoio do comentarista de segurança Rodrigo Pimentel, além de uma equipe competente nos bastidores.

Às 10h11, começamos a transmissão especial com *flashes* na programação. Às 11h30, o *RJ1* entra no ar. A resposta do Estado à onda de ataques começava naquela quinta-feira. A polícia do Rio, com apoio de blindados da Marinha, decidiu ocupar a Vila Cruzeiro. Ali, oito anos antes, nosso colega Tim Lopes tinha sido sequestrado, torturado e executado pelo bando de Elias Maluco.

Para a editoria Rio, seria uma cobertura especial.

O grande desafio, talvez o maior, era posicionar as equipes de externa com toda a segurança possível: repórteres, cinegrafistas, operadores. Na época, a maior parte dos sinais ao vivo era transmitida por geradoras que também precisavam ser estacionadas e protegidas. Como os traficantes atacavam de forma aleatória, buscamos, em um primeiro momento, batalhões, delegacias, quartéis, hospitais. Alugamos carros blindados e pedimos acompanhamento de agentes de segurança. Boa parte do grupo já havia participado de treinamentos para situações de confronto, e todos – jornalistas e agentes – usavam coletes à prova de balas. A logística era complexa e as reuniões de planejamento, extenuantes. Um trabalho minucioso conduzido pelos chefes de reportagem Juarez Passos e Patrícia Andrade, com o apoio dos colegas de Operações, Tecnologia e Segurança.

Ainda de manhã, Patrícia me perguntou para onde mandaríamos a equipe da repórter Fernanda Graell. Sugeri algum ponto da avenida Brasil, um possível trajeto das forças de segurança. A equipe se posicionou ao lado de uma base da Marinha, perto do viaduto da Lobo Júnior, que dá acesso à Penha, bairro da Vila Cruzeiro. Pouco depois, o primeiro *flash* da Fernanda: homens do Batalhão de Operações Policiais Especiais (Bope), carros da PM e do Exército passavam por ali. Tudo tranquilo.

Assim que Fernanda saiu do ar, traficantes atacaram. Bem ali no viaduto. Voltamos com ela imediatamente. Fernanda estava a cem metros do local: "Parece que tem um carro pegando fogo, há essa grande coluna de fumaça que a gente consegue ver", narrou ela. Pouco depois, Fernanda se aproximou do incêndio e voltou ao ponto do vivo: "Ana Paula, eu corri até lá, peço desculpas, estou um pouco ofegante, e o que as testemunhas disseram é que cinco bandidos saíram de um carro, riscaram fósforos e, pelo que parece, já tinha gasolina lá dentro porque o carro imediatamente começou a pegar fogo... o intuito deles foi justamente bloquear, dificultar o acesso à Penha".

Assim estava o Rio. A qualquer momento, em qualquer lugar, um ataque. E nós ali, ao lado da notícia.

No início da tarde, Marcio Gomes se juntou à Ana Paula no estúdio. Outra decisão importante: chamei Tyndaro Menezes, nosso principal produtor na área de segurança, para ficar conosco no *switcher*. O caminho natural do produtor seria acompanhar o trabalho dos policiais e apurar a notícia na rua, apoiando nossos repórteres. Desta forma, mudamos o eixo. Tyndaro passou a ter uma visão geral do que acontecia, acionando policiais em diferentes pontos. Informações dispersas foram concentradas.

Ali Kamel também veio para o *switcher* e passou a dirigir a máquina que começava a rodar em alta velocidade. O gerente de Operações Luiz Henrique Rabello avisou: "A autonomia do Globocop termina daqui a pouco, ele precisa descer para reabastecer. Vamos subir um segundo helicóptero?". Dei sinal verde. Afinal, precisávamos mostrar imagens aéreas durante toda a cobertura. Enquanto um helicóptero abastecia, o outro voava, mas havia momentos em que ambos estavam no ar: a operação era imensa, e os ataques pela cidade continuavam. Foi justamente essa estrutura que permitiu ao operador de câmera Francisco de Assis e à repórter Tatiana Nascimento estarem no lugar certo, na hora certa. Assis captou, a setecentos metros de distância, a imagem que entrou para a história: a fuga dos traficantes da Vila Cruzeiro.

Três horas da tarde. Ao vivo, Ana Paula Araújo e Márcio Gomes narram a cena, sem perder o controle nem disfarçar a tensão: "E olha a movimentação dos traficantes ali de moto, circulando

Lilia Teles ao vivo no *Jornal Nacional* durante a cobertura da invasão do Complexo do Alemão (27/11/2010).

por essa área... Nós estamos vendo os bandidos da Vila Cruzeiro fugindo neste momento". Rodrigo arremata: "Estão fugindo, Márcio Gomes, com certeza estão fugindo. Fugindo para a favela da mesma facção no Complexo do Alemão".

Segundos depois, aparece uma caminhonete. Márcio descreve: "Veja o carro! Quantos homens estão ali atrás? Tem gente pendurada do lado de fora, a porta inclusive; as duas portas estão abertas".

Adiante, mais e mais bandidos armados cruzavam o caminho. De repente, Ana Paula percebe: "E olha: tiro!". Márcio reforça: "Há tiros, há tiros!". Ana Paula prossegue: "Vamos pedir por nosso cinegrafista... que está mostrando estas imagens agora de uma fuga em massa de traficantes, já dezenas passaram por ali, correndo. A gente viu ali que a poeira sobe, são tiros sendo disparados. Um traficante ferido caiu neste momento. Eles estão atirando de volta. Estão armados, em fuga ali!".

Uma hora depois, os bandidos chegaram ao Alemão exibindo suas armas. O confronto continuaria. Minha última lembrança daquela quinta-feira: por volta das seis da tarde, a transmissão foi encerrada. Ana Paula Araújo, Márcio Gomes e eu pulamos abraçados no estúdio.

Na sexta e no sábado, nossa cobertura especial prosseguiu. Avançavam também as negociações entre autoridades para a retomada do Alemão. Uma certa eletricidade percorria o Rio de Janeiro. Crescia também o apoio da população. Nossos repórteres recebiam bilhetes de moradores das comunidades, ansiando pelo fim do domínio do tráfico. Antes isolados, eles ganhavam novamente a oportunidade de falar. Guardo um dos bilhetes até hoje. Essa foi uma marca do nosso trabalho: a preocupação com os cidadãos inocentes, as maiores vítimas da violência. A todo o momento repassávamos orientações para que permanecessem abrigados, deitados no chão, atrás de alguma alvenaria, em algum lugar seguro.

Ana Paula Araújo apresenta edição especial do RJTV durante a cobertura da invasão do Complexo do Alemão (29/11/2010).

No próprio sábado confirmamos: a ocupação do Alemão seria no dia seguinte. Decidimos convocar todos os colegas da editoria Rio. Força total. Repórteres, cinegrafistas, editores, produtores, apuradores, chefes. Os ataques tinham diminuído, mas a tensão não. Parentes de traficantes foram presos, advogados estavam foragidos. Bandidos que fugiram para o Alemão davam sinais de que iriam para a guerra. A polícia marcou hora e local para eles se entregarem. Nada aconteceu.

JN de sábado, 27 de novembro, véspera da ocupação. A repórter Lilia Teles participava ao vivo. Ela estava em local seguro, mas assim que aparecia na tela, começavam os tiros. Os bandidos nos assistiam e queriam chamar a atenção. Ali Kamel pediu que a equipe entrasse no ar com a iluminação apagada. Lilia narrou assim: "Momento de muita tensão aqui. A gente inclusive não pode acender a luz por conta do perigo, um tiroteio enorme, bombas explodindo. Os tiros vêm lá de cima. A gente vê aí no céu, tem balas traçantes passando por aqui".

Lembro de uma longa reunião no sábado à noite para detalharmos a logística da nossa operação. Em determinado momento, Ali Kamel perguntou: "O governo preparou algum local seguro para a imprensa? Onde os jornalistas ficarão?". Começamos uma negociação. No fim da noite, as autoridades definiram o local, uma base na Estrada do Itararé, um dos acessos ao Alemão.

Terminaríamos a cobertura sem nenhum profissional ferido, nosso maior desafio.

Domingo, 28 de novembro, dia da ocupação. Voltei para a tv por volta das quatro da manhã. As equipes começavam a chegar, recebiam seus coletes, encontravam os seguranças e partiam. Ainda cedo, o então diretor de Engenharia do Jornalismo, José Manuel Mariño, me fez uma oferta: "Vocês não gostariam de levar um outro recurso de transmissão para a cobertura? É via internet. A qualidade não é a melhor, mas é pequeno, prático, pode nos ajudar". Dei mais um sinal verde. O kit era composto por um laptop com entrada de vídeo, uma câmera *handycam* e um modem. Usávamos esse equipamento na cobertura de trânsito local. Encaminhamos o recurso para duas equipes. Ali Kamel me pediu para conversar pessoalmente com cada repórter e reforçar as orientações de segurança. O dia amanheceu. Sabíamos que um voo rasante do helicóptero da Polícia Civil marcaria o início da operação.

Sete e cinquenta e nove da manhã. Márcio Gomes estava no estúdio e o repórter Paulo Renato Soares, ao vivo, na entrada do Alemão. Paulo Renato anuncia: "Os helicópteros começam a chegar. Eu acho que a retomada do território começou, Márcio. Os helicópteros acabam de chegar, o tiroteio é intenso, os blindados entraram".

Senha dada. Dois mil e oitocentos homens das polícias Civil, Militar, da Marinha, do Exército e da Polícia Federal entraram no Alemão. Ninguém sabia o que poderia acontecer. Esperávamos mortes.

À medida que a operação avançava, tive a nítida sensação: não estávamos simplesmente documentando, mas fazendo história. Ao meu lado, Tyndaro fazia contato com policiais dentro da favela. Eles diziam o que tinham apreendido, quem havia sido preso. Quando os policiais voltavam, éramos os primeiros a mostrar. Criamos um circuito completo de informação quase independente. Viramos fonte da Secretaria de Segurança. No centro de comando da operação, oficiais assistiam à Globo. O furacão se formou ao nosso redor.

Dois momentos inesquecíveis: Ana Paula chama o repórter André Luiz Azevedo, ao vivo, em um dos acessos ao Alemão. André Luiz pergunta ao policial:"É o Zeu?". "É o Zeu", ele responde. E Ana Paula imediatamente noticia do estúdio: "É o Zeu! Este é o traficante Zeu, chefe do tráfico de drogas no Morro do Alemão, um dos assassinos de Tim Lopes... estava foragido e agora, neste momento, capturado pela polícia, um grande chefe do tráfico". André Luiz emenda: "Nós temos aqui o traficante Zeu, um dos traficantes mais importantes da quadrilha que torturou, sequestrou, matou Tim Lopes, a quadrilha de Elias Maluco... o Zeu se entregou".

Depois, Tyndaro nos informa que a polícia tinha ocupado o alto da Vila Cruzeiro. Justamente o alto da Vila Cruzeiro, onde Tim havia sido queimado. De imediato, Ali Kamel correu para

Edimilson Ávila se protege em meio a tiroteio durante a cobertura da invasão do Complexo do Alemão. *Jornal Nacional* (29/11/2010).

Alto do teleférico do Complexo do Alemão,
Jornal Nacional (29/11/2010).

pedir a imagem do helicóptero. Na pequena sala ao lado do nosso controle, um jovem jornalista coordenava a comunicação com o Globocop.

Era Bruno Quintela, filho do Tim. Naquele instante, um capítulo da nossa história profissional parecia terminar. Foram oito anos de cobertura incansável em busca da prisão dos assassinos, da quadrilha que Tim denunciou. No meu caso, ia além. Tim foi ao meu casamento, era um grande parceiro de redação, um amigo. No *switcher*, lembro de Cecília emocionada. Colegas choravam.

A cada progresso das forças de segurança no território, nossas equipes acompanhavam com segurança. Uma delas, formada pela repórter Bette Lucchese, pelo cinegrafista Luís Júnior e pelo operador Mario Lago Neto, carregava o equipamento portátil. A equipe havia tentado fazer a conexão várias vezes, sem sucesso. Quando chegaram à região do Coqueiral, finalmente recebemos o sinal. Bette Lucchese foi a primeira repórter a entrar ao vivo do alto do Alemão, local que jamais tínhamos alcançado: "Nós estamos numa área com muita segurança, uma área onde os policiais já tomaram conta, podemos dizer, é um marco de toda esta operação policial... nesta área aqui, vocês podem ver, os traficantes tinham uma visão privilegiada... podiam ver tudo o que acontece lá embaixo".

Uma outra equipe, formada por Edimilson Ávila e pelo cinegrafista Julio Aguiar, também portava o equipamento. Em um primeiro momento, durante um tiroteio, apareceram agachados com coletes atrás de carros e de uma barreira policial, ao som de tiros. E depois, ao vivo, mostraram a casa de um dos chefes do tráfico: "Você vai entrar agora numa casa luxuosa de um dos traficantes. Aqui uma grande banheira de hidromassagem, agora cama, guarda-roupa, tudo destruído. Antes de fugir eles destruíram toda a casa... você vê aí a piscina. Aqui há também uma área pra fazer churrasco". Vida de luxo do crime, no meio da pobreza.

Uma câmera, um modem e um laptop na mão.

A operação no domingo foi rápida. Por volta das dez da manhã, a Polícia Militar anunciou a retomada da favela. Lembro que um oficial queria hastear a bandeira do Brasil na parte baixa da comunidade. Sugerimos o teleférico e deslocamos a equipe da Bette para lá. Ao longo da tarde, continuamos a exibir as apreensões. Dias depois, as autoridades mostraram o resultado: em 50 horas de operação, 33 toneladas de maconha, 235 quilos de cocaína, 135 fuzis, metralhadoras, carabinas. Jamais voltei a ver algo parecido.

Mais tarde, começaram a chegar também as denúncias de abusos por parte de policiais. No dia seguinte, as exibimos no *JN*. Uma mulher disse que o marido foi agredido, mesmo depois de apresentar os documentos. Em um vídeo, outro morador da Vila Cruzeiro contou que policiais reviraram a casa dele e roubaram uma quantia não revelada, recebida na rescisão de um contrato de trabalho.

Mau sinal.

Meses depois, fomos indicados como finalistas do Emmy Internacional. Fortes emoções. De imediato, surgiu uma dificuldade: como selecionar os colegas indicados? Qual o critério? Não poderíamos deixar ninguém de fora. Foram semanas de trabalho até que todos os departamentos envolvidos nos enviassem os nomes. Conta final: 216 profissionais, a maior inscrição daquele ano.

Para a grande noite em Nova York, no dia 26 de setembro de 2011, a direção enviou uma equipe bem menor, liderada por Carlos Henrique Schroder.

Acima: William Bonner, Ali Kamel e Fátima Bernardes comemoram a conquista do Emmy no cenário do *Jornal Nacional* (29/09/2011).

À direita: Carlos Henrique Schroder na entrega do Prêmio Emmy, em Nova York (2011).

Francisco de Assis, William Bonner, Sergio Costa, Marcio Sternick, Carlos Jardim, Ana Paula Araújo, André Luiz Azevedo, e Carlos Henrique Schroder (da esq. para dir.) com a estatueta do Emmy (2011).

João Costa / Globo

Luiz C. Reitano / Globo

Luiz C. Reitano / Globo

Quando anunciaram o prêmio, gritei alto. Não me recordo de nada no palco. Minutos depois, o Flávio Fachel, que na época era correspondente em Nova York e cobria o evento pela Globo, nos recebeu nos bastidores. Tínhamos o troféu do Emmy em nossas mãos.

São lembranças boas de um grande momento profissional. Um período de esperança também para o cidadão carioca, algo raro nos últimos anos. As experiências de ocupação das comunidades foram insuficientes para a retomada dos territórios. Muitos erros foram cometidos, com grande retrocesso e imenso sofrimento para a população. Essa agenda permanece aberta no Rio. Como recuperar o monopólio da força pelo Estado e entregar cidadania e direitos humanos a milhares de pessoas que vivem dominadas por criminosos? A nós, como sempre, cabe documentar. Como a cobertura "Rio contra o crime" provou, sabemos fazer isso muito bem.

FINALISTAS DO EMMY INTERNACIONAL

CATEGORIA: NOTÍCIA

2017 • O escândalo do nadador Ryan Lochte, *Jornal Nacional* (2016)

2016 • Microcefalia, *Jornal Nacional* e *Fantástico* (2015)

2015 • Morte de Eduardo Campos, *Jornal Nacional* e *Jornal Hoje* (2014)

2014 • Incêndio na boate Kiss, *Jornal Nacional* e *Fantástico* (2013)

2013 • Desabamentos no Rio de Janeiro, *Jornal Nacional* (2012)

2012 • Chuvas na Região Serrana do RJ, *Jornal Nacional* (2011)

2011 • Ocupação da Vila Cruzeiro e do Complexo do Alemão, *Jornal Nacional* – (2010) Vencedor

2010 • Apagão, *Jornal Nacional* (2009)

2009 • Caso Eloá, *Jornal Nacional* (2008)

2008 • Acidente TAM, *Jornal Nacional* (2007)

2007 • "Caravana JN", *Jornal Nacional* (2006)

2005 • Eleições Americanas, *Jornal Nacional* (2004)

2002 • Atentados de 11 de setembro, *Jornal Nacional* (2001)

André Luiz Azevedo [repórter]

O Morro do Alemão é muito emblemático em nossa história. Foi o primeiro local em que percebemos que podíamos ser alvo da criminalidade, onde o jornalista Tim Lopes foi morto e um companheiro nosso foi atingido, o operador Carlos Pinto. Nos anos 1980, eu cansei de subir esse morro para fazer matéria com Chiquinho e Maria Helena, mãe e filho, casal de mestre-sala e porta-bandeira, representantes da escola de samba Imperatriz Leopoldinense. Mas, ao longo dos anos, o local foi se transformando em uma região perigosa para todos, principalmente para os moradores.

No dia 25 de novembro de 2010, eu estava na porta do hospital Getúlio Vargas, na Penha, quando o comboio da Marinha começou a entrar na Vila Cruzeiro. Narrei toda a movimentação ao vivo, conversando com a Ana Paula Araújo, no estúdio. Estava na rua, descrevendo a chegada daqueles caminhões, mostrando a presença dos fuzileiros navais, quando vi pessoas de um pequeno comércio dando água para os soldados. Geralmente, nesses conflitos, as pessoas ficam com medo ou têm uma atitude de animosidade, de confronto. Mas, ali, percebi receptividade. Havia integração entre as forças de segurança, a sociedade e a imprensa. Todo mundo queria a mesma coisa, todos estavam no mesmo barco.

No domingo, dia 28, foi a vez de acompanhar a ocupação do Morro do Alemão. Entrei ao vivo desde a tarde até o *Fantástico*. Eram caminhões e mais caminhões de armas e drogas apreendidas. Um verdadeiro arsenal. Muitos suspeitos foram presos no meio da tarde. Eu estava trabalhando com o repórter cinematográfico José Carlos Azevedo, chefe dos cinegrafistas, que alertou ter reconhecido entre os presos Elizeu Felício de Souza, conhecido como Zeu, um dos assassinos de Tim Lopes. Entramos ao vivo, e fui narrando aquela prisão simbólica com nó na garganta. Era o último assassino do Tim que se encontrava em liberdade, ainda foragido. Era como se eu fechasse a reportagem que ele fazia na Vila Cruzeiro quando foi morto, uma emoção compartilhada pela coordenação da cobertura, na qual, ao lado de Ali Kamel, então diretor da Central

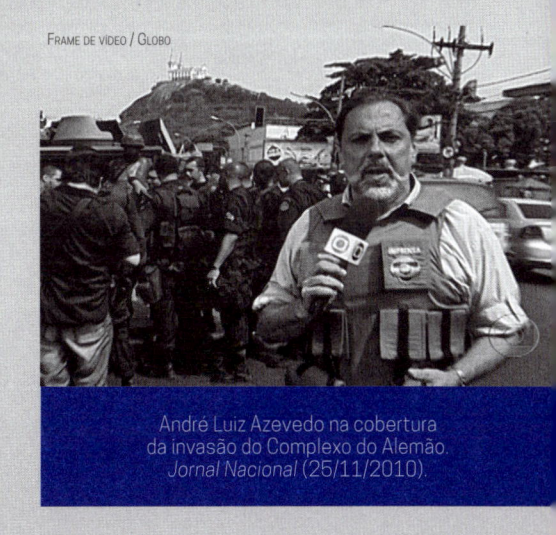

FRAME DE VÍDEO / GLOBO

André Luiz Azevedo na cobertura da invasão do Complexo do Alemão. *Jornal Nacional* (25/11/2010).

Globo de Jornalismo, estava o jornalista da editoria Rio, Bruno Quintela, filho do Tim. Foi um momento realmente muito forte.

O Emmy foi a consagração do nosso trabalho, nos deu reconhecimento internacional. O *Jornal Nacional* tinha batido na trave várias vezes com outras indicações. Achávamos que tínhamos uma grande chance pela importância, pelo impacto e pela qualidade dessa histórica cobertura. Mas é sempre difícil ter certeza. Quando saiu o resultado, foi uma alegria muito grande.

Francisco de Assis [técnico de sistemas audiovisuais]

No dia 25 de novembro de 2010, decolamos bem cedo – eu, a repórter Tatiana Nascimento e o comandante Soares – no Globocop para cobrir a ocupação na Vila Cruzeiro. Vínhamos acompanhando a violência nas ruas pelo *Bom Dia Rio*. Inclusive, um dia antes da ocupação, registramos uma cena marcante. Tínhamos feito o *Bom Dia* e estávamos retornando à redação, quando a Luciana Cordeiro, então coordenadora de vivo, nos pediu para voltar à comunidade. Chegavam à redação relatos de tiroteios. Retornamos, e parecia não haver nada. Depois de muita insistência, vi um homem armado com um

Bandidos fogem da Vila Cruzeiro durante a invasão do Complexo do Alemão. *Jornal Nacional* (25/11/2010).

FRAMES DE VÍDEO / GLOBO

fuzil nas costas, com mais alguém na garupa, passando em uma encruzilhada. Acompanhamos o motoqueiro por cima da favela, até onde foi possível e, de repente, falei para o comandante: "Nunca vi tanto bandido. Olha que loucura". Mais ou menos trinta homens atiravam. Mais carros iam chegando, os criminosos abriam os porta-malas e puxavam mochilas com munição. Era chocante. Registramos de longe, por segurança.

Havíamos decolado mais cedo do que de costume nesse dia. Comecei a trabalhar às cinco da manhã, registrando a movimentação do tráfico por dentro das vielas. Ficamos o tempo todo sobrevoando a região – salvo por um período em que precisamos fazer uma inspeção mecânica de segurança no Globocop, e paradas rápidas para abastecer. A Globo colocou dois helicópteros nessa cobertura. No outro, as imagens eram captadas por Roberto Mello.

Ficamos ao vivo direto, e eu não parava de fazer imagem, mesmo quando não estava no ar. Não podíamos perder nada e estávamos em busca de detalhes. Para isso, usamos uma lente duplicada, com mais zoom.

Em determinado momento, as forças de segurança começaram a avançar, e os criminosos, a recuar. Víamos tudo claramente do alto. Os bandidos fugiram pelas vielas até chegar àquele terreno descampado, onde registramos a debandada. Essa se tornou a grande imagem da cobertura. Tatiana Nascimento ia narrando, e o comandante me ajudava a identificar as movimentações estranhas.

Pouco depois, por volta das cinco da tarde, fui rendido pelo Paulo Franco; afinal, já estava trabalhando havia muito tempo. Mas a verdade é que eu não queria sair de lá. A situação estava "quonto", e eu tinha um monte de ideias do que registrar. Nos dias seguintes, continuamos a acompanhar as movimentações, mas os militares fecharam o espaço aéreo, o que complicou nosso trabalho. Fizemos alguns flagrantes, mas muito de longe.

Fui chamado para ir à cerimônia do Emmy, em Nova York. Foi uma correria danada, porque eu não tinha passaporte. Quando apresentaram a nossa cobertura, apareceu no telão a imagem dos bandidos fugindo da Vila Cruzeiro. Aquilo mexeu comigo. Foi quando a ficha caiu sobre a importância de estar ali.

Bette Lucchese [repórter]

"Luís! Luís! Luís!" Nunca pronunciei tanto esse nome como naquele 28 de novembro de 2010. Eu, o repórter cinematográfico Luís Júnior e o técnico Mário Lago Neto testemunhamos momentos históricos. E as lembranças vão além. A memória conservou também o que vivi nos Complexos do Alemão e da Penha, dez anos antes.

Em 2001, acompanhei uma das primeiras tentativas policiais de retomar o controle dessa área. No ano seguinte, veio a execução do jornalista Tim Lopes. A caçada aos criminosos durou três meses, sem trégua. Seis anos depois, passei mais três meses trabalhando diariamente nesses complexos. Período sofrido e sangrento para os moradores. Bastava um plantão de poucas horas na porta do hospital estadual Getúlio Vargas para registrar as consequências da guerra. Muitos mortos. Muitos feridos.

A primeira reação conjunta das forças de segurança, a ocupação da Vila Cruzeiro, no Complexo da Penha, só ocorreria em 25 de novembro de 2010. A ação revelou o esconderijo dos bandidos que aterrorizavam a cidade e também expôs a desorganização da quadrilha. Acuados, eles fugiram em massa pela Serra da Misericórdia em direção ao Alemão de uma forma atabalhoada. No dia seguinte, preparamos uma reportagem especial para o *JN*. Com a Vila Cruzeiro ocupada, eu e o repórter cinematográfico William Torgano entramos na comunidade. A região estava degradada: raras eram as casas sem marcas de tiro e as ruas sem lixo acumulado.

O Alemão tinha se tornado um barril de pólvora. Havia o risco de uma guerra ainda mais violenta, já que os tiroteios se intensificavam. No domingo, 28 de novembro, eu e Luís seguimos de madrugada para uma das entradas do Complexo do Alemão. O silêncio era inquietante, incomum. Gerava angústia, apreensão.

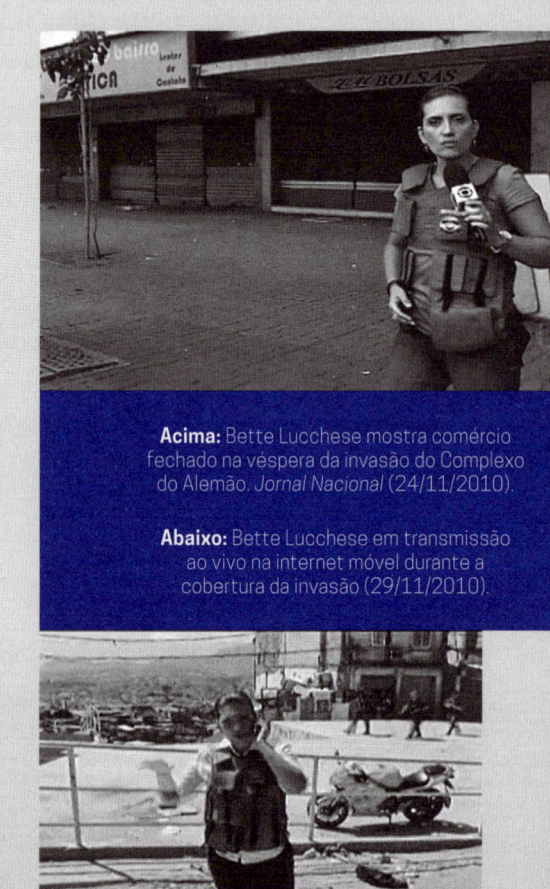

Acima: Bette Lucchese mostra comércio fechado na véspera da invasão do Complexo do Alemão. *Jornal Nacional* (24/11/2010).

Abaixo: Bette Lucchese em transmissão ao vivo na internet móvel durante a cobertura da invasão (29/11/2010).

FRAMES DE VÍDEO / GLOBO

Quando amanheceu, para espanto da equipe, um morador caminhava tranquilamente, com um rádio de pilha nas mãos. Escutava Roberto Carlos cantar: "Daqui pra frente, tudo vai ser diferente...". Esse era o desejo.

Os policiais e os homens das Forças Armadas começaram a chegar por volta das sete da manhã. Às oito em ponto, eles entrariam. Avançávamos a pé, tensos, subindo aos poucos, registrando tudo, ações e emoções. Nunca pronunciei tanto o mesmo nome: "Luís, filma aqui! Luís, olha isso!".

Quando chegamos ao alto de uma das comunidades, veio a notícia: o Complexo do Alemão estava, finalmente, ocupado pelas forças de segurança. Nossa missão naquele dia histórico era gravar reportagens para os telejornais. Mas Mário Lago Neto lembrou que tinha um equipamento no carro, que nos permitiria transmitir ao vivo. Incansável, Lago desceu e subiu o morro novamente, trazendo um laptop e uma câmera pequena. A paciência e a persistência dele, que andava pelas ruelas com o computador aberto em busca de sinal de internet (era 2010), foram fundamentais. Não tínhamos noção do que conquistaríamos. A Ana Paula Araújo, que estava ao vivo no estúdio, nos chamou. Éramos a primeira equipe de televisão a transmitir ao vivo do alto de uma das comunidades ocupadas. Tivemos sorte? Só conseguimos fazer duas entradas ao vivo. Mas, inexplicavelmente, a conexão deu certo nos momentos mais significativos: o anúncio da ocupação na parte mais alta e o hasteamento das bandeiras do Brasil e do estado do Rio de Janeiro.

9

REPORTAGENS ESPECIAIS E EXCLUSIVAS

MIRIAM LEITÃO
[REPÓRTER E COMENTARISTA]

A economia mudava rapidamente. A hiperinflação havia sido derrotada no Plano Real. O índice anual caíra de cerca de 5.000%, nos doze meses anteriores à nova moeda para menos de 10%. Era 1996, Cristina Aragão e eu conversávamos sobre como levar esse assunto com clareza e profundidade para a TV. Propusemos ao *Jornal Nacional* fazer uma série. Mas nada era simples. A pauta parecia abstrata, falar da competição na economia de forma que o telespectador se sentisse parte do processo. Com a estabilização, o consumidor passara ao comando da economia. Ele ganhara poderes. Agora podia comparar preços e escolher. Ao fazer isso, decidia quem ficava e quem saía do mercado. Era ele que ligava a engrenagem que obrigava as empresas a melhorar processos, ser eficientes, disputar mercado, reduzindo preços e aumentando a qualidade. Hoje, parece simples a ideia de comparar preços, mas, naquela época, isso era novidade. Por muito tempo, os brasileiros ficaram confusos diante do valor das mercadorias, porque a remarcação era diária ou realizada mais de uma vez por dia. A louca escalada inflacionária brasileira começara nos anos 1970, atravessara a década de 1980, resistira a todos os planos e só fora vencida pelo real, em 1994. Na hiperinflação, era difícil até dizer se alguma coisa que queríamos comprar estava cara ou barata.

O primeiro desafio era transformar algo que parecia abstrato — a competição e como o consumidor poderia usá-la a seu favor — em um assunto concreto e dinâmico. O segundo desafio era fazer uma série. Aquele formato era inovador. O *JN* havia colocado no ar apenas uma, do jornalista Joelmir Beting (1936-2012), sobre as mudanças no emprego. Em excelentes reportagens, ele levantou questões que se confirmariam nos anos seguintes. A nossa seria a segunda. Escolhemos o nome "A hora da competição". Será que conseguiríamos mostrar como funcionava a engrenagem da economia? As reportagens seriam interessantes? Bom, eu sempre achei a economia emocionante, mas admito que possa haver controvérsia sobre isso. A gente queria falar para as famílias que elas tinham um novo poder. A queda da inflação elevou o consumo, produtos diferentes estavam entrando no país. "Novos sabores, novas emoções", como resumiu uma entrevistada. Quanto mais a gente se envolvia na produção das reportagens, mais animadas íamos ficando.

Fizemos tudo para tornar a história clara e boa de assistir. Era preciso mostrar a disputa entre os supermercados, que tinha ficado mais feroz com a chegada de um grupo americano. Tive uma ideia e me arrependi dela no minuto seguinte. Sobrevoar de helicóptero duas grandes lojas de grupos rivais em São Paulo que, não por acaso, tinham se instalado uma em frente à outra. Estava com medo daquele voo, confesso agora, tanto tempo depois. Na hora exata em que sobrevoássemos os supermercados, eu teria que falar tudo certo. Só havia aquela chance, sem tempo para o erro e para o medo. O olhar carinhoso de Cris naquele heliporto me encorajou. Fui e fiz.

Marcamos uma entrevista com o presidente de um grande grupo americano, que chegara disposto a

FRAME DE VÍDEO / GLOBO

Miriam Leitão na quarta reportagem para a série "A hora da competição". *Jornal Nacional* (14/03/1996).

conquistar mercado. Ele ficaria em São Paulo apenas um dia. O voo seria bem cedo. Naquela madrugada, uma tempestade desabou sobre o Rio de Janeiro. Cris e eu somos vizinhas no bairro da Gávea, combinamos de ir juntas. Não havia ponto de taxi que nos atendesse com aquela chuva. Acordei meu marido, e ele nos levou no jipe, desafiando as águas que faziam as ruas parecerem rios. Tudo inútil. O aeroporto estava fechado. A entrevista acabou

Terceira reportagem de Miriam Leitão para a série "A hora da competição". *Jornal Nacional* (13/03/1996).

sendo feita pela equipe de São Paulo, com as perguntas que mandamos.

Fizemos várias ousadias na forma e no conteúdo da série. Conseguimos, em cinco episódios, falar de novos conceitos que desembarcavam no país naquela época pós-hiperinflação. A qualidade total, a busca pela eficiência, a competitividade, o poder do consumidor, a disparada do consumo que acontecera depois da estabilização de preços. Dentro de uma fábrica, o cinegrafista fez a imagem de um robô. Ele estava recoberto com um pano e, quando funcionava, o "vestido" se mexia. Tive uma ideia de texto. Disse assim: "Agora, até robô tem que rebolar".

Um dia visitamos a sede abandonada de uma fábrica que fora transferida para o Ceará, atrás de menores custos de produção. Fomos a empresas no Sul que haviam revolucionado os métodos e inovado o design para não perder consumidores. Ficávamos horas dentro de supermercados, observando como as pessoas escolhiam, compravam, comparavam. Terminamos a série com a euforia de ter conseguido o que queríamos: mostrar por dentro uma economia em transformação. No ano seguinte, eu teria um desafio ainda maior.

O então editor do *JN* Amauri Soares me fez a proposta que todo jornalista sonha ouvir: sair pelo Brasil com um estudo na mão, uma excelente equipe e trazer reportagens especiais. A editora seria Margareth Cunha, a Meg, com quem eu tinha vontade de trabalhar. A ONU havia feito um relatório profundo sobre a situação do país em várias áreas, mostrando os avanços e os velhos problemas. Era um levantamento minucioso, que cruzava inúmeros bancos de dados e chegava a conclusões reveladoras. Fora antecipado para nós com embargo, mas era preciso andar rápido e transformar as descobertas e dados do estudo em reportagens. Meg e eu tínhamos que tomar decisões rápidas. Viajamos 22 mil quilômetros em três semanas. Fomos de um lado a outro do Brasil. Me lembro de um dia ter acordado na fronteira com a Argentina e demorar algum tempo para entender que não estava no Nordeste, onde havia passado uns dias no começo daquela semana.

O Brasil é grande demais, e os assuntos eram muitos. Encontramos várias dificuldades, algumas até engraçadas. Eram seis matérias tocadas ao mesmo tempo, mas tinha que haver continuidade. Às vezes, em um mesmo dia, eu gravava entrevistas ou passagens para episódios diferentes. Por isso precisava consultar as anotações para saber com que roupa eu estava em cada matéria. Saíamos frequentemente dos hotéis com roupas penduradas nos cabides da van, tomando o cuidado de não amassá-las. Eu me trocava em fábricas, armazéns, escolas, hospitais. Fiz a mala sob a orientação da Meg: "Cores neutras, várias camisas jeans, evite branco, leve sapatos confortáveis".

Um dia, no armazém de uma grande empresa de logística, o cinegrafista pediu que eu subisse em um equipamento que era usado para empilhar caixas. Enquanto a empilhadeira subia comigo, eu explicava as mudanças logísticas do país. Lá de cima, tive noção do gigantismo do depósito, do qual saíam merca-dorias para todo o Brasil.

Fomos a uma empresa agrícola, produtora de sementes, em que a jovem dona decidira montar salas de aula para os trabalhadores aprenderem a ler. A empresária explicou que não conseguia melhorar a qualidade da produção se não fosse com trabalhadores alfabetizados, e descobrira que a maioria era analfabeta. No início, houve pouca adesão. Ela foi conversar com eles para entender a razão da resistência. Os trabalhadores explicaram que gostariam de tomar banho antes das aulas. Ela construiu um banheiro com vários boxes com chuveiro. Após aprender a ler, eles quiseram continuar estudando. Depois, pe-diram à empresa aulas de informática para os filhos. Era o círculo virtuoso do conhecimento. Assisti à aula com eles. Os trabalhadores estavam orgulhosos das conquistas no aprendizado. Em uma construção de São Paulo, acompanhamos um canteiro de obras que se transformava em salas de aulas ao fim do expedien-te, para o aperfeiçoamento dos operários.

Em Patos de Minas, vimos uma placa logo na entrada da cidade que dizia: "Orgulhe-se patense, não há uma criança fora da escola". Era o começo da

FRAME DE VÍDEO / GLOBO

Funcionários trabalham em fábrica de calçados. Última reportagem de Miriam Leitão para a série "A hora da competição". *Jornal Nacional* (15/03/1996).

campanha "Todos na escola", do Ministério da Educação. Em Campinas, passamos um dia vendo como funcionava na prática uma política nova que havia surgido na cidade com o nome de "Renda Mínima". A prefeitura dava um cheque para cada família pobre atendida pelo programa, com o compromisso de que os filhos estudassem. No Nordeste, vimos novos polos agrícolas. No Rio Grande do Sul, passamos um dia dentro de uma UTI. Na favela da Maré, no Rio, passamos um domingo com uma jovem mãe e seus dois filhos. Ela tinha sonhos grandes para os meninos, e o primeiro deles era sair do barraco de tábua em que moravam. Em uma sala confortável, no elegante bairro de Higienópolis, ouvimos uma empresária falar sobre racismo, cercada pelo marido e os três filhos. Eles eram os únicos negros moradores das redondezas. Entramos em uma casa no Recife, para mostrar a mudança nas famílias. O casal tivera doze filhos. E os filhos deles tiveram dois filhos, em média, cada um. Era a rápida transição demográfica brasileira, que ocorrera em uma geração.

O que queríamos com todas aquelas viagens, entradas e saídas de diversos lugares, entrevistas com empresários e trabalhadores, mulheres e homens, negros e brancos, jovens e velhos? Entender. Queríamos entender o Brasil daquele momento. Éramos navegantes em um mar de informação. Havia um país a retratar. Um país de contrastes, avanços, mudanças, injustiças. "Quem não sabe ler é cego do entendimento", disse uma trabalhadora em uma usina de cana-de-açúcar, em Alagoas. A gente colecionava palavras, imagens, emoções, dados, ideias, histórias. Tínhamos que construir a série enquanto viajávamos. Na redação, Guta Nascimento era o nosso leme, que encontrava personagens para rechear a história. O ritmo era tão frenético que cada dia era único. Se errássemos, não havia chance de corrigir, porque no dia seguinte já estaríamos longe.

A equipe conseguia registrar os avanços que aconteciam na sociedade brasileira naqueles anos pós-real. Mas era preciso não esquecer que antigos problemas permaneciam. Um deles, a desigualdade.

A ideia era mostrar que o Brasil não era mais um país pobre, mas tinha muitos pobres. A renda havia subido, mas continuava enorme a distância entre os muito ricos e os muito pobres. Saímos um dia para um bairro pobre de Juazeiro, na Bahia. Não havíamos marcado nada previamente. Iríamos bater em alguma porta, fazer uma escolha aleatória. Chegamos em um dos barracos e pedimos licença para entrar com equipamentos e perguntas invasivas. Expliquei o tema da reportagem e pedi à dona da casa uma entrevista.

Nunca esqueci essa mulher. Maria Luiza era alta, negra, e me olhou no fundo dos olhos. Nos contou do cotidiano de pobreza extrema em que vivia. Ela cuidava da mãe, já bem velha, e dos netos, para as filhas trabalharem. Os filhos homens tinham ido morar em São Paulo e não davam notícia. Trabalhara na roça, mas os patrões a mandaram embora quando ficou mais velha. Houve um momento em que Maria Luiza me pegou nos dois braços e me sacudiu: "Quem sou eu, minha irmã? Já fui gorda, sadia, hoje só tenho a carcaça".

Foi essa frase que Meg colocou na reportagem. A pergunta que ficou no ar e nas nossas mentes: "Quem sou eu, minha irmã?". Saímos da casa dela em silêncio. Fomos para um bar, pedimos água e ficamos lá parados, quietos, sem saber o que dizer um ao outro. Precisávamos de um tempo, antes de seguir para a próxima parada. Aquela conversa nos lembrara que os números têm vida. Os milhões de miseráveis sobre os quais o estudo falava tinham rosto, história e nos perguntavam quem eram, nessa sempre desigual realidade brasileira.

A história que a gente trouxe para a redação tinha também esperança. O Brasil da democracia, com a inflação dominada, universalizava o ensino fundamental, empresas alfabetizavam funcionários, prefeituras procuravam políticas públicas mais eficientes, a expectativa de vida aumentava e a mortalidade infantil diminuía a cada ano. Em Santa Rosa, Rio Grande do Sul, encontramos índices de mortalidade infantil tão baixos quanto os dos países desenvolvidos. Nos anos seguintes, outras cidades adotariam o programa de renda mínima que vimos em Campinas. Em Belo Horizonte e Brasília, recebeu o nome de Bolsa Escola. Com essa marca virou uma política federal. No governo seguinte, se alargaria como o Bolsa Família. Era a rede de proteção social que tentaria resgatar pessoas como Maria Luíza da pobreza extrema. As políticas de ação afirmativa incentivariam o debate sobre as desigualdades raciais brasileiras. O Brasil estava no meio de um caminho de mudanças. Essa era a notícia que tínhamos, quando desembarcamos de volta ao Rio.

"E aí, temos matérias?" A pergunta era do Amauri, o editor. Sim, tínhamos. Ainda me lembro de como fui contando para ele, cada vez mais entusiasmada, as histórias que trazíamos desse intenso mergulho no país. Escrevi em um papel o nome de cada reportagem, enquanto falava. A ideia de um país em transição, mudanças nas famílias, progresso do interior, educação, saúde, desigualdades. A série iria chamar "A nova cara do Brasil", mas no meio das viagens mudamos de ideia. "Caminhos do Brasil" era o nome mais apropriado. Tínhamos visto um país no meio de uma travessia. A sensação que tenho hoje é de que vislumbramos o que só depois ficou mais claro. Ao falar da floresta, o texto da reportagem dizia: "O que é progresso na Amazônia, o Brasil ainda não sabe, mas aqui os caminhos do Brasil encontram os destinos do mundo". Ainda é assim.

Nossa série passou ao telespectador exatamente o que encontramos em nossas andanças pelo Brasil. Entre as várias reações da audiência, lembro de uma carta que eu recebi, manuscrita. Elogiava as reportagens e dizia assim: "Quando estiver viajando por este Brasil de meu Deus, passe aqui em Alagoinhas".

Aquelas viagens foram muito importantes para a minha vida profissional. Foram sementes que brotaram, cresceram, deram frutos. Anos depois, lancei um livro sobre a luta contra a inflação chamado *Saga Brasileira*. Nele, um dos capítulos tratava das mudanças na sociedade e tinha o título de "Caminhos do Brasil". Em 2015, lancei o livro *História do futuro*, que foi escrito a partir de outras viagens que fiz pelo país, seguindo as mesmas trilhas. Em 2017, transformei esse livro em uma série de tv, só que para a GloboNews. Fui de novo para a estrada. Atravessei 46 mil quilômetros com uma excelente equipe perseguindo o mesmo tema: o Brasil, seus problemas, suas virtudes, seus erros, suas chances, seu enorme patrimônio natural, seus desafios, sua gente.

As séries para o JN alargaram meu entendimento do país. A sensação que eu tenho ainda hoje é de que nunca mais parei de percorrer os caminhos do Brasil.

FRAME DE VÍDEO / GLOBO

Miriam Leitão em última reportagem para a série "A hora da competição". *Jornal Nacional* (15/03/1996).

Marcelo Canellas [repórter]

A importância de uma série de reportagem está em sua capacidade de dissecar um assunto e aprofundá-lo durante uma semana inteira. Ganha o repórter, que trabalha melhor o tema escolhido; ganha o telespectador, que o entende com mais facilidade. O jornalismo diário tem uma limitação de tempo que, às vezes, põe obstáculos ao pleno entendimento de um contexto. Os fatos, para além de sua mera aparência, podem ter nuances ocultas que necessitam ser elucidadas. Nada melhor do que uma série para buscar, com mais profundidade, os antecedentes, as consequências e os movimentos internos que regem um fato. Há casos em que os temas escolhidos são pensados e demandados pelas chefias e pela direção, que os encomendam aos repórteres de acordo com o perfil de cada profissional. Outras vezes, é o próprio repórter que propõe a partir de uma negociação que nem sempre é fácil.

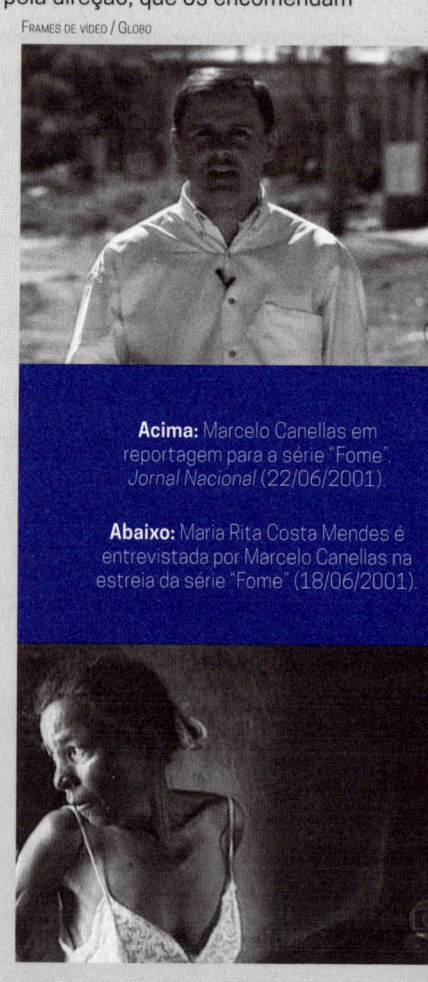

FRAMES DE VÍDEO / GLOBO

Acima: Marcelo Canellas em reportagem para a série "Fome". *Jornal Nacional* (22/06/2001).

Abaixo: Maria Rita Costa Mendes é entrevistada por Marcelo Canellas na estreia da série "Fome" (18/06/2001).

Creio que a série "Fome" nasceu quando eu ainda fazia faculdade, em meados dos anos 1980, e li o famoso livro de Josué de Castro, *Geografia da fome*, publicado originalmente em 1946, que me causou grande impacto. Anos depois, já como repórter do *Jornal Nacional*, e depois de fazer reportagens episódicas sobre a fome no Nordeste e a desigualdade em geral, me ocorreu a ideia de voltar ao tema do livro. Mais de cinquenta anos depois, qual seria o estado nutricional do povo brasileiro? Eu achava que a questão tinha de ser tratada em profundidade – o que só seria possível em um programa ou uma série de reportagens.

Então propus à minha chefia, em 1998, uma série sobre a fome no Brasil. A primeira resposta foi negativa, sob o argumento de que se tratava de um assunto superado do ponto de vista jornalístico. Ou seja, não havia mais novidade a respeito. É preciso entender que, naquele momento, o assunto estava realmente em refluxo. Herbert de Sousa, o Betinho, fundador da Ação da Cidadania Contra a Fome e a Miséria, tinha morrido e nem mesmo os intelectuais escreviam a respeito do tema nos jornais.

Mesmo assim, eu estava convencido de que era um grande tema e passei a reunir mais e melhores argumentos. Em todo lugar aonde eu ia a trabalho, procurava sempre universidades, centros de investigação, pesquisadores autônomos, qualquer um que pudesse me fornecer subsídios para encorpar minha proposta. Já de posse de um dossiê, insisti novamente em 1999 e em 2000. Até que, na quarta tentativa, em 2001, recebi o sinal verde do JN para produzir a série.

Foram dois meses de trabalho. A reportagem foi editada por mim, em Brasília, e foi ao ar em junho de 2001 – exatamente como foi concebida, sem um único corte. Cinco pessoas participaram da equipe: o repórter cinematográfico Lúcio Alves, o técnico Luís Oliveira, a produtora Laura Fernandes, a editora de imagens Cida Hipólito e eu. As gravações foram feitas a partir de algumas indicações levantadas na pré-produção, mas praticamente sem contatar personagens. Primeiro porque essas pessoas não têm telefone, mas principalmente porque considero mais eficiente, quando se trata de temas dessa natureza, chegar aos lugares mapeados e fazer descobertas *in loco*. Um grande limitador do nosso trabalho é o equipamento. A primeira reação do entrevistado, ao ver todo o aparato de luz, microfone e câmera que trazemos conosco, é recuar.

O recurso que uso para evitar que isso aconteça é conversar muito. Ao assumirmos uma postura de interlocução e deixarmos claro que estamos ali para ouvir aquelas pessoas sobre suas dores, damos a elas a oportunidade de expressão de um conjunto de histórias pessoais que é também a história coletiva da comunidade. Aos poucos, montamos o retrato de uma região feito de depoimentos de vida, costurando um quadro geral a partir da história individual de cada entrevistado.

Para mim, a história mais desconcertante dessa série é a da lavadeira Maria Rita Costa Mendes, que entrevistei em uma casa pobre do povoado da Baixa Quente, no Vale do Jequitinhonha, em Minas. Ela mal se segurava em pé de tanta fraqueza. Fizemos uma vaquinha para comprar alimentos e abastecer sua casa, telefonamos para a prefeitura pedindo uma ambulância para que fosse atendida e, enquanto esperávamos, conversamos com ela.

A entrevista de Maria Rita foi ao ar na primeira reportagem da série. Ao final, como todos os telespectadores, fiquei sabendo, pela "nota pé" – um comentário feito no fim da reportagem com informações complementares – lida por Fátima Bernardes, que Maria Rita tinha morrido por falência múltipla de órgãos, causada por desnutrição intensa, quinze dias depois daquela entrevista. Foi um choque para mim e para a minha equipe. É impossível manter distanciamento emocional diante de uma revelação dessas. A história de Maria Rita provocou um grande debate na sociedade brasileira.

Mas nem a mobilização solidária das pessoas que se organizaram em mutirões de distribuição de comida pelo país afora, nem as medidas paliativas e de emergência anunciadas pelo governo de então, nem os onze prêmios jornalísticos nacionais e internacionais que ganhamos com a série "Fome" conseguiram dar conta da tragédia que é a morte de uma pessoa por não ter o que comer. Nos restou o consolo de dar existência pública a um tema que se escondia por detrás do olhar cansado de quem tinha se acostumado a aceitar o inaceitável.

Edimilson Ávila [repórter]

Eu estava no Maranhão, em 2002, quando o William Bonner me convidou para fazer a série "*JN* nas estradas". O tema da mobilidade tinha começado a ganhar notoriedade e virar pauta no jornal. Enquanto, nas grandes cidades, a população perdia cada vez mais tempo no trânsito, o que causava impactos na qualidade de vida e na produtividade, nas estradas, as péssimas condições de infraestrutura e segurança causavam enormes entraves ao escoamento da produção nacional e custavam a vida de famílias e caminhoneiros. O objetivo da série era mostrar, como um diário, durante nove dias, a situação das principais estradas do Brasil, as artérias responsáveis por sua vida econômica. Duas equipes percorreriam o país, de carro, em direções opostas. À minha, coube descer do Maranhão até Porto Alegre.

As matérias eram editadas simultaneamente, durante a viagem. A gente trabalhava muito. Acordava cedo, viajava quilômetros e tinha que parar para contar como estavam as estradas, quem passava por ali, os problemas daquele trecho. Quando a gente encontrava uma cidade com afiliada, editava o material e gerava para o *Jornal Nacional*. Então, seguia pela estrada novamente, ou dormia um pouco, para acordar no outro dia muito cedo e, mais uma vez, pegar a estrada.

A situação das estradas espelhava a condição socioeconômica das regiões brasileiras. Conforme íamos descendo o Nordeste, víamos abandono, descuido, falta de assistência. Uma coisa que nos impressionou muito foi testemunhar a quantidade de pessoas na beira das estradas traficando animais silvestres. Esbarramos

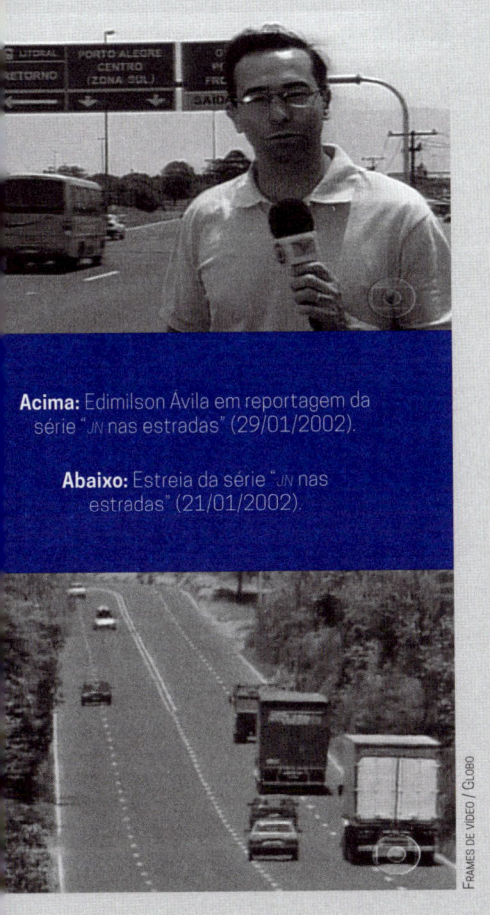

Acima: Edimilson Ávila em reportagem da série "JN nas estradas" (29/01/2002).

Abaixo: Estreia da série "JN nas estradas" (21/01/2002).

com buracos no asfalto, caminhões virados, falta de postos de combustível. Quando entrávamos em uma rodovia concedida, era nítida a diferença. O pedágio se revertia em melhores condições de infraestrutura, acesso a telefones e sistemas de suporte em caso de acidentes. O mesmo valia para as estradas do Sudeste, claramente melhores e mais seguras.

Uma coisa que impressionou muito toda equipe foi a solidariedade das pessoas. Depois que a série começou a ser exibida, passamos a ser reconhecidos por caminhoneiros. Eles nos abordavam para falar da importância do que estávamos fazendo, da urgência de revelar as dificuldades diárias que enfrentavam. Lembro de carros parados em pontos da pista esperando se formar um comboio para passar em segurança por regiões extremamente perigosas. Havia um código, as pessoas se avisavam e se ajudavam.

Essa série acabou ganhando um prêmio CNT de Jornalismo. Ela chamou atenção para a precariedade do nosso modal de transporte e do risco diário que corriam os caminhoneiros aos quais era confiada a tarefa de carregar toda a produção nacional. Sua repercussão e importância foram tão grandes que outras equipes repetiram a pauta. Para mim, foi um trabalho extremamente marcante. Comecei a tomar mais gosto pelo assunto. O transporte passou a ser um assunto recorrente na minha carreira a partir desse período.

Graziela Azevedo [repórter]

Lembro que, em meados dos anos 1990, comecei a cobrir muito as áreas médica e científica. Tenho formação técnica em análises clínicas, o que revela uma antiga paixão por esses temas. Assim como em pautas econômicas, o vocabulário científico tem suas particularidades e ter experiência com o tema ajuda a traduzi-lo melhor para a sociedade.

Por meio de coberturas e séries, o *Jornal Nacional* acompanhou a evolução da ciência e da medicina. Os transplantes, por exemplo, trinta anos atrás, eram cirurgias de altíssimo risco, com sobrevida baixíssima. Vimos a evolução disso, os medicamentos contra a rejeição, a melhoria dos antibióticos e dos procedimentos, as cirurgias ficando menos invasivas. Fiz uma série para o *JN* sobre transplantes, em 2007, que foi muito marcante.

Fazia um ano que o Incor não realizava transplantes de coração em crianças. Entre os grandes entraves para os transplantes no Brasil estão a dificuldade de encontrar doadores e a estrutura precária dos hospitais. Para manter um órgão em condições,

Graziela Azevedo em reportagem da série "Doação de órgãos". *Jornal Nacional* (20/09/2007).

FRAMES DE VÍDEO / GLOBO

vivo e funcionando, é preciso UTI, equipamentos, rapidez no transporte. Ficamos uma semana falando sobre as dificuldades envolvidas, mostramos pessoas transplantadas, como isso muda vidas. Lembro que, ao chegar para gravar em uma UTI infantil, um pai veio até a porta dizer: "Por favor, fale sobre transplantes, porque o meu filho precisa de um coração, e ele não vai aguentar". Aquele apelo mexeu demais comigo.

A última matéria da série foi ao ar em uma sexta-feira e, no dia seguinte, nos chamaram no Incor para contar que tinham feito dois transplantes naquele fim de semana. Como eu não estava de plantão, o Rodrigo Bocardi foi fazer a reportagem sobre as cirurgias. No bastidor, o médico falou: "Foi por causa da série do *Jornal Nacional* que tudo isso aconteceu. Há um ano que a gente não fazia transplante em criança. Vocês exibiram essa série, e nós fizemos dois". A série desperta a sociedade para os assuntos. É um poder de mobilização enorme. Foi isso que aconteceu com essa série, os médicos se mobilizaram, a população se mobilizou e o número de transplantes subiu. Minha alegria foi imensa.

O jornalismo do dia a dia tem enorme importância para sintonizar e informar o país. Já as séries ajudam a pensar o país, seus problemas e desafios com mais profundidade. Precisamos disso e me orgulho dessa contribuição.

Alberto Gaspar [repórter]

A adrenalina do jornalismo diário é um poderoso estimulante na nossa profissão. Temos *deadline* na veia. Mas mergulhar profundamente em certos assuntos, com uma "minutagem" mais generosa, também é tarefa das mais agradáveis. E desafiadora. É como lembro das minhas experiências com séries de reportagens temáticas para o *Jornal Nacional*.

Fiz uma série chamada "Amazônia urbana", em 2010, nos primórdios do atual *Globo Natureza*, que nasceu como *Globo Amazônia* e se dedica a produzir reportagens especiais sobre meio ambiente. Percorremos desde as principais capitais a cidadezinhas nas quais só se chegava de barco ou em pequenos aviões. Como esquecer a cidade de Pauiní, no Amazonas, onde a pista de pouso era também a rua principal? Foi mais de um mês viajando, e cinco longas matérias no ar.

Durante a conferência Rio+20, da ONU, em 2012, o assunto foi energia. E aí cruzamos mesmo o Brasil, de Norte a Sul. Exploramos as energias de fontes alternativas, do bagaço de cana, no estado de São Paulo, ao biogás a partir dos dejetos de suínos criados no Paraná.

Mostramos as grandes e pequenas hidrelétricas, que ainda hoje compõem a principal matriz energética do país. E ainda os impactos que elas causam, mesmo gerando energia das mais "limpas". Fomos a Candiota, no Rio Grande do Sul, falar sobre uma das fontes mais "sujas": a energia térmica, produzida a partir de carvão mineral, um combustível típico do século XIX, em uso no século XXI, mas

FRAME DE VÍDEO / GLOBO

Alberto Gaspar na quinta reportagem da série "Energia". *Jornal Nacional* (08/06/2012).

apontado como reserva de segurança, um complemento às hidrelétricas em períodos de seca.

No mesmo Rio Grande do Sul, estivemos em Osório, uma cidade onde uma antiga brincadeira dizia que ela só iria para frente se fosse possível "engarrafar vento". Pois o município já tinha, então, um dos maiores parques de energia eólica do país! Descobrimos que a ventania constante realmente trouxe progresso para a região, mas também era apontada como causa de um alto índice de problemas de saúde! Era um vento de mexer com os nervos! Para nossa equipe, um dia inteiro gravações ao ar livre, com "chicotadas" de ventania, resultou em um cansaço extremo, difícil de explicar. Na hora do jantar, eu, o repórter cinematográfico Américo Figueroa e o operador de áudio Edvaldo Silva mal nos animamos a descer do quarto até o restaurante do hotel.

Um dos grandes desafios de produzir uma série é a logística. É preciso otimizar as viagens. Fizemos isso muito bem, no Ceará. Registramos a forte energia eólica e projetos de energia solar no meio do Sertão, além de algo que não poderia faltar: lugares remotos, que viviam praticamente na "Idade Média", na base do lampião, sem nenhuma energia elétrica. Uma série completa precisava disso.

Felipe Santana [repórter]

Quando chego à redação, depois de uma reportagem no calor escaldante do Rio em dezembro, o então editor regional de jornalismo Miguel Athayde me puxa pelo ombro e me leva até a sala do William Bonner, que diz: "Faz cem anos da Grande Seca de 1915 no Sertão Nordestino, retratada em *O quinze*, livro da Rachel de Queiroz. O que você acha de fazer um material sobre isso?". Nessa época já tinha sido convidado pelo diretor de jornalismo, Ali Kamel, para ser correspondente em Nova York. Minha mudança era dali a três semanas. Como conseguiria entregar um bom material em tão pouco tempo?

Por sorte, eu já tinha lido o livro, que narra a história do Chico Bento, um sertanejo que, frente a uma seca avassaladora, resolve deixar o Sertão e tentar a vida em Fortaleza. Fui conversar com os produtores Rosangela Moura e Helton Setta. Nossa ideia foi refazer o trajeto do retirante para descobrir o que mudou e o que permanece igual cem anos depois.

Três dias mais tarde, eu passava – em claro – a primeira noite em um hotel de Quixadá, no Ceará. Àquela altura, só me perguntava por que tinha me colocado em uma

Felipe Santana na terceira reportagem da série "O quinze". *Jornal Nacional* (30/12/2015).

situação tão difícil. Uma das partes mais fundamentais de fazer reportagem na TV é a produção. Antes de sair à rua para gravar, produtores e repórteres se planejam, estudam, analisam números, falam com especialistas, encontram personagem e marcam entrevistas. No nosso caso, não tínhamos nada. A ideia era essa: que estivéssemos abertos para o que encontrássemos no trajeto.

Sabíamos que começaríamos na casa onde Rachel de Queiroz viveu durante a Grande Seca de 1915, que serve de inspiração para o livro, e terminaríamos em Fortaleza. Mas como organizaríamos a história? Quantas reportagens seriam? Essa reportagem seria, de fato, sobre o quê?

Foi nessa madrugada que comecei a lembrar de tudo o que já tinha lido sobre o Sertão, de como já tinha discutido a seca no Nordeste com especialistas, dos filmes que tinha visto tendo aquele cenário como pano de fundo. Relembrei as viagens de carro que fazia com meus pais pelo Brasil. Tentei me confortar com a ideia de que estava em um dos lugares culturalmente mais ricos do país. E que tinha *O quinze* como guia, embaixo do braço.

Ao amanhecer, comecei a me sentir mais confortável quando encontrei meu parceiro de viagem, o repórter cinematográfico Alex Carvalho, com quem trabalha-

239

va havia algum tempo. O entrosamento entre o repórter e o cinegrafista é fundamental, e nossa comunicação já era estabelecida. Eu disse para ele: "Alex, a gente vai filmar a flor do mandacaru! ". Ele entendeu na hora que estávamos buscando a beleza na adversidade.

Entramos no carro com o operador de áudio Douglas Lima e o motorista e assistente Francisco Lima, da afiliada da Globo no Ceará, que conhecia a região. Começamos a refazer o trajeto do sertanejo com os rostos colados na janela do carro. E logo desenvolvemos nosso curioso, digamos, "processo" de trabalho.

Uma mulher vinha no sentido contrário da pista com uma lata d'água na cabeça. Ao ver uma imagem como essa, eu parava, ficava em silêncio por um minuto tentando entender o que aquele personagem representava para a história, de que forma ele poderia nos esclarecer sobre o que havia mudado em cem anos, como ele se encaixaria no nosso roteiro, a força e o impacto que a imagem dele poderia ter na televisão. Mas não podia errar. Se eu tinha certeza de que a pessoa contribuiria para nossa história, dizia para o Francisco: "Para!".

Às gargalhadas, fazíamos o retorno e encontrávamos pessoas como Isabel, uma agricultora que perdeu as contas da própria idade, mas que, devido à seca, tinha que pegar água cada vez mais longe, todos os dias, carregando a lata na cabeça. Sobrevivia graças à aposentadoria rural.

Felipe Santana em estreia da série "O quinze". *Jornal Nacional* (28/12/2015).

FRAME DE VÍDEO / GLOBO

À medida que encontrávamos nossos personagens na estrada, o roteiro ia se desenhando na minha cabeça a partir do material que tínhamos. No segundo dia de gravação, percebi que havia um dilema comum em todas as conversas: ficar no Sertão ou abandonar tudo? Cem anos depois, o dilema do sertanejo continuava ali. Dessa forma, comecei a dividir a série em dois episódios: um que representasse o desejo de ficar no Sertão; outro que representasse o desejo de partir. Foi chegando a Fortaleza que surgiu o terceiro episódio, sobre o desejo de voltar. Os sertanejos retirantes que se estabeleceram em Fortaleza tinham isso em comum, a vontade de voltar para casa.

De volta à redação, com horas de material gravado, tinha dois dias para escrever e editar tudo. Eric Romar, o editor cujo trabalho admirava desde que entrei na televisão, mas com quem nunca havia tido a oportunidade de trabalhar, interrompeu sua folga de Natal para ir à redação montar a série, o que fez com maestria. No final, conseguimos emplacar nossas reportagens com nove minutos cada episódio, um tempo enorme para o *Jornal Nacional*.

O espaço aberto para a série foi uma clareira de ousadia no cotidiano factual do jornal. Fugir diametralmente do nosso padrão de produção é arriscado, porque pode ser um investimento sem retorno (imagina voltar do Sertão de mãos abanando?), mas que permite que o inesperado venha à tona. Fico honrado de pensar que um espaço tão especial tenha sido confiado à nossa equipe, que pôde contar com toda a estrutura para sua realização, em um dos cenários mais ricos do país. Sei da responsabilidade, o processo foi difícil, como sempre é, mas "O quinze" foi um presente e, pessoalmente, um ritual de despedida do Brasil.

10

COBERTURAS INTERNACIONAIS

ERIC HART
[COORDENADOR DE INTERNACIONAL DO *JN*]

Sete horas da manhã, horário de Brasília. Início de expediente na redação do *Jornal Nacional*. Eu digo "início", mas não é bem assim. Em Tóquio, são sete da noite, e o correspondente na base da Globo na Ásia já acompanhou um dia quase inteiro de notícias no continente. É o primeiro contato que faço logo depois de dar uma olhada rápida nas agências internacionais e sites de notícias. Se houver assunto que valha, começamos a preparar a matéria. Por causa da diferença de horário, seria complicado esperar pela reunião da manhã, às 11h30, quando o editor-chefe escolhe os assuntos do dia.

O processo continua no sentido inverso ao dos fusos horários. A equipe de Londres (quatro horas a mais na maior parte do ano) ajuda a coordenar a participação dos outros correspondentes na Europa, localizados em Roma e Paris (mais cinco horas). Por fim, Nova York – que também responde pela equipe em Washington–, onde é uma hora mais cedo em relação ao Brasil. Juntos, montamos um cardápio de ofertas que apresentamos ao editor-chefe ao lado dos assuntos nacionais na reunião da manhã. Decidimos então quais assuntos vão merecer reportagens com os nossos correspondentes, e quais devem entrar como um registro, a chamada "nota coberta", lida pelos apresentadores em cima de imagens separadas pelo editor. São decisões que levam em conta a importância do assunto para o nosso público e, também, considerações práticas, relativas ao tempo disponível no jornal. Em dias em que fatos no Brasil dominam o noticiário, por exemplo, a notícia de um ciclone na Ásia pode ser dada brevemente. Um relatório da ONU sobre educação no mundo pode ser desenvolvido e explicado por um correspondente, ou resumido em uma nota. Projeções do FMI sobre a economia mundial podem ser analisadas a fundo, destacando as perspectivas para o Brasil, ou dadas na forma de um videografismo com os números. Já uma crise política complexa, como a saída do Reino Unido da União Europeia, fica mais clara se explicada, com mais tempo, por um correspondente.

A partir daí, os jornalistas no exterior e as equipes dos escritórios começam a preparar a reportagem: gravam imagens, conseguem entrevistados. Como é impossível estar em toda parte, contamos muito com o material fornecido pelas agências de notícias. Agências como Reuters e APTN (Associated Press Television News) têm escritórios em vários países, produzem o próprio material ou obtêm imagens de emissoras de outros países quando necessário. Pode parecer óbvio, mas é fundamental que o correspondente e editor de texto vejam as imagens antes de escrever. Além do fato em si, tem sempre um detalhe, uma cena, um gesto, uma ação, algo capaz de sugerir ideias que ajudem a entender o assunto. Em uma cobertura complexa, como a dos atentados de 2015 em Paris, por exemplo, é comum misturarmos o material gravado pelas nossas equipes com imagens fornecidas pelas agências.

O processo só termina no fim do jornal. O editor precisa estar ligado o tempo todo. Com frequência, algo digno de registro acontece durante o jornal. Pode ser uma nota, ou uma entrada ao vivo do escritório de Nova York, por exemplo. De novo, o fuso horário influencia: na hora em que o *JN* entra no ar, já é tarde da noite na Europa, portanto, é mais difícil termos novidades daquele lado. Mas, nos Estados Unidos,

FRAME DE VÍDEO / GLOBO

Sandra Passarinho em reportagem sobre a eleição Parlamento inglês. *Jornal Nacional* (28/03/1979

o dia ainda está terminando, e ficamos atentos à movimentação do governo americano. No Japão, um outro dia está começando.

O editor de Internacional tem que ter um conhecimento geral amplo. Não basta uma especialização em Relações Internacionais. Tem que ter um mínimo de conhecimento científico, porque grande parte das inovações vem do exterior. As revistas científicas costumam avisar quando vão publicar estudos importantes, o que nos dá tempo de contatar os cientistas envolvidos ou especialistas que possam explicar a importância da descoberta e preparar o material com antecedência. Tem que conhecer artes, literatura, cultura pop. Vai lidar com a premiação do Oscar, obituários de artistas famosos. Tem que conhecer as grandes religiões e entender a mecânica dos desastres aéreos. Conhecer bandeiras e geografia, para identificar corretamente os países.

Alguns elementos básicos do jornalismo não mudaram tanto ao longo do tempo: a boa apuração, a precisão das informações, a importância da isenção e do equilíbrio, colher os relatos de quem viveu diretamente aqueles fatos; enfim, contar boas histórias. Mas as ferramentas mudam, e se tem uma área em que isso transformou a profissão, é no jornalismo internacional.

Quando o *JN* estreou, em 1969, ainda usávamos filmes que precisavam ser revelados. As transmissões via satélite e entradas ao vivo eram caras e usadas com parcimônia. Meses antes da estreia do *JN*, a Globo havia feito as primeiras transmissões via satélite. De Roma, em 28 de fevereiro de 1969, o repórter Hilton Gomes apresentava uma entrevista gravada com o papa Paulo VI. Mas ainda não era ao vivo. No dia 3 de março daquele mesmo ano, houve a transmissão ao vivo do lançamento da Apolo 9, e, em 20 de julho, os primeiros passos de Neil Armstrong na Lua.

Em 9 de agosto de 1974, o correspondente Hélio Costa narrava ao vivo a renúncia do presidente americano Richard Nixon no *Jornal Internacional*, que ia ao ar por volta das 22h40. O sinal ao vivo vinha da rede americana ABC.

É importante lembrar que diante da censura imposta ao noticiário nacional durante o regime militar, o jornalismo internacional funcionava como opção. Curiosamente, uma das primeiras grandes coberturas foi a da queda do regime salazarista em Portugal, na Revolução dos Cravos, em 1974, com a repórter Sandra Passarinho.

A Globo inaugurou seus dois primeiros escritórios internacionais em 1973 (Nova York, com Hélio Costa) e 1974 (Londres, com Sandra Passarinho). Em 1977, Roberto Feith foi enviado para Paris.

Enquanto os formatos eram atualizados – em 1976 começamos a passar da película para a fita magnética, depois diferentes tipos de cassete –, a transmissão continuava cara. Para enviar uma reportagem via satélite para o *JN*, era preciso agendar um horário com uma emissora ou agência de notícias, geralmente em torno de quinze a vinte minutos, e fazer caber todo o material "bruto" gravado naquele tempo. Matérias enviadas pelos escritórios normalmente são geradas já editadas. Mas as reportagens enviadas em viagem chegam brutas, e a montagem cabe aos editores que estão no Brasil.

Nos anos 1980, os correspondentes do *JN* na Europa viram as grandes transformações políticas da época. De Londres, Renato Machado anunciou a chegada ao poder de Mikhail Gorbachev em 1985. Em sequência, foram caindo os regimes comunistas no Leste Europeu. Silio Boccanera testemunhou a queda do Muro de Berlim em momento histórico para o *JN*, gravado pelo repórter cinematográfico Paulo Pimentel. Foi ele que insistiu para que o Silio subisse no Muro de Berlim. E Pedro Bial viu os russos irem às ruas para enfrentar tanques nos últimos momentos da União Soviética.

Em 1991, na Guerra do Golfo, foi criada uma editoria só para cuidar da cobertura do conflito, que ocupava um bloco inteiro do *JN*. Foi a primeira guerra com transmissão ao vivo. Já que o governo Iraquiano expulsava jornalistas estrangeiros, posicionamos correspondentes nos países vizinhos, como Israel e Jordânia. No *Jornal Nacional*, pela primeira vez, eles podiam conversar um com o outro ao vivo.

A partir do ano 2000, as coisas começaram a mudar, com a fibra ótica e a internet. Pude acompanhar de perto essas transformações trabalhando como produtor e editor de texto no escritório de Londres. Nessa época, começamos a fazer testes com a transmissão de arquivos via internet. Pedro Bial estava na China quando a coalizão liderada pelos Estados Unidos iniciou a operação contra o grupo Talibã no Afeganistão, após os atentados de 11 de setembro de 2001. Fez boletins de lá, já que a China faz fronteira com o Afeganistão, onde Osama Bin Laden se escondia. Na volta, passou pelo escritório de Londres e deixou o equipamento, que chamávamos de kit correspondente – um notebook com um *software* que comprimia os arquivos de áudio e vídeo, transmitia pela internet, e descompactava no destino. No fim de outubro, o correspondente Ernesto Paglia e o repórter cinematográfico Sergio Gilz levaram o kit ao Paquistão, perto da fronteira com o Afeganistão. Mostraram os refugiados que escapavam dos

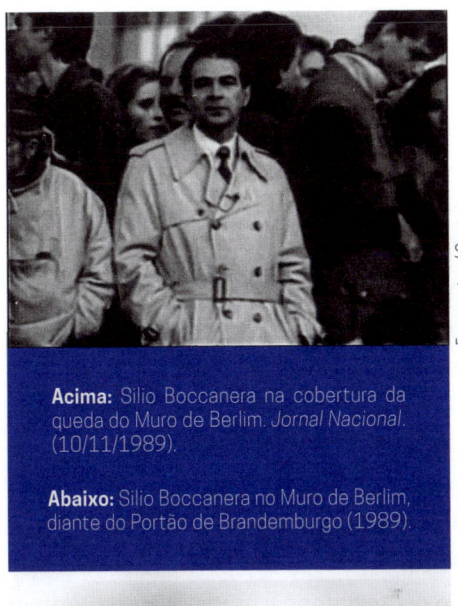

Acima: Silio Boccanera na cobertura da queda do Muro de Berlim. *Jornal Nacional.* (10/11/1989).

Abaixo: Silio Boccanera no Muro de Berlim, diante do Portão de Brandemburgo (1989).

FRAME DE VÍDEO / GLOBO

PAULO PIMENTEL / ACERVO PESSOAL PAULO PIMENTEL

combates e também o fanatismo de uma parcela da população e a popularidade de Bin Laden na região. Ainda era uma operação demorada e sensível, ainda mais com a precária internet discada do interior do Paquistão. Foi uma prova de fogo, mas também o início de uma revolução.

Seguiram-se algumas coberturas mais tranquilas, como a Cúpula Sobre Desenvolvimento Sustentável da ONU, em Joanesburgo, em 2002, também chamada de Rio+10. Ali tínhamos uma sala de imprensa com conexão de qualidade para a época.

O segundo grande teste foi a Guerra do Iraque, em 2003. Marcos Uchoa, Sérgio Gilz e eu passamos um mês no Kuwait. O governo iraquiano tinha recusado o visto para uma equipe do escritório de Nova York. Mesmo que tivéssemos o visto, os riscos de não conseguir trabalhar em Bagdá eram grandes: não só pela guerra em si, mas pelo temor da censura do regime de Saddam Hussein. A opção acabou sendo cobrir de onde estavam as tropas norte-americanas, no Kuwait. Foi, talvez, a cobertura da transição. Levamos um equipamento tradicional, mais pesado, e um mais leve e compacto. Pretendíamos usar o kit correspondente para gerar as matérias para o Brasil, mas também precisávamos estar prontos para gerar via satélite. O grande avanço foi o uso de um telefone de satélite com conexão à internet. Era a antena desse telefone que usávamos para as entradas ao vivo no *JN*, já que a internet local era muito lenta. Para enviar as matérias, recorremos a uma opção pouco convencional. Como a conexão no hotel era discada, muito lenta, procuramos um cyber café nas redondezas. Encontramos um que também funcionava como salão de sinuca 24 horas, o que era ótimo, já que estávamos seis horas à frente do Brasil. Mesmo com o que se considerava a banda larga de então, o envio demorava. No segundo andar, funcionava um buffet, obviamente de comida árabe. Era nesse ambiente que a gente preparava o material do *JN*.

Foi uma cobertura com várias barreiras. O comando militar norte-americano organizava excursões em áreas já controladas. A imprensa podia acompanhar, mas o número de vagas era limitado, e a preferência era sempre para a imprensa americana e britânica. Veículos de países que não haviam apoiado a ação militar contra as supostas armas de destruição em massa de Saddam tinham pouca chance. Quando conseguimos acompanhar uma missão de ajuda humanitária ao sul do Iraque, foi em um comboio organizado pelo Kuwait, junto com italianos e russos, entre outros.

Quando as tropas americanas tomaram Bagdá, e os combates praticamente terminaram, chegou a nossa hora de entrar no Iraque também. Por uma questão de logística, para ter mais espaço no carro para levar água, comida e combustível, voltei a Londres com parte do equipamento que não estávamos usando — aquele equipamento mais pesado, que ali mesmo começava a ser substituído.

Essa tecnologia barateou os nossos custos de transmissão e dispensava a necessidade de uma infraestrutura maior. Assim, nos anos seguintes, além dos escritórios de Nova York e Londres, a Globo começou a espalhar correspondentes em outros postos. Paris, Jerusalém e Pequim, depois Tóquio, Buenos Aires e Lisboa, além de Joanesburgo, Berlim e Moscou, nos preparativos para as Copas do Mundo.

É bom lembrar que essa nova liberdade às vezes tinha limites. Na cobertura da Primavera Árabe, em 2011, os

Pedro Bial ao vivo da China, via videofone, durante Guerra do Afeganistão. *Jornal Nacional* (08/10/2001).

manifestantes que tentavam derrubar o presidente egípcio Hosni Mubarak usavam as redes sociais para marcar as manifestações. Qual foi a primeira coisa que o governo fez? Cortou a internet. Tivemos que voltar a comprar horário de satélite para gerar as matérias do Ari Peixoto, então correspondente em Jerusalém, para o *JN*. Era preciso ir e voltar do ponto de geração antes do toque de recolher imposto pelo Exército. Além disso, havia intimidação por parte

Marcos Uchoa ao vivo do Kuwait, via videofone, duranta a Guerra do Iraque (11/04/2003).

de simpatizantes do governo e da temida polícia secreta de Mubarak contra jornalistas estrangeiros que cumpriam o papel de mostrar ao mundo o que estava acontecendo. Houve momentos em que o Ari teve que usar o celular – o que ainda não era comum – para gravar os confrontos entre os soldados e os manifestantes, para chamar menos atenção. Assim pôde mostrar detalhes, como os oposicionistas quebrando as calçadas para conseguir as pedras que jogavam nos soldados. Foi outro marco, porque até então havia uma grande diferença de qualidade entre um equipamento profissional e a resolução da câmera de um celular. É claro que o valor jornalístico de cada imagem sempre falou mais alto do que qualquer preocupação com a qualidade, mas a partir desse momento passamos a tratar os equipamentos portáteis como uma ferramenta cada vez mais essencial.

Hoje basta um smartphone para que um repórter possa entrar ao vivo com imagens em alta definição de quase qualquer lugar do mundo. Isso nos dá uma agilidade que não tínhamos há quinze, vinte anos.

O processo diário que descrevi é o que deveria acontecer em um dia normal. Mas, no jornalismo, uma das primeiras coisas que a gente aprende é que não há dias normais.

Lá no começo expliquei que o primeiro contato do dia costuma ser com o correspondente na Ásia. No dia 11 de março de 2011, às 06h05, recebi um e-mail curto e direto do correspondente Roberto Kovalick. "Hoje vamos de terremoto, né? As imagens são impressionantes." Durante a madrugada, às 02h46 no horário de Brasília (14h46 no Japão), a costa japonesa havia sido atingida por um forte terremoto seguido de tsunami. Ainda não sabíamos das consequências na usina nuclear de Fukushima, mas a pergunta do Kovalick tinha um motivo: na véspera, houve um terremoto na China, com 22 mortos. Por questão de tempo no jornal, não pudemos dar uma reportagem, apenas uma nota coberta. Nesse dia, e pelas semanas seguintes, seria bem diferente.

Correspondente na Ásia tem que se acostumar a dormir tarde por causa das demandas da diferença de horário com o Brasil. Dessa vez, a logística foi um pesadelo para o Kovalick. Quando o terremoto aconteceu, ele estava em Kioto, localizada a quinhentos quilômetros ao sul de Tóquio, uma viagem de 2h15min de trem-bala. Só que por causa do terremoto e dos abalos secundários, o *shinkansen* – a rede ferroviária de alta velocidade do Japão – não estava operando. Nesse primeiro dia, o Kovalick teve que entrar ao vivo da estação de trem em Kioto, enquanto aguardava a normalização do transporte. De volta a Tóquio, a dificuldade era chegar às áreas mais atingidas. Estradas fechadas e danificadas o obrigaram a dar uma volta enorme pela rodovia que acompanha a costa oeste do Japão. À medida que se revelava o perigo de contaminação da usina nuclear, a região em torno de Fukushima foi sendo isolada. Kovalick e a equipe se deslocavam e gravavam durante o dia, quando ainda era noite ou madrugada no Brasil. Na nossa manhã, depois do *Bom Dia Brasil*, ele fechava as matérias do *Jornal Hoje* e do *JN* e dormia um pouco durante a nossa tarde. Enquanto descansava, os editores do *JN* acompanhavam as atualizações das agências de notícias, avaliavam o que deveríamos acrescentar ao material e escreviam um texto para adiantar. Por volta das 18h, 6h no Japão, um editor telefonava para acordar o Kovalick e fechar a atualização para o *JN*. Uma segunda equipe, com o correspondente Marcos Uchoa e o repórter cinematográfico Sérgio Gilz, saiu de Londres para dividir o trabalho.

Às vezes, nem nas férias os jornalistas têm descanso. Eu tenho fama de pé-frio. Nas minhas primeiras férias após entrar para a equipe do *JN*, morreram a princesa Diana e a madre Teresa de Calcutá. Claro que tive que adiar meus planos. Nos anos seguintes, houve novas interrupções com o desastre do Concorde, o Onze de Setembro, a morte do papa João Paulo II, a queda e morte de Muammar Khadafi. Mas há repórteres que parecem atrair a notícia.

Dezessete de agosto de 2017. Havíamos mudado recentemente para a nova redação do Jornalismo da Globo no Rio de Janeiro. Era um dos supostos "dias normais". Na reunião da manhã, Londres oferecia apenas uma nota com a admissão

Roberto Kovalick em reportagem sobre o tsunami no Japão (03/2011).

Acima: reportagem de Ari Peixoto sobre as manifestações na Praça Tahir, Egito. *Jornal Nacional* (01/02/2011).

À esquerda: Pedro Figueiredo, ao vivo, de Barcelona, em reportagem sobre o atentado terrorista em La Rambla (17/08/2017).

Acima: Redação do escritório da Globo em Nova York (2019).

À direita: Ilha de edição do escritório da Globo em Londres (2019).

da jovem paquistanesa Malala Yousafzai na Universidade de Oxford. Nova York, uma matéria com polêmicas do presidente Donald Trump. Eis que, no meio da reunião, começam a tocar os alertas nos celulares (outra ferramenta digital que mudou nosso trabalho). Um homem com uma van havia atropelado dezenas de pessoas no centro de Barcelona. Enquanto discutíamos quem enviar para lá, a produtora do Rio, Rosângela Del Gesse, se lembra: "Os meninos estão lá…". Os "meninos" eram os repórteres Pedro Figueiredo e Erick Rianelli, da editoria Rio, em seu penúltimo dia das férias em Barcelona. Conseguimos um cinegrafista conhecido para trabalhar com eles. Acabaram ficando quase uma semana a mais, entrevistando, inclusive, um médico brasileiro que socorreu algumas das vítimas.

Desde o início, a missão dos correspondentes internacionais do *JN* tem sido trazer para o nosso espectador o noticiário internacional com um olhar brasileiro, tentar traduzir para o nosso público a relevância de acontecimentos ao redor do mundo para as nossas vidas aqui. O papel de contador de histórias continua o mesmo. E quanto maior for o domínio do jornalista sobre as ferramentas digitais, mais recursos ele terá para contar as suas histórias.

As novas tecnologias não transformaram apenas o modo de fazer jornalismo na televisão, elas influenciaram diretamente as vidas de todos, jornalistas e espectadores. Os efeitos das transformações políticas, econômicas e tecnológicas nas nossas vidas são sentidos com rapidez cada vez maior. Por isso, diante do volume avassalador de informações a que somos expostos diariamente, a cobertura internacional do *JN* se torna ainda mais relevante. Ela explica o presente e funciona como uma lente para nos ajudar a enxergar o futuro.

ESCRITÓRIO DE NOVA YORK

DANIEL WIEDEMANN
[COORDENADOR DO ESCRITÓRIO DE NY]

A segunda-feira, 15 de abril de 2013, foi um dia calmo na redação de Nova York, na época coordenada pela jornalista Cristiana Sousa Cruz. Na véspera, cientistas americanos publicaram um estudo sobre o uso de células-tronco humanas na reconstrução de um rim de rato. A pesquisa poderia abrir uma possibilidade de tratamento para pacientes na fila por um transplante renal. O assassinato em massa de crianças na escola primária de Sandy Hook, em Connecticut, ainda estava fresco na memória, e, por isso, a discussão sobre o controle de armas era foco do governo em Washington D.C.

Na reunião da manhã, a chamada "Reunião de Caixa", que define os temas que terão espaço no jornal, o escritório de Nova York ofereceu os dois assuntos, e o *Jornal Nacional* topou veicular a reportagem sobre os rins. A produção de NY entrou em contato com os cientistas para uma entrevista, o correspondente Alan Severiano se aprofundou na pesquisa, a produção do Rio de Janeiro levantou dados sobre transplantes no Brasil. Pedimos ao departamento de Arte da Globo para preparar um infográfico sobre o processo usado pelos cientistas

Acima: Alan Severiano na cobertura do atentado na Maratona de Boston. *Jornal Nacional* (17/04/2013).

Abaixo: Hélter Duarte ao vivo em reportagem sobre o atentado em Boston (15/04/2013).

FRAMES DE VÍDEO / GLOBO

do Massachusetts General Hospital para criar um rim a partir de células-tronco.

No meio da tarde, começaram a chegar informações sobre explosões durante a Maratona de Boston. As televisões americanas interromperam a programação normal para falar da suspeita de um ataque terrorista na cidade. Mesmo sem a certeza do que havia acontecido, decidimos enviar de carro para lá o Alan e o repórter cinematográfico Lúcio Rodrigues. O trânsito pesado saindo de Nova York e os 350 quilômetros de distância até Boston tornavam remotas as chances de chegar ao local das explosões a tempo do jornal. Montamos o que chamamos de "plano de voo", prevendo uma cobertura ancorada ao vivo de Nova York, complementada pelo Alan por telefone, e por reportagens de NY e Washington sobre medidas de segurança e testemunhas. As redações do Rio, de São Paulo e de outras praças passaram ao escritório nomes e contatos de brasileiros que poderiam ter presenciado o atentado. Entre os mais de 30 mil corredores inscritos na maratona, 131 eram brasileiros.

Redação do escritório da Globo em Nova York (2019).

Nesses momentos, o jornalista se prepara para uma espécie de batalha. O treinamento e a experiência se tornam essenciais para regular o foco, apesar do nível de adrenalina estar nas alturas. É um ritmo acelerado e com o peso da responsabilidade de contar rápido e corretamente no *JN* daquela noite uma história que seria a principal manchete ao redor do mundo no dia seguinte. Para fazer bem feito, em um processo baseado na colaboração em equipe, é preciso equilibrar a urgência sem ultrapassar o limite imposto pela obrigação de noticiar a informação correta, com segurança. Naquele 15 de abril, enquanto editores de imagem separavam vídeos da explosão e discursos de autoridades, cinegrafistas e técnicos preparavam o estúdio para entrar ao vivo. Produtores ligavam para testemunhas, vasculhavam informações e pensavam na logística de transporte e hospedagem não só para a equipe que estava na estrada, como para as outras que em breve seguiriam na mesma direção. Como em uma engrenagem em perfeito movimento, produzimos uma edição memorável do *JN* naquela noite.

Se fosse em 2019, uma cobertura como essa seria feita de forma semelhante, mas com uma capacidade técnica superior, podendo entrar ao vivo com imagens de qualquer local, usando a rede de telefonia móvel. A expansão da GloboNews e do portal de notícias G1 exigiu ainda mais sintonia na organização de equipes e na comunicação interna do escritório, que conta com cerca de trinta jornalistas, além de *freelancers*.

Cobrimos as áreas de Estados Unidos, Canadá, México, Caribe, América Central e, às vezes, o norte da América do Sul. Uma vez que os Estados Unidos ainda têm o maior poderio militar e econômico do mundo, o noticiário internacional frequentemente passa pelo governo americano. Em Washington, desde 1986, a equipe do correspondente Luís Fernando Silva Pinto abastece o JN com cobertura especial da Casa Branca.

Nova York também abriga a maior bolsa de valores do mundo e a sede da Organização das Nações Unidas, com representações dos 193 países-membros. A combinação de centro financeiro, representação diplomática, abrangência militar, dinamismo tecnológico e de vanguarda cultural e artística torna os Estados Unidos e sua maior metrópole uma região muito rica em notícias de interesse global.

O escritório de Nova York foi inaugurado em 1973, tendo Hélio Costa como único correspondente, que só enviava imagens ao Brasil por transporte aéreo. Já passaram por aqui quarenta repórteres – sem contar repórteres cinematográficos, produtores e editores de imagem. Estamos ligados ao Brasil por fibras óticas bidirecionais, 24 horas por dia, o que significa que podemos enviar e receber múltiplos sinais de vídeo simultaneamente. Temos dois estúdios, estrutura para acomodar 24 jornalistas ao mesmo tempo, quatro ilhas de edição,

Reportagens de Fabio Turci sobre guarda-chuvas em Nova York. *Jornal Nacional* (02/11/2015).

FRAMES DE VÍDEO / GLOBO

Felipe Santana na cobertura do Oscar. *Jornal Nacional* (25/02/2019).

FRAMES DE VÍDEO / GLOBO

uma sala de controle de onde coordenamos as entradas ao vivo, conectividade com agências de notícias, satélites e centrais de telecomunicações, além de um sistema de computadores integrado à sede da Globo, no Rio de Janeiro.

Atentados terroristas e outros fatos de proporções históricas, como uma eleição presidencial, são sempre desafiadores para qualquer escritório de jornalismo. Mas momentos pacatos de notícia, como os da manhã daquele 15 de abril, também podem ser. Nesses dias em que as manchetes internacionais focam muitos fatos desconexos é que a missão de julgar qual informação é mais relevante para o público do telejornal diário de maior audiência do Brasil se torna ainda mais complexa. É preciso garimpar fundo e se colocar não só no ponto de vista de quem vive no Brasil, como também de quem "fecha" o *Jornal Nacional* e tem que decidir o que cabe ou não cabe na edição. Um dos exercícios diários é tentar levar ao *JN* um fato estrangeiro que complemente a discussão sobre algum tema brasileiro.

A prisão, o julgamento e a condenação do ex-governador do estado do Illinois, Rod Blagojevich por corrupção, em 2011, renderam várias reportagens, em parte porque a condenação de políticos por corrupção no Brasil é tema de grande interesse nacional. Em comparação, o *JN* deu mais destaque a esse caso do que os principais telejornais da Alemanha ou da França, por exemplo. Outra rotina necessária é acompanhar de perto assuntos que tendem a brotar primeiro no exterior antes de chegar ao Brasil. Exemplos típicos disso são os temas de saúde, tecnologia e ciência. Raramente – só mesmo quando o *hard news* dá uma brecha – temos espaço para assuntos de comportamento.

Não é trivial contar essas curiosidades. Em uma segunda-feira de 2015, o *JN* mostrou uma rotina das ventanias típicas da cidade de Nova York. "Quando chega o dia de trabalhar de verdade, o guarda-chuva é aposentado. E por invalidez", dizia o correspondente Fabio Turci. Ele narrava o destino triste dos vários guarda-chuvas nova-iorquinos jogados no lixo em dia de chuva. Três repórteres cinematográficos levaram semanas gravando até que tivéssemos um material rico o suficiente para ser finalizado na ilha de edição.

Há também as coberturas periódicas, como a abertura da Assembleia Geral da ONU e as eleições norte-americanas. Entre essas, a que considero mais divertida, embora não menos trabalhosa, é a do Oscar. A cerimônia acontece entre fevereiro e março. Meses antes, precisamos definir a equipe que viajará a Los Angeles. A partir daí, começamos a fazer reuniões para sugerir pautas para os telejornais. Criamos um núcleo com repórter, produtor, cinegrafista e editor de imagem para centralizar e viabilizar as ideias originais. O ritmo de trabalho é puxado e leva semanas, por vezes interrompido pelas notícias do dia. Por um momento que dura um suspiro, o núcleo tem a oportunidade de curtir os astros e estrelas de Hollywood que passam no tapete vermelho. Mas jornalista não tem tempo para glamour; logo está correndo para fechar a reportagem do *JN* sobre os vencedores da noite.

Não é somente o *Jornal Nacional* que movimenta o escritório de Nova York. Naquele dia dos atentados à Maratona de Boston, a equipe não descuidou dos outros telejornais. A investigação e a caçada espetacular aos suspeitos atraíram a atenção da imprensa mundial por mais de uma semana. Nove jornalistas foram enviados para aquela cidade, e os que ficaram, sem exceção, se dedicaram ao assunto. Nem por isso, deixamos de noticiar a pesquisa sobre a reconstrução de rins com células-tronco no *JN* daquele "calmo" 15 de abril de 2013.

JN NA EUROPA

ERNANI LEMOS
[COORDENADOR DO ESCRITÓRIO DE LONDRES]

Foi um lixo o resultado da primeira matéria que produzi para o *JN* no escritório da Globo em Londres. Era 2011, e o correspondente Marcos Losekann, então chefe do escritório, comprou minha ideia: fazer uma reportagem sobre latas de lixo falantes. Elas não só falavam, como também aplaudiam, cantavam, chegavam a arrotar quando engoliam as porcarias das pessoas. A responsável pelo projeto havia ressaltado que esses talentos eram inéditos, e eu pensei que tudo bem, claro, por que não gastar dois minutos de um jantar para contar à família e aos amigos que isso existia? Acabei contando a todos eles da melhor forma possível, por meio das palavras e imagens dos colegas Losekann e Sergio Gilz. Mas o alcance do *JN* me castigou. Ao ver o material exibido para o Brasil inteiro, me arrependi por ter desperdiçado aquele espaço no telejornal mais assistido do país com um assunto tão bobo.

Alguns meses depois, Losekann me pediu para apurar algo que me parecia ainda mais irrelevante para a vida dos brasileiros: o mistério de uma ilha britânica onde todos os gatos nasciam sem rabo. Cumpri a tarefa, cheguei a informação e acabei comprovando um fato: existe uma mutação genética que faz nascer gatos sem a vértebra formadora do rabo. Ilhados no Mar da Irlanda, impedidos de cruzar com raças comuns, os felinos sem cauda, conhecidos como

Reunião de pauta por videoconferência no escritório da Globo em Nova York (2019).

CAROLINA MATZENBACHER / MEMÓRIA GLOBO

manx, passaram de exceção à regra, e viraram xodó na Ilha de Man – e também no site do *JN* depois que a matéria foi ao ar.

Como entender esse fenômeno? Quem me ajudou foi Eric Hart, coordenador internacional e editor, que até então recebia nossas ofertas de reportagens por telefone e depois avisava se alguma havia sido aprovada. Por sugestão dele, passei a participar das reuniões de pauta do *JN*. Esse encontro diário é o embrião do jornal, um espaço em que representantes das redações da Globo espalhadas pelo Brasil, além do escritório de Nova York, conversam por videoconferência e oferecem ao editor-chefe os assuntos mais palpitantes e relevantes de suas áreas. Das respostas positivas, saem as matérias que vão ao ar, e, das negativas, ficam lições.

Até hoje, tantos anos depois de o escritório de Londres ter ganhado espaço fixo na prestigiada reunião do *JN*, ainda me conforta saber que eu jamais tive chance de emplacar no jornal, para milhões de pessoas assistirem, assuntos realmente bobos ou irrelevantes.

As latas de lixo falantes eram um projeto social, em um país desenvolvido, para melhorar o bem-estar das pessoas e incentivá-las a não sujar as ruas – um mau hábito universal. A ideia funcionou: durante o experimento, a quantidade de lixo jogada no lugar certo foi três vezes maior do que quando só havia cestos comuns, os mudos. Sempre vale mostrar boas iniciativas. Elas inspiram.

Já os gatos sem rabo, além de serem um fenômeno fofo e interessante, quase desconhecido do público brasileiro até então, também são um elemento cultural, com museu e santuário próprios.

A paciência do editor-chefe William Bonner nas reuniões me ajudou a entender o que os outros colegas já sabiam: parte da nossa obrigação é dar ao público, quando possível, a oportunidade de conhecer bons exemplos e curiosidades do mundo. Muitas vezes, são histórias que nem a internet conseguiu levar a determinadas pessoas. É para isso que existem os correspondentes, para contar o que acontece aqui fora – não apenas tragédias.

Nos anos de 2011 e 2012, em Londres, pudemos investir algum tempo nessas e em outras chamadas matérias de atualidades. A Europa vivia tempos pacíficos, recuperava-se da crise econômica, a Rússia de Putin andava adormecida e ainda não havia explodido a onda migratória que transformaria as águas mornas do Mediterrâneo em um mar de gente. Mas a paz estava perto de acabar.

A renúncia do papa quebrava uma tradição de quase seis séculos. Historicamente, os líderes da Igreja Católica permanecem no cargo até o fim de suas

Redação do escritório da Globo em Londres (2019).

LIVIA PINTO / MEMÓRIA GLOBO

vidas. O *JN* teria que fazer uma excelente cobertura sobre a surpreendente decisão de Bento XVI de deixar o pontificado devido à saúde fragilizada. Mas a correspondente da Globo em Roma, Ilze Scamparini, especialista em assuntos do Vaticano, estava no Brasil, aproveitando merecidas férias. Tínhamos um problema.

Como dar ao público do *JN* uma notícia dessa magnitude, sem estar no local do fato, sem mostrar com imagens próprias a comoção nas ruas, as reações no coração da Igreja? Decidimos mandar correspondentes de Londres, os mais próximos de Roma, naquele mesmo dia. No entanto, o choque e o interesse global pela notícia fizeram sumir, em instantes, todos os bilhetes de voos comerciais entre as duas cidades. Não existia nem um único par de assentos livres. Recorremos a uma força-tarefa. Cecília Malan, Ana Carolina Abar e todos os correspondentes do escritório ligavam para agências de viagens, davam ideias. Até que entendemos a situação: carro, trem, barco, balsa, chalana, charrete, bonde, nada seria capaz de nos levar a Roma no mesmo dia. A não ser que fretássemos um avião.

Marcos Losekann e Sergio Gilz juntaram suas roupas e equipamentos e correram para o aeroporto, sem garantias. Depois de horas de negociação, uma empresa finalmente confirmou que conseguiria abastecer e decolar ainda naquela tarde. Era inverno no Hemisfério Norte, a Itália estava três horas à frente do Brasil. Mandei a boa notícia para os colegas na redação do Rio e imediatamente recebi uma ligação do diretor-geral de Jornalismo da Globo. Ali Kamel foi cortês e econômico: "Muito bom. Tem certeza de que eles chegam a tempo do *JN*? Então, pode mandar".

Na noite de 11 de fevereiro de 2013, de Roma, Marcos Losekann deu, ao vivo no *JN*, pela primeira vez, a notícia quente da renúncia de um papa. Porque a viagem do Brasil era mais longa, Ilze Scamparini chegou a Roma um pouco depois para assumir a cobertura dos preparativos para a escolha de um substituto ao sumo pontífice. No mês seguinte, acompanhada de Patrícia Poeta, Marcos Uchoa, Edu Bernardes, Gerson Camarotti e Marco Antônio Gonçalves, sob coordenação da diretora de Jornalismo Silvia Faria, Ilze contou no *JN* os detalhes do Conclave que transformou o cardeal argentino Jorge Mario Bergoglio em papa Francisco.

Coisas da vida de correspondente, Ilze voltou ao Brasil em julho do mesmo ano, dessa vez para acompanhar o novo líder católico que visitava o país por ocasião da Jornada Mundial da Juventude. No retorno a Roma, em entrevista coletiva aos jornalistas credenciados pelo Vaticano, uma pergunta de Ilze recebeu de Francisco a seguinte resposta: "Se uma pessoa é gay e procura Jesus, e tem boa vontade, quem sou eu para julgá-la?". Naquele dia, o *JN* não teve prioridade. Jornais do mundo inteiro correram e também destacaram a declaração histórica que Ilze Scamparini arrancou do novo papa dentro de um avião.

Histórico também foi o dia 7 de janeiro de 2015, quando doze pessoas que saíram para trabalhar em Paris não voltaram para suas casas. Elas foram mortas a tiros por assassinos ligados a um grupo terrorista islâmico. O alvo do atentado, a revista satírica *Charlie Hebdo*, havia publicado caricaturas do profeta Maomé, uma representação proibida, segundo interpretações do Islá. Diante de um crime tão violento contra a vida e contra a liberdade de expressão, não houve dúvidas: Cecília Malan e Sergio Gilz, de Londres, e André Luiz Azevedo e Wanderley Serbonchini, de Lisboa, imediatamente deixaram suas bases e, no *JN* daquele dia, diretamente da capital francesa contaram a notícia que marcava mais uma mudança profunda no mundo.

As vítimas do ataque ao *Charlie Hebdo* integram longa lista de pessoas que tiveram as vidas roubadas em uma onda de atendados motivados pelo ódio. Nos meses e anos que se seguiram, houve mais atentados em Paris, Nice, Berlim,

Bruxelas, Manchester e Barcelona. Londres foi atacada diversas vezes, inclusive por um britânico que deliberadamente atropelou muçulmanos na saída de uma mesquita. Em todas essas ocasiões em que sociedades pacíficas e multiculturais eram violentadas por terroristas, os correspondentes da Globo se deslocavam para mostrar os fatos e as consequências.

Esses atentados mudaram o estilo de vida na Europa, deram origem a novos padrões de segurança e estabeleceram um nível diferente de normalidade, afetando não apenas os cidadãos desses lugares, mas também os muitos brasileiros que habitam ou visitam cidades europeias. Pedro Vedova, Paulo Pimentel, Ross Salinas, Rodrigo Alvarez e Rodrigo Carvalho estão entre os correspondentes que deixaram muitas vezes a redação ou suas casas às pressas para cumprir a missão de registrar a História e informar o público do *JN* durante esse período.

As equipes da Europa também cobrem desde eventos anuais, como a premiação do Nobel, até os pomposos casamentos e nascimentos da família real britânica, que de tempos em tempos ganham as atenções do mundo, além de resultados de julgamentos em tribunais penais internacionais, decisões das instituições da ONU em Genebra, encontros e estudos sobre mudanças climáticas, conquistas espaciais da Agência Europeia e descobertas científicas, entre diversos temas que aparecem recorrentemente. O que o *JN* não mostra é o peso de decidir sobre a repetição contínua de alguns desses temas. Quando um assunto é demais? A partir de que ponto os detalhes já não são essenciais a todos os milhões que nos assistem?

Em 2015, a Europa recebeu o maior volume de deslocamento humano forçado desde a Segunda Guerra Mundial. Mais de um milhão de pessoas, fugindo da fome e de conflitos em países do Oriente Médio e do Norte da África, embarcaram em balsas e se lançaram ao mar Mediterrâneo na esperança de encontrar dias melhores no continente europeu. Um terço dos que completaram a viagem eram crianças, muitas sem os pais. Pelo menos 3.370 pessoas morreram ou desapareceram nas águas, de acordo com a Agência da ONU para Refugiados.

Nunca houve dúvidas sobre vender ao *JN* matérias sobre esse trágico êxodo. O fato exigia acompanhamento. Porém, passado o pico da crise, como o número de tentativas e fatalidades diminuía, passamos a oferecer matérias sobre esse tema somente quando acontecia algo extraordinário. Movimento semelhante aconteceu nos telejornais de muitas emissoras europeias.

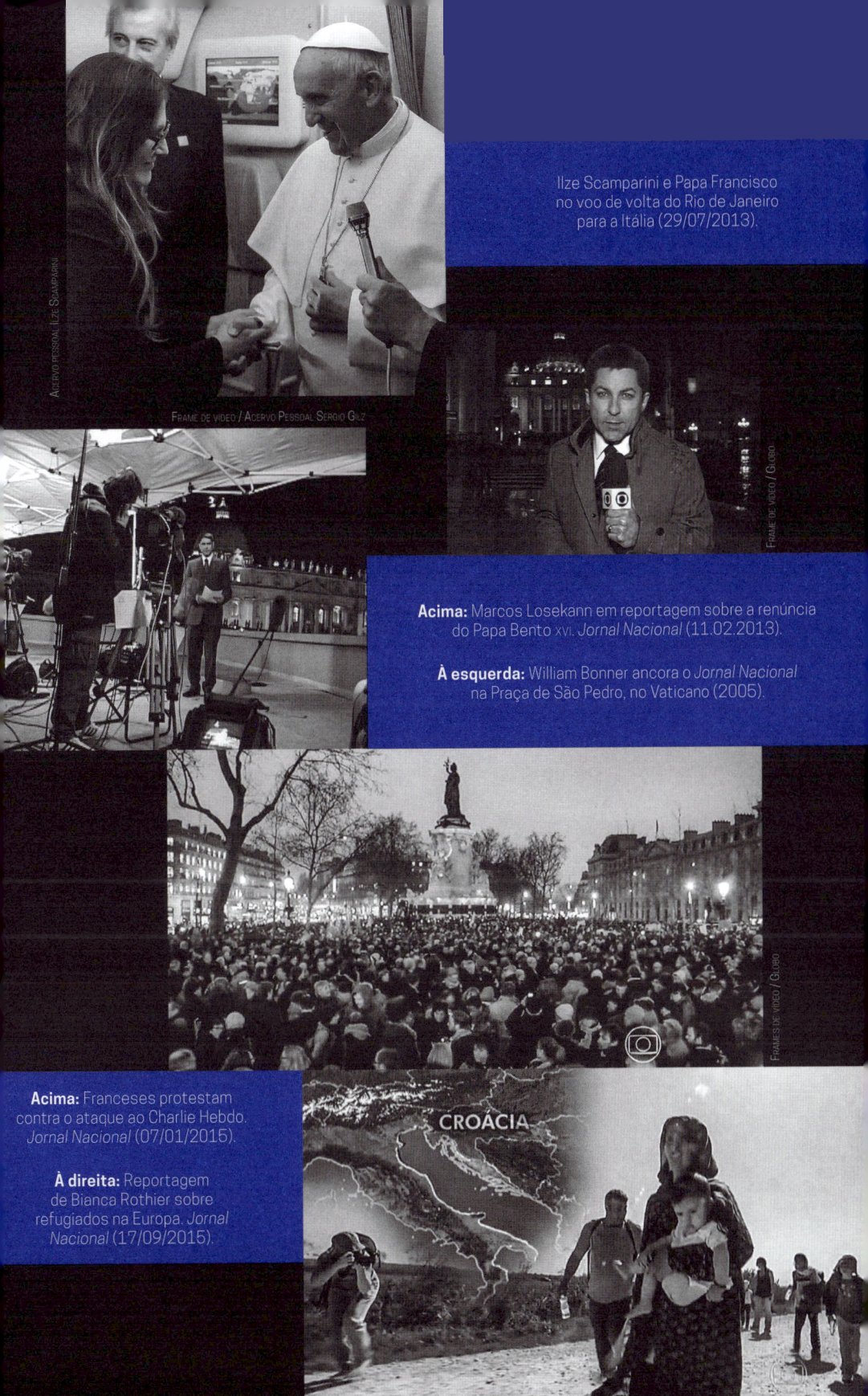

Ilze Scamparini e Papa Francisco no voo de volta do Rio de Janeiro para a Itália (29/07/2013).

ACERVO PESSOAL ILZE SCAMPARINI

FRAME DE VÍDEO / ACERVO PESSOAL SÉRGIO GILZ

FRAME DE VÍDEO / GLOBO

Acima: Marcos Losekann em reportagem sobre a renúncia do Papa Bento XVI. *Jornal Nacional* (11.02.2013).

À esquerda: William Bonner ancora o *Jornal Nacional* na Praça de São Pedro, no Vaticano (2005).

FRAMES DE VÍDEO / GLOBO

Acima: Franceses protestam contra o ataque ao Charlie Hebdo. *Jornal Nacional* (07/01/2015).

À direita: Reportagem de Bianca Rothier sobre refugiados na Europa. *Jornal Nacional* (17/09/2015).

CROÁCIA

Além desse triste efeito anestesiante, outra consequência da onda migratória foi a propagação de um sentimento nacionalista muito intenso. As camadas mais conservadoras das sociedades europeias, já descontentes com o multiculturalismo, culpavam cada vez mais os imigrantes pelos problemas que afetavam suas vidas práticas, como altos níveis de desemprego, aumento de impostos e cortes de gastos públicos. Políticos populistas inflamaram essas impressões, e usaram as redes sociais para lançar suas visões de um futuro mais individualista e próspero, tornando-se, assim, potenciais salvadores de pátrias isoladas.

O *JN* é um dos mais importantes arquivos audiovisuais no Brasil da história contemporânea mundial. Ao sugerir uma matéria, pensamos não apenas nas pessoas que vão se informar naquele dia, mas também nos pesquisadores que vasculharão o acervo da Globo no futuro.

A imagem de um amigo é essencial para quem mora no exterior há muito tempo e vive de contar histórias no *JN*. É importante nunca deixar de pensar como brasileiro, nem parar de se informar sobre o que se passa em nosso país de origem. Só assim, mantendo o laço apertado, temos como cumprir nossa missão de sermos, no mundo, os olhos de nossos conterrâneos que ficaram.

Vez ou outra, cometemos deslizes de avaliação. Em todas elas, contamos com o paciente editor-chefe para recalibrar nosso olhar. "Isso daria uma excelente matéria… para o *Bom Dia Londres*", brinca William Bonner quando oferecemos uma pauta que só importa mesmo a quem mora fora. O assunto geralmente se encerra em risadas na reunião.

Eric Hart na redação do Jornalismo (2011).

FABRÍCIO MOTA / MEMÓRIA GLOBO

Luís Fernando Silva Pinto [repórter]

Luís Fernando Silva Pinto em Buenos Aires durante a cobertura dos protestos das mães da Praça de Maio. *Jornal Nacional* (21/11/1977).

Luís Fernando Silva Pinto em entrevista coletiva de Ronald Reagan e Mikhail Gorbatchev na Casa Branca. *Jornal Nacional* (09/12/1987).

Luís Fernando Silva Pinto durante a cobertura do furacão Wilma nos Estados Unidos. *Jornal Nacional* (24/10/2005).

FRAMES DE VÍDEO / GLOBO

Em 1977, o então diretor de Jornalismo da Globo em São Paulo, Luiz Fernando Mercadante, me pegou de surpresa com a afirmação: "Você está indo para Buenos Aires". Achei que era para fazer uma reportagem. "Você vai ficar um tempo lá, como correspondente", completou. Ao que eu retruquei: "Eu não sei fazer isso não". "Você pode achar que não sabe, mas eu sei que você sabe. Vai lá e se vira", o Mercadante insistiu. Ele tinha sido correspondente da revista *Veja* em Nova York e, por experiência própria, conhecia o desafio de pautar e escrever matérias em outro país.

A Globo tinha instituído um sistema de formação de correspondentes em Buenos Aires, tanto pela importância que a Argentina tinha para o Brasil quanto, gostávamos de brincar, pela facilidade em substituir o repórter que fizesse alguma bobagem, afinal são apenas três horas e meia de voo ao Rio. Ricardo Pereira, que na época morava em Brasília, foi o primeiro a ir, por cerca de três meses. Ricardo era e continua sendo um mestre do bom convívio, capaz de fazer qualquer um abrir um sorriso depois de um dedo de conversa. Sou o oposto: agressivo, imprevisível, um pentelho. Além disso, estava inseguro, assumindo um posto internacional aos 21 anos de idade. O Ricardo, com bom humor, fez tudo parecer acolhedor. Mas acolhedor, o posto não era. A ditadura brasileira estava atenta ao que se reportava da Argentina, porque as denúncias traçavam paralelos com os abusos cometidos no Brasil. Terminado o estágio em

Acima: Luís Fernando Silva Pinto em frente à Casa Branca (2018).

Abaixo: Luís Fernando Silva Pinto em comício de Barack Obama. *Jornal Nacional* (05/11/2008).

FRAMES DE VÍDEO / GLOBO

Buenos Aires, as lições tinham ficado claras: é preciso ter iniciativa, ser independente, insistir até conseguir fazer a matéria. E é essencial passar por cima das dificuldades. "Vai lá e se vira." Nunca esquecerei essas palavras.

Esse amadurecimento profissional na base da força me inoculou contra receios e contra a armadilha da preguiça. Dois anos depois, em 1979, no dia em que terminei uma pós-graduação na Espanha, recebi um telefonema da Alice-Maria, me mandando cobrir a Revolução Sandinista na Nicarágua. Com a autoridade de sempre (e o carinho, deixe-me ser honesto) ela simplesmente disse que as passagens de avião estavam compradas e o voo saía em três horas.

A Revolução Sandinista foi minha primeira experiência em um conflito armado. Henderson Royes, repórter cinematográfico baseado em Nova York, e eu, passamos um mês na Nicarágua. O *Jornal Nacional* completava dez anos no ar e tinha estabelecido uma credibilidade sólida na televisão brasileira pela qualidade do trabalho que apresentava. As coberturas no Brasil eram de alto nível e o mesmo era esperado das reportagens no exterior. Henderson e eu nos dedicamos a acompanhar o avanço sandinista e a capacidade de sobrevivência de Anastasio Somoza, o então presidente, cuja a família estava no poder desde 1936. Fomos reportar quando os sandinistas tomaram a cidade de Leon, a segunda maior do país. A cidade tinha a resistência mais avançada ao regime de Somoza, e a população apoiava os guerrilheiros. Organizamos um comboio com colegas da imprensa. Quatro carros com equipes de televisão seguiram por uma estrada abandonada, patrulhada pelo ar. Eram um alvo fácil. No teto e na lateral dos carros, colamos uma fita negra que trazia a inscrição "TV". Fomos vistos por um jato da força aérea de Somoza, a quilômetros de distância, que desceu a menos de quinhentos metros de altitude na nossa direção. Saímos correndo dos carros para a lateral da estrada. Logo em seguida, vieram os tiros – as balas chegaram muito perto. Quase chorei de alívio quando a aeronave foi embora. Retornamos aos carros e seguimos para Leon em silêncio. Fizemos uma boa matéria para o JN. De volta à capital, menti descaradamente para a minha família em meu telefonema semanal: disse que estava tudo tranquilo.

Depois da cobertura da Nicarágua, e depois de passar alguns meses em Nova York cobrindo férias, fui enviado a Londres. Foi como jogar na primeira divisão. O posto me ensinou muito, as viagens eram constantes e os resultados foram ficando melhores. Nossa área de cobertura abrangia Europa e Oriente Médio. Em uma época pré-internet, era preciso ter familiaridade com muitos dados e regimes políticos. Eu tinha que identificar as forças no Gabinete Israelense e saber quais os integrantes do Comitê Supremo do Partido Comunista soviético tinham chances de substituir Leonid Breznev.

Na década de 1980, as coberturas se sucediam: a lei marcial tinha sido imposta na Polônia; não se entrava por terra e nenhum voo pousava em Varsóvia. Jose Wilson da Mata e eu entramos por mar, fizemos a viagem da Suécia até o porto de Gdansk em um navio de cruzeiro que os suecos usavam para comprar bebida a preço baixo assim que saíam da jurisdição de águas territoriais. No cais de Gdansk, saímos do barco – o que não deveríamos ter feito, porque ele voltava direto para a Suécia – e fomos andando até a casa de Lech Walesa, o líder do movimento Solidariedade. Ele nos deu uma boa entrevista. Depois, fomos detidos.

O escritório de Londres ensinava muito, não apenas pelos fatos que tínhamos que cobrir, mas pelos profissionais que trabalhavam lá. Um grande exemplo de profissional foi José Wilson da Mata, um repórter cinematográfico brilhante, que infelizmente já faleceu. Em 1981, reféns americanos que tinham sido presos em Teerã por

444 dias foram libertados, e nós fomos para a base aérea de Wiesbaden, na Alemanha, esperar a chegada do avião que os trazia, para depois levá-los aos Estados Unidos. Era inverno, mês de janeiro, fazia um frio intenso, e os militares tinham instalado um praticável para as câmeras terem uma boa imagem do avião – que iria parar bem em frente às nossas lentes. Tremendo de frio, montamos o equipamento e fomos para o galpão ao lado, tomar café. A aeronave finalmente pousou, e Zé Wilson me posicionou, dizendo: "Quando a porta do avião abrir e o primeiro refém sair, dou um sinal, e você começa a falar". Ele estava trabalhando com uma câmera de 16 milímetros, desenhada especialmente para coberturas jornalísticas, capaz de registrar imagens de alta qualidade e som sincronizado (a famosa CP-16). Teria que começar a gravação com o zoom fechado, para mostrar o refém na porta do avião, e depois vir abrindo para me colocar no quadro, corrigindo o foco. Após a passagem, fomos para o hospital militar e chegamos a tempo de o Zé Wilson filmar os reféns quando apareceram em uma varanda.

Deixamos o filme para revelar em uma emissora de TV. Quando ficou pronto, Zé Wilson colocou o material na moviola e checou cena por cena. Aparentemente satisfeito, foi embora. Continuei lá, gravei o texto, a matéria foi editada e transmitida. No hotel, Zé Wilson estava no bar. Perguntei o que havia, ao que ele deu um sorriso e revelou: "Eu não conseguia ver nada...". Deixamos a base aérea aquecida e voltamos para o frio da pista. Zé Wilson ligou a câmera, e o calor de seu rosto fez congelar a lente interna do visor. Não havia como limpar, e o avião dos reféns estava na nossa frente. Ele fez o zoom, fechou no refém, corrigiu o foco e me enquadrou. Depois, passou a manhã fazendo as outras imagens, perfeitas, que foram vistas apenas na moviola. Sentei ao lado dele e disse: "Agora eu pago o uísque".

Igualdade de condições entre correspondentes não é comum. Mesmo quando emissoras de vários países estão cobrindo um mesmo evento, em um mesmo

Credenciais de Luís Fernando Silva Pinto em coberturas internacionais.

ACERVO PESSOAL / LUÍS FERNANDO SILVA PINTO

local, cada equipe trabalha em separado, editando ou gerando o material de onde for mais conveniente. Mas em outubro de 1981, foi diferente. Um submarino soviético com a identificação s-363, encalhou a apenas seis milhas da base naval de Karlskrona, no sul da Suécia. O fato criou um incidente internacional, porque o submarino tinha invadido as águas territoriais suecas e, ao que tudo indicava, estava em uma missão de espionagem eletrônica. O cinegrafista Benevides Neto e eu fomos de Londres para lá. A história ficou ainda mais relevante depois que um barco da guarda costeira sueca fez uma varredura próxima ao submarino, revelando radiação de urânio-238 em um dos tubos de lançamento de torpedos. Um incidente local ganhou potencial de confronto armado, envolvendo a Otan e o Pacto de Varsóvia. A crise demorou dez dias para ser resolvida. O final foi marcado pela cabeça fria dos suecos, que desencalharam o submarino e o rebocaram pelo Báltico até um ponto de encontro preestabelecido com a frota soviética.

Para nós, a experiência foi única porque todas as emissoras internacionais chegaram ao local no segundo dia da crise. O único lugar que tinha condições técnicas de transmissão era a própria base naval. O comandante disponibilizou antenas de banda c da Marinha para as transmissões, e cada equipe teria cinco minutos para transmitir sua matéria depois de estabelecido o link por satélite, para não ocupar as antenas por muito tempo. O revezamento seria simples: a primeira equipe a transmitir no primeiro dia seria a última a transmitir no segundo. Um produtor americano reclamou, mas o almirante retrucou que não havia discussão. Resultado: filmávamos durante o dia, editávamos no fim da tarde e, na hora das transmissões, víamos as reportagens de todos. Foi gratificante ver que a qualidade do nosso trabalho muitas vezes superava a de colegas reconhecidos.

Em 1986, fui para Washington. É um privilégio trabalhar na capital norte-americana, onde tudo repercute. No ano seguinte à minha chegada, cobri o encontro de cúpula entre o líder soviético Mikhail Gorbachev e Ronald Reagan. Na época, as duas superpotências somavam mais de 60 mil armas atômicas, mas deu para perceber que o clima era favorável entre os dois líderes.

Mas não houve história mais marcante para os escritórios americanos do que os atentados de 11 de setembro de 2001. Os ataques às Torres Gêmeas em Nova York, e ao Pentágono, em Washington, mudaram o rumo e a história do país. Os atentados mostraram como o trabalho dos correspondentes brasileiros nos Estados Unidos amadureceu, ficou mais consistente, ágil e correto. A sociedade americana ficou traumatizada, e o controle sobre o ir e vir, que historicamente sempre foi baixo, deu um salto. O hábito policial de dizer não, de proibir acesso ou filmagem até em lugares pouco críticos virou norma. As consequências mais sérias foram militares: a invasão do Afeganistão, que dezoito anos depois ainda não acabou; e a guerra no Iraque, imposta pela linha dura do governo de George W. Bush e criticada pela oposição americana e mundial. As guerras provocaram centenas de milhares de mortes, dezenas de milhares de veteranos mutilados e custaram, segundo estudos, cerca de 4 trilhões de dólares ao Tesouro norte-americano.

Em 2008, a chegada de Obama na Casa Branca mostrou a energia do sistema político dos Estados Unidos. Nossa cobertura acompanhou a eleição histórica, desde as primárias, com o *JN* sendo ancorado de Washington durante três dias – como já havia acontecido na eleição anterior. Como havia muito mais apelo eleitoral no Partido Democrata do que no Republicano, as urnas iriam produzir ou a primeira mulher presidente dos Estados Unidos – Hillary Clinton – ou Obama, o primeiro negro a ocupar a Casa Branca. O trabalho foi emocionante, um desses momentos em que se testemunha a história.

Apesar de a internet ter começado a funcionar em 1990, ela só entrou para valer na política americana com Barack Obama, que levantou mais de meio bilhão de dólares on-line. Mas eu não estava preparado para medir a influência agressiva e nociva das redes na campanha de 2016, entre Hillary Clinton e Donald Trump. As acusações maliciosas contra imigrantes; o desprezo por mulheres, gays e deficientes; as difamações contra os adversários do próprio Partido Republicano durante as primárias, me deram uma dimensão reduzida de Trump, a do bilionário presunçoso em busca da fama. Fui escalado para cobrir a campanha de Clinton e, enquanto percorria o país, era levado pela impressão de que a vitória dela estava garantida. Todas as pesquisas (com a exceção constante das do *Los Angeles Times*) davam a vitória a Hillary, com margens seguras. Não prestei atenção – e vários outros jornalistas tampouco – no ataque extremamente efetivo que Trump estava fazendo pela internet, com o auxílio de seu genro, Jared Kushner. Hillary venceu no voto popular, mas Trump se concentrou na matemática de acumular delegados dentro do arcaico processo eleitoral americano, e acabou saindo vitorioso.

Quarenta e dois anos depois de chegar a Buenos Aires, vejo que as coisas mudaram, principalmente comigo. Sou mais gordo, um décimo menos pentelho (ilusão, provavelmente) e mais capaz (ilusão, certamente). E o trabalho continua. Às vezes, ao sair de casa para mais um dia, digo para mim mesmo: "Vai lá, velho chato. Se vira".

Edney Silvestre [repórter]

Quase dez anos depois dos atentados de Onze de Setembro, estávamos no estúdio, ao vivo, durante o programa *Mais Você*, em 3 de maio de 2011, no dia seguinte à morte de Osama Bin Laden. Ana Maria Braga mostrava uma reportagem que eu fizera em setembro de 2001. O último recado deixado na secretária eletrônica pelo pai de uma criança que ainda estava por nascer me fez chorar diante de milhões de telespectadores.

Cercado pelo fogo em um dos prédios do World Trade Center que eu veria desabar, o homem jovem, um pai que nunca conheceria o filho, sabendo que não tinha saída, pedia à mulher grávida que dissesse ao menino que os amava, e que pensar neles, naquele momento de horror e dor finais, trazia alívio e, de alguma forma, paz. O poder do amor, por mais piegas que a frase possa parecer, vencia o ódio dos terroristas.

Ao vislumbrar aquilo no *Mais Você*, finalmente entendi algo que me recusava a ver até então: eu não tinha superado, nunca superei, e percebi que jamais superarei, a experiência de ter sido testemunha do assassinato de quase 3 mil pessoas. Os classificadores chamarão isso de síndrome pós-traumática. Eu chamo de humanidade. Repórteres devem ser fortes, mas são feitos da mesma carne, do mesmo sangue e dos mesmos sentimentos de quem os assiste ou lê. Aprendi no *Jornal Nacional* que essa reunião é possível.

Não chorei quando estava caminhando em direção ao World Trade Center, em meio à poeira, à perplexidade dos que fugiam, às sirenes dos carros da polícia e dos caminhões do corpo de bombeiros que transitavam em meio àquela hecatombe inacreditável. Nem quando cheguei com o repórter cinematográfico Orlando Moreira ao local onde as Torres Gêmeas haviam acabado de desabar. Nem em meio aos feridos e testemunhas do atentado enquanto gravava as entrevistas. Ou horas depois, escrevendo o texto e editando as imagens. Em nenhum momento chorei. Cumpria uma missão: fui o primeiro repórter da televisão brasileira a chegar ao local.

A matéria abriu o *JN*, com Fátima Bernardes anunciando: "Onze de setembro de 2001",

Edney Silvestre em Nova York na cobertura dos atentados de 11 de Setembro. *Jornal Nacional* (11/09/2001)

e Bonner completando: "Uma terça-feira que vai marcar a história da humanidade". Palavras proféticas, vemos hoje, passadas duas décadas. Aquela terça-feira marcou a história. Mudou a história do planeta Terra.

Fiz o que devia fazer: uma reportagem sóbria, abrangente, sem nenhum traço do drama pessoal do correspondente internacional. Não cheguei a ela por brilho pessoal, milagre ou talento extraordinário. Além do apoio seguro de Orlando Moreira, veterano de coberturas de guerras, tive também a ajuda da editora de texto Malu Guimarães, do editor de imagens, o sensível e precocemente falecido Kaka Langer, além de todos na redação da Globo Nova York. Éramos um time coeso e dedicado à grande matéria de abertura do *JN* daquela noite, que incluía reportagens de Jorge Pontual, Heloisa Villela, e constantes entradas ao vivo da minha admirável amiga Zileide Silva.

Testemunhamos o violento início de um novo século. Com a imparcialidade e sobriedade característicos do *Jornal Nacional*, partilhamos esse momento com milhões de telespectadores de todo o Brasil.

Ari Peixoto [repórter]

Era final de janeiro de 2011, meu último mês como correspondente no Oriente Médio. Já tinha ouvido falar das revoltas populares em países árabes, principalmente no Magreb, localizado no noroeste da África. Os protestos começaram na Tunísia e se espalharam pela região. Pessoalmente, não acreditava que a onda atingiria o Egito. Hosni Mubarak governava o país com mão de ferro, seguindo uma longa linha de presidentes militares. Mas no dia 25 de janeiro começaram as primeiras manifestações no Cairo e as pessoas foram às ruas protestar contra o desemprego e a inflação.

Como correspondente, esperei o desenrolar da história, observando de longe como seria a repressão. Dois dias depois, em conversa com editores do *Jornal Nacional*, decidimos ver de perto aquele capítulo da história árabe. O repórter cinematográfico David Cohen e eu embarcamos no dia 28, uma sexta-feira. No aeroporto do Cairo, duas constatações: silêncio e falta de sinal de celular e internet. O governo egípcio tentou calar a revolta e, em pleno século XXI, o país desapareceu do mundo virtual. Para nós, que usávamos a internet para transmitir imagens e texto, isso era mortal. Pensei que, no início da profissão, nos anos 1980, não existia celular ou internet, e nem por isso tínhamos problemas para registrar histórias. Felizmente, existia o satélite para mandá-las para o Brasil.

Ari Peixoto e o repórter cinematográfico David Cohen no Cairo durante a Primavera Árabe (2011).

ACERVO PESSOAL ARI PEIXOTO

Nos hospedamos em um hotel a dois quilômetros da praça Tahrir, coração dos protestos e manifestações contra o governo. Mal tínhamos nos acomodado, vimos uma repressão da polícia contra manifestantes, à base de gás lacrimogêneo e tiros. Não conseguimos ficar muito tempo na varanda do apartamento. Estávamos no 17º andar, usando toalhas molhadas para respirar. Depois desse cartão de visitas, descemos e gravamos as primeiras imagens. Foi um dia inteiro gravando, sob ameaça da polícia egípcia, que agredia jornalistas estrangeiros e confiscava equipamentos.

A equipe do Rio de Janeiro contratou uma produtora para enviar as reportagens para os telejornais, mas nosso padrão de mídia era diferente. Por mais de duas horas tentamos, sem sucesso, enviar o material. Acabamos entrando ao vivo no JN. Foi um golaço. Só conseguimos gerar as imagens inéditas na segunda-feira, com a volta da internet. Ao mesmo tempo, em Jerusalém, minha mulher e produtora, Káthia Mello, me passava informações transmitidas pelos canais inglês e americano. No front, contávamos também com nosso guia e motorista, Mohammed, que nos escoltava e levava por caminhos seguros – era uma situação de quase guerra civil.

Na terça-feira, houve a "Marcha de Um Milhão de Pessoas", número que, na verdade, nunca se pôde comprovar. O governo cortou o serviço de transporte público, mas manifestantes chegavam a pé, de táxi, a cavalo. Combinamos que eu faria a passagem da matéria no meio da população. David filmava do alto, mas não alto o suficiente para me enquadrar e captar o áudio em meio à confusão. Olhei para o lado, vi um sujeito fortão e pedi para subir em seus ombros. Gravei ali. Missão cumprida.

Ari Peixoto no Cairo durante as manifestações da Primavera Árabe. *Jornal Nacional* (01/02/2011).

No dia seguinte, apareceram os primeiros manifestantes pró-Mubarak. Entre eles e os adversários acampados, um pequeno cordão de tanques militares. De repente, pedras foram arremessadas. Minutos depois, presenciamos uma cena épica. Um terceiro grupo, que protestava pela reativação dos pontos turísticos do Egito, tentou invadir o local. Estavam montados em camelos e cavalos e, alguns deles, foram derrubados no chão. As agressões se consumavam ao ar livre, com muitos feridos. Entrei ao vivo minutos depois para um *flash*. Quando já não conseguíamos mais gravar com a câmera grande, David teve a ideia de filmar com o celular. O material, espetacular, foi mais tarde exibido no *JN*.

Dias se passaram, a situação se acalmou, e decidimos voltar para Jerusalém. Em 11 de fevereiro, Hosni Mubarak acabou renunciando ao cargo. O presidente entregou o poder a um conselho militar e embarcou para o balneário Sharm el-Sheikh. Voltei ao Cairo, dessa vez com Sergio Gilz, e permanecemos por mais quatro dias. Milhares de pessoas continuavam a se reunir ali. Foi uma cobertura inesquecível. Depois da renúncia, imaginamos que o Egito seria diferente. Mas isso já é outra história.

Ilze Scamparini [repórter]

Acompanhei de perto os últimos seis anos do pontificado de João Paulo II. O papa polonês tinha aquela ternura própria dos idosos, não aparentava mais a figura cheia de certezas da primeira fase do seu pontificado. Naquela altura, era um homem muito doente, pleno de humanidade, com um rosto doce, que tinha se afirmado também como grande defensor político dos direitos humanos. Um líder católico que falava, inclusive, para outras religiões.

Eu e o cinegrafista Mauricio della Constanza viajamos com ele para a Polônia. João Paulo II queria ver tudo pela última vez. No cemitério de Cracóvia, no túmulo dos pais, acompanhamos uma despedida de uma tristeza infinita. Quando chegou à casa onde viveu na adolescência, vivemos um momento agitado. Fomos praticamente os

primeiros jornalistas a chegar, porque é preciso madrugar para conseguir alguns segundos com papas. São situações difíceis e únicas.

Ficamos na porta da casa, em pé, durante muito tempo. Quando o Papamóvel
chegou, parou bem na nossa frente. A câmera enquadrou aquele rosto que quase
não se movia, por causa da doença de Parkinson, mas cujos olhos brilhavam com
tanta força como se ele estivesse vendo não só uma casa, mas toda uma vida passar diante de si. Havia no olhar do papa uma expressão de menino desamparado, foi
realmente tocante.

Em fevereiro de 2005, eu estava começando as minhas férias no Rio de Janeiro
quando recebi um telefonema de um amigo da RAI, a TV estatal italiana, avisando que o
papa João Paulo II não estava bem e logo seria internado. Voltei a Roma. Poucos dias
depois, ele foi internado no hospital Gemelli, o hospital dos pontífices.

Passei o período de frio mais rigoroso do ano, entre fevereiro e março, na frente
do Gemelli e no seu jardim de inverno. Aquela fase da internação, quando o papa já
apresentava um quadro de septicemia, foi muito pesada e durou mais de vinte dias.
As informações nem sempre eram satisfatórias, mas sabíamos que a qualquer momento a má notícia poderia realmente cair sobre as nossas cabeças e criar um evento midiático sem precedentes. Era preciso preparar também o nosso psicológico.

Assim que o papa morreu, recebi um telefonema com a confirmação e avisei ao
Ali Kamel. Eu mal conseguia falar. O Ali já estava em Roma com o William Bonner,
em um terraço em frente à cúpula para dirigir a ancoragem do *Jornal Nacional*. Dias

Ilze Scamparini grava reportagem
na avenida da Conciliazione (s/d).

ACERVO PESSOAL ILZE SCAMPARINI

depois, chegaram outros repórteres para ajudar na cobertura: Caco Barcellos, que gravou a enorme fila para ver o corpo do papa; Marcos Losekann, que acompanhou os fiéis, e Luís Fernando Silva Pinto, que estava de férias em Roma e seguiu as autoridades, chefes de Estado e governo.

No dia do funeral, fiquei no terraço da Praça de São Pedro, com Bonner, Ali Kamel e os jornalistas credenciados. Vimos aquela cerimônia de uma beleza impressionante, o vento que levantava as batinas, o vermelho das vestes dos cardeais contrastando com o mármore claro. O caixão de madeira da árvore cipreste no chão é uma imagem muito potente. O funeral de um papa era um acontecimento que o mundo não via tinha quase 27 anos. Os cantos, alternados com aquele silêncio profundo, foram

Ilze Scamparini com papa João Paulo II, Vaticano (1999).

ACERVO PESSOAL ILZE SCAMPARINI

ACERVO PESSOAL ILZE SCAMPARINI

Ilze Scamparini na Praça de São Pedro durante a cobertura da morte do Papa João Paulo II (2005).

ouvidos por três milhões de pessoas. Todas as ruas ao redor tomadas de gente, que provavelmente nunca tinha visto uma cena daquela.

O papa preferiu fazer em casa o seu leito de morte ao lado das pessoas mais íntimas: alguns cardeais e padres poloneses, e as freiras da Casa Pontifícia, que cozinhavam e cuidavam dele. Naquele sábado, 2 de abril, enquanto, fraco e com febre, João Paulo II se despediu dos seus colaboradores mais próximos, eu me perguntava se ele podia ouvir a praça, que naquele instante gritava o seu nome. Ex-ator, ele estava vivendo esse último ato com os aplausos dos que o amavam e admiravam.

Às 17h, a praça foi ficando mais cheia, os ânimos se exaltavam, os gritos de "Viva o papa" dos jovens que já lotavam aquele enorme espaço se tornaram muito vibrantes. Mais tarde, ficamos sabendo que o papa realmente ouviu as manifestações dos fiéis. Às 19h, o Vaticano soltou uma nota dizendo que seus rins tinham parado de funcionar. Às 20h, foi rezada uma missa em seu quarto, celebrada pelos religiosos poloneses. Meia hora mais tarde, a agência de notícias italiana, Ansa, informou que o papa tinha perdido a consciência. Às 21h37, Joao Paulo II parou de respirar. Os que estavam com ele cantaram não um canto fúnebre, mas uma melodia de agradecimento e de louvor a Deus. O camerlengo (cardeal que governa a Igreja Católica entre a morte de um papa e seu sucessor) fez o reconhecimento oficial do corpo, e o responsável pelos aposentos papais tirou de seu dedo o anel de Pescador. Com esse gesto, o pontificado se encerrava definitivamente.

O anúncio foi dado primeiro pelo porta-voz Navarro Valls, 21 minutos depois. Foi uma grande correria na frente da sala de imprensa. Também a praça conteve a respiração, chorou e aplaudiu quando, às 22h06, 8 minutos depois do aviso do porta-voz, o monsenhor Leonardo Sandri deu a notícia para a multidão: "O papa morreu. Viva o papa!".

O vazio e a solidão deixados pela morte não podem ser comparáveis a nada conhecido. Na história dos papas, a esse vazio soma-se ainda o período em que a Igreja fica sem o seu representante maior, duas semanas de incerteza que só terminam com a eleição do novo líder. Para afastar o pesar pelo desaparecimento de um sumo pontífice, o povo de Roma se tranquiliza repetindo o velho ditado: morto um papa, se faz logo outro.

COBERTURAS E BASTIDORES
DE GRANDES EVENTOS ESPORTIVOS

RENATO RIBEIRO SOARES E GUSTAVO MARIA
[DIRETOR DE PRODUÇÃO DE CONTEÚDO DO ESPORTE E DIRETOR DE REDAÇÃO DO ESPORTE]

Faltavam poucos minutos para o *Jornal Nacional* do dia 4 de julho de 2014 ir ao ar. William Bonner, no estúdio do *JN* no Jardim Botânico, no Rio de Janeiro, cumpria sua rotina diária de editor-chefe e apresentador. A 2.880 quilômetros dali, em Fortaleza, a sua parceira Patrícia Poeta estava ao lado de Galvão Bueno na cabine de transmissão do estádio Castelão. Dali, os dois ancorariam as notícias do dia da Seleção Brasileira na Copa do Mundo. E as notícias deveriam ser boas. O Brasil acabava de derrotar a Colômbia por 2x1 e estava classificado para a semifinal. O clima de tensão na cabine, porém, contrastava com a euforia no restante do país.

Galvão Bueno, que naqueles minutos que antecediam o *JN* deveria estar se concentrando para a entrada ao vivo, falava ao telefone. Uma ligação. Duas ligações. A tradicional vinheta avisava que o *Jornal Nacional* já estava no ar. Não havia mais tempo para ligações. Bonner deu seu "boa noite" e rapidamente

Bastidores da cobertura da Copa do Mundo (2014).

JOÃO MIGUEL JÚNIOR / GLOBO

chamou Patrícia e Galvão no Castelão. O narrador se livrou do celular segundos antes e foi direto à notícia que esfriou a festa nas ruas brasileiras: o principal jogador da Seleção e maior ídolo do futebol no país, Neymar, estava fora da Copa do Mundo do Brasil. Informação exclusiva, apurada justamente naquelas duas ligações recebidas por Galvão, momentos antes de o JN ir ao ar.

"Acabei de conversar com o diretor de comunicação da CBF, Rodrigo Paiva. Ele me disse que perdemos o Neymar para a Copa", anunciou Galvão. "E agora, há menos de um minuto, falei com o médico da Seleção, José Luiz Runco, e ele me explicou que o Neymar teve uma fratura na terceira vértebra lombar. Serão necessárias de quatro a seis semanas para a recuperação. Ou seja, Neymar está fora da Copa", completou.

Neymar tinha sofrido uma entrada violenta do camisa dezoito da Colômbia, o lateral Camilo Zuñiga. Saiu do campo de maca e foi diretamente para um hospital de Fortaleza passar por exames. O desfecho do fato todos conhecem bem. Quatro dias mais tarde, o Brasil protagonizaria o maior vexame da história das Copas do Mundo. A contusão de Neymar, noticiada em primeira mão pelo JN, foi o início daquele triste fim. Gol da Alemanha...

A decisão de ter Galvão e Patrícia Poeta bem perto das notícias da Seleção Brasileira tinha sido tomada pelo menos dois anos antes daquela noite. É com bastante antecedência que o Esporte faz o planejamento de cobertura dos dois maiores eventos esportivos do planeta: a Copa do Mundo e a Olimpíada. O *JN* é sempre protagonista desse longo e detalhado plano. Natural. Será pelo telejornal que milhares de brasileiros vão tomar conhecimento dos fatos desses grandes eventos esportivos.

A Copa do Mundo do Brasil foi a maior cobertura esportiva já realizada pela Globo – por isso o planejamento foi tão desafiador. Doze cidades receberam os 64 jogos da competição. Mais de 2.500 profissionais estavam envolvidos nessa cobertura – equipes de reportagem, produtores, editores, comentaristas e narradores, além de profissionais de tecnologia, operações, arte. Na sala de reunião da antiga redação do Esporte, no terceiro andar do prédio da Globo na Lopes Quintas, no Jardim Botânico, reuniões periódicas eram realizadas para detalhar todo o esquema de cobertura e também de transmissão dos jogos. Foi naquela sala que os principais executivos do Esporte e do Jornalismo decidiram manter a tradição de o *JN* ancorar as notícias da Copa do Mundo sempre de perto da Seleção Brasileira. Exatamente como Fátima Bernardes havia feito nas três Copas anteriores. A missão dessa vez caberia à Patrícia Poeta, substituta de Fátima na bancada do *JN*. Galvão Bueno estaria sempre ao lado dela.

Pelo planejamento, no período de preparação do time e nos intervalos entre os jogos, o *Jornal Nacional* seria apresentado da Granja Comary, em Teresópolis, região serrana do Rio de Janeiro – local de treinos e concentração da Seleção Brasileira. Um ponto especial foi preparado para essas ancoragens. Logo atrás de Patrícia e Galvão ficava o campo de treinamento. Mais ao fundo, a sede onde os jogadores se hospedavam. As áreas de Arte e Operações da Globo providenciaram uma iluminação especial para que o campo e a sede ganhassem mais destaque na noite de Teresópolis – deixando o enquadramento da ancoragem do *JN* mais bonito e vivo.

Nas viagens para os jogos, o *Jornal Nacional* seria apresentado do hotel onde estivesse hospedada a Seleção. Equipes de planejamento visitaram esses locais bem antes da Copa para identificar quais seriam os melhores cenários. No dia dos jogos do Brasil, a cabine de onde era feita a transmissão serviria de estúdio para o *JN*. Por isso, Galvão e Patrícia estavam no Castelão no dia da contusão de Neymar. E também no Mineirão, quando o Brasil levou aquele inesquecível 7 a 1 da Alemanha.

ARQUIVO PESSOAL GUSTAVO MARIA

À esquerda: Gustavo Maria durante a cobertura da Copa do Mundo de 2014.

Abaixo: Galvão Bueno, Ronaldo, Walter Casagrande, Arnaldo Cezar Coelho e João Ramalho na cabine de transmissão da Globo no Castelão, Fortaleza, durante Copa do Mundo de 2014 (17/06/2014).

JOÃO MIGUEL JÚNIOR / GLOBO

Klose marca o segundo gol da Alemanha na semifinal da Copa do Mundo de 2014 contra o Brasil. *Jornal Nacional* (08/07/2014).

FRAME DE VÍDEO / GLOBO

2014, FIFA ©

Acima: João Pedro Paes Leme, diretor-executivo de Esportes no Rio de Janeiro de 2008 a 2016, e Renato Ribeiro, diretor de Esporte da Globo de 2013 a 2018, na cabine de transmissão da Copa do Mundo de 2014 (08/07/2014).

À esquerda: Estúdio da Globo no Parque Olímpico (2016).

Abaixo: Emanuel Mello Castro, diretor de Projetos e Novas Mídias de Esportes de 2011 a 2018, em entrevista ao Memória Globo (2007).

Renata Vasconcellos e Galvão Bueno apresentam o *Jornal Nacional* no *glass studio* da Globo em frente à Catedral de São Basílio, em Moscou, durante a Copa do Mundo de 2018. *Jornal Nacional* (11/06/2018).

A goleada no Mineirão foi um dos capítulos mais tensos na história dessas grandes coberturas esportivas. Durante os noventa minutos daquela semifinal, a cabine de transmissão parecia sem ar. Atrás de Galvão Bueno e dos comentaristas, havia um time de executivos: o diretor-executivo do Esporte, João Pedro Paes Leme; o diretor do Esporte, Renato Ribeiro; o então di-

Foto Paulo Jabur / Memória Globo

Luiz Fernando Lima, diretor de Esporte da Globo de 1996 a 2012, em entrevista ao Memória Globo (2008).

retor de Eventos Especiais, Roberto Marinho Neto; o diretor de Jornalismo e Esporte, Ali Kamel; e o diretor-geral da Globo, Carlos Henrique Schroder. Após o quarto gol alemão, era preciso tomar decisões rápidas. E a primeira era sobre qual discurso fazer no ar. Que mensagem passar em um momento tão difícil.

Era uma Copa com clima diferente, que ia além do futebol. Um ano antes, na Copa das Confederações, uma série de manifestações tomou as ruas do país. Um dos motes das manifestações era o "Não vai ter Copa". A maior preocupação na cabine era encontrar o tom diante de uma tragédia esportiva – e só

Foto Renato Velasco / Memória Globo

Roberto Marinho Neto em entrevista ao Memória Globo (2013).

Judoca Rafael Silva no *glass studio* da Globo no Parque Olímpico ao lado de Renata Vasconcellos e Galvão Bueno durante a Olimpíada do Rio. *Jornal Nacional* (12/08/2016).

esportiva. A orientação de Ali Kamel era para não deixarmos de sermos críticos, mas com a dose recomendada de responsabilidade. Era uma vergonha? Sim. Mas era apenas um jogo de futebol. Assim foi feito, tanto na transmissão ao vivo do jogo, como também no *JN* daquele 8 de julho de 2014 – uma edição que traduziu a tristeza e o choque de um país, já a partir da escalada do telejornal.

Quatro anos mais tarde, em 2018, na Rússia, uma ideia mudaria essa tradição da cobertura do *JN* em Copas. A cobertura da Seleção seguiria intensa com as equipes de reportagem, porém a apresentação não seria mais itinerante. A casa do *JN* seria uma só, mais bonita e tecnológica. De um estúdio de vidro construído na praça Vermelha, ponto mais emblemático da capital russa, Renata Vasconcellos e Galvão Bueno ancoraram as notícias do *JN*. O estúdio, com a icônica Catedral de São Basílio ao fundo, foi a casa também de todos os telejornais e programas da Globo e do canal por assinatura Sportv. O estúdio ficou conhecido como "A Caixa Mágica". Em um espaço não muito grande, a Arte e a Tecnologia da Globo criaram inúmeras possibilidades para dar informações ao público: gráficos, projeções e figuras virtuais com os quais os apresentadores podiam interagir. Visualmente, a cobertura dos grandes eventos esportivos chegava a um outro patamar.

O projeto foi inspirado na experiência de sucesso de outro grande evento, dois anos antes: a Olimpíada do Rio. Quando o planejamento para a Olimpíada começou a ser feito, havia a certeza de que o Grupo Globo precisaria de um espaço especial no Parque Olímpico para a ancoragem de programas e telejornais. A solução poderia ter sido simples. A produtora oficial do Comitê Olímpico Internacional (COI) oferece para as televisões detentoras dos direitos dos Jogos estúdios de vidro nos principais pontos de competição. Com a con-

Acima: Martine Grael e Kahena Kunze nos jogos olímpicos de 2016 no Rio. *Jornal Nacional* (18/08/2016).

Abaixo: Neymar comemora a vitória do futebol masculino na Olimpíada de 2016 no Rio. *Jornal Nacional* (20/08/2016).

FRAMES DE VÍDEO / GLOBO

tratação desse serviço, a Globo teria um estúdio com uma bela vista para as principais arenas olímpicas, que ficavam na Barra da Tijuca. Era o suficiente? Em outra situação, sim. Mas não para o momento histórico de uma Olimpíada realizada no Brasil, no Rio, em casa. Uma ideia ambiciosa mudou os planos e a trajetória dessa cobertura.

Em janeiro de 2014, o Grupo Globo propôs ao COI e ao Comitê Organizador Rio-2016 a construção de um estúdio exclusivo dentro do Parque Olímpico. Seria a casa da Globo na Olimpíada. No primeiro andar, haveria um espaço interativo para receber convidados e atletas. No segundo, um estúdio para o SporTV. E, no terceiro andar, ficaria o estúdio da Globo – de onde seriam apresentados todos os telejornais e os programas esportivos da casa. A negociação foi longa e trabalhosa. A construção exigiu esforço de maratonista e velocidade de atleta de cem metros rasos. No dia 1º de agosto de 2016, a cobertura olímpica do *JN* foi aberta de um estúdio de quinhentos metros quadrados, com uma vista impactante das arenas olímpicas e repleto de recursos tecnológicos.

Assim como na Copa de 2014, William Bonner ficou no estúdio do *JN* no Jardim Botânico, ancorando as notícias de um país em crise, em meio ao processo de impeachment da ex-presidente Dilma Rousseff. No Parque Olímpico,

Renata Vasconcellos teve a companhia de Galvão Bueno. Não só dele. O público se concentrava na frente do estúdio nas horas dos telejornais e programas da Globo. E os atletas brasileiros que subiam ao pódio durante o dia iam exibir suas medalhas no *JN* à noite. Virou tradição.

Essa cobertura envolveu mais de dois mil profissionais. No total, foram 230 horas de transmissões, reportagens e entradas ao vivo na Globo, em 19 dias de competição. As equipes espalhadas pelos locais de competição acompanharam a saga dos atletas brasileiros e conquistas de ícones do esporte como o nadador Michael Phelps, o velocista Usain Bolt e a ginasta Simone Biles. A medalha mais esperada, no entanto, veio no último *JN* da Olimpíada. Era dia 20 de agosto de 2016, e aquela foi uma edição histórica.

Naquele dia, o *JN* não teria a dupla Galvão e Renata no estúdio. Galvão estava escalado para narrar a final do futebol na Olimpíada. O Brasil teria a chance de conquistar pela primeira vez a medalha de ouro que perseguia havia anos no Maracanã, justamente contra a Alemanha – a mesma dos 7 a 1 de dois anos antes. Foi sofrido, foi nos pênaltis, e foi pouco antes de o *Jornal Nacional* entrar no ar. Depois de uma longa espera, o futebol mais famoso do planeta, cinco vezes campeão do mundo, enfim pendurou no pescoço a cobiçada medalha de ouro olímpica. Logo que o *JN* começou, Renata Vasconcellos foi ao telão e chamou Galvão direto do Maracanã. Antes de contar a história da conquista, o narrador pediu desculpas porque estava rouco. Natural. Foram muitos anos aguardando para soltar a voz.

Renato Ribeiro Soares em entrevista ao Memória Globo (2018).

FABRICIO MOTA / MEMÓRIA GLOBO

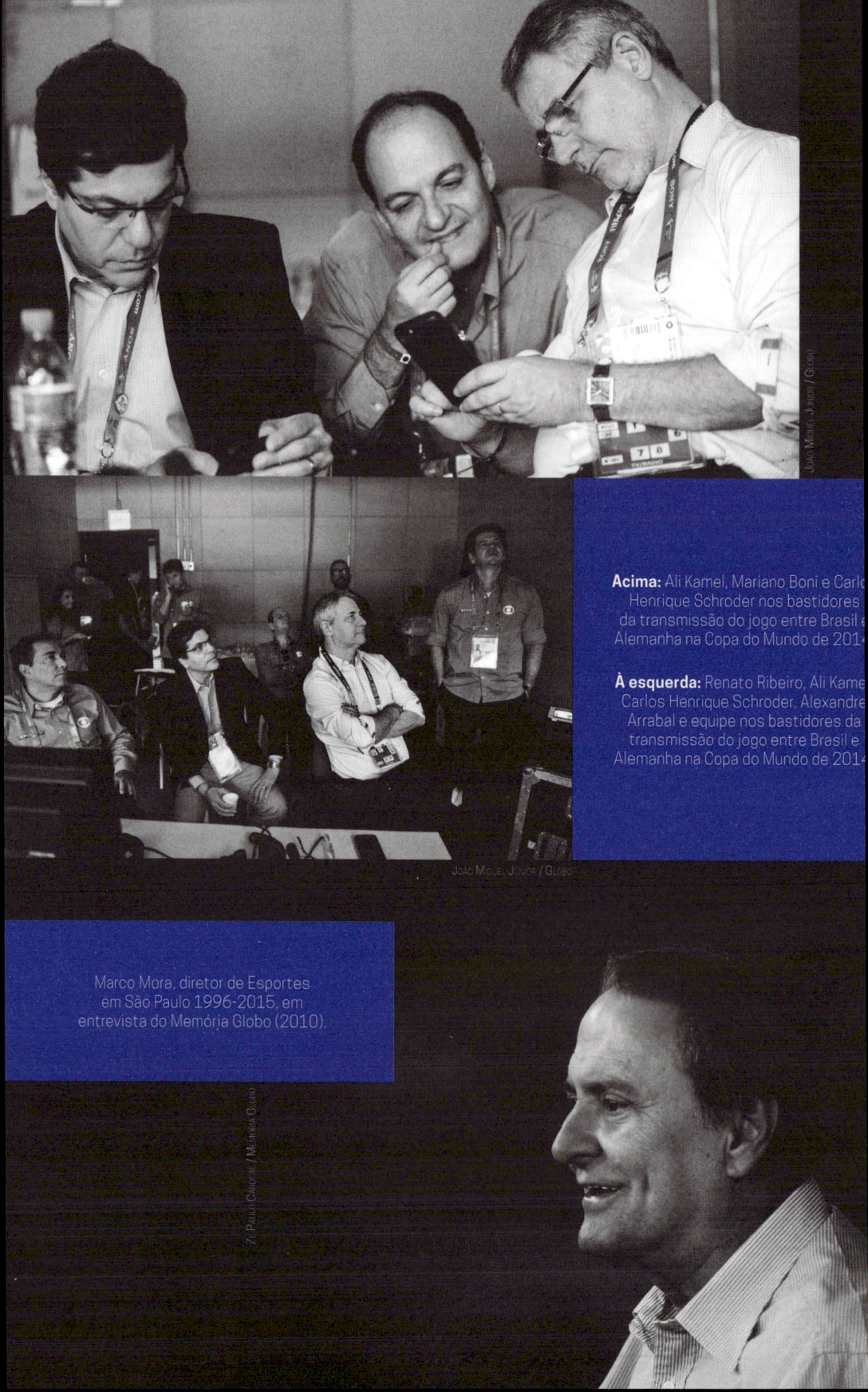

Acima: Ali Kamel, Mariano Boni e Carlo Henrique Schroder nos bastidores da transmissão do jogo entre Brasil e Alemanha na Copa do Mundo de 201[...]

À esquerda: Renato Ribeiro, Ali Kame[...] Carlos Henrique Schroder, Alexandre Arrabal e equipe nos bastidores da transmissão do jogo entre Brasil e Alemanha na Copa do Mundo de 201[...]

João Miguel Junior / Globo

Marco Mora, diretor de Esportes em São Paulo 1996-2015, em entrevista do Memória Globo (2010).

Z. Paulo Campos / Memória Globo

João Miguel Junior / Globo

Marcos Uchoa [repórter]

O esporte começa como uma brincadeira de criança, mas que muito cedo nos apresenta conceitos fundamentais para a vida adulta, como a importância do esforço, do trabalho em conjunto. Com ele, se aprende a conviver com a alegria de vencer e também a tristeza de perder.

O esporte é mais, é um espaço de respeito às regras, de aceitação de que não se joga só contra o outro, se joga com o outro. Assim, se aprende que um adversário não é um inimigo. Quando estamos ali sentados vendo o *Jornal Nacional*, constantemente essas mensagens nos remetem aos nossos sonhos de vitória, de alegria, de comunhão com os amigos, com outros torcedores.

A reportagem muitas vezes abrange mais sentimentos, mais gente, porque o que está sendo mostrado é o talento de uma atleta, de um jogador, de um time que representa o Brasil. O esporte, nessa hora, nos irmana, nos aproxima, nos recorda que esse quase continente chamado Brasil é um só país, tantas vezes com o mesmo desejo de ver o sucesso de um dos nossos. Somos, então, tantas vezes, uma só emoção. E que prazer estarmos tão felizes juntos, sonhar que a união tão necessária no esporte possa, quem sabe, nos inspirar a construir um país melhor.

João Miguel Junior / Globo

Marcos Uchoa no amistoso entre Brasil e Sérvia, no Estádio do Morumbi, dias antes do início da Copa do Mundo (06/06/2014).

Marcos Uchoa, Gustavo Bareicoa
e Gustavo Maria nos bastidores da
cobertura da Copa do Mundo de 2014.

Tive a sorte de fazer matérias para o *JN* com estrelas como Ayrton Senna, Gustavo Kuerten, atletas de esportes que não são nem próximos nem possíveis para a grande maioria dos brasileiros. E os Jogos Olímpicos? Quantas medalhas tão emocionantes, quantos feitos de atletas fantásticos, mulheres e homens que muitas vezes superaram condições tão adversas para chegar ao lugar mais alto do pódio – e do mundo! Além disso, claro, tem o futebol. Essa paixão por clubes, pela nossa Seleção, termo, aliás, que hoje devemos usar no plural, porque também torcemos pela seleção feminina. Temos Pelé e temos Marta. O futebol é o espaço do sonho coletivo por excelência para os brasileiros.

Esse é o lado mais do que bom – é maravilhoso. Mas todo repórter tem um dever inegociável com a verdade e aí devo confessar o outro lado dessa medalha. Para um repórter de esporte muitas vezes fazer uma matéria para o *JN* é uma tortura. Explico. No *Jornal Nacional*, disputam espaço reportagens com temas muito importantes, do Brasil e do mundo.

A decisão do que contar para o telespectador é muitas vezes uma agonia, palavra que vem do grego *agon* e, aliás, queria dizer "jogo". Esporte competitivo nunca foi uma moleza. Como escolher? Como pesar cada assunto cuidadosamente? Isso implica dizer para cada repórter em quanto tempo deve contar a sua história.

Nesse campeonato duríssimo pela atenção do telespectador, encontrar o equilíbrio é muito complicado. Digamos que, depois de pedir, implorar e argumentar, o repórter receba a sentença implacável. Sua história tem que ser contada em um minuto e meio. Não adianta reclamar. O tempo da reportagem é sempre uma questão.

Mas o tempo é cruel também de outras maneiras. Como em uma partida de futebol, é preciso uma escalação de onze pontos. Idealmente você tem que: (1) assistir às imagens gravadas; (2) selecionar as melhores – porque, em esporte, existem imagens sensacionais, tanto da transmissão quanto do cinegrafista que trabalha com você – e a Globo tem verdadeiros artistas, que gravam detalhes incríveis; (3) anotar onde está tudo para ajudar o editor de imagem, que tem a missão de "empacotar" o texto, entrevistas e sons, junto com as imagens mais impactantes; e (4) escolher, decidir qual história contar.

O que é essencial? Qual parte da entrevista vai usar? Como começar (5)? Isso, particularmente, é muito importante, porque, como um bom pescador, você quer fisgar a atenção do telespectador. Importante também é como terminar (6), como deixar plantada uma sementinha de prazer, emoção, curiosidade, tantas coisas que uma reportagem pode trazer.

Tem, ainda, todo o recheio – o roteiro (7). Você escolheu tudo, mas somou uns cinco minutos de reportagem na edição (8). Aí começa a doer. Sem anestesia, você tem que se transformar em dois. Um jogo de noventa minutos, tem que caber em um minuto e meio (9). Existe algo de magia, de ilusionismo, portanto. Você deve dizer em duas linhas o que normalmente levaria quatro. Não só ser breve, mas dizer bem (10). Nessa hora, você tem que se esmerar, saber esgrimir com as luminosas e estéticas armas da nossa língua. Ser elegante e também popular, temperar com um conceito, com uma expressão, uma metáfora (11). Mas não pode exagerar! É preciso ser claro, conciso e ter bom gosto.

Muitas vezes, esse processo tem que ser feito em apenas uma hora, às vezes menos. Porque, como todo repórter sabe, "matéria boa é a que vai para o ar". Não adianta escrever algo genial e levar para casa.

Última dica, ou melhor, um esclarecimento: todo repórter, ainda mais de esporte, é um torcedor. Porque esporte é paixão. Lembro de um caso que me aconteceu na Guerra do Iraque, em 2003, durante uma reportagem em Safwan, uma cidade que foi semidestruída pelas tropas americanas, no início da invasão. A população estava recebendo caixas com alimentos, tudo era jogado no chão, criando a maior confusão. Obviamente, o clima não era dos melhores, e, depois de tentar entrevistar algumas pessoas, encontrei um jovem iraquiano que falava inglês e estava indignado, muito irritado. Lá pelas tantas, ele me perguntou, meio agressivo: "De onde você é?". "Brasil", respondi. Abrindo um grande sorriso, ele retrucou: "Brasil? Ronaldo?". Foi o final da reportagem, um pouco como a sobremesa para ele. Isso foi pouco depois do Penta, da Copa de 2002. No meio do caos e do sofrimento de uma guerra, havia espaço para a alegria, garantida pelo futebol brasileiro.

Tino Marcos [repórter]

Pelotas, 18 de maio de 2018. Eu pensava no almoço, naquele friozinho de meia estação do Sul do Brasil. Tínhamos acabado de chegar à cidade. Estávamos com uma entrevista marcada com o atacante Taison Barcellos Freda, do Shakhtar Donetsk, clube de futebol da Ucrânia, para a série com os jogadores brasileiros convocados para a Copa da Rússia, feita para o *Jornal Nacional*. Ele tinha sido chamado para representar a Seleção Brasileira quatro dias antes. Passamos no hotel, deixamos nossas malas, comemos alguma coisa e, à tarde, gravaríamos no campo do Progresso, onde Taison começou a carreira.

Tino Marcos no amistoso entre Brasil e Sérvia, no Estádio do Morumbi, dias antes do início da Copa do Mundo de 2014.

João Miguel Júnior / Globo

O dia sem almoço acabou nos oferecendo um banquete jornalístico. No campo do Progresso, para onde corremos, tivemos muito do que sempre buscamos: imagens marcantes, emoção de verdade.

Assim que chegamos, tínhamos a cena. Taison estava no centro do campo, sozinho, agachado. Não nos aproximamos. Do lado de fora, o repórter cinematográfico Ronaldo Gonçalo correu para ajustar a lente teleobjetiva, preparar o tripé e deixar a câmera simplesmente observar, absorver os detalhes do reencontro entre personagem e cenário da história.

Era a volta do garoto que saiu dali para ser milionário na Europa, que acabara de ser chamado para uma Copa do Mundo e elegia o centro do campo do Progresso como o primeiro lugar a ser visitado em seu retorno. Como algo sagrado, rezou, chorou, agradeceu. Era filho daquele campo. E nós, ali, testemunhas de um flagrante, de algo inesperado. Não é o comum.

Em reportagens de uma série como essa, até se lida com muita emoção, quase sempre em referências a lembranças, quando os personagens envolvidos na história revivem fatos inesquecíveis – felizes ou não. Sempre a partir de entrevistas – marcadas, programadas. As cenas de Taison no campo eram, portanto, exceção nessa linha de produção.

Antes das últimas três copas do mundo, o *JN* exibiu séries sobre os jogadores convocados. Uma ousadia que me tirou algumas noites de sono, porque era uma empreitada ousada, pretenciosa mesmo.

O compromisso é esse: o técnico anuncia os 23 convocados e, a partir do dia seguinte (dia seguinte!), começa a exibição das reportagens. Gravamos nas cidades onde cada um desses jogadores nasceu, passou e vive atualmente. Seja aqui, no interior mais distante do Mato Grosso, na Europa, ou na China.

Mas como se antecipar para saber quem serão os 23 escolhidos? Não há como. Jogadores que estavam em alta meses antes podem estar com o prestígio em baixa, fora dos planos. Jogadores tidos como certos na lista podem se machucar. E zebras sempre surgem na reta final. Em cada uma das três temporadas, iniciamos a produção em torno de dez meses antes da convocação. Impossível acertar cem por cento. Arrancamos lágrimas de gente que não chegou à Copa, gastamos suor e dinheiro contando histórias de nomes que não seriam ouvidos na lista do técnico, mas isso faz parte do jogo.

No momento em que a Seleção é convocada para uma Copa do Mundo, os 23 escolhidos ganham uma aura nova, carimbam um selo importante na história de suas carreiras. E passam a ter uma nova relevância para os conterrâneos.

As trajetórias de vida são, em geral, semelhantes. Mesmo antes de passarem pelo crivo histórico de uma Copa, são pessoas claramente vitoriosas. Sustentam famílias, parentes, vivem com muito luxo.

Como contar histórias de estruturas tão correlatas sem o risco da monotonia? Começa pelo trabalho de pesquisa e pré-apuração. Nessa última temporada, já com a experiência das anteriores, entendemos que o ideal era deixar para gravar o jogador, o personagem central, por último. Os produtores Chico Trigo e Victor Pozella mergulharam nas origens de cada atleta, conversando com centenas de fontes que nos trariam os elementos para decidir onde e o que gravar. Esse trabalho foi decisivo.

A complexidade de uma teia de produção tão extensa logo impõe dificuldades. Por exemplo, conciliar os calendários dos jogadores e descolar autorizações com clubes europeus e empresários para chegar até eles. Não se move uma montanha dessas sem alguém que consiga acesso aos astros do futebol e seus dirigentes. O Grupo Globo tem esse profissional único, que há vinte anos vive o dia a dia da Seleção por todo canto do planeta. Certa vez, quando perguntado sobre seu cargo na empresa, seu único emprego há quarenta anos, ele respondeu: "Sou o João Ramalho, dispenso apresentações". Todo esse direito à marra foi devidamente conquistado. Não se faz uma série de reportagens extensas sem o trabalho invisível da produção.

Para mim, o mais divertido começa a seguir. Sair a campo, ouvir, encontrar histórias novas e identificar quem tem mais peso, quem tem mais carisma na história de determinado jogador. Tentamos deixar o entrevistado à vontade, ainda que rodeado de luzes e câmeras, portando um microfone na lapela, para que ele fale sem pressa, respire, chore... Às vezes, o silêncio fala mais alto que qualquer sonorização.

A partir das entrevistas e da noção sobre o peso de cada personagem, entram em cena os artistas: os repórteres cinematográficos que traduzem em closes, em planos gerais, em movimentos poéticos com a câmera as sensações que desejamos passar. Nessa última temporada da série do *JN*, Álvaro Sant'anna, Ulisses Mendes e Marcelo Bastos foram, em terra, o que o piloto Lucas Munhoz foi no ar, manipulando drones: espetaculares.

Uma reportagem especial que dura entre seis e nove minutos faz a gente gravar, em média, em torno de seis a nove horas – entrevistas, *passagens* (momentos em que o repórter aparece), imagens (com câmera e drone), mais a inclusão de cenas de arquivo, inserções de arte... Gravamos cerca de uma hora para cada minuto exibido. E tudo que foi gravado precisa ser visto em detalhes para depois definir o que tem impacto para abrir a reportagem, para fechar, como fazer o roteiro fluir sem perder a atenção de quem vê.

Tino Marcos e João Ramalho na Copa de 2014.

João Miguel Júnior / Globo

Costumo dizer que toda reportagem que faço deve atender ao meu pai e à minha mãe. Sempre penso neles. Meu pai sempre foi um consumidor voraz de noticiário esportivo, e minha mãe, não, professora aposentada, sem interesse específico por esportes. A meta é ter elementos que possam interessar aos dois. O público do JN é grande e diversificado demais para o nosso conteúdo ser estritamente esportivo ou meramente uma crônica de comportamento.

Se uma série grande assim precisa de tudo isso, de nada adiantaria se o material caísse nas mãos de um editor ruim. No nosso caso, em 2018, coube ao Rubian Nataniel o papel de nos surpreender. Roteiro feito, histórias na cabeça de quem está dentro da equipe, e as mãos e a sensibilidade do Rubian deram um sabor novo ao material.

Depois disso tudo, passamos a conhecer muito mais profundamente cada jogador da Seleção. Nos aproximamos de suas famílias. Passamos a torcer ainda mais por eles, quase todos com histórias de vida comoventes. Mas, por fim, nenhum de nossos heróis pôs uma Copa do Mundo na estante. O Taison, aliás, nem entrou em campo na Rússia.

Juntando as Copas de 2010, 2014 e 2018, foram setenta longas reportagens com candidatos a uma glória que não veio. Mas, mesmo assim, valeu demais.

Galvão Bueno [apresentador, narrador e comentarista]

Participo do *Jornal Nacional* desde 1981, quando entrei para a Globo. Eu talvez tenha sido a única pessoa nesses cinquenta anos a exercer as três funções possíveis: repórter, apresentador e comentarista. Minha primeira grande reportagem para o JN

Galvão Bueno em estreia como comentarista de esportes no *Jornal Nacional* (01/04/1996).

foi no título mundial do Flamengo, em 1981, contra o Liverpool, no Japão. Fazia matérias todos os dias.

Outro marco para mim ocorreu em 1996. Cid Moreira e Sérgio Chapelin se despediram da bancada em uma sexta-feira, e, na segunda, William Bonner, Lillian Witte Fibe e eu, fazendo a parte do esporte, entramos como apresentadores. Foi um dia de muita expectativa e algum nervosismo, afinal, virava-se uma página da história. Fiquei nessa função por dois anos, participando diretamente do dia a dia, das reuniões da tarde, da preparação da noite. Foi uma experiência muito rica e interessante. Depois disso, passei a ser o comentarista de esporte para o JN, sem texto, sem nada, sempre emitindo a minha opinião – o que dura até hoje.

Nesses anos todos, foram muitas Olimpíadas e Copas do Mundo – desde a primeira que cobri, a Copa da Espanha, em 1982. Não há nada igual a uma Copa do Mundo. Não há evento mais importante para um brasileiro. Vivi momentos inesquecíveis, como a conquista do tetracampeonato pela Seleção Brasileira nos EUA, em 1994. Em três mundiais, não posso deixar de lembrar da minha parceira de JN, Fátima Bernardes – que se tornou a musa do penta, na Copa da Coreia e do Japão, em 2002. Ela era a âncora do jornal, enquanto eu entrava antes e depois dos jogos do Brasil para fazer comentários. Em 2006, na Alemanha, brincava com a Fátima: "Enquanto você está apresentando o jornal, sou seu segurança". Um dia, estávamos perto de Frankfurt, e caiu uma tempestade na hora do jornal. A cobertura do local de onde estávamos filmando começou a voar, e a equipe ajudou a segurar a lona para que eu e Fátima ficássemos ali.

Recentemente, voltei a apresentar para o jornal quatro eventos inesquecíveis: a Copa das Confederações de 2013, a Copa do Mundo de 2014, a Olimpíada do Rio em 2016 e a Copa do Mundo da Rússia, em 2018. Foram quatro grandes eventos em um período de cinco anos, nos quais eu fazia ancoragem e comentários. Na Copa das Confederações, o Bonner teve que voltar para o Rio de Janeiro de Fortaleza no dia do segundo jogo da Seleção para assumir a bancada do JN, ao lado da Patrícia Poeta.

Estouraram as manifestações, e o país entrou em convulsão. Foi a primeira vez em que ancorei o campeonato inteiro sozinho.

Um momento muito importante foi o dia seguinte da final dessa Copa, vencida pelo Brasil. A pedido do João Roberto Marinho, fiz o texto de enceramento do JN juntando a movimentação política e social com a vitória em campo. Foi uma responsabilidade gigantesca e um momento que guardo com extremo carinho.

Na Copa de 2014, formei com Patrícia Poeta uma dupla de apresentadores. Minha residência era um hotel perto da Granja Comary, em Teresópolis. Saía dali e acompanhava o dia a dia dos jogos. Apresentávamos o JN no frio danado, porque o estúdio era praticamente ao ar livre, atrás de um dos gols do campo de treinamento. Patrícia e eu viajamos para todos os lugares onde a Seleção iria jogar e, dependendo do horário da partida, o JN era exibido antes ou depois, mas feito do nosso estúdio no estádio. Muita coisa se resolvia em cima da hora. Foi uma experiência espetacular, um trabalho bastante dinâmico, difícil, mas de resultado altamente gratificante. Nessa Copa, três momentos foram marcantes.

O primeiro ocorreu em Fortaleza, nas quartas de final contra a Colômbia, com a contusão do Neymar. O JN ia entrar cinco minutos depois do jogo. Me deu um estalo, peguei o telefone e liguei para o Rodrigo Paiva, diretor de comunicação da CBF. Ele atendeu dizendo assim: "Perdemos nosso menino para a Copa". Na hora em que ele falou isso, berrei no estúdio: "Para tudo, para tudo! Neymar está fora". Estavam comigo o João Pedro Paes Leme, que cuidava do conteúdo, o Renato Ribeiro, que era o diretor da Central Globo de Esportes, e o Ali Kamel, que estava com a gente na cabine em todos os momentos. Imediatamente, liguei para José Luiz Runco, médico da Seleção. Nesse minuto, o Ali disse: "Cai tudo, abre com o Bonner, chama o Galvão e vamos em frente". Quando o Bonner abriu o jornal, eu estava ao telefone e o médico começou a explicar que o Neymar havia fraturado a terceira vértebra. Expliquei que estava entrando no ar e que passaria o telefone para alguém de extrema confiança, que repetiria as informações no meu ouvido, no ponto eletrônico. Dei a notícia ao vivo, ninguém da Seleção sabia, era um furo, ou melhor, um *furambaço* – nas palavras do Ali, no JN.

Outro momento importante foi a entrevista ao vivo com o técnico Luiz Felipe Scolari, em Teresópolis. Ele estava abalado com a perda do Neymar (e com Thiago Silva suspenso), mas extremamente otimista. Falei: "Bom, Felipão, vamos jogar fechadinho, né? Vamos de 2002 neles – três zagueiros, dois volantes e os jogadores de habilidade à frente?". Ele respondeu que isso não era necessário, tinha confiança no time. Saí daquela edição do *JN* preocupado. Achava que devíamos ter uma postura mais cautelosa no jogo seguinte. Talvez ali tenha sido um grande engano. Fui para o jogo contra a Alemanha ressabiado, mas jamais imaginando que pudesse acontecer o que aconteceu. Tomamos um, dois, três gols... Eu olhava para o Arnaldo César Coelho, ele olhava para mim, e pensávamos: "Onde isso vai parar?". Fiquei angustiado. Ronaldo, ao meu lado, ficou pálido. Ninguém estava preparado para o 7x1.

No segundo tempo, pensava: "O que vou falar no *Jornal Nacional*, hoje?". Concluí que não seria um comentário, mas um editorial, que não poderia ser só meu. Escrevi com o Ali, o Renato e o João Pedro. Normalmente, faço de improviso, mas achava que naquele momento tinha que ser um texto preparado. Era um momento de choque.

Passado o trauma, veio a Olimpíada do Rio, em 2016. Algo diferente, uma parceria nova com a Renata Vasconcellos. Fizemos o *JN* no nosso estúdio construído dentro da Vila Olímpica, uma coisa linda, emocionante. Eu corria de um lado para o outro loucamente o dia inteiro: fazia transmissão de futebol, ginástica, natação. Também fazia comentários, recebíamos quem ganhou medalha. Muito dinâmico. Esse evento ainda teve outro momento emocionante, a conquista do ouro olímpico pela Seleção de futebol. Foi em um sábado, e a última edição especial do *JN* teve participação minha, do Maracanã, e da Renata, no estúdio. Foi uma edição longa, emocionante.

Galvão Bueno e Fátima Bernardes durante a cobertura da Copa do Mundo da Coreia e Japão. *Jornal Nacional* (29/06/2002).

Galvão Bueno na cabine de transmissão da Globo no Estádio Serra Dourada, Goiânia, no amistoso entre Brasil e Panamá, dias antes do início da Copa do Mundo (03/06/2014).

João Miguel Júnior / Globo

Para a Copa de 2018, Renata e eu fizemos diversos ensaios nos Estúdios Globo com a equipe que trabalharia em Moscou. O cenário era fantástico, misturava vivo com virtual, e tinha uma janela de vidro que dava para a Catedral de São Basílio e a praça Vermelha. Por causa disso, nossos movimentos tinham que ser precisos, no lugar certo, para não atrapalhar as projeções. O fuso horário exigia que entrássemos no ar às duas e meia da manhã de lá, e íamos para casa com o dia amanhecendo. Havia sempre uma conversa informal com o Bonner, além dos comentários. Eu diria que o JN de Moscou foi uma mistura de jornalismo e show.

Adoro ao vivo, não gosto de fazer nada gravado. Para mim, a vida foi sempre assim: transmissão de jogo e entradas no JN em tempo real. A adrenalina é fantástica, e eu sou um viciado, não posso errar. Quando junta a emoção do esporte, fica um negócio muito bacana. É um espetáculo.

12

A TECNOLOGIA
A SERVIÇO DA NOTÍCIA

RAYMUNDO BARROS E JOSÉ MANUEL MARIÑO
[DIRETOR DE TECNOLOGIA E DIRETOR DE GOVERNANÇA,
TECNOLOGIA E ESTRATÉGIA]

A jornada de tecnologia do *Jornal Nacional* é longa e conta um pouco da história do telejornalismo na televisão brasileira. Começou no dia 1º de setembro de 1969, quando o noticiário foi ao ar pela primeira vez. A pretensão era sintonizar todo o país em um único canal. Este conceito de rede era, na verdade, uma ambição à frente das possibilidades tecnológicas da época. O *JN*, assim, nasceu visionário.

O modelo de um jornal nacional baseava-se em um duplo conceito. Por um lado, ele deveria ser transmitido simultaneamente para todo o Brasil; de outro, tinha a missão de contar as peculiaridades de suas cinco regiões. Para isso, era preciso ter um sinal que alcançasse a vastidão de um país ainda em desenvolvimento e, ao mesmo tempo, formas de acessar a variedade de histórias que representavam sua multiplicidade geográfica e cultural. Os pioneiros que

Cid Moreira e Celso Freitas na bancada do *Jornal Nacional* (década 1980).

ACERVO / GLOBO

apoiaram a implantação do *JN* foram o coronel Wilson Brito, então diretor de Tecnologia da Globo, e os engenheiros Herbert Fiuza e Adilson Pontes Malta.

A transmissão era o desafio inicial, logo vencido graças ao tronco sul de rotas terrestres de rádio da Embratel, que passava por Rio de Janeiro, São Paulo, Porto Alegre e Curitiba. Eram sistemas redundantes de telefonia, que usavam equipamentos de transmissão e recepção, e operavam na faixa de micro-ondas. Ao combinar vários canais que tinham como objetivo viabilizar ligações telefônicas, tornava-se possível o envio de vídeos.

No entanto, esses canais não eram permanentemente abertos à Globo, tampouco funcionavam em duas mãos. Ou se transmitia um programa, ou se transmitia material para fazê-lo. Mediante um acordo comercial, os sinais da Embratel ficavam abertos no horário do *JN*, mas, fora isso, só era possível o seu uso para transmitir materiais durante a madrugada, quando a demanda era reduzida.

O serviço da Embratel foi fundamental para que a Globo chegasse a outros estados, mas para a concretização do ideal da rede, era preciso dar um passo além. O primeiro investimento tecnológico da emissora foi a construção de uma infraestrutura de rede própria para viabilizar transmissões ao vivo entre as sedes da Globo no Rio de Janeiro e em São Paulo. Esse esforço inaugurou

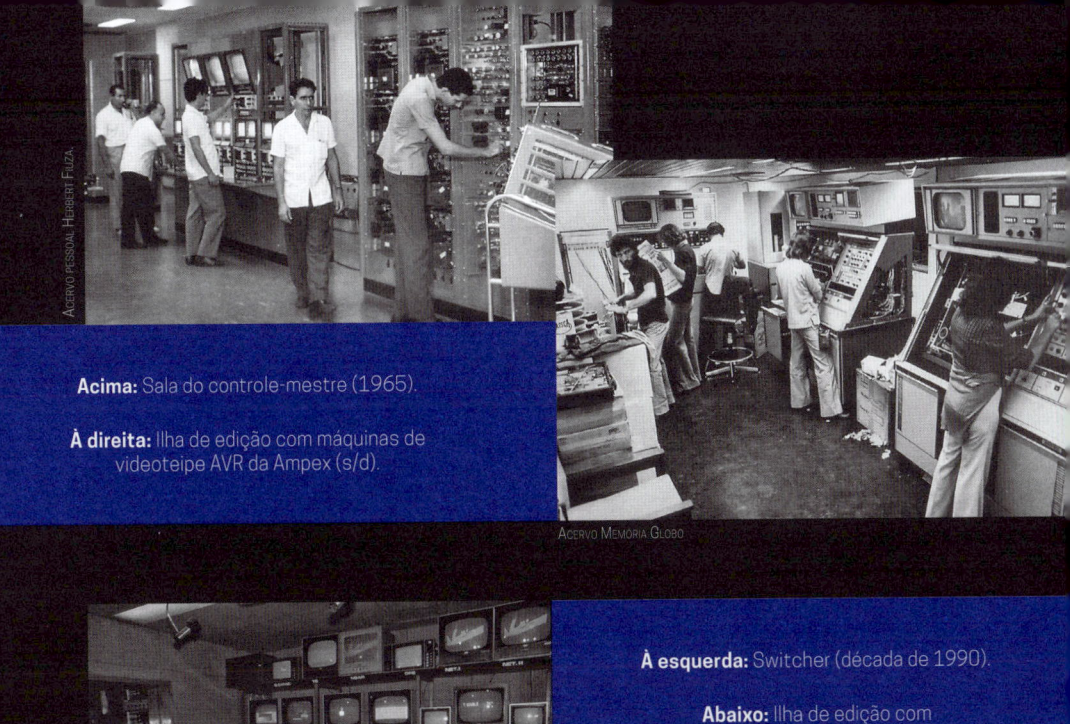

Acervo pessoal Herbert Fuza.

Acervo Memória Globo

Acima: Sala do controle-mestre (1965).

À direita: Ilha de edição com máquinas de videoteipe AVR da Ampex (s/d).

Acervo Memória Globo

À esquerda: Switcher (década de 1990).

Abaixo: Ilha de edição com máquinas AVR (s/d).

Acervo/Globo

Acervo Memória Globo

Acima: Leila Cordeiro e equipe gravam reportagem com unidade móvel (s/d).

À direita: Primeira unidade móvel de reportagem eletrônica ao vivo, (s/d).

Acervo pessoal Armando Nogueira

um modelo que seria seguido de forma permanente no futuro: o de buscar as soluções tecnológicas para uma integração cada vez mais ampla. Depois da rota Rio-São Paulo, passou-se à interiorização do sinal no interior do estado de São Paulo, onde emissoras se associavam à Globo na estrutura de afiliadas.

Em 1982, a Globo, já com cinco emissoras próprias – Rio de Janeiro, São Paulo, Recife, Belo Horizonte e Brasília – e 36 afiliadas, introduziu o uso de satélite e investiu na montagem de antenas em diversos pontos do país. O novo meio era mais confiável e dava agilidade ao jornalismo, na medida em que possibilitava a divulgação de notícias de forma imediata e instantânea. A ideia de rede nacional finalmente se efetivava.

A busca constante de soluções tecnológicas para garantir a cobertura e a atuação da emissora nos quatro cantos do país não se deu apenas na expansão de seu sinal, mas sobretudo no tratamento da informação. A Globo sempre desenvolveu uma série de ferramentas e sistemas de apoio ao trabalho dos jornalistas e profissionais envolvidos na complexa tarefa de levar a notícia ao ar. A ousadia inicial de consolidar a rede, uma vez transposta, deu lugar ao duplo desafio da agilidade e da mobilidade. Isso requeria equipamentos de captação e edição, estrutura para deslocamentos e transmissão – tudo isso, sem prejuízo da qualidade estética e gráfica, fundamental para dar a clareza necessária a um produto que almeja acessar a diversidade de um país com milhões de habitantes.

O *JN* é um produto extremamente cuidadoso, do ponto de vista da edição, e moderno no que toca à linguagem visual. Desde seu início, a Globo investiu na montagem de robustos laboratórios e de soluções que conferissem

Sala do Tráfego de Sinais na Globo Rio. *Jornal Nacional* (02/12/2013).

FRAME DE VÍDEO / GLOBO

Ilha de edição do Jornalismo (06/2018).

rapidez e clareza estética à notícia. A centralização do lento processo de revelação das películas 16mm, telecinagem e edição linear usadas nos primeiros anos do telejornal possibilitava que reportagens feitas pela manhã fossem transmitidas à noite. O trabalho era penoso, e o editor tinha que administrar um conjunto de comandos e máquinas. O áudio era gravado separadamente, os créditos eram em Letraset, um sistema de decalques transferidos para uma cartela. Em 1976, com a introdução do Eletronic News Gathering (ENG), um conjunto de equipamentos eletrônicos que substituíram as tradicionais câmeras de película, foi possível otimizar esse processo.

O ENG consistia em pequenas unidades portáteis equipadas com câmeras leves e sensíveis e gravadores de videoteipe. Algumas delas dispunham de transmissores de micro-ondas, que permitiam o envio de imagens e sons diretamente do local do acontecimento para a emissora. A adoção do ENG, aliada a sistemas de edição lineares com duas ou três máquinas de videoteipe no formato U-Matic, eliminou a perda de tempo com revelação de filmes, facilitou a edição e possibilitou regravar matérias em caso de erros.

O *JN* foi o primeiro a adotar o sistema, que permitiu, ainda, ampliar a participação dos repórteres em frente às câmeras, contribuindo para a consolidação de uma linguagem própria. A mudança do fluxo de trabalho nas praças foi paulatina. Fernando Waisberg e Mauro Rychter foram responsáveis por capacitar os profissionais nas novas tecnologias. Com o tempo, todas as afiliadas aderiram. Os laboratórios foram fechados e se pôs fim ao uso das câmeras de filme.

A chegada dos computadores na redação, no início dos anos 1980, promoveu uma lenta transformação que eclodiria em uma revolução nas décadas seguintes. Em 1982, por meio de uma parceria com a norte-americana Pacific Data Image, a Globo implantou o sistema de computação gráfica. No ano seguinte, foi criada a primeira vinheta de abertura do *JN*, além de uma série de

Controle da operação das câmeras robôs do *Jornal Nacional* (2017).

recursos de efeitos especiais. A informatização possibilitou a introdução da pictografia eletrônica em 1989 e a realização de quadros como o Mapa Tempo em 1991, inteiramente baseado em computação gráfica. Além disso, recursos como o sistema *closed caption*, que passou a legendar o telejornal a partir de 1997, tornavam o JN acessível para deficientes auditivos.

No mesmo ano, surgiam as primeiras câmeras e ilhas digitais no Rio e em São Paulo. Com os novos equipamentos digitais Sony e Avid, as novas ilhas digitais eram usadas na pós-produção, em caráter experimental. Apenas em 1999, com a inauguração da nova sede da Globo em São Paulo, funcionaria, pela primeira vez no Brasil, uma estação de televisão totalmente digital, desde a captação até a edição.

A sede da avenida Berrini foi a primeira infraestrutura tecnológica totalmente digital dedicada ao Jornalismo e Esporte. Foram Fernando Bittencourt e Evandro Carlos de Andrade, então os diretores da Central Globo de Engenharia e da Central Globo de Jornalismo, os principais arautos da necessidade de que o *JN* tivesse uma presença mais efetiva na região e os grandes patrocinadores do projeto. O *Jornal Nacional* passou a contar com uma moderna redação na maior cidade do Brasil e uma integração diária, a cada edição, entre os estúdios do Rio, onde ficavam os apresentadores, e o de São Paulo, onde tínhamos o Mapa Tempo e comentaristas eventuais.

A edição digital, não linear, promoveu uma revolução no telejornalismo. O recurso deu mais agilidade ao trabalho dos editores de texto e imagem, e permitiu a entrada de matérias no *JN* feitas no fim de tarde. O sistema, no entanto, só

Switcher do jornalismo no Rio de Janeiro (2015).

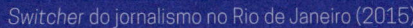

Acima: Câmeras e teleprompter no estúdio do *Jornal Nacional* (2015).

À direita: Câmeras-robôs no estúdio do *Jornal Nacional* (2017).

Estúdio do *Jornal Nacional* (2017).

seria plenamente adotado pelo telejornal em 2008. O compromisso com a rede exigia diálogo e adequação às realidades do país, o que significava lidar com condições diversas de infraestrutura e capacidade técnica.

O século XXI e a revolução digital mudaram o conceito de rede, que passou a ser entendido como conexão permanente. Isso é evidente no esforço do *JN* em estar cada vez mais perto da notícia. Nesse sentido, a Globo criou, em 2001, um equipamento próprio que ficou conhecido como "kit correspondente", composto por uma câmera portátil leve e um laptop equipado com softwares de edição e compressão de imagem, cuja função era permitir aos correspondentes internacionais a captação, edição e transmissão de material em qualquer lugar do mundo, via satélite ou pela internet. Em 2004, pela primeira vez, Fátima Bernardes deixou a bancada para apresentar o telejornal direto de Washington, por ocasião das eleições norte-americanas. Daí por diante, no Brasil ou no exterior, o *JN* esteve presente nas mais importantes urgências e também em grandes eventos, como Copas do Mundo e Olimpíadas.

Mas não são apenas as equipes do Jornalismo que devem estar sempre conectadas. É preciso ter em vista o que, em tecnologia, chamamos de ubiquidade. Trata-se da sofisticação nos processos de interação em duas vias, que possibilitam o uso de técnicas como a dos quadros interativos e da holografia, mas também acessar a enorme rede de telespectadores do telejornal. No que toca ao tratamento de conteúdo, a Globo tem investido no uso de *big data*, criando soluções para explorar e analisar a quantidade de dados que atualmente estão disponíveis na internet. Inteligência artificial e humana se unem para que histórias sejam contadas por dados.

Um exemplo recente de jornalismo de dados foi a cobertura das eleições de 2018, quando público e jornalistas acompanharam a "marcha da apuração" em todo o Brasil, com a granularidade de cada zona eleitoral e um modelo de apresentação de resultados que repercutia, em tempo real, cada governador eleito e as grandes viradas no momento em que elas aconteciam.

A Globo e suas afiliadas contam com um time de mais de 1500 especialistas em computação gráfica, telecomunicações, ciências da computação, engenheiros de áudio e vídeo, cientistas de dados, técnicos, entre outros profissionais, organizados por centros de excelência, para apoiar os jornalistas a traduzir a realidade das notícias de forma a serem compreendidas por uma população com a diversidade do tamanho deste país.

Tendo nascido visionário, o *JN* mantém sua habilidade de inovação. Seja na estrutura ou no aprimoramento constante de meios e modos de fazer, ele está sempre um passo à frente. Para isso, há cerca de 150 pessoas, nas cinco emissoras próprias da Globo, envolvidas na captação, na operação e no controle. Por trás das câmeras, do *switcher* e de computadores, profissionais de tecnologia operam, pensam e criam soluções que contribuem para que o *JN* seja, há cinquenta anos, o principal veículo de informação do Brasil.

Raymundo Barros em entrevista ao Memória Globo (2015).

RENATO VELASCO / MEMÓRIA GLOBO

Herbert Fiuza [diretor da Divisão de Engenharia · 1983-1985]

O *Jornal Nacional* se firmou como um telejornal realmente nacional quando se tornou tecnicamente possível interligar o país com a rede de micro-ondas da Embratel. A empresa iniciou suas atividades em 1965, quando o Brasil contava com 1,3 milhão de telefones, três sistemas de micro-ondas e alguns circuitos-rádio, ligando Brasília às capitais dos estados. O desafio da Embratel era expandir a tecnologia e conectar o país ao sistema mundial de comunicações por satélite do consórcio Intelsat. Entre 1967 e 1972, a empresa ligou, por micro-ondas ou satélite, todas as capitais e as quinhentas maiores cidades brasileiras.

Em fevereiro de 1969, a Embratel inaugurou, em Tanguá, no município de Itaboraí, no Rio de Janeiro, a Estação Terrena de Comunicação Via Satélite. Além de ampliar as comunicações do Brasil com o exterior, a estação possibilitou a transmissão de imagens de televisão ao vivo, inclusive aquelas geradas do exterior. Hilton Gomes fez a primeira reportagem internacional via satélite para o Brasil. No dia 28 de fevereiro de 1969, ele apresentou uma entrevista concedida pelo papa Paulo VI, gravada na véspera. Em julho do mesmo ano, os primeiros passos do astronauta Neil Armstrong

José Ricardo opera máquina de videoteipe da AMPEX (s/d).

ACERVO PESSOAL JOSÉ RICARDO MELLO DOS SANTOS

Milton Valinhos opera câmera RCA denominada TK 60 (s/d).

na Lua foram transmitidos via satélite para o mundo inteiro. Foi do mesmo modo que a Globo conseguiu exibir, ao vivo, os jogos da Copa do Mundo de 1970 – o primeiro evento com transmissão direta em cores.

A primeira grande ligação em rede da Globo foi feita com o *Jornal Nacional*, que estreou no dia 1º de setembro de 1969. Antes disso, não tinha interconexão entre as emissoras. Cada cidade transmitia um conteúdo. Para os eventos ao vivo, montávamos uma miniestação de televisão. Um caminhão era usado como unidade móvel, onde estavam disponíveis três câmeras, controles, monitores e mesas de corte e de som e microfones portáteis. Havia, ainda, um equipamento de micro-ondas, que permitia a transmissão de qualquer lugar. Parávamos o carro; saíamos com a antena parabólica de mais de um metro de diâmetro, em um tripé; alinhávamos com a torre; fazíamos a conexão, recebíamos o sinal; confirmávamos tudo por rádio e fazíamos a transmissão ao vivo. Não se gravava na rua, só em estúdio. Durante a década de 1970, a Globo não fazia transmissões via satélite, apenas as recebia. Isso só começou mudar a partir de 1982.

Em 1981, a Embratel nos sugeriu implantar o satélite no lugar da rede terrestre. Assim, a dificuldade de chegar a São Paulo, por exemplo, seria a mesma de alcançar

Rondônia, porque o satélite, em direção à Terra, tinha a mesma distância. Eu e a engenheira Liliana Nakonechnyj ficamos responsáveis por esse projeto: compramos as antenas, alugamos os *transponders* – dispositivos de comunicação usados para receber, amplificar e retransmitir um sinal – e fizemos a instalação das antenas em todas as afiliadas da Globo. Havia, ainda, outro desafio. A Globo estava se preparando para transmitir a Copa do Mundo da Espanha, em 1982, com exclusividade. Parte da equipe estava dedicada a esse evento. Mas eu tinha um grupo trabalhando na nova forma de transmissão. Conseguimos entrar no ar, via satélite, em setembro de 1982, com o *Jornal Nacional*, que podia ser visto de qualquer lugar do Brasil.

De 1984 para 1985, a Embratel deixou de usar o satélite Intelsat e lançou o Brasilsat. Fizemos a troca de madrugada. O telespectador nem sequer percebeu. Mas nós sentimos a mudança: passamos a transmitir para o Brasil todo usando um satélite nacional e começamos a fazer transmissões internacionais, em vez de só receber do exterior.

Fernando Bittencourt
[diretor de Engenharia e Tecnologia • 1991-2014]

O *Jornal Nacional* estreou em 1º de setembro de 1969, ao vivo, do estúdio da Globo na rua Von Martius, no Rio de Janeiro, com as matérias captadas e exibidas em película (filme). Quando chegavam aos estúdios, as filmagens de entrevistas e matérias jornalísticas tinham que ser reveladas em laboratórios e montadas em moviolas antes de serem exibidas por projetores. Todo esse processo demandava muitas horas para ser concluído, às vezes um dia inteiro.

As equipes de reportagem ensaiavam suas matérias antes de filmá-las para consumir a metragem disponível da película. Além disso, o resultado final da gravação só era verificado após a revelação nos laboratórios da sede da emissora.

As matérias "ao vivo", fora do estúdio, eram raríssimas, pois necessitavam da locomoção de carros enormes equipados com câmeras de estúdio e micro-ondas para realizar o link com a emissora, o chamado "carro de externa". Devido ao custo e ao tempo necessários para produção das matérias, grande parte delas eram somente lidas pelo apresentador, sem a cobertura ilustrada. Tudo era exibido em preto e branco, pois a TV a cores só se difundiu no início da década de 1970.

Em 1974, iniciamos o jornalismo eletrônico com uso de câmeras e videoteipes portáteis em substituição às câmeras de filme. A nova tecnologia permitiu grande

Antenas do Sumaré, no Rio de Janeiro. *Jornal Nacional* (02/12/2013).

FRAME DE VÍDEO / GLOBO

agilidade na operação. A fita chegava ao estúdio e ia direto para edição eletrônica, e a matéria ficava pronta para ser exibida. A reedição da reportagem era muito rápida e sem custo, diferentemente da película usada até então. Os repórteres tinham como avaliar suas matérias e regravá-las se necessário.

Esse foi um dos maiores, se não maior, salto tecnológico na história do *Jornal Nacional*. Agilidade e imediatismo. Tudo que os jornalistas sonhavam. As câmeras de cinema foram rapidamente substituídas por câmeras eletrônicas portáteis. Passamos a ter mais entradas ao vivo com os links móveis, o que tornou o JN mais dinâmico e ágil.

Na década de 1980 veio a evolução dos links por satélite, o que permitiu a exibição do JN simultaneamente para todas as emissoras da Globo. Também se iniciava a contribuição por satélite de matérias e entradas ao vivo de qualquer parte do Brasil e, depois, do mundo.

Na década de 1990 iniciamos, com a tecnologia digital, o uso de computadores e softwares que permitiram um enorme salto de qualidade nos grafismos e nas artes utilizadas para enriquecer as matérias. Até então, eram feitas em película por meio de trucagem, um processo lento, custoso e com poucos efeitos visuais.

A agilidade da operação seguiu evoluindo nos anos 2000, quando iniciamos o uso de servidores e discos que substituíram o videoteipe. Era a chamada tecnologia *tapeless*. As matérias eram transferidas para o servidor no qual eram, e são até hoje, editadas, reeditadas e exibidas ou canceladas com muita agilidade, sem tráfego de mídia física.

Em 2007, iniciamos as transmissões digitais em alta definição no Brasil. O primeiro conteúdo da Globo a ser exibido em HDTV foi a novela das nove, *Duas Caras*. Aos poucos, toda a programação foi sendo produzida na nova tecnologia. Em dezembro de 2013, o *Jornal Nacional* passou a ser inteiramente exibido em HDTV. Esse foi um enorme salto de qualidade de som e imagem com tela panorâmica e som digital levados à casa das pessoas.

Acompanhando a evolução tecnológica da operação no ar, a redação do JN evoluiu das máquinas de escrever, na estreia, para o computador pessoal e daí para todo o sistema operado em rede com acesso à internet e à banda larga, como temos hoje, integrando texto, imagem e som.

A evolução tecnológica no *Jornal Nacional* conta a história da evolução da TV brasileira.

Glória Maria [repórter e apresentadora do *Globo Repórter*]

Fui eu que fiz a primeira entrada ao vivo, em cores, no *Jornal Nacional*. Era uma situação na qual não se podia errar, falhar. Todo mundo estaria vendo, até o Roberto

Glória Maria (06/1980),

OTÁVIO MAGALHÃES / AGÊNCIA O GLOBO

Marinho. A primeira entrada em cores! Decidiram fazer imagens do engarrafamento na avenida Brasil, porque era colorido, luzes vermelhas, seria bonito. Fomos lá, eu e o repórter cinematográfico Roberto Padula, com uma URJ, nossa primeira unidade móvel de jornalismo – uma Veraneio enorme.

A quantidade de carros na rua e o engarrafamento diminuíam conforme o tempo ia passando. Eu pensava: "Caramba, vou precisar inventar um texto". Embora fosse ao vivo, eu escrevia antes o que falaria. No entanto, a cada minuto, tudo ia mudando. Primeiro, eu diria: "O engarrafamento de trinta quilômetros". Mas o trânsito foi melhorando, e não seriam mais trinta quilômetros. Quando faltavam três minutos para entrar, o iluminador queimou. Toda a equipe, lá *no switcher*, perguntava, desesperada, o que estava acontecendo. Nunca vou esquecer disso. Olhei para a URJ, o Padula olhou para mim, e eu disse: "Acende o farol!". Ele acendeu aqueles faróis grandes da Veraneio, que me iluminavam na altura das pernas. Olhamos um para o outro, eu e o Padula, enquanto Armando Nogueira e Alice-Maria, no *switcher*, gritavam meu nome. Falei: "Não tem problema, eu fico de joelhos!".

Assim entrei ao vivo. Acabou, todo mundo bateu palmas. Só depois foram saber como tinha sido. Às vezes, vou lembrando de coisas absolutamente loucas, que hoje seriam impensáveis. Naquela época, nós errávamos, era tudo muito improvisado. Hoje, vemos essa grandiosidade do *JN*, mas nossa primeira entrada ao vivo, com transmissão em cores, foi comigo e o cinegrafista de joelhos, sob a iluminação de um farol de carro. E ficou bárbaro!

Roberto Kovalick [repórter]

O "kit correspondente" é essencial para o trabalho do jornalista no exterior. Aumentou nossa mobilidade e permitiu que fôssemos mais longe, mostrando as notícias mais a fundo e produzindo mais conteúdo. O próprio fato de a TV Globo ter profissionais em tantos países se deve a esse equipamento. Ele é econômico, basicamente de graça, o que permite que se invista em outras coisas. Antigamente, gerávamos o material por satélite, o que custava uma fortuna. Se a Globo tivesse que gastar isso para cada reportagem de cada correspondente, não seria possível ter profissionais no Japão, em quatro países da Europa e no Oriente Médio, como já tivemos. O programa do kit, desenvolvido pela Globo, é eficiente e rápido. A gente captura as imagens, ele comprime e manda pela internet para o Brasil, onde o editor descomprime para botar no ar.

Outra grande vantagem é a da mobilidade, que não havia quando precisávamos gerar material via satélite. Neste caso, comprávamos horário do satélite e precisávamos estar no lugar da geração pelo menos dez minutos antes. Se chegássemos dez minutos depois, perdíamos a janela de horário que tínhamos. Ainda havia os imprevistos. Quando fui cobrir um daqueles furacões que vieram logo depois do Katrina, nos Estados Unidos, tive que ir até uma cidade que seria, supostamente, destruída. Na falta de comunicação, fomos até Houston, a cidade mais próxima, para gerar o material. Eram duas horas de carro. Enquanto o motorista dirigia, eu tentava fazer uma pré-edição, no limite máximo da velocidade, para chegar ao local onde estava o caminhão com a antena apontada para o satélite. Conseguimos chegar no horário, mas não deu nem para parar no meio do caminho para ir ao banheiro ou tomar um café.

Com o "kit correspondente", podemos ir para praticamente qualquer lugar, basta ter uma conexão de internet. Além disso, quando eu era correspondente, tínhamos o BGAN, um equipamento que conecta diretamente com o satélite. Com ele, nem precisa ter internet. Nesse caso, há o custo do satélite – cerca seiscentos dólares para transmitir

Acima: Infográfico mostra o funcionamento do kit correspondente. *Jornal Nacional*, (08/10/2001).

Abaixo: Kit correspondente (2009).

dez minutos de material. Passamos o material para o computador, tiramos tudo que for desnecessário e mandamos para o Brasil, usando o mesmo sistema do kit.

Com o kit, não precisamos ficar procurando um local para gerar, nem ficar contando no relógio o tempo para chegar no local de geração. Aquelas duas horas que eu perderia para chegar em Houston, no exemplo que citei, são duas horas a mais para fazer reportagem, para entrevistar pessoas. Ou seja, o material fica mais rico.

Saímos ganhando porque é barato, aumenta a mobilidade e diminui o cansaço – e porque passamos a ter mais tempo para, efetivamente, fazermos o nosso trabalho de repórter, o que vai se refletir na qualidade final. O resultado é que a reportagem será melhor.

13

A PREVISÃO DO TEMPO NO *JN*

MAJU COUTINHO
[APRESENTADORA]

Convido você a voltar no tempo e revisitar uma época em que o termo "garota do tempo" não existia. A previsão era coisa de homem. Durante as duas primeiras décadas do *Jornal Nacional*, cabia aos próprios apresentadores do telejornal o papel de "homens do tempo".

Com exceção da apresentadora eventual, Márcia Mendes, eram as vozes de trovão de Cid Moreira, Hilton Gomes, Sérgio Chapelin, Ronaldo Rosas, Heron Domingues, Celso Freitas, Carlos Campbell, Marcos Hummel, Eliakim Araujo, Fernando Vannuci e Berto Filho que informavam, em uma nota de trinta segundos, se o dia seguinte no país seria de sol, chuva, frio ou calor. Tudo ilustrado com mapas desenhados a mão em cartões de papelão. Esses mapas, que muitas vezes nem mostravam a divisão dos estados brasileiros, eram gravados e depois recebiam aplicações com ícones de sol, nuvens e chuva. Em previsões especiais, como a do Réveillon de 1980, um meteorologista

FRAMES DE VÍDEO / GLOBO

De cima para baixo: Previsão do tempo no *Jornal Nacional* – Sandra Annenberg (08/07/1991), Carlos Magno (12/10/1999) e Rosana Jatobá (07/03/2006).

do Instituto Nacional de Meteorologia descrevia as condições do tempo no país com uma varinha apontada para um mapa do Brasil pendurado em uma parede, um mapa comum como os oferecidos atualmente por ambulantes nos congestionados cruzamentos de grandes cidades. Cenas pitorescas para quem hoje assiste ao *Jornal Nacional* e que nos fazem pensar: como o tempo fez bem ao tempo do *JN*!

Somente 22 anos depois da estreia do *Jornal Nacional*, a previsão do tempo ganhou um cantinho para chamar de seu. No dia 8 de julho de 1991, tornou-se um quadro apresentado pela jornalista Sandra Annenberg, a primeira mulher a participar diariamente do *JN* ocupando um posto de apresentação. Cid Moreira anunciou a estreia: "Terça-feira de tempo bom em quase todo o país. A previsão da meteorologia com fotos do satélite Meteosat, recebidas do Instituto Nacional de Pesquisas Espaciais, indica também temperaturas altas na maioria dos estados". A previsão trazia outra novidade: a jornalista aparecia em pé ao lado de um grande mapa do Brasil, mas passava parte dos trinta segundos da apresentação de costas para o telespectador.

O protagonista da previsão, o mapa, passou a ser confeccionado com a ajuda de um dos primeiros computadores da emissora, que chegou ao departamento de Arte da Globo São Paulo por volta de 1990. Tratava-se do PC 286, um monstrengo acinzentado, que dividia espaço com uma mesa de desenho, cartolinas, canetas e pincéis. A redação contava apenas com um sistema de transmissão de dados da Embratel: a Rede Nacional de Comunicação de Dados por Comutação de Pacotes (Renpac). Ela enviava imagens de satélite, que eram agrupadas pelo "monstrengo", dando origem a uma das artes do quadro previsão do tempo.

A fotografia de satélite, os mapas de ícones (nuvens, sol e chuva) e de temperaturas eram exibidos no chamado *chroma-key*: um painel com fundo azul ou verde, onde imagens são sobrepostas, e que, segundo Sandra Annenberg, foi um dos responsáveis por seu corte de cabelo. Quando começou a apresentar a previsão, a jornalista mantinha o cabelo cacheado e armado. Como algumas mechas vazavam no fundo azul do *chroma*, a saída foi adotar um corte bem curtinho para facilitar o seu trabalho.

E a labuta de Sandra começava cedo. Ela apresentava o *SPTV – 1ª Edição* e também as previsões do próprio *SP1* e do *SP2*. Depois, gravava o chamado Mapa Tempo do *JN* e enviava a gravação para o Rio de Janeiro, onde até hoje o telejornal é apresentado. As informações meteorológicas chegavam à apresentadora através do casal de meteorologistas, Carlos Magno e Ana Lucia Frony, que trocou as praias cariocas pela cidade de São Paulo. Eles tinham um QG meteorológico nos antigos estúdios da Globo, na região central da capital paulista. O casal recebia as informações via fax e telex, interpretava os dados e contribuía para a elaboração das artes e dos textos da previsão do tempo.

Magno e Ana Lucia continuaram dando suporte para a jornalista que sucedeu a Sandra Annenberg na apresentação do quadro: Rosângela Santos. Com o processo de reformulação do *JN*, em 1996, quando os jornalistas William Bonner e Lillian Witte Fibe assumiram a bancada, o meteorologista Carlos Magno foi convidado a apresentar a previsão para dar mais credibilidade ao quadro que ganhou também mais sofisticação: ícone para representar frentes frias, trilha sonora, nuvens animadas.

Depois de Magno, jornalistas voltaram a ser a voz do tempo do *JN*. Fabiana Scaranzi, Patrícia Poeta, Mariana Godoy, Fabrício Bataglini, Evaristo Costa, Lúcio Sturm e Rosana Jatobá apareciam agora de corpo inteiro e caminhavam pelo cenário para mostrar as imagens de satélite em um totem e os mapas de ícones e temperaturas em outro. Tudo isso em trinta segundos.

Em 2012, a previsão ganhou mais tempo e mais cenários. A apresentadora Flávia Freire passou a ter um minuto e vinte segundos para mostrar os detalhes do tempo no país, incluindo fenômenos que influenciam o clima no Brasil e no mundo. Em um totem, era possível exibir imagens reais de enchentes, secas e outros fenômenos climáticos e mostrar artes sobre variações de pressão atmos-

Maju Coutinho em estreia na apresentação da previsão do tempo no *Jornal Nacional* (27/04/2015).

férica, direção e intensidade do vento, umidade do ar ou volume de chuva. Em uma tela virtual gigante, surgiam mapas de ícones, temperatura e de altura de ondas. Outro recurso utilizado era uma maquete eletrônica em 3D que possibilitava a explicação de alguns sistemas meteorológicos.

Foi na era da previsão *high-tech*, em outubro de 2013, que comecei a apresentar o Mapa Tempo do JN de forma eventual, aos sábados, revezando com Michelle Loreto (a então titular do quadro), Eliana Marques, Izabella Camargo e Flávia Alvarenga. A gravação naquele cenário totalmente virtual era desesperadora. Eu ficava com um olho no fundo verde do *chroma-key* e outro no monitor, que exibia as regiões e estados que eu deveria mostrar. Apontar Roraima naquele fundo verde era um desafio. Além de localizar estados e capitais, eu tinha que trocar as artes exibidas no *chroma* usando um pequeno controle remoto, falar pausadamente e caminhar com elegância em cima de um salto alto. Havia plantões em que eu gravava cinco versões até conseguir que a mudança das artes, a caminhada e a fala ficassem perfeitamente alinhadas em um minuto e vinte segundos de previsão, que continuava sendo enviada para o Rio de Janeiro, duas horas antes da exibição do telejornal, por meio de um sistema de geração de imagens.

Em abril de 2015, tornei-me a apresentadora titular do Mapa Tempo, que começou a ser transmitido ao vivo e ganhou mais tempo ainda: dois minutos e trinta segundos, chegando a três minutos no caso de eventuais catástrofes. William Bonner e Renata Vasconcellos passaram a caminhar até um telão enorme para anunciar a previsão. O novo cenário dava a impressão de estarmos no mesmo espaço, mas eu continuava em São Paulo, e o Bonner e a Renata, no Rio de Janeiro.

O que hoje chama atenção na fala do apresentador é o termo "tempo bom". Bom pra quem? Afinal, para o agricultor que assiste ao *Globo Rural* e precisa de água para a plantação, a chuva é sinônimo de tempo bom. Porém, para a paulistana que está louca para descer a serra e pegar uma praia no fim de semana, tempo bom é um dia ensolarado, sem sombra de chuva.

Humberto Pereira, editor-chefe do *Globo Rural* por 37 anos, foi quem me alertou sobre a relatividade dos conceitos "tempo bom" e "tempo ruim" quando eu me preparava para estrear como apresentadora do tempo, depois de já ter feito o mesmo alerta para outros colegas que passaram pelo quadro.

As duas expressões deram lugar a firme, chuvoso, tempestuoso. Seja como for, informações sobre o tempo têm considerável impacto sobre nossa vida, estejamos na cidade, no campo ou na praia, no "trampo" ou "de boa", curtindo momentos de lazer. À meteorologia cabe interpretar os sinais vindos do céu, do ar e do mar e fornecer as informações mais precisas possíveis para que a gente possa programar nossa vida. A tarefa do jornalista que trabalha com a previsão do tempo é transmitir as

Ilustrações da previsão do tempo desenvolvidas pela equipe de Arte do Jornalismo.

informações meteorológicas de forma clara, objetiva e saborosa. É com esse objetivo que a equipe de apresentadores do tempo do *JN* pede licença para entrar na casa dos brasileiros.

Com mais tempo e com o auxílio de meteorologistas, ilustradores, editores, fontes de diferentes instituições meteorológicas e científicas e da tecnologia, tem sido possível ir além da previsão de sol, chuva, calor e frio e mostrar as diferenças climáticas deste nosso Brasil de dimensão continental, destacar as peculiaridades de cada região, informar o nível de importantes reservatórios de abastecimento e de geração de energia elétrica, alertar sobre a cheia dos rios da região Norte, explicar o processo de formação de frentes frias, sistemas de baixa e alta pressão, nevoeiros, geadas. O tema das mudanças climáticas também tornou-se assunto da previsão do tempo do *JN*, como preconiza a Organização Mundial de Meteorologia (OMM). A convite da instituição, participei de duas conferências

CICERO RODRIGUES / MEMÓRIA G...

Bastidores da previsão do tempo no *Jornal Nacional* (23/06/2017).

com apresentadores do tempo de vários países para desenvolver estratégias de comunicação sobre o aquecimento global, suas consequências e sobre como minimizar seus impactos. Desde então, sempre que possível, a previsão do tempo do *JN* traz dados sobre o aquecimento do planeta, desmatamento e uso de fontes alternativas de energia. Uma de nossas apresentações, que abordou o crescimento da energia eólica e solar no Brasil, rendeu ao *Jornal Nacional* uma menção elogiosa na Convenção Quadro das Nações Unidas Sobre Mudanças Climática (UNFCC).

Quando a meteorologia prevê chuva, mas faz sol, ou indica que o tempo ficará firme, porém cai um toró, lanço mão da seguinte frase: "É previsão do tempo e não precisão". A natureza caótica da atmosfera é um dos principais impedimentos para que a previsão seja certeira. Mesmo assim, é notável como a capacidade de prever o tempo melhorou nas últimas décadas. Hoje, dependendo da estação, a previsão para um ou dois dias tem acerto de 90% e, de acordo com a época do ano, pode chegar a 95% e 99%, como no centro-oeste do Brasil no período seco. Entre três e cinco dias, vai caindo para 70% e 80%. A partir do sexto dia, cai para 60% e 65%. A previsão para um mês inteiro é um tiro no escuro.

Para fazer um prognóstico, é preciso coletar o maior número possível de dados: temperatura, umidade, vento. Aviões, balões, boias, navios e outros instrumentos são algumas das "máquinas do tempo" que coletam tais dados. Supercomputadores processam rapidamente milhares de informações captadas na terra, no ar e no mar e, quanto mais potente for a supermáquina, mais precisa será a previsão. Porém, vale ressaltar que o cérebro eletrônico faz quase tudo, como cantou Gilberto Gil, porque só o meteorologista pode analisar cenários, levando em conta fatores como a topografia de determinada região (que exerce influência sobre o tempo), e usar sua experiência para eleger a previsão mais confiável. São os meteorologistas que trabalham ao nosso lado na redação da Globo que batem o martelo sobre a previsão anunciada pelo *JN* para milhões de brasileiros.

Acredito que o apresentador do tempo tem o papel de acrescentar ao quadro da previsão pitadas de educação científica e ambiental, de conectar o telespectador com sua comunidade ou de simplesmente encorajá-lo a apreciar um entardecer encantador ou uma bela lua cheia. Que bons ventos tragam sempre avanços à previsão do tempo do *Jornal Nacional*!

Bastidores da gravação da previsão do tempo no *Jornal Nacional* com Sandra Annenberg (década de 1990).

Sandra Annenberg
[apresentadora do Tempo no *JN* · 1991-1993; editora e apresentadora do *Como Será?* e do *Globo Repórter*]

O projeto do Mapa Tempo foi de José Emílio Ambrósio e era feito no *chroma-key*. Eu anotava onde estavam os estados que ia apontar, ia para o estúdio e fazia vários testes. O mapa era a grande estrela; eu tinha que levar o público até ele. Para isso, dava as costas para o telespectador. Lembro que falava: "Gente, eu não posso dar as costas para quem está nos assistindo. Isso é falta de educação, falta de respeito. Eu aprendi que você tem que falar com a pessoa. Você pode até ir andando de costas, mas jamais dar as costas". Mas eles falavam que eu tinha que levar o público até o mapa. Assim foi: na previsão do tempo, eu dava as costas para o telespectador. Hoje, vejo como as pessoas fazem e falo: "Bem que eu dizia que eu não precisava virar de costas".

Antes de mim, a Silvana Teixeira fazia o tempo no *São Paulo Já*, telejornal local. No *Jornal Nacional*, eu fui a primeira. Fui a primeira mulher a entrar diariamente no telejornal, porque, até então, ele era apresentado por dois homens, Cid Moreira e Sérgio Chapelin. O estilo que imprimiram para a Silvana Teixeira era mais caricato, brincalhão. Se fosse chover, ela entrava com guarda-chuva; se fizesse sol, ela ia de biquíni. Eles queriam mudar isso e levar a sério o quadro. Era muito difícil acertar a previsão naquela época, porque não se tinha o número de satélites que se tem hoje. Não se fazia previsão com cinco dias de antecedência. Mal se conseguia acertar da manhã até a noite. O índice de erro era muito grande. O tempo podia não se concretizar exatamente como a previsão achava que ia acontecer, mas tinha que ser levado a sério – e a gente levava.

O Mapa Tempo era uma tentativa de fazer como nas televisões americanas e inglesas – principalmente a BBC, que foi a precursora da previsão do tempo no mundo. Fiz uma longa pesquisa a respeito disso na época. Na BBC, eles colocavam a previsão do tempo fora do telejornal, logo após seu término. Era assim para não confundir o telespectador. O telejornal fala do que aconteceu, e a previsão, como o nome diz, é o que pode acontecer. Para os ingleses, isso é tão sério que eles deixam fora do telejornal. Os americanos, idem. A gente resolveu colocar no meio da edição e bancar com toda a certeza aquele tipo de informação. Mas me lembro várias vezes de falar que ia fazer sol em feriado e acordar no meio da madrugada com aqueles trovões de tempestade, pensando: "Estou sendo xingada por todo mundo que pensou em ir à praia; estão querendo me matar". Essa é a sina de quem faz a previsão do tempo, um sofrimento atrás do outro. A gente acabava errando muito e, se tem um assunto comum a todo mundo, é o tempo.

Carlos Magno
[meteorologista e apresentador do Tempo no *JN* • 1995-2000]

Sou meteorologista e amo essa ciência. Não percebi a dimensão do que significava estar no *Jornal Nacional* quando assumi esse desafio, em 1996. "Sua entrada no

jornal foi a coisa mais importante que aconteceu na meteorologia brasileira desde a fundação do primeiro curso na UFRJ. Isso certamente vai inspirar uma centena de jovens a escolher a profissão de meteorologista", me disse um professor do Departamento de Meteorologia da universidade. Houve realmente um boom de inscrições no vestibular nos anos seguintes. Boa parte desses jovens hoje são professores, e profissionais renomados na área. Sinto um baita orgulho quando me dizem que tomaram a decisão profissional por minha causa. O trabalho

Arte da previsão do tempo do *Jornal Nacional* na cobertura da morte de Ulysses Guimarães. (13/10/1992).

FRAME DE VÍDEO / GLOBO

conjunto com os jornalistas da Globo foi fundamental para passar a credibilidade necessária junto ao grande público. Considero isso um legado para o país.

A meteorologia na Globo começou nos telejornais locais de São Paulo. O Climatempo foi contratado para produzir o quadro, dando mais detalhes de informações sobre o assunto. De imediato, atraiu a atenção das pessoas. Ao longo dos meses, outros telejornais foram aderindo. Em 1991, estreou no *Jornal Nacional*, com a Sandra Annenberg como apresentadora.

O quadro começou com um minuto, mas depois se firmou entre 35 e 40 segundos – a não ser em casos extraordinários, como em jogos da Seleção Brasileira, corridas de Fórmula 1 ou, claro, tragédias. Uma situação muito marcante nesse sentido foi a morte de Ulysses Guimarães, em um acidente de helicóptero no trajeto entre Angra dos Reis e São Paulo, em 1992. O então deputado federal insistiu em um voo de helicóptero em um dia de intempérie intensa e encontrou uma parede de nuvens muito carregada. O Jornalismo desconfiou que o acidente poderia ter sido provocado pelas condições meteorológicas, e fomos conferir. Conseguimos identificar claramente a situação pelo radar e, junto com a Arte, fizemos uma matéria bem bacana.

Quatro anos depois, eu mesmo comecei a apresentar o quadro, a convite de Evandro Carlos de Andrade, que estava promovendo mudanças importantes no Jornalismo. A estratégia dele era colocar jornalistas como apresentadores e meteorologistas para falar do tempo. Na verdade, inicialmente fui convidado para apresentar o quadro no *Bom Dia Brasil*. Soube em uma sexta-feira que, a partir da segunda seguinte, apresentaria também o *JN*. Foi uma surpresa!

Posso dizer que, dos anos 1990 para cá, houve grande evolução no mundo dos modelos meteorológicos. A Globo sempre foi pioneira, investindo na compra de softwares para colocá-los à disposição do Jornalismo, já que a tecnologia está sempre em evolução e oferece novas formas de mostrar as situações meteorológicas. Dados que antes rodavam em computadores isolados, hoje rodam em supercomputadores na nuvem. A informação é quase instantânea, somos atualizados a cada quinze minutos. A qualidade da resolução dos satélites nos permite ver a temperatura do solo, a profundidade das nuvens, os raios, tudo.

Cada vez mais a sociedade terá acesso direto, por meio de sites e aplicativos, a informações meteorológicas e, no entanto, o trabalho do apresentador do tempo em um espaço como o *JN* nunca foi tão necessário. É ele quem vai condensar e qualificar a informação.

Michelle Loreto grava o piloto da previsão do tempo para o *Jornal Nacional* (2014).

FRAMES DE VÍDEO / GLOBO

Michelle Loreto
[apresentadora do Tempo no *JN* · 2013-2015; apresentadora do *Bem Estar*]

Era o ano de 1986. No *Jornal Nacional*, notícias do Plano Cruzado, de Chernobyl e do cometa Halley.

Em Recife, uma criança de seis anos falava para o avô: "Vô, um dia você vai me ver aí". Ao que o avô perguntava: "Aí onde, menina?". "No *Jornal Nacional*", era a resposta. Vinte anos depois, aquela garota cumpria a profecia e fazia sua primeira entrada na previsão do tempo do *JN*.

Naquela época, a previsão de todo o Brasil era divulgada em 45 segundos e o cenário projetado em *chroma-key*. Parecia real, moderno. O difícil era se acostumar a apontar para o mapa tendo como referência um monitor que estava a uns cinco metros de distância. Mas dava certo e ficava perfeito! Falávamos de temperaturas, se ia chover ou fazer sol para as cinco regiões do país. Informação e tecnologia. Mas ainda ficaria bem melhor e ganharíamos mais espaço no telejornal.

Em 2008, estreava o Mapa Tempo do *JN* no cenário virtual. Eram dois minutos de notícia, três cenários e mais informação. Agora, falávamos da previsão para os próximos dias, mostrávamos o índice de chuva do último mês e o que esperar da nova estação. Em uma das telas, tínhamos imagens de como estava o tempo em algum cantinho do nosso Brasil. O que era bom ficou melhor. E quem noticiava o tempo treinou, treinou, treinou muito até fazer tudo aquilo com naturalidade. Essa transição foi um marco tecnológico na previsão do tempo. Dava frio na barriga na hora de fazer.

Foi com esse cenário que assumi o Mapa Tempo do *JN*, em 2013. A meteorologia, nessa época, tinha dados mais precisos do que quando comecei na área, oito anos antes. O desafio era tornar as informações mais atrativas, com uma linguagem que todo mundo entendesse, aproveitando ao máximo as possibilidades que o cenário virtual nos proporcionava.

Na Copa do Mundo no Brasil, em 2014, preparamos então uma previsão do tempo para lá de especial. Galvão Bueno queria saber como ficaria o tempo na hora dos jogos. Um globo se abria no meio do cenário e dávamos um mergulho na capital brasileira que receberia cada uma das partidas. Além de dizer se ia fazer calor, frio, se ia chover ou não, importava muito a velocidade do vento. Isso pode ser decisivo na hora de um chute a gol. Nossa Seleção não nos deu o hexa – melhor nem lembrar do 7 x 1 para os alemães, né? –, mas nós fomos até o fim da Copa, deixando o telespectador bem informado sobre o tempo. A união de tecnologia, arte, jornalismo e meteorologia. Foi um belo gol de placa!

A minha missão de informar sobre o tempo durou quase dez anos. Me despedi fazendo o *JN* em 2015 com esse cenário virtual. Fui seguir o sonho da reportagem de rua com uma bagagem incrível de informação e de posicionamento de câmera que ganhei fazendo o quadro. Foram dez verões e outonos, nove primaveras e invernos. Tempo bom, que sempre vou guardar com muito carinho.

14

QUANDO A OPERAÇÃO ACONTECE FORA DO ESTÚDIO

FERNANDO GUEIROS
[DIRETOR DE PRODUÇÃO E EVENTOS ESPECIAIS]

A base da televisão é a imagem – a melhor imagem, contextualizada. Nesse sentido, profissionalmente, é emblemática a imagem de William Bonner em frente à fachada da boate Kiss, em Santa Maria, no Rio Grande do Sul, ao vivo no *Jornal Nacional* do dia 28 de janeiro de 2013. E é a maneira que escolho para começar a falar sobre o papel e a atuação da área de Operações no Jornalismo da Globo. Afinal, o que está por trás de uma transmissão como essa?

PLANEJANDO COBERTURAS

A minha experiência na área de Operações começou em outubro de 1996, quando Amauri Soares assumiu a função de Diretor Regional do Jornalismo da Globo São Paulo e me convidou para ser Gerente de Operações. Tive que aprender

Carlos Nascimento ao vivo no *Jornal Nacional* durante a cobertura do acidente do Fokker da TAM em Congonhas. (31/10/1996).

FRAME DE VIDEO / GLOBO

do zero, literalmente, o que eram as coberturas especiais.

Esses eventos, no Jornalismo, podem ser datados ou factuais – ou seja, aqueles em que conseguimos planejar e os que acontecem de surpresa. Quando são previstos dentro de uma agenda de cobertura, dão trabalho, mas são relativamente mais fáceis de lidar, pois temos a nosso favor o tempo necessário para os preparativos.

O segredo para um projeto dar certo é saber administrar bem a comunicação interna. É preciso compartilhar com as equipes de apoio todo tipo de informação possível. E quanto antes, melhor. A experiência dos demais profissionais envolvidos gera novas propostas, visões complementares, ajustes importantes e até mesmo eventuais correções de curso.

Fotos, mapas, desenhos, diagramas, plantas de arquitetura, ilustrações e simulações de fluxos ajudam a expor, de uma maneira clara, o nosso plano. Visitas para conhecer o local geram um resultado rico nessa troca de informações.

É preciso atuar como um maestro – coordenando a ação de vários talentos individuais para produzir um resultado coletivo, com unidade e sincronia. Nessa linha, é preciso ter os pés no chão quando se planeja um evento para o jornalismo na TV. O que é definido precisa ser viável. Aquilo que seria ideal, muitas vezes esbarra em dificuldades e pode se mostrar impossível de realizar.

Mesmo com projetos amadurecidos, ajustar o rumo no meio do caminho é também uma questão permanente. Surgem surpresas que precisam ser resolvidas para se chegar ao objetivo. Faz parte da dinâmica. Por isso, o profissional que atua em Operações precisa ter flexibilidade para se ajustar a qualquer necessidade ou mudança de curso que se apresente. E sempre se encontra uma saída. Valem a criatividade e a capacidade de adequação, a troca de ideias e a busca de alternativas com seus pares.

Um ponto fundamental é a distinção entre uma cobertura programada e uma factual, emergencial. O grande diferencial entre elas é o controle que se tem sobre o local da ancoragem – o ponto onde nossos apresentadores vão atuar. São situações bem distintas.

Minha primeira experiência com ancoragem fora do estúdio para o *JN* foi sob o comando do Amauri Soares, ainda no meu primeiro mês à frente da área de Operações de São Paulo, em um acontecimento bem pesado: a queda do Fokker 100 da TAM, após decolar do aeroporto de Congonhas, em São Paulo, na manhã do dia 31 de outubro de 1996.

Para aquela noite, a decisão do Jornalismo foi a realização de uma ancoragem a partir do local do acidente. Carlos Nascimento e Chico Pinheiro foram escalados para fazer entradas ao vivo, direto do bairro do Jabaquara, na rua em que o avião tinha destruído várias casas e feito vítimas fatais.

Desde que passei a atuar nessa área tão estratégica, aprendi algo muito importante: que a palavra "Operação", em televisão – para ficar completa, na sua essência –, precisa contar com um complemento fundamental: um prefixo que lhe permite ganhar a sua versão mais ampla: "**Co**-operação". Em televisão, a união de esforços, experiências, a capacidade de mobilização, de reação, e a contribuição de várias visões são fundamentais para atingir um objetivo. Tem que ser, de fato, uma "operação conjunta", para o resultado final acontecer.

Em Operações, nunca inventamos nada. Sempre atuamos sob demanda – dependemos de uma encomenda editorial. Atuamos e reagimos a partir de um pedido, uma solicitação da redação. O nosso desafio é atender às necessidades de cobertura do Jornalismo, em situações especiais, fora da redação.

Costumo dizer que "operacionalizar" é o processo que precisamos considerar para ir do ponto A ao ponto B – onde o A é a ideia, a proposta ainda abstrata do que se pretende, e o ponto B é a realização final, quando uma transmissão entra no ar. O fluxo é:

IDEIA »	OPERAÇÃO »	TRANSMISSÃO NO AR »

Existem várias decisões e ações até se chegar de um lado ao outro. A principal consiste em buscar o local ideal para levar o olhar do telespectador até um ponto de vista privilegiado, próximo do fato. O que definimos, depois de receber uma encomenda, é muito importante. Dessa forma, devemos considerar:

1. De onde o jornal será apresentado?
2. Onde precisamos montar nossos equipamentos?
3. Como fazer chegar toda a estrutura até o local?

Apenas por meio de exemplos é possível ter a dimensão do trabalho coletivo envolvido na busca pela melhor imagem, como foi o caso da boate Kiss, em Santa Maria, com que abri esse texto.

COBERTURAS IMPREVISTAS

No intervalo de tempo entre o domingo em que o Brasil acordou com a trágica notícia do incêndio que matou 242 pessoas e feriu cerca de 680 no Rio Grande do Sul, até o *JN* de segunda-feira, vivi a essência do que o factual nos impõe: a imprevisibilidade com que uma notícia acontece, como nos envolve, associada ao desafio de produzir uma cobertura para o principal telejornal do país.

Tudo começou no domingo à tarde, dia 27 de janeiro. Voei para o Rio, onde me juntei a Ana Luiza Guimarães e Sandra Annenberg, que apresentariam o *Bom Dia Brasil* e o *Jornal Hoje*, respectivamente, além de William Bonner e o editor Gustavo Gomes. Embarcamos em um jatinho fretado, seguindo direto, sem escalas, rumo a Santa Maria.

No caso do município gaúcho, a 290 quilômetros de Porto Alegre, e a 1.300 do Rio de Janeiro – onde fica a sede da Globo – o desafio da distância era um ponto importante. Nessa cobertura, contamos com a parceria dos colegas da RBS – Rede Brasil Sul – afiliada da Globo na região.

O apoio do Caio Klein, gerente de Operações da RBS, e de sua equipe, foi fundamental. O histórico de competência deles era uma

FRAME DE VÍDEO / GLOBO

William Bonner apresenta o *Jornal Nacional* em frente à Boate Kiss, em Santa Maria. (28/01/2013).

garantia de segurança para nós, e, nessas situações, tais parcerias e apoio locais nos garantem atuar de forma rápida, ágil e certeira.

Em televisão, a missão da equipe de Operações em uma cobertura como essa é gerar som e imagem, direto do local da notícia. Ao transportar o apresentador do telejornal para a cena, transportamos também o telespectador.

Para montar uma operação desse tipo – de ancoragem em externa – é necessário:

1. Pensar em uma logística de atuação baseada nas condições do local;
2. Mobilizar os recursos técnicos necessários para a transmissão;
3. Reunir pessoal especializado para operar esses recursos no local definido.

No caso do *JN* em Santa Maria, o set foi montado no nível da rua. Fomos a única emissora a posicionar nosso âncora bem de frente para a fachada da boate, em um ponto exclusivo, coberto e resguardado. O Bonner ficou com a fachada da Kiss ao fundo, enquanto as demais emissoras ficaram no meio da rua, na posição diagonal em relação ao prédio incendiado, limitadas por um bloqueio da polícia local, em um espaço coletivo, compartilhado por várias redes de TV.

Em casos de factuais de grande impacto, para se chegar ao melhor local, mais próximo e com o ponto de vista representativo, costumamos lidar com bloqueios, limites e áreas com acesso restrito. É preciso saber como conversar com quem estabelece e controla esses limites, para conseguir o que se quer.

É aí que o item "logística" entra em cena: como chegar; como entrar; como transportar os recursos técnicos; onde posicionar e montar as nossas câmeras? Precisamos ter um plano que satisfaça todas essas questões para começar a trabalhar.

O acesso à boate Kiss, que ficava em uma ladeira, estava bloqueado pela polícia. Em frente à boate, havia um supermercado, cujo estacionamento tinha uma saída que dava na rua, permitindo uma visão em linha reta do local.

Quando percebi isso, o planejamento começou a ganhar forma. Precisava negociar aquele ponto – o acesso ao estacionamento do supermercado – para colocar o Bonner ali, junto com os nossos equipamentos. Era perfeito em termos de logística e espaço de atuação. E permitia o enquadramento ideal.

Ao ser levado pelo gerente do estabelecimento até o local desejado, um detalhe me comoveu. Aos finais de semana, o supermercado disponibilizava suas vagas para os frequentadores da boate. Vários carros parados no estacionamento naquela manhã de segunda-feira eram de jovens que foram para a Kiss na noite do sábado, mas, infelizmente, não voltaram.

Avisei ao gerente que o local era exatamente o que precisávamos, e ele autorizou que nos instalássemos ali. Podíamos, então, partir para a fase de implantação da estrutura e dos equipamentos. Hoje em dia, os equipamentos são portáteis e simplificaram a operação com sistemas de transmissão via internet. Mas, naquele ano de 2013, ainda dependíamos das tradicionais ums – Unidades Móveis – aqueles carros especiais de tv, normalmente mais pesados, que usam antena de satélite para gerar sinal ao vivo, entre um ponto e outro.

Nossa ideia era instalar uma unidade móvel de satélite na esquina da avenida com a rua onde ficava o prédio da Kiss, na parte alta da ladeira. Isso facilitaria a passagem dos cabos até a entrada do estacionamento, bastando usar o canto entre a calçada e o supermercado.

Apesar da proibição da polícia para usar aquele local, assumi o compromisso de atuar dentro dos limites do estacionamento – garantindo que não avançaríamos um centímetro sequer pela calçada da rua. Não foi uma negociação fácil com o delegado. Depois de muita insistência, argumentações e justificativas técnicas, além de uma hora e meia de espera – uma das mais longas e tensas da minha vida profissional – consegui a liberação dele, nos permitindo ficar no acesso ao estacionamento.

Perdemos um tempo precioso com essa negociação de última hora e, por conta de não poder mais usar a calçada para passar cabos, iniciou-se, então, uma verdadeira corrida contra o relógio. A equipe da rbs precisou deslocar as duas unidades móveis que já tinham estacionado no local combinado, na frente do mercado, até uma rua secundária.

Às 16h20 – cerca de quatro horas antes de o *JN* entrar no ar –, a montagem não havia começado. Graças ao esforço e trabalho conjunto com a equipe do Sul, o telespectador pôde ver aquela imagem de William Bonner em frente à boate Kiss na abertura do *Jornal Nacional* daquela segunda-feira. Foi difícil, mas consegui o enquadramento exclusivo que buscava – daí essa imagem me valer como um "troféu", operacionalmente falando.

Muitas vezes, a opção é levar o apresentador até o alto de um prédio, para uma melhor visão do ponto que queremos. Foi o que aconteceu quando houve a queda de outro avião da tam, em Congonhas, no dia 17 de julho de 2007.

William Bonner nos bastidores da ancoragem do *Jornal Nacional* em São Paulo na tragédia do voo JJ3054 da TAM (07/2007).

À direita: William Bonner e Fernando Gueiros (07/2007).

Abaixo: William Bonner e a equipe do *Jornal Nacional*. (07/2007).

Eu estava de férias naquele dia, em um shopping perto da Globo. Liguei para a minha mulher, a repórter Zelda Mello, da equipe de São Paulo, que estava trabalhando na rua naquele momento, para combinar onde iríamos jantar. Durante a conversa, ela foi alertada sobre o acidente, por rádio, pela redação. Lembro de ouvir a orientação que recebeu para ir até o local. A primeira informação era de que "um posto de gasolina estaria em chamas". Mas a situação era bem pior. Minutos depois de saber da notícia, segui a pé até a sede da Globo, que ficava a cerca de setecentos metros de onde eu estava. Mesmo de férias, resolvi me apresentar para tentar ajudar. Pelas imagens que consegui ver em uma TV ligada em um ponto de táxi, o acidente parecia muito grave.

Cheguei à Globo logo após o final do *JN*, no exato momento em que começava uma reunião geral, com participação do pessoal da redação e da Tecnologia, para planejar a cobertura. Chegou a informação, então, de que Carlos Henrique Schroder e Ali Kamel (na época, o diretor responsável e o diretor-executivo de Jornalismo, respectivamente) haviam determinado que o Bonner iria para São Paulo, no dia seguinte, para apresentar o *Jornal Nacional*. Assim, precisaríamos determinar um ponto – o mais perto possível do local do acidente – para aquela ancoragem.

Raymundo Barros, então diretor de Tecnologia que atendia ao Jornalismo em São Paulo, olhou para mim e disse: "O Gueiros tem experiência em arranjar locais para esse tipo de ancoragem". Suspendi as minhas férias e saí em campo para atender à necessidade que tinha surgido ali.

Pensando nas condições do entorno – a avenida Washington Luís, que é muito movimentada – e por conta dos naturais bloqueios da polícia e dos fiscais de controle de trânsito –, minha opção imediata foi buscar um local alto onde pudéssemos montar a nossa estrutura e o nosso set. Examinei uma foto de satélite da região do aeroporto e, em rápida avaliação da imagem, procurei identificar quais seriam as construções que projetavam as maiores sombras no chão. Imaginava algo como um terraço no alto, de preferência coberto. Identifiquei algumas possibilidades e precisava sair em campo para ver os locais. Naquela época ainda não existia o recurso de *street view*, na internet, que nos permite ver as construções a partir do chão.

Anotei o nome da rua em que parecia haver um prédio interessante, fiz uma impressão da imagem do satélite e segui para lá, guiado pelo motorista Wanderley Mesquita. Chovia bastante naquele momento. O acidente havia ocorrido pouco mais de duas horas antes.

Luiz Cláudio Latgé, diretor de Jornalismo de São Paulo (2002-2008), durante a cobertura do acidente com o voo TAM 3054 (19/07/2007).

ZÉ PAULO CARDEAL / GLOBO

Vale mencionar um detalhe sobre os motoristas da Globo que reforça a importância da ideia de cooperação. Eles conhecem várias alternativas de caminhos e são craques em chegar aonde precisamos ir. Lembro de ter ficado olhando a tela do celular, buscando informações, sem prestar muita atenção no caminho que o Mesquita escolhia. Só sentia o carro fazendo curvas, subindo ladeiras, freando e retornando quando aparecia um bloqueio. Eu estava, literalmente, nas mãos do hábil Mesquita, e, assim, chegamos ao endereço muito rapidamente.

O prédio alto que havia imaginado era um hotel. Tinha mais de dez andares. Fui até a recepção. Estava com o uniforme da Globo e portava, no pescoço, o meu crachá funcional, o que facilita muito os primeiros contatos. O gerente do hotel me levou ao último andar, o 11º, onde havia áreas comuns. No meio do corredor, havia uma janela através da qual era possível ver, em linha reta, sem qualquer obstáculo, o local exato do acidente. Era cerca de 22h10 e o avião ainda estava fumegando, com parte da traseira parcialmente intacta. Era uma visão impactante. Tive certeza de que a apresentação do *JN* do dia seguinte aconteceria ali.

Além de conseguir enquadrar o local da queda, eu precisava de uma tomada com uma visão panorâmica da avenida Washington Luís e das pistas do aeroporto de Congonhas. Decidi que colocaria uma câmera com operador naquele local a céu aberto. Ainda contaríamos com as imagens aéreas geradas a partir do Globocop.

Após o *Jornal Hoje* do dia seguinte, passei as características do local e da estrutura para as equipes, e partimos para a montagem definitiva. Na rua, estacionamos uma unidade móvel de transmissão, com mesa de corte para seleção das imagens; uma segunda unidade móvel, com o recurso de transmissão via satélite; e um gerador, para alimentar a energia para toda a estrutura a ser utilizada.

Tivemos que subir toda a nossa estrutura técnica até o 11º andar do prédio – o que não era pouca coisa. Foram cerca de duzentos metros de cabos de câmeras que os técnicos fizeram subir, desde a rua até o set definido, por fora da fachada do prédio. Pelos elevadores subiram equipamentos de iluminação (refletores, cabos e tripés); a antena de micro-ondas para geração de um segundo sinal de transmissão; o *teleprompter*; três câmeras; tablados de madeira para elevar as câmeras; monitores de vídeo; toda uma estrutura de áudio; o sistema de comunicação e aparelhos de telefone, além da instalação de dois terminais de computadores, com uma impressora.

De um dia para o outro, contratamos linhas de telefonia e de dados para viabilizar os canais de coordenação, o retorno e o acesso à internet. A ativação desses recursos exige a ação de vários profissionais, de diversas áreas – Tecnologia, TI, Operações, Transportes, contrarregra, elétrica, etc. Todas as necessidades para uma transmissão compõem o nosso *checklist* – a lista de verificação de itens. Esse é um procedimento básico em televisão, em qualquer situação.

COBERTURAS PLANEJADAS

Uma cobertura especial, no que toca ao planejamento, foi a visita do papa Bento XVI a São Paulo, em maio de 2007. No início de fevereiro daquele ano, a colega Terezinha Almeida, gerente de Jornalismo da TV Vanguarda, afiliada da Globo na região de São José dos Campos, no Vale do Paraíba, fez uma visita à emissora, em São Paulo, e apresentou o projeto de cobertura local deles para a visita. No material, caprichosamente encadernado, havia indicações de datas, locais e os eventos previstos. Aquelas informações iniciais já me serviram de norte para a cobertura da rede.

Ze Paulo Cardeal / Globo

Acima: Fátima Bernardes na cobertura da visita do papa Bento XVI ao Brasil (10/05/2007).

Abaixo: Multidão em frente ao mosteiro de São Bento durante a visita do papa Bento XVI em São Paulo. *Jornal Nacional* (09/05/2007).

Frame de vídeo / Globo

Além da cidade de São Paulo, a visita de Bento XVI passaria por Aparecida, a 170 quilômetros da capital – região de atuação e cobertura da Vanguarda. Estávamos ainda a três meses do evento, e aquelas informações, naquele momento, foram fundamentais para o planejamento da atuação da rede – uma cobertura que não seria pequena.

Logo depois do Carnaval, ficou definido que o *JN* faria ancoragens externas na região do Mosteiro de São Bento, onde o papa ficaria hospedado. Nessas situações, partir na frente é fundamental. Pela importância de um evento como esse, é preciso ter pressa para elaborar e implantar o projeto, já que os demais meios de comunicação também vão querer fazer suas respectivas coberturas, disputando os mesmos espaços.

Houve a organização de um *pool* de emissoras, liderado pela Globo, que coordenei, para o registro geral dos vários eventos previstos na extensa agenda do papa, com imagens compartilhadas entre todos os veículos de comunicação. Mesmo assim, cada emissora precisaria preparar suas coberturas com equipes de reportagem próprias.

O acesso para a entrada de veículos, os locais por onde precisam ser passados cabos, os equipamentos que serão usados – e até questões como levar em conta a possibilidade de chuva, em locais a céu aberto – precisam ser considerados.

No início de março, saí em campo para fazer um reconhecimento da região onde fica o Mosteiro de São Bento, no centro de São Paulo, com o "botão de visão de 360 graus" ligado, em busca de um melhor ponto para colocar as nossas câmeras.

O local que me pareceu ideal foi um pátio interno, grande e descoberto, localizado a uma altura equivalente a uns três andares em relação ao Largo de São Bento, de frente para o mosteiro. Era uma área interna que servia de espaço de convivência dos funcionários de um prédio corporativo. Vi ali o fundo ideal para o ângulo das nossas câmeras.

Apresentei um projeto detalhado à diretoria e à equipe de comunicação da empresa, com a estrutura que pretendia montar no prédio para as ancoragens do *JN*. O Departamento Jurídico da Globo foi acionado para redigir um documento estabelecendo os termos de cessão e uso do local, com obrigações e responsabilidades para ambas as partes. Com isso, ficou garantida a nossa exclusividade ali, em relação à concorrência.

Em casos de uso de espaços de propriedade de terceiros, costumo, desde o primeiro contato, assumir o compromisso de não gerar nenhum impacto nos fluxos e nas rotinas dos prédios que recebem a nossa operação.

O primeiro passo nessas tentativas, antes de começar a negociação, é conhecer o local e saber se, de fato, ele é aquilo que você precisa e imagina – tanto em termos do ponto de vista, para o posicionamento de câmeras, como do ponto de vista logístico, com relação às atividades previstas, quanto ao uso de equipamentos e fluxos de pessoal.

Patrícia Poeta ancora o *Jornal Nacional* do Vaticano durante a cobertura do conclave que elegeu o papa Francisco (13/03/2013).

FRAME DE VÍDEO / GLOBO

Faz parte do processo tirar fotos desses locais como uma estratégia para montar o projeto e ilustrar o que se pretende – tanto para os meus colegas na Globo, quanto para as pessoas responsáveis pelo local que pretendemos ocupar. Isso ajuda muito para explicar uma operação. Preparo uma apresentação contendo uma simulação ilustrada da estrutura prevista, para que todos entendam e visualizem a proposta, de modo a conseguir o que precisamos.

Outros exemplos de coberturas programadas das quais participei para o *JN* foram o conclave para a eleição do papa Francisco, realizado no Vaticano, em março de 2013, e a visita do pontífice ao Rio de Janeiro, durante a Jornada Mundial da Juventude, em julho do mesmo ano.

Na cobertura do conclave no Vaticano, o caminho que se mostrou prático foi a negociação com uma empresa de radiodifusão europeia, a Eurovision/EBU, para a cessão de um espaço no terraço do prédio onde operam, que tem a Basílica de São Pedro ao fundo.

Essa opção se mostrou bem vantajosa, pois teríamos a facilidade de contar com toda a infraestrutura de apoio já disponível no endereço. Energia elétrica, por exemplo, era um item garantido para todos os nossos equipamentos – câmeras, *teleprompter*, iluminação, mesa de áudio e mesa de corte – o que dispensava a contratação de um gerador.

Outra vantagem, técnica e de logística, era a facilidade para levar os cabos de sinal até a central de transmissão deles, a partir da cobertura do prédio, onde nos instalamos. Via fibra ótica, o sinal com as imagens ao vivo geradas do nosso set – onde a Patrícia Poeta ancorou o jornal – eram enviadas para o Brasil a partir daquele endereço, sem a necessidade do uso de unidade móvel com satélite, ou da montagem de antenas especiais.

Não ter que nos preocupar com esses dois itens facilitou muito nosso modelo operacional na Itália. Bastou passar para os nossos parceiros locais as necessidades de área útil que prevíamos para a montagem de um tablado elevado e coberto para abrigar o set de ancoragem. Eles contrataram os serviços localmente para nós. Tudo foi negociado por telefone. Levamos apenas os nossos equipamentos do Brasil e deu certo.

Quando a ancoragem é externa, com duração de alguns dias, normalmente temos que preparar uma redação remota para a atuação dos nossos jornalistas – editores, produtores e apresentadores. Nesses casos, é necessário montar estações de trabalho, com computadores, mesas, cadeiras, links de internet, aparelhos de telefones com ramais internos da Globo e televisores para que nossos profissionais possam acompanhar a programação. Fizemos isso nas coberturas da visita do papa, em 2007, e no Vaticano, em março de 2013. Quando montamos esse tipo de estrutura, precisamos pensar em áreas de estar e alimentação, banheiros para as equipes – e até mesmo na disponibilidade de um heliponto na região para uso do Globocop.

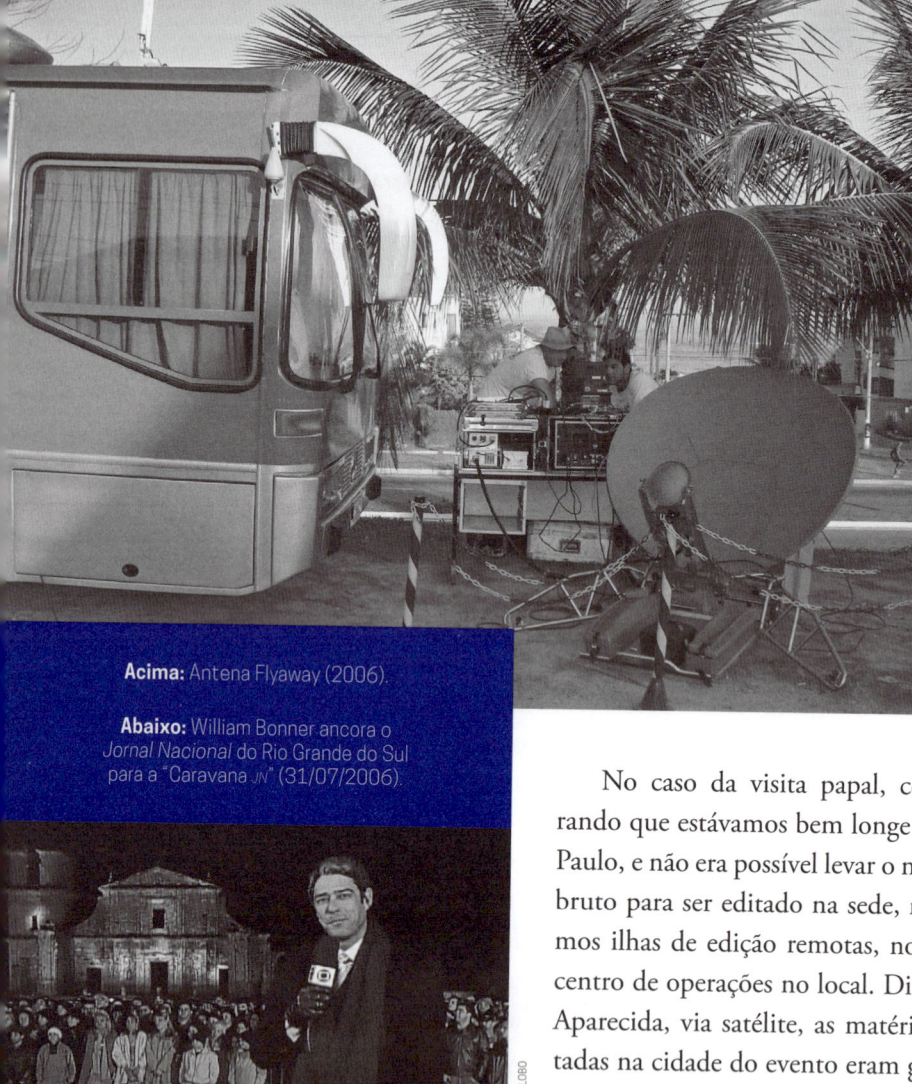

Acima: Antena Flyaway (2006).

Abaixo: William Bonner ancora o *Jornal Nacional* do Rio Grande do Sul para a "Caravana *JN*" (31/07/2006).

GISELA PEREIRA / GLOBO

FRAME DE VÍDEO / GLOBO

No caso da visita papal, considerando que estávamos bem longe de São Paulo, e não era possível levar o material bruto para ser editado na sede, montamos ilhas de edição remotas, no nosso centro de operações no local. Direto de Aparecida, via satélite, as matérias editadas na cidade do evento eram geradas para a rede.

Isso também aconteceu na cobertura das eleições de 2006, quando tivemos o projeto "Caravana *JN*" – aquele em que Pedro Bial viajou de ônibus pelo Brasil para mostrar um retrato de cada região, suas populações e suas necessidades, no período pré-eleitoral.

Fiquei responsável por garantir a ancoragem do *JN* em São Miguel das Missões, no Rio Grande do Sul, e em Petrolina, Pernambuco, com William Bonner. Cuidei, ainda, da ancoragem com a Fátima Bernardes em Ouro Preto, Minas Gerais.

Todas as locações eram em externa, em locais abertos. Nesses pontos de ancoragem, um dos itens mais delicados a considerar na operação ao vivo da

Caravana era a logística para fazer com que o Bial entrasse e saísse dos locais públicos com rapidez. Era uma dificuldade, visto que o assédio de fãs era enorme – afinal, naquela época ele era apresentador do *Big Brother Brasil*.

Por ser um projeto da rede, uma equipe do Rio sempre nos acompanhava. O Acyr de Souza, supervisor de Operações do Rio, foi um importante aliado, junto com o pessoal de Tecnologia, para viabilizar a montagem da infraestrutura nas cidades escolhidas.

No projeto da Caravana, era imprescindível fazer reuniões pré-evento em cada cidade, junto às autoridades e à equipe de prestadores de serviços. Para isso, eu preparava apresentações visuais, gráficas, com animações, para explicar a proposta a um público que não estava acostumado a trabalhar em produção para televisão.

O modelo tinha o objetivo de informar de maneira fácil, mas abrangente e detalhada, o que iria acontecer e o que precisávamos em termos da ajuda local deles. Falávamos com equipes de trânsito, bombeiros, polícia, etc. Nesses casos, impactamos a rotina da cidade e precisamos contar com as autorizações e o apoio desse pessoal para operar.

No Sul, a RBS, afiliada da Globo, nos apoiou. Lá, contei com a parceria do colega Norton Marcon, gerente de Operações, e Hugo Lunardi, supervisor de Externas. Já em Minas, como a Globo tem emissoras próprias no estado, o apoio veio do Edson Siquara, diretor de Tecnologia, e Renê Astigarraga, então diretor de Jornalismo, e suas respectivas equipes. Em Pernambuco, contamos com o reforço da equipe da Jo Mazzarolo, da Globo Nordeste.

Em São Paulo, minha principal área de atuação, as ancoragens especiais sempre foram diretamente acertadas com a direção regional, conforme a gestão da época – Amauri Soares e Cristina Piasentini. Ao meu lado, sempre contei com dois parceiros fundamentais na execução desses projetos: Milton Encarnação, supervisor de Operações do Jornalismo, e Hélio Fernandes, gerente de Operações da Engenharia.

A FÓRMULA PARA O PLANEJAMENTO DE UMA EXTERNA DAR CERTO

Para mim, televisão está associada a "emoção", "atração", "diversão", "informação", entre tantas outras palavras com que rima. Na área de Operações do

Fernando Gueiros (2014).

FERNANDO LEMOS / MEMÓRIA GLOBO

Jornalismo da Globo, aprendi que, para se atender às encomendas fora do estúdio do *JN*, o elemento "informação" – qualquer que seja a forma – é a mais importante ferramenta de ação.

A informação é o elemento básico, fundamental para a integração entre as equipes – seja com os companheiros internos, ou mesmo com parceiros externos. Quando se planeja uma transmissão em externa, o compartilhamento de informações é o segredo para que se atinja os resultados desejados. De posse de informações – sejam técnicas ou de logística –, as áreas e os profissionais envolvidos percebem qual é a atuação de cada um, passando a pensar no conjunto da operação. Esse é o segredo para administrar o processo e para que um projeto dê certo.

Na busca pela imagem ideal, costumo dizer que o profissional que trabalha em televisão tem que "saber ver televisão" – ter também um olhar de telespectador. O diretor Steven Spielberg, certa vez, disse: "Sempre gosto de pensar na plateia quando estou dirigindo um filme. Porque eu também sou plateia". Esse conceito, adaptado para a tela da TV, sempre me guiou como profissional na área de Operações do Jornalismo da Globo. A pergunta que sempre me faço é: "O que gostaria de mostrar aos telespectadores na tela da TV, em uma determinada transmissão?".

Foi com esse pensamento em mente que atendi o *JN* nos últimos 23 anos, com o apoio de muitos colegas de trabalho – na Globo e em suas afiliadas pelo Brasil. A participação ativa e em conjunto dos vários profissionais que estiveram comigo nessas situações gerou aquele fundamental "espírito de cooperação", que faz tudo acontecer. Gente cujos conhecimento, contribuição, desempenho e dedicação – individual e em grupo – acompanhei de perto. Profissionais que, reunidos, fazem ideias, propostas, e projetos para uma transmissão fora do estúdio darem certo, virar realidade.

Por isso, nessa comemoração pelos cinquenta anos desde a estreia do *JN*, fica a minha homenagem a todos os técnicos, operadores de sistemas, diretores de TV, operadores de câmera, repórteres cinematográficos, operadores de áudio, operadores de microfone, iluminadores, operadores de cabo, técnicos de transmissão, auxiliares, assistentes, coordenadores, supervisores, gerentes, diretores, e vários outros profissionais. Um grupo que faz o Jornalismo da Globo chegar até o público – em áudio e vídeo, em som e imagem –, construindo a história do *Jornal Nacional,* ao longo dos anos.

Zeca Viana [diretor de TV]

Todo funcionário do Jornalismo da Globo tem como meta fazer parte do *Jornal Nacional*, carro-chefe do noticiário. É o ápice da carreira. Cheguei lá no início dos anos 1980, depois de um período de estágio. Já como diretor de Imagem em outros programas e telejornais, fui promovido a pilotar o "Boeing" – era assim que Armando Nogueira chamava o *JN*, comparando-o a um avião. Na linguagem televisiva, isso quer dizer colocar o jornal no ar. Trabalhei com uma equipe pioneira no melhor período da minha vida profissional.

Na cabine do piloto, o *switcher*, ficavam o editor-chefe, o operador de videografismo, o coordenador de Operações e o diretor de imagem, no caso eu, que dirigia o jornal no ar. Toda parte visual de um programa de televisão é de responsabilidade do diretor de imagem. Na época, o local era bem pequeno. O trabalho era muito tenso; era tudo ao vivo. Hoje, em função da quantidade de pessoas e equipamentos, as instalações são bem maiores.

Para evitar erros – e quando dava tempo –, ensaiávamos o *JN*. Eram in-

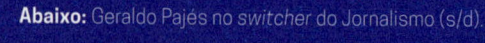

Acima: Zeca Viana no *switcher* (início dos anos 1980).

Abaixo: Geraldo Pajés no *switcher* do Jornalismo (s/d).

teressantes as entradas ao vivo dos outros estados ou dos correspondentes internacionais. A coordenação era feita por telefone, mas quando o jornal entrava no ar, era no grito mesmo. O repórter ouvia a deixa do coordenador pelo telefone e saía falando. A equipe se superava pela criatividade e pelo improviso.

Acompanhei e participei de toda a evolução tecnológica e operacional do JN nos 42 anos em que fiquei na Globo. Muitos fatos me marcaram. Uns emocionantes, outros muito tristes. Nunca vou esquecer do acidente envolvendo um avião fretado pela Petrobras, que levava funcionários de canais de TV até Macaé, para uma visita à plataforma de petróleo na Bacia de Campos, em junho de 1984. No caminho, devido ao mau tempo, o avião colidiu contra o morro São João, em São Pedro da Aldeia, e os dezoito ocupantes morreram. Entre eles, nossos colegas Luís Eduardo Carneiro Lobo, o Lobinho; os cinegrafistas Dario Duarte e Jorge Antonio Leandro; e o operador de videoteipe Lewi Dias da Silva. No dia seguinte, uma equipe da Globo foi enviada para fazer reportagens no local. No trajeto de volta ao Rio, o carro que levava o repórter Samuel Wainer Filho e o cinegrafista Felipe Ruiz bateu em uma árvore, e os dois morreram. A tristeza era tanta que a direção queria passar o JN desse dia para ser exibido de São Paulo. Mas colocamos no ar do Rio mesmo. Foi duro, mas o Boeing tinha que decolar.

Tivemos um avanço fenomenal nas áreas tecnológicas, que permite o imediatismo nas respostas dos equipamentos. Ainda hoje, apesar da modernidade e das facilidades operacionais, o clima dentro do switcher ainda é tenso. Botar o JN no ar todos os dias é uma responsabilidade imensa. Mesmo com tudo planejado, paginado, seguro, a notícia pode nos pegar de surpresa. É preciso ter controle emocional e liderança, estar preparado, sereno e passar confiança para a equipe. Um aprendizado que o dia a dia nos traz.

O JN é adrenalina pura, mas é assim que gostamos. Quando menos se espera, o jornal muda todo, já no ar. Assim é o telejornalismo. Assim é o JN.

15

A ARTE COMO LINGUAGEM JORNALÍSTICA

ALEXANDRE ARRABAL
[DIRETOR DE ILUSTRAÇÃO E ARTE]

Nas poucas imagens em preto e branco que registram a estreia do *Jornal Nacional*, vemos a passagem do tempo. Cid Moreira e Hilton Gomes, sentados diante de uma bancada escura, tendo como moldura uma tapadeira (elemento cenográfico que simula uma parede) com o logotipo da Globo. Em meio século, uma revolução gráfica mudou o cenário várias vezes, trazendo para os estúdios a transformação tecnológica digital. Aos poucos, os recursos gráficos foram somados ao telejornalismo para facilitar o entendimento, tornar mais claras algumas ideias expostas, deixar a notícia mais completa e compreensível. A linguagem gráfica se tornou imprescindível no dia a dia das redações de tv. Uma longa história, cuja virada mais marcante aconteceu no final do século xx.

Em 26 de abril de 2000, às 20h30, quando a vinheta do *JN* entrou no ar, um novo arranjo da tradicional trilha sonora do telejornal anunciava mudanças. A música guiava o voo da câmera sobre a redação, mostrando jornalistas tra-

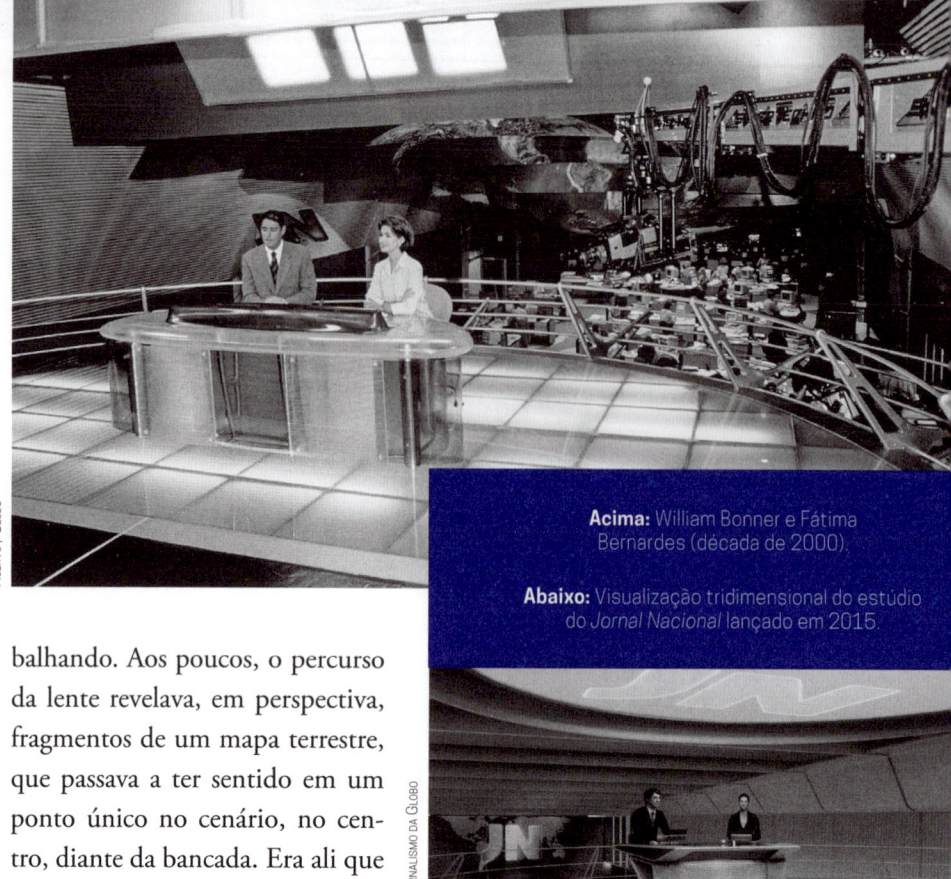

ACERVO / GLOBO

Acima: William Bonner e Fátima Bernardes (década de 2000).

Abaixo: Visualização tridimensional do estúdio do *Jornal Nacional* lançado em 2015.

ACERVO ARTE DO JORNALISMO DA GLOBO

balhando. Aos poucos, o percurso da lente revelava, em perspectiva, fragmentos de um mapa terrestre, que passava a ter sentido em um ponto único no cenário, no centro, diante da bancada. Era ali que esse quebra-cabeça se montava perfeitamente. O quadro final da abertura mostrava, pela primeira vez, não apenas os apresentadores William Bonner e Fátima Bernardes, mas também a essência do jornal. As notícias do Brasil e do mundo estavam representadas pela biosfera terrestre, que compunha o cenário. Os profissionais que faziam o *JN* tornaram-se visíveis.

Mais do que um marco estético, o novo formato imprimia credibilidade e agilidade, conforme mostraram as pesquisas qualitativas da época. O caminho até a consolidação do projeto foi longo e mobilizou uma equipe que trabalhou intensamente durante dois anos.

Tudo começou em 1998. A equipe de Arte de Jornalismo e Esporte estava convencida de que era necessário pensar em algo novo para os anos 2000. Montamos um grupo com pessoas que se destacavam pela criatividade. Estavam lá Flávio Fernandes, Eduardo Bernardes, Luiz Nogueira, Chico Chagas, Doris Kosminski, Helio Bueno, Gilda Rocha e Rodolpho Xavier. Fizemos várias reuniões e pesquisamos cenários de telejornais do mundo inteiro; no da NBC americana vimos uma possibilidade: a presença dos jornalistas trabalhando na redação ao fundo. Seria essa uma alternativa para nós?

Seria uma possibilidade, sim, a equipe concluiu. Mas quebraríamos um padrão: ao construir um cenário aberto, perderíamos os selos projetados no fundo do estúdio. Essas ilustrações temáticas do assunto noticiado caracterizavam o *JN* havia muito tempo. Nos anos 1980, usávamos o modelo de ilustração *"over the shoulder"*, importado dos americanos, que consistia em um espaço retangular onde eram exibidas imagens, acima do ombro dos apresentadores. Ao longo dos anos 1990, nossa coleção de cerca de 65 ilustrações dos mais variados temas extrapolaram esse espaço e ocuparam todo o fundo. O modelo "redação" eliminaria o selo, mas nos daria dinamismo e transparência. O que fazer? Escolhemos os dois.

Desenvolvemos um protótipo misto que possibilitaria enquadramentos típicos de estúdio, inclusive com o uso de nossas ilustrações, mas que também contemplaria outros recursos. Começamos a pensar em como colocar esse plano em prática.

Espaço, nós tínhamos. Isso porque, em 1995, com a inauguração do Projac, atualmente chamado de Estúdios Globo, a gravação de todas as novelas foi transferida para Jacarepaguá, o que liberou os estúdios da emissora no Jardim Botânico para o Jornalismo. Naquele ano, o diretor Evandro Carlos de Andrade incentivou a mudança da redação para o estúdio A, o maior deles, com instalações mais adequadas para os funcionários que colocam o jornal no ar. O fato de as pessoas terem sido levadas para dentro de um estúdio reforçou a sensação de que estaríamos no caminho certo ao integrá-los à cenografia.

Outro desafio se impôs: a redação estava lotada, não havia espaço para inserir uma bancada e três ou quatro câmeras para rodar o *JN*. Fizemos simulações em computação gráfica, mas sentimos que não funcionaria. Todos os elementos estavam no mesmo plano, na mesma altura. Não havia perspectiva, profundidade. Isso gerou horas de impasse e frustração.

Após desenhos, ideias e mais *brainstormings*, decidimos subir o plano de apresentação em relação ao piso da redação, o que melhorava a perspectiva – quanto mais alto íamos nas simulações, melhor ficava. O distanciamento evitava também que pessoas atrás dos apresentadores acabassem tirando a atenção da notícia. Foi quando o ilustrador Flávio Fernandes sugeriu que abríssemos um buraco no estúdio e construíssemos um set de apresentação no andar de cima. Funcionou. Partimos para o design do novo *JN*, que seria gravado em um mezanino.

Junto com essa ideia surgiram os projetos do mapa montado em perspectiva, em tamanhos diferentes, e também do voo da câmera, revelando os bastidores, do alto. Sempre que fazíamos apresentações, causávamos surpresa e encantamento. Sabíamos que seria difícil fazer algo tão diferente, mas fomos apoiados pela direção da emissora e pelo Bonner. Começou ali a nossa parceria com outras áreas, como a Central Globo de Informática, Administração e Patrimônio (CGIAP), e a Engenharia.

Quando a ideia começou a tomar corpo, iniciou-se uma obra que durou cerca de oito meses, sem atrapalhar o funcionamento da redação. Foi construído um "teto falso" – embaixo dele trabalhavam os jornalistas e, em cima, os operários. Nasceram o estúdio e o *grid* de iluminação. Paralelamente, na Arte, pensávamos em ilustrações temáticas para o novo espaço – no início, formulamos linhas básicas do design geral e, depois, passamos a criar e executar cada uma. A ideia era promover uma evolução em relação à identidade visual anterior, mas mantendo um fio de continuidade.

Essa não foi a primeira nem a última mudança no cenário, mas foi definitivamente um marco. Um portal de passagem: quando a câmera voou sobre a redação e passou pelo buraco criado na caixa do estúdio A, estávamos saindo de uma era romântica e ingressando em outra, mais tecnológica, em que surgiriam projetos complexos e ambiciosos, marcados por intenso planejamento. Um tempo em que a criatividade seria ainda mais importante.

A ERA ROMÂNTICA DA ARTE NO *JN*

O que chamamos de era romântica foi a fase de consolidação do *JN*. As primeiras edições eram apresentadas diante de uma tapadeira, onde se viam as letras "J" e "N", associadas a um globo, símbolo da emissora na época. Esteticamente, durante esse período, temos dois marcos: o primeiro foi em 1979, quando, após um concurso interno, o designer Hans Donner criou o novo cenário que ambientava a apresentação de Cid Moreira e Sérgio Chapelin. Poucos anos depois, nasceram os selos "*over the shoulder*", cuja execução era responsabilidade da Arte do Jornalismo, comandada por Paulo Polé. O trabalho era diário e manual: para confeccionar legendas, usávamos decalques, como letras transferíveis, e recorte eletrônico, que posteriormente seriam inseridos sobre os vídeos;

Acima: Cid Moreira e Sérgio Chapelin na bancada do *Jornal Nacional* (1981).

Abaixo: Cid Moreira e Celso Freitas na bancada do *Jornal Nacional* (década de 1980).

também fazíamos as ilustrações das matérias com pincel ou bico de pena e colagem.

Os computadores eram ainda um sonho de consumo pelo preço exorbitante. Ainda assim, a Arte passou a dispor de um, o Kromenko. Era uma máquina lentíssima, capaz de exibir apenas 256 cores simultâneas, ou gradações da mesma cor, e que conseguia processar animações rudimentares. Olhando hoje, era uma angustiante carroça, mas, lá atrás, substituiu os trabalhos manuais e modernizou o nosso processo. Dez anos depois, dispúnhamos de computadores capazes de exibir 65 mil cores; bem mais rápidos do que o Kromenko, nos deram novas possibilidades para pensar as ilustrações do dia a dia.

O segundo marco dessa era romântica da cenografia do JN aconteceu em 1989. Ao fundo da bancada projetada por Hans Donner, havia dois logotipos do JN, que, em perspectiva, pareciam voar atrás dos apresentadores. Foram pintados sobre um fundo degradê azul aerografado. Dessa vez, havia o conceito de cenário móvel, que libertava os selos da moldura. Os selos se expandiam para envolver completamente os apresentadores durante a apresentação do assunto da reportagem. Foi um projeto comandado por Delfim Fujiwara, com participação de Luis Felippe Cavalleiro e minha.

A chegada dos computadores, no final dos anos 1980, acelerou a produtividade e abriu as portas para a criatividade da equipe. O uso de computação gráfica contribuiu para o desenvolvimento de uma linguagem gráfica jornalística, que realça informações, adiciona dados, facilita a exposição de notícias complicadas, como reformas econômicas, por exemplo. A equipe de Arte do Jornalismo da Globo é formada por 160 designers, nas cinco emissoras, que pensam também como jornalistas. A expertise desses profissionais tornou viáveis projetos memoráveis no *JN*. Logo após os atentados terroristas de 11 de setembro, os Estados Unidos realizaram uma ofensiva militar contra o Afeganistão. Os telespectadores acompanharam diariamente a evolução do conflito em um cenário virtual produzido diariamente pela equipe de Arte, com recursos de animação. Graças a esses profissionais, a guerra do Afeganistão se tornou mais compreensível para os brasileiros.

Em 2003, durante a Guerra do Iraque, repetimos o modelo com muito mais sofisticação. Reproduzimos movimentos de batalha, armas, ataques e mortes. Era uma guerra sem imagens, narrada ao nosso público diariamente em um quadro animado, com cerca de dois minutos, no *JN*. Nossa equipe, formada por Helio Bueno, Gilda Rocha, Luiz Nogueira, Alexander Paiva, Accacio Fernandes e Eduardo Rillos, produzia material de altíssima qualidade.

Outro projeto de destaque realizado pela equipe de Arte nos últimos anos foi a identidade visual que ilustra as notícias da Lava Jato. Os escândalos de corrupção dominaram o noticiário e a vida dos brasileiros. Precisávamos explicar ao público esquemas intricados, permeados por pilhas de documentos. No início, a Operação era mais voltada para a Petrobras, e, inspirada nisso, nossa equipe criou um visual baseado em dutos de petróleo, de onde jorravam notas de dinheiro. A ilustração ficou tristemente famosa, a ponto de políticos de destaque temerem ter suas imagens inseridas nessa arte. Nesse processo, em vez de desenvolver uma ilustração para cada telejornal – que se adaptaria à identidade dos produtos da Globo –, a arte com os dutos passou a ser a cara da cobertura em toda programação.

Esse, como todos os nossos trabalhos mais importantes, foi produto de uma ação integrada das equipes de Brasília, liderada por Felippe Cavalleiro; Rio, onde trabalham Gilda Rocha e Rodolpho Xavier, e São Paulo, chefiada por Andrei Jiro. O projeto contou ainda com uma grande participação de Felipe de Queiroz, André Gatto, Eduardo Seabra, Accacio Fernandes e Rogério Sanches. Desde 2015, sempre que se fala em Lava Jato, os dutos estão lá.

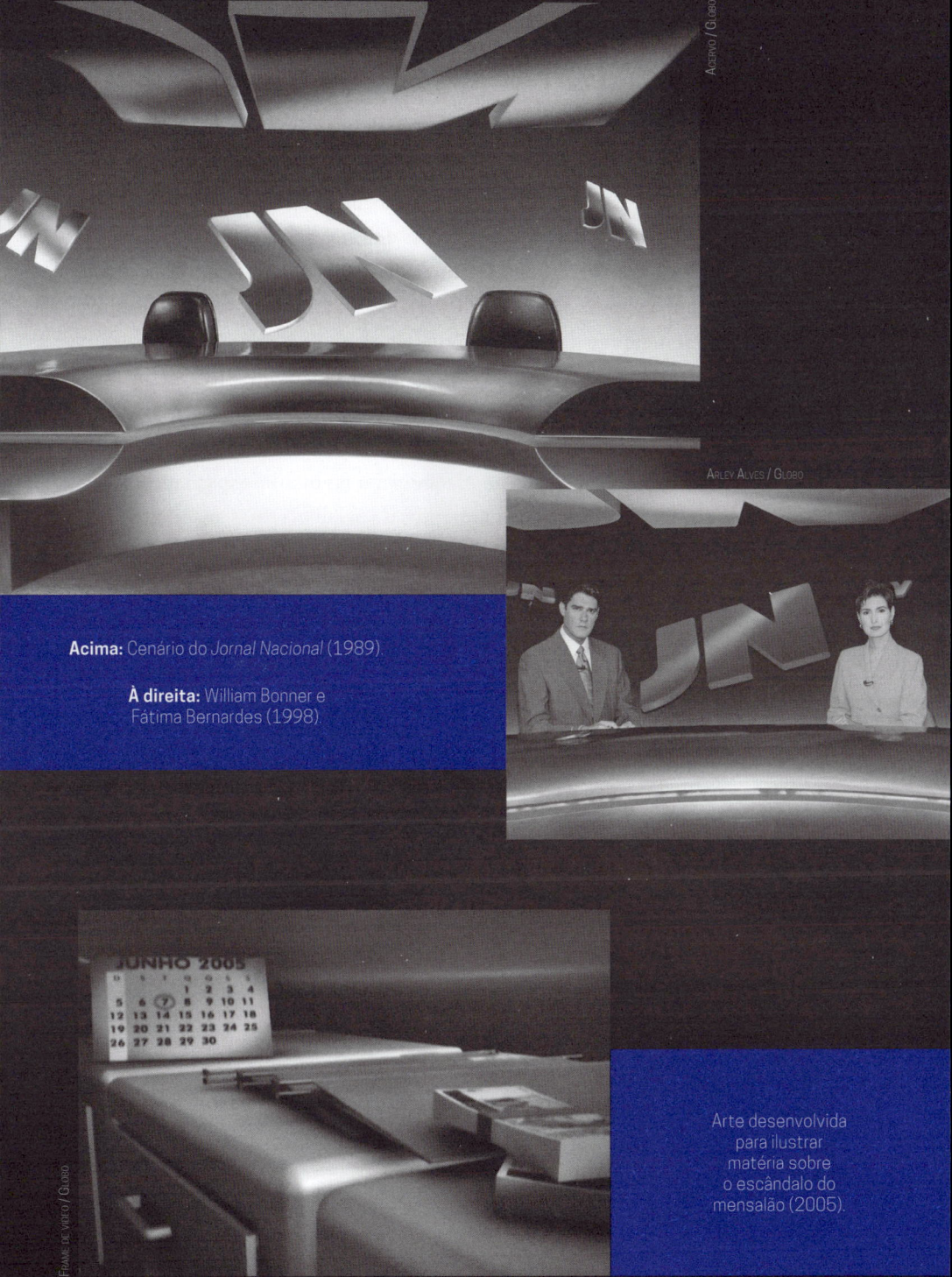

ARQUIVO / GLOBO

ARLEY ALVES / GLOBO

Acima: Cenário do *Jornal Nacional* (1989).

À direita: William Bonner e
Fátima Bernardes (1998).

JUNHO 2005

Arte desenvolvida
para ilustrar
matéria sobre
o escândalo do
mensalão (2005).

FRAME DE VÍDEO / GLOBO

O CENÁRIO EM UM MUNDO HIPERCONECTADO

No caso do *Jornal Nacional*, essa ilustração dos dutos de petróleo se tornou mais impactante devido ao novo cenário, inaugurado em 2017: um marco da nossa era tecnológica. No período de dezessete anos entre os dois cenários, o estúdio havia passado por transformações, que foram, inclusive, premiadas – como uma realizada em 2015, que acrescentou um telão de LED ao fundo da redação, onde ficavam as ilustrações. Além dele, foi inserida outra tela ao lado da bancada, através da qual os âncoras, de pé, interagiam, em tamanho real, com repórteres, correspondentes ou apresentadores da previsão do tempo, em outras cidades.

Em 2017, nossa ideia era trazer modernidade, ao retratar o tempo hiperconectado em que vivemos. O primeiro passo dessa mudança veio com a decisão de que a Globo construiria um prédio novo, na emissora do Rio de Janeiro, para instalar a redação de jornalismo que abrigaria no mesmo espaço jornalismo local, de rede e do portal *G1*.

Nesse novo espaço, precisávamos de uma nova casa para o *JN*. Ele continuaria a ser apresentado com a redação ao fundo, mas mudanças precisavam ser feitas. Em um primeiro momento, pensamos em manter a estrutura que estava no ar, da bancada em um plano mais alto, à frente da redação. Os desenhos já estavam prontos. No entanto, em dezembro de 2013, houve uma reviravolta. Queríamos construir algo inteiramente novo, diferente de todos os telejornais do mundo. Nosso incômodo em seguir com o modelo antigo nos impedia de prosseguir. Com apoio do Ali Kamel e de toda a direção da Globo, começamos do zero. Depois de muita discussão tivemos um lampejo: "Vamos botar o cenário no centro da redação, irradiando notícias para o Brasil e o mundo".

Cenário temático desenvolvido por Felipe Queiroz a partir de uma ilustração para a cobertura da Lava Jato. Abril de 2015.

ACERVO ARTE DO JORNALISMO DA GLOBO

Acima: Protótipo desenvolvido pela equipe da Arte para o cenário do *Jornal Nacional*, lançado em 2017.

Abaixo: Esboço feito por Alexandre Arrabal para o desenvolvimento do novo cenário do *JN*, inaugurado em 2017.

Hoje em dia, vivemos cercados de dispositivos, pelos quais recebemos e enviamos informações. Televisões, computadores, rádios, smartphones. Podemos assistir à tv nos smartphones ou ouvir rádio no computador, estamos envolvidos por múltiplos impulsos. É uma imersão digital. Foi daí que surgiu o conceito de

"imersão na notícia". Queríamos palavras, imagens e objetos flutuando em vários planos, envolvendo os apresentadores. Foi um trabalho pesado até chegarmos ao formato que seria proposto. Estávamos seguros do projeto e preparamos uma apresentação simulando suas dinâmicas. Aprovado em todas as instâncias, não tínhamos a menor ideia do que construir e quais equipamentos usar. Não por acaso, nosso processo criativo envolve sempre a busca pelo novo, sem pensar em como fazer. É muito difícil ter ideias realmente inovadoras se ficarmos presos à execução. Sonhamos sem limites – e, naquele momento, chegara a hora de transformar tudo em realidade.

Juntamente com áreas parceiras, pusemos mãos à obra. Arquitetura, Engenharia Civil, Tecnologia e Jornalismo interagiram intensamente. Nesse projeto, o termo "design" extrapolava o estilo, a arquitetura e o grafismo – significava gerar soluções integrando disciplinas e áreas de atuação. Era o design produzindo uma visão ampla do projeto.

As necessidades do modelo de apresentação que propúnhamos para o *JN* implicavam o uso de tecnologia de ponta. Além disso, nada do que precisávamos estava pronto, "nas prateleiras". Cada item teve que ser customizado,

Alexandre Arrabal (2014).

adaptado ou mesmo criado para o projeto. Desenhos, simulação, prototipagem e testes eram atividades constantes.

À medida que progredíamos, tínhamos certeza de que algo novo surgia. Produzimos cerca de 65 Cenários Temáticos, que ilustram e ambientam as notícias apresentadas. Os CTS são a versão imersiva e tridimensional dos antigos "selos", em que cada assunto do jornal tem um cenário virtual tematizado tridimensional. Afinal, nosso mundo é tridimensional e, por isso, fizemos assim.

A bancada no centro da redação foi montada sobre um disco de dez metros de diâmetro, cercado por um meio cilindro de vidro, que mede 15x3m. No fundo da redação, um telão de LED retrátil de 16x3m desce do teto durante a apresentação do *JN*. São três camadas de imagens gráficas: telão, cilindro de vidro e realidade aumentada. Os enquadramentos ficam por conta de quatro câmeras-robô, que geram informações do seu exato posicionamento no espaço. Nos enquadramentos, a perspectiva dos apresentadores e de tudo que é real é correspondida pelas peças virtuais. Os movimentos suaves de câmera revelam as várias camadas. O efeito *parallax* – no qual planos mais próximos se movem mais rápido, como na vida real – reforça a profundidade. As peças tridimensionais funcionam como continuação do cenário e acentuam a volumetria espacial.

São recursos a serviço de uma ideia, criando uma sensação de imersão, na qual a notícia vem em fluxos constantes e incessantes. Todo esse trabalho, que recebeu o prêmio de melhor Uso da Tecnologia no New York Festivals Awards, em 2018, foi feito pensando nas pessoas que assistem ao *JN* todos os dias. Essa é a nossa missão.

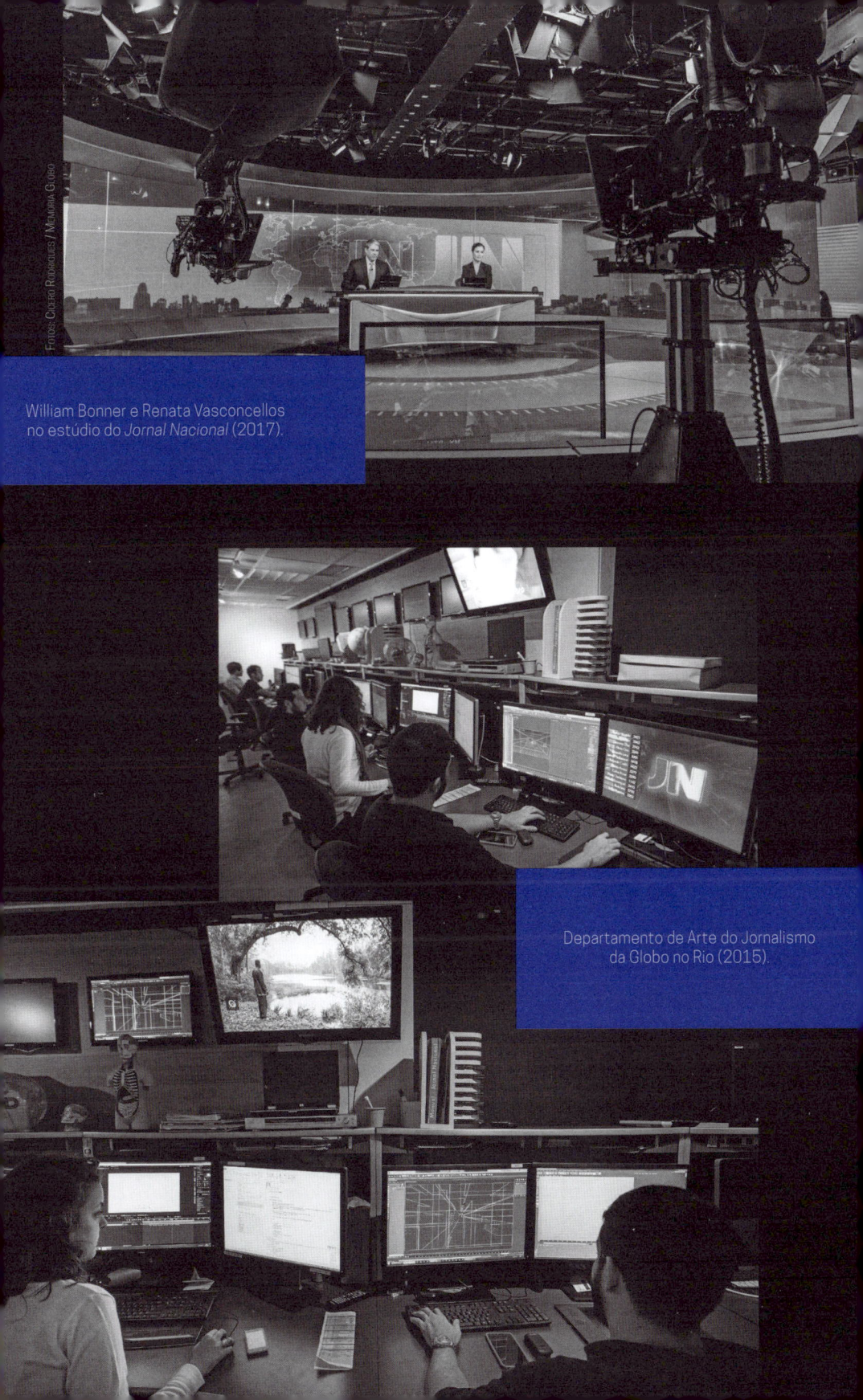

Fotos: Cícero Rodrigues / Memória Globo

William Bonner e Renata Vasconcellos no estúdio do *Jornal Nacional* (2017).

Departamento de Arte do Jornalismo da Globo no Rio (2015).

Gilda Rocha [gerente de Ilustração e Arte]

Minha primeira experiência de cenografia para o *Jornal Nacional* foi em 1989, com a reformulação do cenário. Nós, da Arte, tínhamos o trabalho de pensar como seria feita a inserção dos selos, que ganharam a tela cheia, ambientando toda a apresentação. Para isso, colocamos nas laterais do cenário uma tapadeira verde com rodinhas, que era empurrada para a cena por um assistente, quando necessário. Para o público não perceber as bordas na movimentação, o cinegrafista fazia um leve deslocamento de câmera. No novo cenário, o público via, nos intervalos das ilustrações, o fundo em um degradê de azul, que foi pintado cuidadosamente à mão por nós mesmos, assim como os dois logotipos do *JN*, que pareciam flutuar na parede. O ilustrador Júlio Harada e eu fizemos os desenhos técnicos, que tenho guardados até hoje.

Ernesto Paglia em cenário criado para a cobertura da Guerra do Golfo. *Jornal Nacional* (25/02/1991).

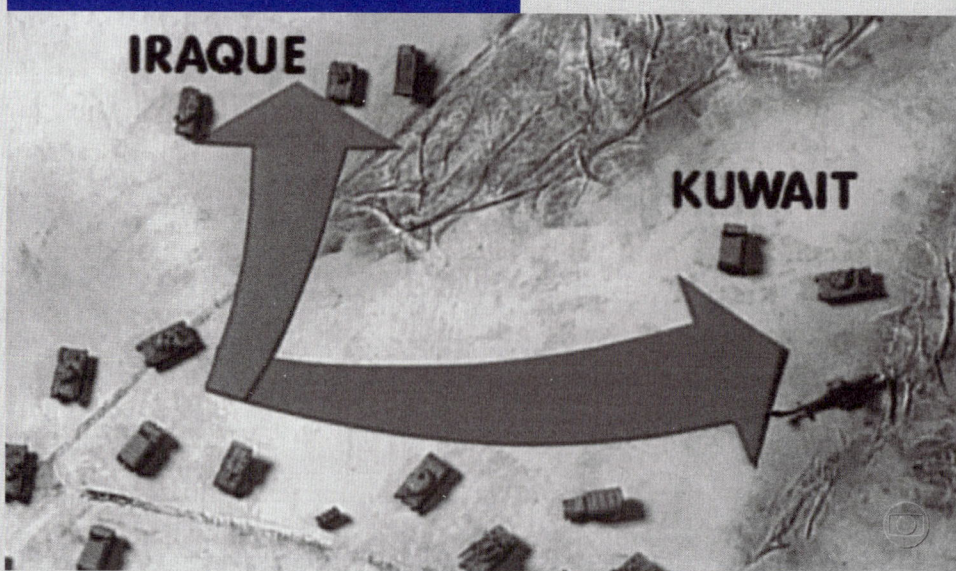

FRAMES DE VÍDEO / GLOBO

Na época, nossa rotina de produção de ilustração para o JN misturava processo manual e digital. Estávamos iniciando o uso dos computadores. Desenhávamos em cartões, que eram filmados para finalização com efeitos especiais, nas mesas de controle. Os selos eram editados na sequência exata em que seriam exibidos, deixando uma possibilidade mínima de alteração na paginação.

Também participei da cobertura da Guerra do Golfo, em 1991, que trouxe novidades para a Globo em várias áreas. Foi criada uma editoria especial para cobrir o conflito. Na Arte, precisamos desenvolver um estúdio separado, de onde o repórter Ernesto Paglia apresentava as notícias. Ali, tivemos dois grandes desafios. Um deles foi uma maquete de toda região do conflito, onde posicionávamos miniaturas de tanques de guerra, mísseis, navios e soldadinhos, reproduzindo o movimento das tropas. Essa maquete foi construída por um especialista, com as técnicas tradicionais de modelagem em escala, reprodução de relevo, terreno e vegetação. O outro, foi o mapa projetado atrás do Paglia, que servia para localizar as principais cidades e pontos da ação.

Cenografia e grandes coberturas passaram a ser rotina para o departamento de Arte. De lá para cá, as técnicas se desenvolveram, e o ambiente de apresentação se aproximou da produção da notícia, ou seja, das redações.

Luis Felippe Cavalleiro [gerente de Ilustração e Arte]

O Jornalismo na Globo Brasília sempre foi muito voltado para política e economia. Quando assumi a editoria de Arte nessa praça, em 1990, o Brasil passava pela redemocratização, e a política assumia outro papel no noticiário, com jornalistas mais investigativos. A Arte acompanhou essa complexidade – a ideia inicial era fazer trabalhos mais aprofundados e gerar matérias com acabamento para o Rio de Janeiro. Os primeiros desafios da nossa pequena equipe foram os planos econômicos do governo de Fernando Collor e Itamar Franco, que ganharam gráficos coloridos nas matérias do *Jornal Nacional* para explicar como seriam implementados e de que maneira afetariam a vida da população.

Nos anos 2000, dispondo de equipamentos mais leves e rápidos, o desafio eram as coberturas de escândalos políticos. O trabalho gráfico precisava reforçar a ideia da quantidade monstruosa de dinheiro desviado. No Mensalão, em 2005, o subchefe da área, Rogério Sanches, deu a ideia de usarmos, como identidade visual, gavetas de arquivo –

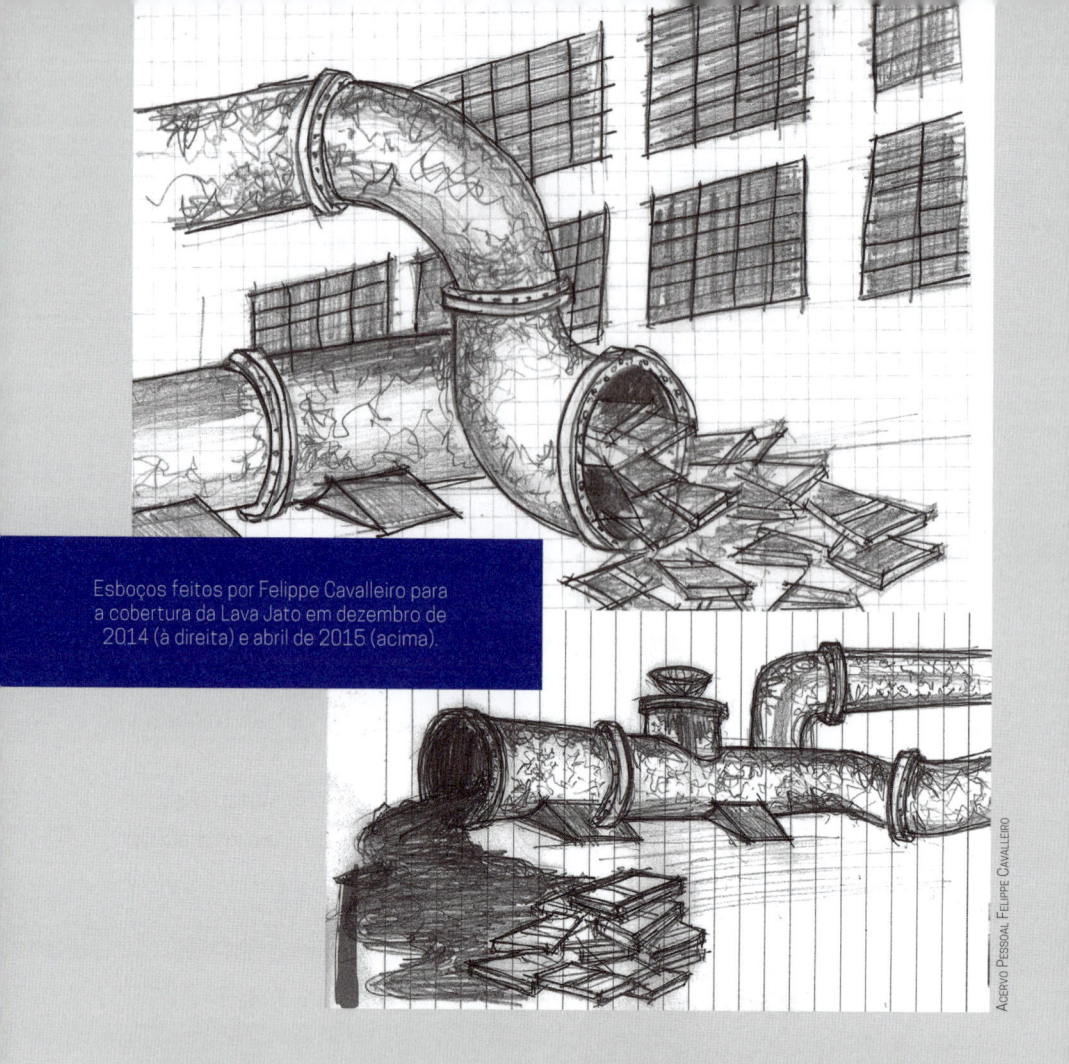

elas seriam abertas conforme as investigações se aprofundavam. De dentro, saíam pastas com dinheiro, nomes e fotos de pessoas envolvidas; ou serviam de base para ilustrarmos os esquemas, o caminho da corrupção. Em 2012, quando houve o julgamento dos acusados no Supremo Tribunal Federal, essa identidade foi recuperada e modernizada, já em HD. Com cenas gravadas dentro do STF, fizemos uso de arte *trackeada* – um desenho gráfico que acompanha determinados pontos criados em uma imagem em movimento. Esse recurso é muito usado nas matérias do JN.

Se nos assustamos com o volume de verba pública que veio à tona no Mensalão, na Lava Jato, o choque foi ainda maior. Quando a primeira demanda chegou, me veio à cabeça essa ideia de destruição da Petrobras, representada pelos canos enferrujados de petróleo jorrando cédulas, jogando-as fora. A grande inspiração foi a refinaria de Pasadena, que era deteriorada e tinha o apelido no meio político de Ruivinha, tamanha era a sua corrosão. O trabalho gráfico evoluiu nessa linha – precisava refletir as fases das investigações e mostrar o possível aumento do fluxo de dinheiro. Estabelecemos uma cronologia, prevendo caminhos por onde os elementos gráficos deveriam seguir, com locais específicos para quem era investigado, indiciado e condenado na Operação. Na época, o departamento de Arte, de maneira integrada, a partir do Rio, criava o Cenário Tecnológico do JN, que substituiu os antigos selos. O grafismo dos canos, assim, foi desenvolvido não apenas para ilustrar as reportagens sobre o tema no telejornal, mas para ser a identidade visual de toda a cobertura.

Andrei Jiro [gerente de Ilustração e Arte]

Em 1990, não havia computador gráfico no departamento de Arte da Globo em São Paulo. Era tudo à base de cartolina e *letraset* – decalques do abecedário que utilizávamos nos letreiros. Os desenhos eram feitos à mão livre, e os poucos efeitos eram gerados nos controles de corte de filme. O jornalismo local buscava novos formatos e viu na meteorologia uma forma eficaz de informação. Mas, para criar um quadro de previsão do tempo com ilustrações meteorológicas, a Arte precisava de ferramentas que até então não existiam na emissora de São Paulo: comu-

ACERVO ARTE DO JORNALISMO DA GLOBO

Simulação tridimensional do cenário da previsão do tempo com destaque para a bancada de apresentação de fenômenos e informações meteorológicas.

Take da vinheta do Tempo elaborada pela Arte de São Paulo em 2012.

Frame de vídeo / Globo

nicação de dados para receber as imagens de satélites; computadores para processá-las, e uma estação gráfica para gerá-las em vídeo. Para a chegada dessas estações, foi preciso contratar novos colaboradores. Foi aí que começou minha história na emissora.

Atendíamos basicamente às produções locais e seus Mapas Tempo e ao *Globo Rural*. As produções de rede, como o *Jornal Nacional*, se limitavam à criação de sets para entrevistados e algumas ilustrações genéricas, já que a maioria do material era pensada no Rio. Eu, inclusive, aguardava ansiosamente ser acionado para desenvolver alguma ilustração de economia e política para o JN. A oportunidade de criar e produzir para o telejornal era um desafio sem igual.

A grande mudança veio em 1991, quando surgiu a necessidade de informar meteorologia para todo o país. Tivemos a chance de emplacar uma arte diária: o Mapa Tempo. O primeiro deles tinha três tipos de informações: imagem de satélite, que, na verdade, era em preto e branco, mas inserida sobre o relevo da terra colorido; a previsão por ícones (sol, chuva, nuvens) e por bandas coloridas, que demarcavam as áreas afetadas; além das temperaturas das capitais. Comparado ao que informamos hoje, aquilo parece nada, mas, para a expectativa da época, era suficiente.

Pouco a pouco, fomos conquistando mais espaço na solução das demandas dos produtos de São Paulo e de rede, mas o Mapa Tempo do JN continuou sendo o nosso carro-chefe. Criamos novos formatos de apresentação, atentos às inovações tecnológicas, que permitiram maior diversidade de dados. O que começou com três variáveis em um fundo em *chroma-key*, evoluiu para um set virtual com várias posições de apresentação e interação, além de elementos como alta e baixa pressão, ventos. Depois, implantamos uma solução que combinava o melhor da realidade com recursos virtuais. Hoje, temos cinquenta variáveis de dados, o que torna a informação mais completa e interativa, incluindo características sazonais, hábitos e eventos importantes – como a Copa do Mundo, quando são criadas previsões especiais. O formato é mais complexo, porém mais informal.

16

INTERNET E NOVAS MÍDIAS

MÁRCIA MENEZES E PALOMA PIETROBELLI
[DIRETORA DO G1 E GERENTE DE PRODUTO DO G1]

Quando a Globo lançou seu primeiro site, a *World Wide Web* nem tinha completado dez anos, e a internet estava começando a se expandir comercialmente no Brasil. Passava da metade dos anos 1990. Naquele novo espaço virtual, havia links para programas de entretenimento e telejornais, entre eles, o do *Jornal Nacional*. Há poucos registros oficiais desse primeiro momento da vida digital do *JN*. E, pelo o que os colegas pioneiros lembram, havia pouca intimidade entre as equipes que editavam o jornal e o site, feito por jornalistas e um time de tecnologia ligados à então Central Globo de Informática.

Alguns anos depois, em março de 2000, foi criada a Globo.com, ou melhor, foram criados o portal Globo.com e a empresa de mesmo nome, que viria a ser estratégica no planejamento, na operação e na atuação do Grupo Globo nas plataformas digitais. Internamente, na TV, o departamento de internet começava a se estruturar. A equipe cresceu e foi descentralizada. Os editores dos sites de notícias, chamados de editores *web* na redação, foram para a Central Globo de Jornalismo.

O *JN* ganharia uma casa nova na web, a segunda versão do site oficial, em 10 de setembro de 2001, um dia antes dos atentados terroristas aos Estados Unidos, organizados pela rede Al Qaeda. Foi uma prova de fogo. Os ataques às Torres Gêmeas, em Nova York, e ao prédio do Pentágono, em Washington, e o sequestro e derrubada de um avião ao sul de Pittsburgh, na Pensilvânia, levaram milhões de pessoas à internet em busca de informação.

Muitos sites saíram do ar por causa do grande volume de acessos simultâneos. Entre eles, o do *JN*. Às pressas, programadores, designers e jornalistas botaram de pé uma página mais leve e de fácil acesso, apenas com as notícias mais importantes sobre o atentado. O site "temporário" ficou no ar por dois dias até que a estabilidade foi retomada, e a "nova" página pôde ser acessada por todos os internautas. É importante explicar que o termo "internauta" nos acompanharia

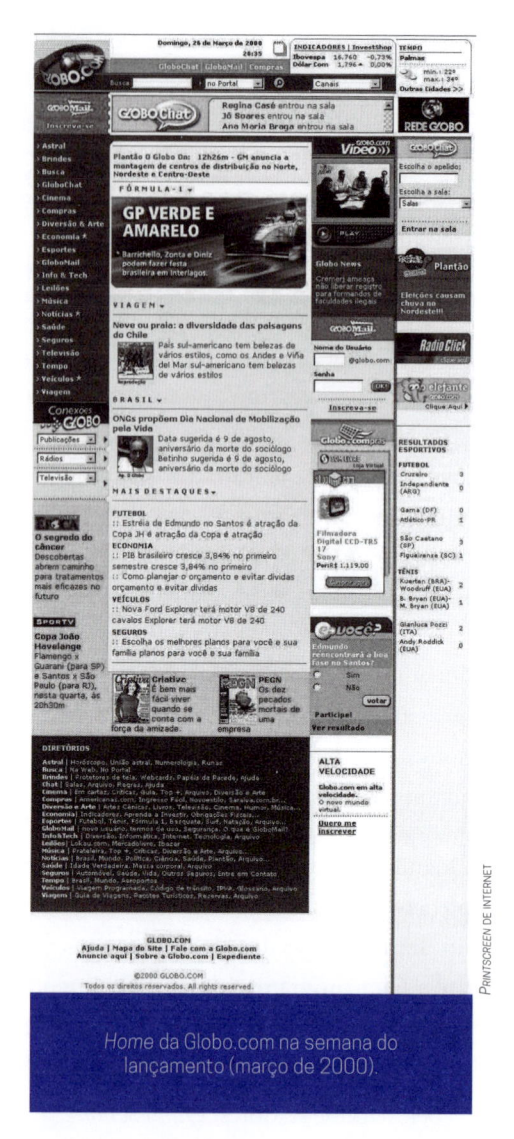

Home da Globo.com na semana do lançamento (março de 2000).

até os anos 2010, quando se percebeu que o telespectador, o consumidor, o usuário e o cidadão que navegam na *web* são todos um só.

A página do *JN* era bem avançada para a época. Fátima Bernardes, então apresentadora do telejornal, anunciou a novidade na TV: "Reportagens que você acompanhou na edição de hoje também estão na internet, no novo site do *Jornal Nacional*". Lá estavam as principais notícias do dia, com textos completos e vídeos. Era possível consultar as cinco últimas edições do jornal e rever séries de reportagens. Havia ainda seções com a história do *JN*, a biografia de seus apresentadores e uma área chamada "Especial", que reunia mais informações sobre um assunto em destaque. No "Arquivo *JN*", o público podia rever fatos que tinham acontecido no Brasil e no mundo naquele mesmo dia e mês só que em tempos passados, até 32 anos antes.

Já naquela época, buscar o engajamento e estreitar o relacionamento com o público eram prioridades no universo digital, além de ser uma grande oportunidade. Então, também estavam no site o "Desafio do *Jornal Nacional*" e uma *newsletter*. O "Desafio" era um teste de conhecimento baseado em estratégia de *game*, feito para incentivar as pessoas a navegarem e aprenderem no site. Uma espécie de "quiz gamificado", para usar o jargão dos dias de hoje. O teste era atualizado uma vez por semana, e os participantes disputavam a melhor colocação no ranking publicado no site. A chamada era a seguinte: "Você está bem informado? Está acompanhando as notícias do Brasil e do mundo? Então prove

participando de mais uma edição do 'Desafio *JN*'. São dez perguntas sobre os assuntos mais atuais e que foram notícia no jornal. Se você não tiver alguma das respostas na ponta da língua, pode pesquisar pelo site. Quem fizer o maior número de pontos, entra do ranking do *Jornal Nacional*".

Quem assinava a newsletter recebia diariamente, em primeira mão, as notícias que iriam ao ar mais tarde, na TV. O boletim era quase sempre escrito pelos apresentadores. *Quase sempre*, porque, em alguns dias, o factual se impunha, e a internet não era, definitivamente, prioridade da redação da TV naquela época.

A equipe dedicada à *web* era formada por pouco mais de dez jornalistas. Eles trabalhavam para os sites de todos os programas jornalísticos

Home do G1 no mês do lançamento do portal (setembro de 2006).

PRINTSCREEN DE INTERNET

Redação do G1 em São Paulo (2015).

BOB PAULINO / MEMÓRIA GLOBO

e dos telejornais locais e nacionais. Entre os jovens desbravadores, estavam Paloma Pietrobelli, Tatiana Caldas e Flavio Furtado – que se tornariam supervisores do site.

Uma das missões desse time era mostrar aos editores do *JN* que aquele negócio era ou seria – um dia – muito importante. Na rotina do grupo, constavam: participar da reunião de pauta do telejornal, avaliar qual assunto poderia ser explorado na área "Especial", elaborar as perguntas do "Desafio", ajudar a preparar a *newsletter* e encaminhar ao editor-chefe, William Bonner, os e-mails com sugestões e críticas ao *JN*. As mensagens que chegavam pelo então "correio eletrônico" eram lidas pelo editor do site ainda durante a exibição do telejornal e funcionavam como um "retorno" do público, em tempo real, sobre o conteúdo que estava no ar. Os e-mails também traziam sugestões de pautas e personagens.

Além disso, antes de publicar no site, a equipe ajustava os textos das reportagens que tinham ido ao ar no formato impresso e escolhia o vídeo que seria usado no "Arquivo *JN*". Publicar esse e todos os outros vídeos na então chamada Rede Mundial de Computadores não era muito rápido. Primeiro, era necessário recorrer ao então Centro de Documentação da Globo (atual Acervo) para ter acesso ao vídeo que tinha acabado de ser exibido. Só depois era possível fazer o *upload* – gerar um arquivo para um computador remoto – para os servidores. No início dos anos 2000, essa operação demorava cerca de quatro horas. Com o apoio da Globo.com, o tempo caiu pela metade. Hoje, a publicação leva minutos, dependendo apenas do tempo total do vídeo. As reuniões com o time de tecnologia eram frequentes, sempre calorosas, como são até hoje, e novas funcionalidades foram surgindo naturalmente.

Uma das novidades implementadas na época foi a ferramenta de "Fórum". A equipe *web* aprovava um tema com os editores do telejornal e convidava o público ao debate. Em seguida, avaliava e publicava os comentários no fórum. No dia 30 de novembro de 2002, a pergunta era: "Na sua opinião, casos de crimes cometidos por viciados em drogas deveriam ter um tratamento diferente na Justiça?". Em 26 de agosto de 2003, a questão era: "O que você achou do ataque ao escritório da ONU, em Bagdá, em que morreu o brasileiro Sérgio Vieira de Mello? O atentado pode ser o primeiro de uma escalada de violência contra as Nações Unidas e estrangeiros no Iraque ou pode marcar o início da retirada dos americanos do país. O que pode acontecer a partir de agora?".

Em 2004, o site do *JN* passou por um novo e importante redesenho, ganhando mais interatividade, conteúdo e uma navegação avançada e ami-

Redação do G1 em São Paulo (2015).

Bob Paulino / Memória Globo

gável. Surgiram a "Enquete", o "Passeio Virtual na Redação" e a "Linha do Tempo". Além disso, o site contava com chamadas para a transmissão ao vivo da GloboNews.

De tudo isso, no entanto, o que conquistou os corações e as mentes dos editores foi o calendário de edições, que saiu do ar em 2018, acompanhando novos hábitos e opções de consumo, com o Globoplay. A ideia da ferramenta era facilitar a navegação por edições do *JN*. Bastava clicar no dia do mês escolhido e logo apareciam todos os vídeos exibidos naquela data.

A essa altura, alguns editores da TV estavam familiarizados com a *web*, e, cada vez mais, o site oferecia ao público informações extras, complementares aos assuntos que iam ao ar no telejornal. Serviços que, por questão de tempo ou de formato, não cabiam na TV, eram publicados na página. Em novembro de 2004, por exemplo, o site divulgou os detalhes de um serviço que tinha sido matéria no *JN*: o endereço e os telefones de contato da Universidade Federal de Pernambuco, que, em parceria com a Universidade de Paris, estava estudando o desenvolvimento de uma vacina contra a Aids.

BOB PAULINO / MEMÓRIA GLOBO

Redação do G1 em São Paulo (2015).

A produção de conteúdos exclusivos para o site aumentou nos anos seguintes. Textos, fotos e vídeos sobre os bastidores de reportagens e coberturas especiais passaram a ser publicados no blog *JN Especial*. A equipe da *web* procurava engajar repórteres e editores da TV na vida digital. O público era convidado a descobrir e a se conectar com o que acontecia atrás das câmeras: "Reportagem especial merece tratamento especial. Por isso, você encontra aqui – e só aqui – informações exclusivas das grandes produções e dos bastidores do *Jornal Nacional*. Seja bem-vindo!".

Era também a época em que os *chats* tinham muita relevância na internet. Sempre que possível, especialistas e autoridades eram convidados a responder às perguntas do público no site, levando para aquele ambiente os temas apresentados na televisão. Uma equipe da Globo.com, comandada pela jornalista Carmen Scandiuzzi, apoiava a operação.

No dia 1º de abril de 2008, nem todo mundo percebeu, mas uma mudança aparentemente técnica, anunciada no telejornal, alterou os rumos do site, além de ter sido um marco importantíssimo na estratégia digital da Globo. A URL da página do *JN*, o endereço de rede que permite chegar aos sites da web, mudou. A partir daquela data, o site do *JN* passaria a ser acessado a partir de <g1.com.br/jornalnacional>. Isso foi uma consequência do sucesso de um projeto do Grupo Globo lançado havia pouco mais de um ano, no dia 18 de setembro de 2006. O G1, portal de notícias da Globo, chegou com o desafio de levar informação em tempo real aos brasileiros. No portal, o público encontrava conteúdo produzido nas redações próprias do G1 em São Paulo, em Brasília e no Rio, links para os sites de informação do Grupo Globo e os vídeos dos telejornais, programas de jornalismo e da GloboNews. A mudança de endereço do site do *JN* – e de outras páginas do Jornalismo – foi importante para reforçar a marca do portal em todo o país, além de ter ajudado a consolidar o G1 como a principal porta de entrada para as notícias.

O site do *JN* seguiu investindo no engajamento com o público. Para comemorar os quarenta anos do telejornal, em 2009, foi feita uma promoção de livros no site e produzido um *chat* na bancada. William Bonner e Fátima Bernardes conversaram com o público logo após a edição do dia.

Um ano depois, o site passou por nova reforma. Ganhou uma área para as matérias mais lidas, um boxe com links para as principais notícias publicadas no G1 e, na parte de cima da tela, um destaque para vídeos. A *playlist* era tão inovadora quanto trabalhosa. Era preciso que todos os vídeos da edição estivessem prontos para publicação para só então ordená-los e colocá-los, um a um, no destaque, copiando link a link. A *playlist* foi descontinuada em 2011, quando foi criada uma espécie de carrossel para os destaques, que seguiu evoluindo, sempre acompanhando as tendências do mundo da internet.

O ano de 2010 era de eleição e de Copa do Mundo. No dia 5 de junho, o site entrou em campo para mostrar os bastidores da cobertura. No blog *JN na Copa*, Fátima Bernardes fazia uma espécie de diário de bordo direto da África do Sul, com curiosidades sobre a Seleção e o trabalho dos jornalistas. Aliás, os cachecóis da Fátima renderam muitas perguntas e mensagens nas rodinhas digitais de conversa.

Ainda em agosto de 2010, a criação do blog *JN no ar* marcou um momento importante na integração entre TV e *web*. O projeto fez parte da cobertura das eleições presidenciais. O então editor do site, Alfredo Bokel, acompanhou a equipe da TV, comandada pelo repórter Ernesto Paglia, na visita aos 26 estados do Brasil e o Distrito Federal, registrando, além de informações extras sobre os moradores e lugares visitados, os bastidores daquela aventura que durou 39 dias. Quando outubro chegou, foi a vez de transmitir ao vivo as entrevistas com os candidatos à Presidência da República, em parceria com o G1, que fazia uma cobertura completa das eleições.

No mês seguinte, o *JN* chegou às redes sociais. O próprio Bonner comunicou por e-mail: "Acabo de criar o Twitter oficial do *Jornal Nacional*". Entre as recomendações para a equipe do site, estavam: revisar a ortografia, colocar links para as chamadas da TV e agradecer pelo envio de sugestões de pautas. Atualmente, o *JN* está no Twitter como @jornalnacional. A conta no Facebook foi criada em 2011, e o conteúdo começou a ser divulgado por meio de chamadas e links para reportagens.

Em 2015, dois momentos marcaram os editores do site do *JN*. No início de julho, a jornalista Maria Júlia Coutinho foi alvo de comentários racistas na página do *JN* no Facebook. William Bonner, Renata Vasconcellos, os apresentadores, e toda a equipe do *JN* gravaram um vídeo para as redes sociais, em que mostravam um cartaz com o recado: "SomosTodosMaju". No Twitter, a *hashtag* #SomosTodosMajuCoutinho ficou em primeiro lugar no ranking dos tópicos mais comentados.

Em dezembro de 2015, um mês depois do rompimento da barragem de Fundão, que deixou dezenove mortos no distrito de Bento Rodrigues em Maria-

Acima: Redação do G1 na Globo São Paulo (2015)

Abaixo: Cauê Fabiano apresenta o "G1 Em Um Minuto" durante o programa *Encontro com Fátima Bernardes* (23/07/2019)

na, Minas Gerais, uma reportagem especial com vídeos em 360 graus mostrou ao público todos os ângulos do maior desastre ambiental da história do Brasil. O então repórter Phelipe Siani e o repórter cinematográfico Thiago Capelle registraram o percurso da lama que atingiu a comunidade, destruindo casas, escolas, ruas. Os vídeos foram disponibilizados em uma página especial do site do *JN*.

Passados mais de vinte anos do começo deste capítulo da história do *Jornal Nacional*, a integração entre as equipes do Jornalismo é natural e orgânica. Os editores e produtores da TV, do site do *JN* e do G1 compartilham informações, trocam ideias e atuam nas diversas plataformas. Apenas com essa integração é possível fazer projetos grandiosos, como o "O Brasil que eu quero", que foi ao ar em 2018. Durante sete meses, o Jornalismo da Globo recebeu mais de 50 mil ví-

377

Fotos: Bob Paulino / Memória Globo

Controle Web do G1 em São Paulo (2015).

deos de brasileiros que respondiam à pergunta: "Que Brasil você quer para o futuro?". Os vídeos foram selecionados e apresentados nos telejornais de rede e no *Fantástico*.

Como nos primeiros anos, a equipe *web* do *JN* participa da reunião de espelho do telejornal para saber os temas que serão retratados na edição daquele dia. Atualmente, o contato é mais fácil, pois todos ficam juntos na mesma redação, no bairro do Jardim Botânico, no Rio de Janeiro. Em seguida, os editores pensam em conteúdos extras, como infográficos, testes ou listas. E, ainda, adaptam os textos das reportagens de vídeo para a linguagem escrita. O site do *JN* é, atualmente, o único do Jornalismo da Globo que oferece, na íntegra, os textos das reportagens que foram ao ar. Nas eleições de 2018, a equipe transcreveu todas as entrevistas com os candidatos à Presidência da República, e todas foram publicadas na íntegra. O processo, trabalhoso e cuidadoso, foi feito praticamente em tempo real.

A vocação para a prestação de serviços permanece. Com frequência, há complementos para as reportagens principais do telejornal, como locais de inscrição e estatísticas completas. As redes sociais e os formatos de interatividade também ajudaram a aproximar ainda mais uma das maiores referências do jornalismo brasileiro do seu público. A inovação se impõe, acompanhando o *zeitgeist*, o espírito da época.

Paralelamente às tendências de tecnologia e aos hábitos do brasileiro, as ferramentas de publicação e o layout mudaram. A navegação atual favorece o consumo de notícias e de vídeos no telefone celular. Aliás, a publicação de vídeos é feita, atualmente, tanto por editores *web* quanto pelos próprios editores da TV. Cada vídeo recebe título, descrição e *tags* que permitem tanto a organização do conteúdo no sistema interno quanto que seja encontrado na internet. A premissa é que cada editor domine o assunto sobre o qual está debruçado, e cabe a esse mesmo editor garantir que o tema chegue da forma mais correta e completa ao público, não importa em que plataforma.

Os vídeos de todos os programas e telejornais da Globo podem ser vistos nos sites dos produtos, nas páginas e reportagens do G1 e no Globoplay, plataforma de *streaming* e vídeos do Grupo Globo, lançada em novembro de 2015. A internet acabou com a distância entre o sofá e a TV – que agora está onde você estiver.

Márcia Menezes em entrevista ao Memória Globo (2014).

RENATO VELASCO / MEMÓRIA GLOBO

Lilian Quaino [editora de conteúdo web]

Quando o *Jornal Nacional* completou quarenta anos, em 2009, eu editava a seção de "Cartas dos Leitores" d'*O Globo*, uma das seções mais lidas do jornal. Com o tempo, passamos a reparar que, depois do *JN*, começavam a pipocar e-mails com textos interessantes, que mereciam entrar ainda naquela edição – uma das primeiras a ser fechadas. Naquela época, nossos leitores se informavam sobre os cenários político, econômico e social do país e do mundo depois do trabalho, pela televisão.

Uma década depois, o *JN* não é mais visto apenas nas casas, ao vivo, mas no computador, no celular e no tablet. Em tempo real ou a qualquer hora que o consumidor quiser e puder. Com as redes sociais, aquele retorno que tínhamos da "Carta dos Leitores" multiplica-se pelo infinito. A abrangência dessas plataformas é muito maior do que o velho e-mail de dez anos atrás. Gente de todas as idades, poder de consumo, nível educacional e locais do mundo palpitam à vontade. O resultado da presença do *JN* no universo digital é muito maior do que simplesmente fortalecer a marca e acompanhar as tendências do mercado.

Na rotina atual da equipe de internet do *JN*, uma tarefa simples resume essa mudança consolidada ao longo dos anos: a foto do "boa noite". O cumprimento, seguido das principais notícias do dia, é uma das maiores marcas do programa desde a sua criação. Em 2014, essa cortesia com quem assiste ao *JN* se transformou em oportunidade para os apresentadores se comunicarem de maneira mais descontraída com o público. O registro do "boa noite" dos apresentadores, quase sempre sentados na bancada, passou a ser publicado no site e nas redes sociais do *JN*. A repercussão foi imediata: o *post* com a foto é um dos mais comentados pelo público.

A foto da estreia da Maju Coutinho na bancada do *JN*, em 16 de fevereiro de 2019, por exemplo, teve quase sete mil comentários e alcançou mais de dois milhões de pessoas. Já teve "boa noite" com William Bonner e Renata Vasconcellos usando chapéu de palha na época das festas de São João, com a equipe de maquiadores e, claro, a já clássica foto com o estagiário ou estagiária da equipe de internet do *JN*. É deles a responsabilidade de fazer o registro diariamente. Mas não é só descontração. Dependendo do cardápio de notícias do dia, não há espaço para brincadeira. O público entende e reage. As redes sociais funcionam como um termômetro.

Histórias de vida, contadas com emoção pelos repórteres, geram empatia, solidariedade e unem o público. Mas matérias sobre política e economia, envolvendo os Três Poderes, podem incendiar o ambiente virtual. No caso de temas mais leves,

Redação do Jornalismo no Rio de Janeiro (2015).

CICERO RODRIGUES / MEMÓRIA GLOBO

cortamos trechos e criamos *gifs*, por exemplo. Um dos mais divertidos e que garantiu engajamento dos seguidores foi o da Renata Vasconcellos, flagrada "regendo" os torcedores na Copa da Rússia, em 2018.

Nas redes, também publicamos, antes de o JN ir ao ar, a chamada com as principais notícias da edição. É o primeiro contato do público com o jornal daquela noite. Em casos de *breaking news*, ou seja, os acontecimentos mais urgentes, os apresentadores chegam a gravar cerca de dez chamadas ao longo do dia. Todas são publicadas nas redes sociais do JN para manter o público atualizado. Foi assim no dia 13 de março de 2019, quando dois ex-alunos invadiram uma escola em Suzano, na Grande São Paulo, e mataram dez pessoas.

Os apresentadores contribuem para essa aproximação virtual com o público. Em novembro de 2016, por exemplo, William Bonner estava em Washington, nos Estados Unidos, para a cobertura da posse de Donald Trump, e nos enviou seis chamadas para as redes sociais. Na Copa da Rússia, Renata Vasconcellos fez vídeos exclusivos pelo celular.

No dia 19 de junho de 2017, quando o *JN* estreou seu novo cenário, William Bonner fez um vídeo em 360° para as redes sociais, mostrando alguns detalhes em primeira mão. A surpresa completa só foi desvendada mais tarde, quando a edição daquele dia foi ao ar.

Alfredo Bokel [editor de internet · 2006-2012; gerente de Eventos de Lutas e Motor]

Em agosto de 2010, o *Jornal Nacional* estreou a série "*JN* no ar". Eu, com 31 anos, era, certamente, o jornalista mais inexperiente da equipe comandada pelo repórter Ernesto Paglia. Fui o último a garantir meu assento no Falcon, nossa aeronave. Pouco antes do início da viagem, em uma reunião, sugeri à diretora de Projetos Especiais, Teresa Cavalleiro: "Por que o editor de internet não entra no projeto para contar os bastidores?".

A resposta positiva foi imediata. Só tinha um probleminha: todos os lugares do Falcon estavam ocupados. De última hora, o segurança que estaria a bordo foi substituído pelo editor de internet. No caso, eu. A proposta era: tudo o que não pudesse se tornar matéria do *JN*, mas fosse interessante ou curioso, como os perrengues da equipe e os bastidores das produções, entraria no blog *JN no ar*, hospedado no site do *Jornal Nacional*.

Foram tantas histórias! Umas engraçadas, outras emocionantes, como a de quando visitamos um acampamento para quem havia perdido tudo em uma enchente no município de Rio Largo, em Alagoas. Uma das pessoas que encontramos ali, Dona Maria de Lurdes da Silva, não queria saber de política. Chegou de mansinho com um pedido bem direto: "Quero que a minha filha saiba que eu estou viva". Fiz um *post* sobre aquela senhora sofrida, que aparentava mais que seus 56 anos. Nunca soube se a filha Cristina o leu.

Pedido parecido me fez um vendedor de Feiraguai, um camelódromo em Feira de Santana, na Bahia. Nascido no Rio de Janeiro, Benedito Sebastião dos Santos queria saber notícias da mãe, com quem não falava desde a década de 1980. Até me autorizou a colocar o número de celular dele no post. Tomara que alguém tenha ligado com boas notícias.

Foi uma rotina meio insana: todo dia uma viagem de avião. Carregávamos para cima e para baixo 700 quilos de equipamentos e 160 de bagagens pessoais. A cada noite, nos atirávamos, mortos, em uma cama diferente. Entre o *check-in* e o *check--out* nos hotéis, a média era de apenas cinco horas de estadia. Pouco sono, mas muita disposição para o trabalho.

Assim que uma cidade era sorteada, nossa equipe de retaguarda no Rio de Janeiro nos abastecia com todas as informações possíveis. No avião, líamos tudo, filtrávamos esses dados e pensávamos na pauta para o dia seguinte. Afinal, ao chegar à cidade sorteada, muitas vezes desconhecida para todos nós, teríamos poucas horas para produzir as imagens e as entrevistas para o Paglia escrever o texto e a editora de imagens Gisele Machado fechar a matéria que seria exibida ainda naquela noite no JN.

Sempre que chegávamos a uma cidade, nos dividíamos em duas equipes. A produtora Adriana Caban ia para um lado, enquanto o Paglia e eu seguíamos em outra direção. As imagens eram registradas pelos repórteres cinematográficos Dennys Leutz e Lúcio Rodrigues. Além de atuar como editor de internet, eu, na prática, também fui produtor e uma espécie de assessor de imprensa do Paglia. Ele, um repórter experiente, ouvia muitas pessoas em cada cidade para fazer um retrato correto daquela realidade. Tudo isso em poucas horas.

O "JN no ar" foi uma aula de trabalho em equipe e, acima de tudo, de jornalismo. Como o Paglia repetiu durante todo o percurso: "Em um projeto como esse, quando tiver água, beba; quando tiver comida, coma; quando tiver cadeira, sente. Você nunca sabe quando vai comer, beber ou sentar outra vez". Como resultado, o blog recebeu o Prêmio Rede Globo de Jornalismo e Esporte de 2010, na categoria Parceria TV – Internet.

17

O OLHAR POR TRÁS DA NOTÍCIA

HELIO ALVAREZ
[GERENTE DE CINEGRAFIA E EDIÇÃO DE IMAGEM]

O *Jornal Nacional* é o produto jornalístico mais importante da Globo e a principal fonte de informação de grande parte da população brasileira. Seu maior valor é a credibilidade. As informações que vão ao ar no *JN* são apuradas e checadas várias vezes; cada palavra do texto, cada número de gráfico e, sobretudo, cada segundo de imagem. A televisão é um trabalho conjunto, mas são as imagens a sua síntese. O olhar por trás delas é o do repórter cinematográfico.

Atualmente, qualquer pessoa pode captar uma imagem, e cada vez mais nossos telejornais levam ao ar flagrantes feitos por cinegrafistas amadores, ou mesmo por cinegrafista nenhum. Tem sido comum ver na televisão cenas gravadas por celulares, câmeras de segurança ou até mesmo carros de polícia. Isso significa que a imagem jornalística, hoje, não é uma exclusividade do repórter cinematográfico, o que não quer dizer que a função dele acabou. Pelo contrário, nesse cenário, seu trabalho ficou ainda mais importante. Seu papel vai além da simples captação. É a sua imagem que vai ajudar a construir uma narrativa. Imagens, afinal, contam histórias. Na televisão, as imagens são o coração das histórias.

Câmera Auricom (1969).

ACERVO PESSOAL SEBASTIÃO AZAMBUJA

A alcunha de repórter cinematográfico é recente, embora a função se confunda com o advento da própria televisão. No começo do telejornalismo, as matérias eram filmadas em 16mm, e os profissionais, em sua maioria, vinham do cinema ou da fotografia. A reportagem televisiva começou com as câmeras de filme 16mm, leves e ágeis. As marcas Bell & Howell e Bolex eram conhecidas como "mudinhas" por não captarem o som. Os chamados cinegrafistas, que as manipulavam, podiam trabalhar com filme negativo ou positivo, precisavam conhecer a sensibilidade da película que tinham em mãos, o tempo adequado de exposição, a velocidade do obturador, emulsão, técnicas de revelação, entre outros procedimentos. Recebiam rolos que correspondiam a aproximadamente três minutos de imagens, para fazer uma ou até duas matérias por dia. O filme era caro e não existia margem de erro. Os planos e as perguntas, portanto, precisavam ser bem programados. Qualquer descuido era fatal. O som direto chegou com as câmeras Auricon. As reportagens foram enriquecidas, mas a operação, dificultada: um cabo ligava a câmera a um gravador de fita magnética. Já as câmeras CPS (Cinema Products) eram mais leves e gravavam o som ótico diretamente na película.

A cinegrafia era um conhecimento específico que poucos tinham e raríssimos dominavam. Os profissionais da época eram extremamente qualificados e respeitados por isso.

Em meados dos anos 1970, a Globo adotou o sistema ENG (Eletronic News Gathering), que gravava imagem e áudio em videoteipe. As câmeras eram ligadas por um multicabo a um VT portátil, e as gravações eram em fitas cassete de ¾ de polegadas, o U-Matic. A chegada do videoteipe trouxe facilidades técnicas que diminuíram a exigência de especialização dos profissionais. As fitas permitiam maior tempo de gravação e muito mais liberdade. Se houvesse qualquer problema, era possível voltar, revisar, gravar por cima ou apagar o que deu errado. Passou-se a monitorar constantemente as gravações, o que trazia vantagens e desvantagens. Qualquer um se achava no direito de dar palpite, o que não raro causava alguns atritos e muitos atrasos. Ficava cada vez mais evidente que o diferencial, além da capacidade técnica na operação da câmera, era o engajamento com a notícia, o olhar jornalístico.

Em seus mais de cinquenta anos de história, a Globo manteve a tradição em capacitar seus funcionários para o exercício de suas funções. Atualmente, escolas técnicas e cursos universitários preparam profissionais para o mercado em quase todas as grandes cidades do país, o que permite às novas gerações uma formação técnica e acadêmica qualificada. Em paralelo, surgem sites de informações, tutoriais e cursos online, mas esse ofício se aprende principalmente na prática. Quando não havia escolas técnicas, o treinamento para novos cinegrafistas era dado pelos profissionais mais experientes, com um pouco de teoria e alguns exercícios práticos. O aprendizado continuava na rotina diária,

Cid Moreira nos bastidores do *Jornal Nacional* (década de 1980).

com a orientação desses profissionais e a troca de vivências entre colegas. Se a primeira geração de cinegrafistas veio do cinema ou da fotografia, a segunda foi praticamente formada por assistentes de câmera, que foram promovidos. Eles chegavam na nova função com algum conhecimento técnico e experiência jornalística, e tinham seu olhar e trabalho aprimorados por meio de cursos e oficinas realizados geralmente na própria empresa.

A crescente atenção e o cuidado no tratamento da notícia e da linguagem motivaram uma inflexão do tratamento do profissional da imagem no telejornalismo. De cinegrafista, ou simplesmente operador de câmera, ele passou a se chamar repórter cinematográfico. Mais do que um título pomposo, é a denominação condizente com as atribuições de sua função. Atuando como repórter, deve ser antes de tudo um bom jornalista, sugerir pautas, ter contatos e fontes, estar bem informado sobre os acontecimentos e ter a capacidade de contar histórias com imagens. Na parte cinematográfica, deve dominar os recursos técnicos e artísticos à sua disposição, manter-se atualizado com as novas tecnologias e aprimorar a narrativa audiovisual. O repórter cinematográfico não apenas opera uma câmera. Ele tem autonomia e efetivamente toma várias decisões jornalísticas, que influenciam em como uma história será contada.

São atributos que envolvem questões que podem ser técnicas, jornalísticas ou éticas. Na gravação

LUIS ALBERTO / AGÊNCIA O GLOBO

Câmera portátil VR 3000 (dezembro de 1973).

Helio Alvarez no Zigurate de Ur, Iraque (dezembro de 2000).

EDNEY SILVESTRE / ACERVO PESSOAL HELIO ALVAREZ

de uma reportagem, é importante prestar atenção nos detalhes; eles fazem a diferença entre uma boa matéria e uma matéria que todos irão lembrar nos próximos dias ou talvez anos. É preciso ter agilidade operacional e de raciocínio, afinal, tudo pode mudar no próximo instante, e estar informado sobre os principais assuntos do momento, principalmente, os que fazem parte do universo daquela matéria. A antecipação, ou *timing*, é fundamental, tanto para furos e flagrantes, como para não perder o momento certo de uma imagem, mesmo que ela não fique perfeita do ponto de vista técnico ou estético. O que realmente importa é não perder o momento decisivo, a imagem síntese da notícia, o que, nesses casos, envolve uma boa dose de instinto. Podem achar que é apenas sorte, mas é o resultado de conhecimento e muita preparação. Habilidade de negociação também é sempre bem-vinda, afinal, negociamos tudo, o tempo todo. Fontes e contatos abrem portas, criam pontes e informações em *off*, mas é o instinto jornalístico, o "faro para a notícia", que leva o repórter cinematográfico mais longe, lhe dá força na adversidade, o ajuda a não desistir, o move para além da zona de conforto. O domínio técnico dá confiança para fazer um trabalho bem feito, mas é esse "faro" que provoca a curiosidade e calibra o olhar.

Ao longo de décadas de exercício diário do jornalismo, os repórteres cinematográficos da Globo desenvolveram maestria no registro do factual e jamais perdem o fato. É a nossa escola, a nossa tradição.

A partir do final dos anos 1990, com a consolidação de novas mídias e as mudanças na linguagem audiovisual, tornou-se necessário pensar nas novas gerações e no futuro da profissão. Começamos a aprimorar nossa narrativa visual, isso é, como contar histórias com imagens, sons e texto de forma complementar e significativa, e não apenas ilustrar uma narração.

Hoje, diferente do que era no passado, o repórter cinematográfico da Globo tem à disposição uma variedade de câmeras, o que traz algumas facilidades, mas também grandes desafios. O formato padrão usado pela emissora é a linha Sony XDcam, câmeras reconhecidas pela sua versatilidade e qualidade técnica. Para matérias de ação e, principalmente, para as esportivas, que precisam de ângulos inusitados ou de difícil acesso, os modelos das câmeras GoPro, Osmo ou similares, são perfeitos. Câmeras pequenas, as *handycams*, que cabem em uma mão e têm ótimos recursos técnicos, podem ajudar na cobertura de manifestações de rua ou situações em que seja necessária a discrição. Já outros modelos, mais leves, permitem maior mobilidade e agilidade nas gravações e nos deslocamentos – todo o equipamento necessário para uma gravação simples pode caber em uma mochila. Há ainda as câmeras fotográficas que também gravam vídeo, as DLRS ou *mirrorless*, geralmente com sensores maiores. A textura e a plasticidade de suas imagens são diferentes, mas elas também são câmeras práticas e discretas.

Sem dúvida, a especialização da profissão confunde-se com a evolução tecnológica, e cada renovação de equipamentos é vista como oportunidade para desenvolver novas técnicas, mas, sobretudo, novos olhares. Embora um bom repórter cinematográfico deva ter consistência no domínio técnico da câmera e de outros equipamentos, não é esse o único atributo necessário à profissão, tampouco o mais importante. Há de se conjugar domínio técnico, paixão pela notícia e senso estético. É preciso ter sensibilidade apurada para que uma simples imagem se converta em narrativa. Para isso, não há fórmula. Além de conhecer as bases do jornalismo, é fundamental educar o olhar.

Nossos jovens repórteres cinematográficos são, atualmente, em sua maioria, originários de cursos de Comunicação, com habilitações em Jornalismo, Cinema, Publicidade ou Fotografia. Se antes a formação não era um critério importante a esses profissionais, que aprendiam e progrediam no exercício diário do ofício, espera-se, hoje, que tenham determinado repertório, que será trabalhado e apurado com a prática. Com eles, são desenvolvidos alguns conhecimentos básicos, que devem ser comuns a todos, como técnicas de composição e enquadramento, iluminação, mas também são realizadas uma série de ações com vistas a aperfeiçoar a sensibilidade para contar as melhores histórias.

ACERVO PESSOAL LÚCIO RODRIGUES

Lúcio Rodrigues em reportagem sobre a campanha presidencial americana (10/2016).

O repórter cinematográfico da Globo faz imersões constantes, que incluem cursos sobre História da Arte, História do Cinema, sessões de documentários, quando possível acompanhadas de conversas com diretores para que entendam como a imagem se conjuga à narrativa. Com fotógrafos e artistas, ele aprende novos usos de cor, composição e textura. Com engenheiros, estuda inovações e experimenta recursos que podem ser usados para dar às imagens nuances particulares. Cada vez mais, esses profissionais estão sendo incentivados a se envolver também no processo de edição de imagens e de texto, aprendendo suas técnicas, contribuindo com ideias e pensando a narrativa. Da mesma forma, seu trabalho deve ter em vista o papel da Arte, que cria uma nova camada estética e de linguagem, com a qual é preciso dialogar para prender a atenção da nossa audiência.

Na Globo, os repórteres cinematográficos são estimulados a experimentar e recebem insumos para fazê-lo de forma criteriosa, amparados pelo conhecimento técnico e embasados em sólido repertório cultural. Além de aprender na

Helio Alvarez em entrevista ao Memória Globo (2014).

RENATO VELASCO / MEMÓRIA GLOBO

prática do dia a dia a profissão, têm a oportunidade de desenvolver seu senso estético e seu olhar crítico para mobilizar e utilizar os recursos que possuem.

Mencionei que a televisão é um trabalho conjunto e, nisso, merece destaque a parceria que é empreendida pelo repórter e o repórter cinematográfico. São eles que constroem juntos, a partir de competências diferentes, mas complementares, a narrativa. Na gravação de uma reportagem a sintonia entre os dois autores é primordial, quando afinados, pode ser quase uma dança, ambos devem estar no mesmo ritmo para que o trabalho flua. Os dois são responsáveis pela história que está sendo contada. Contar histórias com boas e belas imagens é, afinal, o grande papel do repórter cinematográfico.

Newton Quilichini [repórter cinematográfico]

Fui contratado pela Globo São Paulo em 28 de outubro de 1969, como office-boy. A emissora tinha acabado de comprar a TV Paulista, e o *Jornal Nacional* tinha acabado de estrear. Uma das minhas funções como boy na época era colar letras brancas em uma cartolina preta, para fazer os créditos das matérias. Era uma equipe pequena, com apenas oito repórteres cinematográficos – com quem aprendi muito – e dois repórteres.

Em pouco tempo, precisaram de um auxiliar de cinegrafista e me botaram para aprender. Eu não imaginava o que era aquilo e fui aprendendo no dia a dia. O treinamento era assim: "Gruda em mim, veja o que eu faço e qualquer dúvida, me pergunta". Foi assim que comecei a conhecer o trabalho em si. Nunca tinha imaginado ser repórter cinematográfico, não tinha nem máquina fotográfica!

Em abril de 1973, me tornei repórter cinematográfico. Passei a trabalhar das duas da tarde às nove da noite e cobrir de tudo: futebol, política, economia. Naquela época, você saía, filmava e trazia o material para revelar a tempo de entrar no jornal. Era uma rotina sem rotina, você faz a mesma coisa, mas em lugares diferentes, de maneiras diferentes. E isso é uma delícia!

Participei de muitas coberturas emocionantes desses quase cinquenta anos de carreira – sou quase contemporâneo do JN. Uma das mais marcantes foi a Revolução

Newton Quilichini com Ayrton Senna e Reginaldo Leme em Londres (1982).

Sandinista, na Nicarágua, em 1979. No começo tudo corria relativamente bem, eu voei no helicóptero da guarda nacional, fiz a entrevista com o Anastásio Somoza com o Sérgio Motta Mello. Depois as coisas começaram a mudar. Passei a sair com os sandinistas, ir a vilarejos, sentir a realidade e me envolver com ela. Presenciei ataque de avião do Exército, que obrigava as pessoas a sair correndo para o meio do mato. No hotel, à noite, via aquelas balas traçantes, dormia com o barulho de bombas o tempo inteiro. As pessoas começavam a sumir, e os sandinistas chegando. Os necrotérios estavam cheios de cadáveres, as cidades, vazias. Jornalisticamente, foi uma lição, mas, pessoalmente, foi duro. Lembro de uma vez, logo depois que voltei, em que estava fazendo uma matéria e estourou o escapamento de uma Kombi próxima. Saíram lágrimas dos olhos.

José Carlos Azevedo [supervisor-executivo dos repórteres cinematográficos do Rio de Janeiro]

A Globo é uma grande escola para quem quer ser cinegrafista. O que acontece aqui, desde os anos 1970, quando eu comecei, é uma mescla dos grandes craques da ci-

ACERVO PESSOAL JOSÉ CARLOS AZEVEDO

José Carlos Azevedo (s/d).

nematografia, que possuem décadas de trabalho, e uma garotada que está chegando. Há um enorme trabalho de preparação desses novos profissionais, que envolve tanto a ambientação com a empresa, como com a profissão de modo mais amplo. Estamos sempre pensando no profissional do futuro.

Essa é uma profissão linda, e, para ser um grande repórter cinematográfico, tem que saber respeitá-la. Costumo dizer que, no nosso trabalho, o menos importante é a câmera. Os jovens começam acompanhando os grandes talentos da imagem nas reportagens, e veem que eles têm características diferentes – podem ser mais técnicos, exigentes, criativos. O jovem se inspira e cria um perfil para, apenas em um segundo momento, fazer o trabalho com a câmera. E filmar não é ligar o equipamento e fazer plano geral, médio e fechado. Qualquer um filma, faz zoom, panorâmica. O repórter cinematográfico tem múltiplas funções. O mais importante é entender o jornalismo. O cinegrafista deve acompanhar o repórter na ideia da matéria, tem que saber contar uma história. E uma história, para ser bem contada, deve ter texto, imagem e áudio.

Não há trabalho solitário na televisão. O repórter cinematográfico tem que ter conhecimento para dominar a técnica e a humildade de saber que não é dono da imagem. Ele precisa trabalhar em conjunto com o repórter, com os editores de texto e de imagem. Para haver essa troca, o cinegrafista tem que estar dentro da redação. Afinal, ele não é apenas técnico, ele é jornalista.

Moacir Mendonça [repórter cinematográfico]

Eu faço parte da segunda geração de repórteres cinematográficos da Globo. Quando comecei, como assistente de cinegrafista em São Paulo, em 1973, tinha apenas dezesseis anos de idade e alguma experiência em laboratório fotográfico. A maior parte das câmeras era muda e rodava filme preto e branco. Tínhamos em toda a emissora apenas três câmeras com captação sonora, tratadas com tanto cuidado que tinham até nome, obedecendo ao tamanho: Baby, Sonorinha, e Bruxa – essa última, de ferro fundido, pesava 25 quilos.

Para colocar uma imagem no *Jornal Nacional*, precisávamos chegar na redação com três horas de antecedência. Era um processo manual: o cinegrafista usava um saco preto para tirar o filme da máquina e, apenas com o tato, transferir o rolo para uma lata. Depois, passávamos uma fita em volta da tampa para não entrar luz. A

Moacir Mendonça (1974).

ACERVO PESSOAL MOACIR MENDONÇA

lata, então, era levada para o laboratório, onde, no escuro, começava o processo de revelação, que demorava cerca de uma hora. Depois de secar em um varal, o rolo era enviado para a redação, onde seria trabalhado pelos editores de texto. Eles cortavam do filme a parte selecionada, deixando uma margem de um milímetro de cada lado para passar a "gomarada" – uma cola que grudava uma parte na outra. Era comum que a cola soltasse quando a reportagem estivesse rodando, no ar. Nessas horas, a tela ficava preta e subia uma cartela onde se lia: "Desculpe nossa falha técnica". Anos depois, a Globo importou da Alemanha uma fita adesiva que acabou com esse problema.

Em casos de coberturas especiais, a correria aumentava para botar as imagens no ar. O tempo de três horas, claro, era reduzido. Foi o caso do incêndio do edifício Joelma, em fevereiro de 1974. Nesse dia, a Globo havia enviado seis repórteres cinematográficos ao local. Todos saíram com as mudinhas, porque elas possibilitavam que o cinegrafista captasse imagem em câmera lenta. Sobrou para mim a Sonora. Era a primeira vez que eu filmava sozinho. Decidi então focar o rosto das pessoas que assistiam à tragédia. Elas rezavam, choravam, faziam cara de desespero. Foi meu primeiro trabalho para o *JN*.

Marco Aurélio Ramos de Souza [repórter cinematográfico]

Comecei na Globo em 1972, como office-boy, mas meu sonho era ser cinegrafista – pensei: uma vez lá dentro, quem sabe não consigo? Em poucos meses fazendo entregas, consegui me tornar assistente do grande Orlando Moreira, quem me ensinou tudo o que sei. Em pouco tempo, me tornei repórter cinematográfico na editoria Rio, era um entre seis – hoje somos 65. Meu chefe na época, Amauri Monteiro, me disse: "Você pode ficar na Globo um ano ou cinquenta, mas nunca saia do *Jornal Nacional*". Essa é minha meta até hoje: quem não quer ter sua imagem no *JN*?

O trabalho mais difícil que fiz para o telejornal, sem dúvida, foi a cobertura da guerra civil em Angola, em 1981, com o repórter Hermano Henning. Recebi o chamado da chefia e respondi sem nem pensar duas vezes: "Eu vou!". Só em Lisboa, onde paramos para conseguir o visto, comecei a refletir sobre o que podia me acontecer e senti algo estranho no avião. Ao pousar em Luanda, o aeroporto estava cercado. Confiscaram nossos passaportes. Nesse período, a África do Sul tinha acabado de entrar nessa guerra.

Nos colocaram em um hotel sem água encanada, tínhamos que tomar banho com balde, em uma banheira, uma das piores experiências que já passei. Para a nossa primeira matéria, acordamos de madrugada e pegamos uma estrada para ir a Lubango, uma cidade que havia sido destruída por bombardeios. Nosso comboio, que levava jornalistas do mundo inteiro, seguia em uma estradinha de mão dupla até ser parado por um ataque. O capitão levou um tiro, disparado de um avião. Fugimos todos para o meio do mato, nos escondemos em um buraco de bomba, onde o Hermano gravou uma passagem. Ele dizia que sentia frio, mesmo no calor de quarenta

Acervo / Globo

Marco Aurélio Ramos de Souza (década de 1970).

graus. A poeira baixou, voltamos ao caminhão e chegamos à cidade fantasma. Filmei a destruição, os animais abandonados e famintos, que corriam atrás da gente.

A volta a Luanda foi ainda pior. Sofremos dois ataques, que nos fizeram mais uma vez sair em disparada pela floresta, com o coração acelerado, onde fiquei quietinho agarrado em uma árvore. Estava com medo, sozinho e, no final, acabei perdendo dois microfones. Salvei a câmera e os filmes, que, depois, foram entregues a um intermediário em latas, e enviados ao Brasil para serem exibidos no *JN*. Fizemos ainda uma matéria em um hospital que recebia feridos. Quando terminei de gravar, fiquei triste com as cenas das pessoas mutiladas e o cheiro de carne podre.

Mas a nossa profissão faz com que a gente segure a emoção nessas horas. O repórter cinematográfico tem que focar no controle da imagem. A minha mulher fala: "Você é frio!". Mas não é isso. Quando estou com a lente no olho, eu não vejo nada. A gente se esconde atrás da câmera para gravar o momento certo.

Eduardo Riecken [repórter cinematográfico]

Entrei na Globo em outubro de 1973, por meio de Roberto Cavalcanti, um chefe de reportagem que era meu colega de bola de gude na infância. Fui visitar uma amiga de colégio, chamada Nilce Leal, que trabalhava no Jornalismo da Globo em Recife, e o encontrei. Ele disse que estava sem um cinegrafista e me mostrou os equipamentos. Vi as

Eduardo Riecken em entrevista ao Memória Globo (2011).

VAL SANTANA / MEMÓRIA GLOBO

câmeras de cinema e enlouqueci. Eu sonhava com cinema, lia tudo sobre o assunto. Quando ele me convidou para trabalhar ali, respondi: "É tudo que eu quero". Eu tinha um cabelo nas costas e uma barba enorme. Pensei que tinha que optar: ou o visual ou o trabalho. Cortei o cabelo, fiz a barba e fui para a Globo.

Eu me tornei assistente do Roberto e, com quatro dias de empresa, chegou o José Andrade, cinegrafista que dava aulas em um pequeno curso para novos profissionais. Eu chegava às sete da manhã e ficava o dia todo. Depois de oito meses, estava filmando ainda como assistente. Um dia, apareceu uma vaga, e virei cinegrafista do Núcleo de Reportagens Especiais. Ficava mais tempo no Rio de Janeiro do que em Recife.

A Globo Recife, nesse início, era bem pequenininha. A gente só tinha duas câmeras sonoras, de película, e duas câmeras mudas, a Mudinha, uma câmera alemã Bell & Howell, movida a corda. Tenho um bocado de marcas no dedo por causa desse processo. A gente trabalhava com filme preto e branco negativo, que ficava positivo no telecine. Não existia repórter, apenas produtores. Os cinegrafistas faziam tudo. Os produtores ligavam para marcar, e a gente saía com a pauta. Fiz muitas entrevistas, andava com um microfone de pedestal. A gente lia muito jornal para se manter atualizado – afinal, nosso cargo é de repórter cinematográfico.

A chegada do filme a cor, um processo que aconteceu antes do VT e do U-matic, trouxe desafios à profissão. Nossa maior preocupação com o filme preto e branco era documentar – a gente pensava na saturação e no foco, mas não na cor, não prestava muita atenção no fundo ou na roupa que a pessoa estivesse usando. Com a inovação, começamos a trabalhar melhor o ambiente e conhecer melhor temperatura de cor – os enquadramentos mudaram. Hoje não é assim. Se o entrevistado olha mais para um lado, existe ponto de fuga. Eu tenho que dar limites ao enquadramento. Quando as matérias passaram a contar com repórter, o plano era feito com ele sempre no meio do quadro. Atualmente, você usa elementos ao lado para compor o quadro, deixando o repórter um pouco na lateral. Há uma preocupação com a plástica que não havia no passado. A gente tem aprimorado cada vez mais a fotografia e a qualidade da imagem, sobretudo com a chegada do HD.

O bom cinegrafista é aquele que se envolve, pesquisa e acompanha as mudanças. No começo a gente tinha preocupação documental, em que bastava gravar. Novidades foram chegando, a gente teve que se aprofundar nas coisas – a fotografia eletrônica te desafia a ir além do automático e conhecer a técnica para fazer daquela fotografia, a sua.

Jorge Luiz dos Santos [repórter cinematográfico]

O ano de 1974 foi um marco na minha carreira e no Jornalismo da Globo. Eu e o cinegrafista Reynaldo Cabrera, ao lado de quem trabalhava, chegamos na emissora às oito da manhã. O chefe de reportagem nos pediu para ir em direção à Praça da Bandeira, no Centro de São Paulo, porque teria um princípio de incêndio em um edifício chamado Joelma. Chegando lá, Reynaldo, com sua visão jornalística, logo falou: "Jorginho, corre até um telefone e liga para a chefia mandar mais equipes, isto vai virar uma coisa grande". Quando voltei ao seu encontro, percebi que ele não parava de olhar para um homem no alto do edifício. Na época, usávamos filme preto e branco negativo, e a câmera era uma Bell & Howell 16mm, com uma torre de lentes. Ele pegou o equipamento, acoplou uma teleobjetiva e aumentou a velocidade para que registrasse em câmera lenta. "Ele vai pular", profetizou, segundos antes de flagrar a cena da queda. Reynaldo tirou o filme da câmera e mais uma vez olhou para mim, dizendo: "Ganha quem colocar primeiro no ar".

Jorge Luiz
dos Santos
(10/12/2018).

ACERVO PESSOAL JORGE LUIZ DOS SANTOS

O fogo, a essa altura, já havia se alastrado e nosso carro estava preso na barreira de bombeiros, ambulâncias e patrulhas da polícia que tinha se formado ali para isolar o local. A única saída foi apelar para uma corrida de cerca de 1,5 quilômetros. Saí da Praça da Bandeira até o largo do Paissandú, em busca de algum transporte. Subi em um ônibus, olhei para o motorista e falei que estava tendo um incêndio e que precisava chegar na Globo para colocar as imagens no ar. Para meu espanto, ele fechou a porta e seguiu direto para me deixar na porta da emissora. Deixei o material no laboratório de revelação e corri para falar com a editora do horário. Em quinze minutos, abrimos um plantão na programação. Fomos a primeira emissora a botar no ar. Enquanto a imagem percorria o mundo para contar a tragédia daquele dia, nós continuamos a produção de matérias para o *Jornal Nacional*. Ao todo, foram 187 mortos.

A partir daquele dia, o *JN* passou a veicular várias reportagens, mostrando como estava a construção do Joelma e o que havia de certo e errado na segurança dos prédios da cidade. Acompanhamos o corpo de bombeiros, que passou a vistoriar possíveis falhas em hidrantes, extintores e saídas de emergência. O telejornal contribuiu enormemente para as mudanças que foram promovidas adiante, como adaptações em edifícios mais velhos, colocação de passarelas entre prédios. Tudo era muito discutido com engenheiros e especialistas em remoção imediata de pessoas.

Meu prêmio veio tempos depois. O Cabrera foi para a Copa da Alemanha naquele ano, e eu, de auxiliar, fiquei no seu lugar, como cinegrafista.

Paulo Pimentel [repórter cinematográfico]

Entrei na Globo em 1977, época de grandes cinegrafistas como Orlando Moreira, Ricardo Strauss, Roberto Padula, Evilásio Carneiro, Helio Couto e Daniel Andrade, que manejavam câmeras em película, que entendiam de luz, temperatura de cor, composição e da asa de filme mais adequada a diferentes situações.

Filmávamos tudo praticamente editado, pois não dava para repetir as passagens – quando o repórter aparece em quadro para contar parte da história – imagens e entrevistas. Tínhamos uma "cota" de 150 pés de filme para cada reportagem, o que dava uns cinco minutos. Era o limite de filme a ser usado em uma reportagem do *Jornal Nacional*. Custava caro importar película Kodak dos Estados Unidos. A câmera era pesadíssima e altamente complexa de se operar. No ombro carregávamos uma "cangalha" de alumínio forjado onde ela era acoplada. Parecíamos uma instalação ambulante nas ruas da cidade.

Paulo Pimentel na cobertura da visita do presidente João Figueiredo à China (1984).

Lembro que, em 1979, subíamos até a Mesa do Imperador, na Floresta da Tijuca, o Rio de Janeiro, para as primeiras aulas práticas sobre a nova Ikegami HL77. Fernando Olegário, da Engenharia da Globo, era o nosso mestre na época. Naquele bucólico parque florestal, daríamos os passos iniciais nas lições sobre enquadramento, filtros e agilidade no manuseio da primeira câmera de vídeo ENG do Jornalismo. Aqueles jovens cinegrafistas que filmavam com a CP 16mm; Auricon Pro 600, Canon e Bell & Howell, passavam a conhecer, então, a nova linguagem da televisão: o vídeo.

As primeiras câmeras de vídeo eram enormes e desconfortáveis no ombro. Eram retas e sem o acabamento ergonômico encontrado nas câmeras de hoje em dia. Os acessórios, como luzes, tripé de madeira e caixas para o transporte de equipamento, também eram pesados, embora menos do que as câmeras de película.

No início da profissão, filmamos buraco de rua, exposições de arte e pequenas reportagens sobre escolas de bairro. Fomos ganhando confiança, conquistando o repórter, o editor e o chefe de reportagem, até que, quando eles sabem que se entregarem um trabalho complexo e difícil de executar, receberão de volta um trabalho de alto nível, somos escalados para uma reportagem de mais peso. Para chegar ao JN, o cinegrafista deve ter o olhar de repórter bem apurado e atento. Ouvidos sempre alerta, pois uma imagem de jornalismo não tem ensaio. Acontece e se dissipa em segundos.

Nunca esqueço a frase que o grande Ricardo Strauss falou para mim na cobertura da primeira visita de João Paulo II ao Brasil, em 1980. Foi a primeira vez que o papa beijou o chão ao sair do avião. Aconteceu em Brasília, e Ricardo, atento, captou a imagem que surpreendeu muita gente. Após a cena, ele me disse: "Não se pede ao papa para beijar o chão outra vez. Se você está com a bateria descarregada ou a câmera desligada, já era...". O título de repórter cinematográfico, que se usa atualmente, já diz tudo. Olhar atento e ouvidos apurados. Cada segundo é precioso em uma reportagem.

Marco Antonio Gonçalves [repórter cinematográfico]

A chegada do ENG para os cinegrafistas foi uma coisa terrível. Tínhamos acabado de encontrar uma câmera sonora de filme que era perfeita: a bateria tinha o tamanho de um maço de cigarro, o áudio era embutido e só um fio saía de dentro dela, para conectar ao microfone do repórter. Você dominava a câmera inteira.

Com o ENG, parecia que tínhamos voltado no tempo, porque além da câmera, havia o VT. As equipes passaram a ser formadas por um operador de VT, um iluminador,

ACERVO PESSOAL MARCO ANTONIO GONÇALVES

Marco Antonio Gonçalves na Antártida em reportagem sobre mudanças climáticas (2007).

403

um motorista, o repórter e o cinegrafista; eram cinco pessoas no carro, um número difícil de trabalhar. Os mínimos detalhes eram complicados. O cinegrafista tinha ao lado um colega que carregava o VT ligado a ele por um fio, que chamávamos de cordão umbilical. Já aconteceu, em manifestação, de cair uma bomba entre o operador e eu, e cada um correr para um lado, ficando ambos presos ao cordão. Lembro também da cobertura de uma grande fuga de presos do Carandiru, em que acompanhamos a perseguição policial. Quando fomos descer do carro, eu saí por uma porta e o assistente, pela outra; claro que o fio ficou no meio dos dois. A polícia atirava, e nós, presos no carro. Não preciso dizer que o fio arrebentou, uma tragédia.

Durante um período de migração de um sistema para outro, trabalhávamos com as duas mídias: filme e fita. Eu olhava para aquilo e pensava: "Nem vou aprender esse negócio de VT porque isso não vai pegar, eles vão voltar para o filme, que é muito melhor". Tive enorme resistência e fui um dos últimos a adotar as novas câmeras. Foi um grande erro, o VT veio para ficar, era muito mais imediato em termos de notícia. Além disso, foi com ele que chegamos a uma fórmula que temos até hoje.

José Henrique Castro [repórter cinematográfico]

Nasci em Pelotas, fui criado em Porto Alegre e comecei na RBS como assistente de cinegrafista em 1982. Fazia iluminação e comecei aos poucos a trabalhar com a câmera. Passei por operação de VT e depois fui promovido a repórter cinematográfico, em 1987.

Comecei a trabalhar no *Bom Dia, Rio Grande* com Roberto Kovalick e Ananda Apple. Logo passamos a fazer reportagens para o *Jornal Nacional*. Fazíamos matérias sobre a chegada do inverno na serra gaúcha. Uma vez, quase congelei as mãos! Mas a matéria ficou muito bonita, mostrando o amanhecer na serra no *JN*. Com o Kovalick, fizemos uma matéria linda no Parque Estadual de Vacaria, onde os papagaios se encontravam para a reprodução. Eram milhares de papagaios, aquela revoada, lindas imagens. Foi uma das coisas mais bonitas que já vi. Também teve crédito no *JN*.

Em 1992, surgiu uma oportunidade para cobrir o carnaval, e acabei ficando no Rio de Janeiro por dois anos. Nessa época, o país estava fervilhando com os protestos pelo impeachment do Collor. Um dia, saí com o Marcelo Canellas para cobrir as manifestações na avenida Rio Branco, e uma menina pintou o rosto dele de verde e amarelo. Em seguida, veio na minha direção e pintou a lente da câmera. Eu corrigi o foco e aquela imagem virou um símbolo.

José Henrique Castro em Machu Picchu, Peru (dezembro de 2003).

ACERVO PESSOAL JOSÉ HENRIQUE CASTRO

Voltei para o Sul em 1994, mas em outubro de 1997 fui contratado pela Globo Rio, definitivamente. Comecei fazendo o *Jornal da Globo*, depois fui para o *Jornal Nacional*.

Uma das coberturas mais marcantes que fiz foi o sequestro do ônibus 174, em 12 de junho de 2000. Ari Peixoto e eu fomos os primeiros a chegar. Estávamos vindo da Baixada Fluminense pela Linha Vermelha e ouvimos pelo rádio uma notícia sobre o sequestro de um ônibus com reféns no Jardim Botânico. Quando saímos da Linha Vermelha, o trânsito já estava parado no acesso ao elevado Paulo de Frontin. Veio um comboio do Bope, e colamos atrás. Chegamos ao local por volta das três da tarde junto com o Bope. Os PMS foram para o Parque Lage de fuzil, e saí filmando tudo em volta. Começou a escurecer, a rua foi enchendo de gente e mudei de lugar, parei na frente do ônibus. Mas as negociações estavam acontecendo pela lateral. Estava no lugar errado na hora certa. Quando o sequestrador saiu do ônibus com a refém, tive o ângulo perfeito. O PM que estava com a metralhadora atirou. Fiz a imagem da saída, do tiro, tudo. Entreguei a fita para o motoqueiro, que foi correndo para a redação a tempo de entrar no *Jornal Nacional*. Quando terminou aquilo tudo e o ônibus saiu, me deu uma dor de estômago danada. Foi muito tenso.

José de Arimatéa [repórter cinematográfico]

Fiz a primeira reportagem da Fátima Bernardes para o *Jornal Nacional*, antes que ela se tornasse apresentadora. Era a virada do ano de 1987 para 1988, e a pauta era os preparativos para a festa de Réveillon. A matéria originalmente seria para o *RJ2*, mas terminou indo para o *JN*.

Fomos para Copacabana, gravar em um hotel que fazia uma famosa cascata de fogos. Pedi autorização para o gerente para fazer imagens da cobertura. Passei com a Fátima o texto da passagem. Estava tudo perfeito, a passagem se enquadrava certinho na cena que tínhamos, porque ela falava da multidão que iria ao evento, e o fundo era um plano geral da praia de Copacabana. Era dia 31 de dezembro, às onze horas da manhã, fazia um calor infernal. Logo que terminamos a passagem, ela se sentiu um pouco mal com o sol, mas logo descemos, fizemos algumas entrevistas na praia para fechar a reportagem e fomos embora.

José de Arimatéa em entrevista ao Memória Globo (2017).

CÍCERO RODRIGUES / MEMÓRIA GLOBO

Esse hotel, muitos anos depois, trocou de dono, passou por uma grande reforma. Um dia, em 2011, me passam a seguinte pauta: fazer a matéria de despedida da Fátima no *JN*. Ela estava passando o bastão para a Patrícia Poeta. Era uma coletiva de imprensa exatamente naquele mesmo hotel, que tinha trocado de dono e passou anos em obras. Quando o Carlos Henrique Schroder, na época diretor de Jornalismo e Esportes, apresenta o perfil de cada repórter, o que aparece? Aquela primeira matéria dela no *JN*. Eu falei: "Fátima, olha só, nós fizemos essa matéria juntos, você lembra?". "Nossa, é isso mesmo! Eu lembro muito bem", ela respondeu. Até o William comentou, porque foi uma coincidência incrível, catorze anos depois.

Lúcio Rodrigues [repórter cinematográfico]

O naufrágio do *Bateau Mouche* foi uma história impressionante. Eu tinha chegado havia pouco tempo no Rio de Janeiro e estava escalado para trabalhar na virada de 1988 para 1989. Fui cobrir o Réveillon de Copacabana com o Renato Machado. Pegamos um barco de turistas, para eles falarem como é ver Copacabana na hora dos fogos, do ponto de vista do mar. Na saída, percebemos que o tempo estava muito ruim, e o mar, completamente batido. Renato, repórter experiente, de cara, falou: "Como vamos fazer uma matéria bonita, interessante, com os turistas falando bem, com esse tempo ruim? Acho que vamos perder a viagem". Dito e feito, a matéria não aconteceu.

Eu, novato, fiquei preocupado de voltar sem matéria para a redação. Decidi, sem falar para o Renato, gravar, para pelo menos mostrar que o tempo estava muito ruim e que não era possível fazer a reportagem. Comecei a fazer imagens desde a enseada de Botafogo. Fomos no barco em direção à Copacabana, mesmo sabendo que a matéria não ia acontecer. As pessoas, equipe e turistas, começaram a passar mal porque o mar estava batendo muito, enquanto eu seguia gravando. Registrei imagens péssimas da queima de fogos, sabendo que não ia entrar em lugar nenhum, porque tinha fugido completamente ao objetivo da matéria.

Lúcio Rodrigues na Nova Escócia, Canadá (06/2016).

Voltamos da Marina de Botafogo depois de meia noite, e, quando estávamos desembarcando, recebemos a informação de que o *Bateau Mouche* tinha afundado. Os portões da marina foram fechados, e nós ficamos presos lá dentro. Imediatamente começaram a chegar corpos e sobreviventes. Aquilo era muito maior do que podíamos imaginar.

Presenciei uma cena inesquecível envolvendo uma família de sete pessoas que estavam no barco, que acabou virando uma matéria especial para o *Jornal Nacional*. Primeiro, chegou um sujeito sozinho. Depois, um segundo, eles se abraçaram. Aos poucos, os outros. As sete pessoas foram salvas por barcos diferentes, e gravei esse reencontro. É muito difícil para quem está filmando se envolver com o momento. Embora tenhamos emoções e sintamos o que está acontecendo, durante a filmagem, há um distanciamento. Estamos vendo através do *viewfinder*, o visor da câmera, preocupados com o que estamos fazendo. Nesse caso, foi impossível. Foi emocionante ver aquelas pessoas se abraçando, lembro que eu chorava muito. Passamos a madrugada toda fazendo aquele material superexclusivo, inteiramente envolvidos naquela situação. No início da manhã, saímos da marina e viemos para a TV.

Daniel Andrade [repórter cinematográfico]

Minha história na Globo começou no dia 16 de abril de 1973. Entrei como motorista do Jornalismo. Morava no bairro carioca do Horto, ao lado da emissora e, como não tinha celular naquela época, era difícil achar alguém para cobrir eventualidades. Em certa altura, passei a trabalhar também como assistente do cinegrafista José Andrade, nosso mestre. Fui escalado para participar da primeira equipe da madrugada, que fazia a ronda, ligava para as delegacias. Isso durou nove meses, uma gestação. Em seguida, fui promovido e me tornei repórter cinematográfico.

Comecei a cobrir esportes e fiz minha primeira Olimpíada, em Moscou, em 1981. Foi uma grande experiência. Fui para um lugar fechado por causa do comunismo, a língua era difícil, fazia muito frio. Mas foi uma cobertura maravilhosa, muito rica. A primeira Copa do Mundo veio em 1982, na Espanha, quando minha filha nasceu. A Globo deu toda a assistência, mandou fotógrafo e câmera para a casa de saúde. Na redação, todo mundo parou para ver a fita do nascimento dela. Foi um amuleto da sorte! A partir de então, cobri a Olimpíada de Los Angeles, em 1984; a Copa de 1986, no México; a Olimpíada de Seul, em 1988; a Copa de 1990, na Itália, e por aí

Daniel Andrade no Maracanã durante a cobertura do Campeonato Carioca (1987).

vai. Em 1994, era minha quarta Copa. Galvão Bueno e eu achávamos que éramos pés-frios, não ganhávamos nada. Eu estava com uma câmera exclusiva na final, estava lá quando Baggio bateu o pênalti e perdeu. Vitória da Seleção Brasileira, é tetra! Aí veio o Tino Marcos, e ficamos comemorando. Foi uma das Copas mais marcantes.

Na Copa de 2010, na África do Sul, viajamos um pouco antes e cobri alguns amistosos, entre eles, o jogo contra a Tanzânia, em que a Seleção goleou por 5x1. Eu estava no campo na hora do Hino Nacional, e tinham uns meninos que foram escolhidos para entrar com os jogadores. Estádio lotado e os meninos brincando com a Seleção. Tinha um garoto africano, muito engraçado, que conquistou os jogadores brasileiros. Filmei ele brincando o tempo todo com o Kaká e com o Luís Fabiano, perturbando à beça na hora do hino. O Kaká ficava concentrado querendo cantar, o moleque olhava para cima e virava para o Luís Fabiano, ficou fazendo aquilo o hino todo. Uma hora, o Kaká abaixa e dá um beijo na testa do menino, que olha e ri. Concentrei ali e investi. No avião na volta, o editor, Paulinho Predella, olhou aquilo e chamou o Tadeu Schmidt: "Tadeu, vem ver um negócio aqui". Tadeu olhou e não parava de rir, era muito engraçado. Ele pediu para separar o material e fez um texto maravilhoso. No *Jornal Nacional*, a Fátima Bernardes quando viu, falou: "Isso aí é demais!". Conclusão: a imagem foi o "boa noite" do JN. Um olhar diferente, uma imagem divertida e curiosa. Fiquei muito feliz.

18

O OLHAR DO TELESPECTADOR

ANDREA DOTI
[DIRETORA DE RELACIONAMENTO DA COMUNICAÇÃO]

Em abril de 1965, a Globo ia ao ar pela primeira vez e, com ela, a convicção de que para agradar ao público era preciso ouvi-lo. Logo no dia 1º de maio, em um sábado, às duas da tarde, estreava o *Tevefone*, um programa musical ao vivo, em preto e branco. Era apresentado por três famosos *disc jockeys* cariocas da época, que tocavam as canções escolhidas por quem telefonava para a emissora. A Globo nascia já acreditando em uma televisão feita com quem a assiste.

Foi com esse DNA que, nos anos 1980, surgiu a iniciativa de abrir um canal para ampliar as conversas com o público. Assim, foi criada a Central de Atendimento ao Telespectador, carinhosamente apelidada de CAT. No começo, não era mais do que um telefone e um endereço onde chegavam cartas de fãs. A responsabilidade era de algumas funcionárias que, no número 266 da rua Jardim Botânico, na Zona Sul do Rio de Janeiro, acumulavam as dúvidas dos telespectadores com suas rotinas administrativas. Até ficarem a cargo de uma estrutura especializada, preparada para atender ao público de todo Brasil com as tecnologias mais avançadas, as informações fornecidas pela CAT saíam de cadernos e mais cadernos preenchidos à máo e consultados por essas pesquisadoras zelosas e pioneiras.

Desde a sua estreia, em 1969, o *Jornal Nacional* desperta a atenção de quem procura a Globo para falar do que gosta, do que não gosta e, principalmente, do que gostaria de saber mais. Foi assim que o telejornal noticiou, no dia 25 de agosto de 1983, as diversas ligações que a Globo estava recebendo de interessados em ajudar Antônia Batista de Teixeira, mãe de dez filhos que fora personagem de uma reportagem exibida na véspera sobre um dos mais longos períodos de seca no Nordeste.

"Seca no Nordeste: Antônia Batista de Teixeira, mãe grávida com dez filhos mostrada ontem no *Jornal Nacional* desperta solidariedade. A Central de Atendimento ao Telespectador da TV Globo recebeu telefonemas de pessoas querendo fazer donativos", registra o espelho da edição do *JN* apresentada por Cid Moreira e Celso de Freitas no dia 25 de agosto de 1983.

Esse jeito de tocar o coração de quem acompanha o noticiário não mudou com o tempo. E a CAT tem sido testemunha e parceira dessa trajetória.

No dia 1º de junho de 2016, 33 anos depois da onda de solidariedade que chegou ao Nordeste de Antônia, os brasileiros entravam mais uma vez em contato com a CAT para apoiar Fernanda e Enrico Mendes, pais da pequena Maria Luiza, de onze meses. A matéria do *JN* que mostrava os reflexos da queda do PIB e da crise financeira na rotina das famílias rendeu ao casal, desempregado e endividado, muitas doações. Tantas, que os dois decidiram dividir a ajuda com outros na mesma situação. Para a abertura da edição seguinte, William Bonner e Renata Vasconcellos resgataram a vinheta da série "Brasil bonito", que se destacara havia mais de dez anos no telejornal, para falar da beleza de povo do nosso país, pessoas que se mobilizaram e procuraram a Globo com ofertas de apoio e de emprego.

"Como ficar indiferente ao saber que a menina de onze meses também estava sofrendo as consequências? O Brasil inteiro não ficou. A Central de Atendimento ao Telespectador, da Globo recebeu mensagens de brasileiros de todo o país. Gente que queria ajudar. A mobilização se espalhou pela internet. Na página do *Jornal Nacional*, nas redes sociais, foram centenas de comentários de apoio e solidariedade. (...) A vida transformada em menos de 24 horas, a oportunidade de um recomeço", contou na matéria do *JN* do dia 02 de junho de 2016 o repórter Paulo Renato Soares.

Com vários recursos digitais, a Globo fala hoje, todos os dias, por meio da CAT, com mais de duas mil pessoas. Brasileiros que a empresa conhece bem e que entram em contato do país inteiro, por telefone e pela *web*, para fazer sugestões, elogios, críticas e denúncias, pedir informações e enviar ideias de reportagem. De segunda a sexta, das sete da manhã às onze da noite, e nos fins de semanas e feriados das nove da manhã às nove da noite, quarenta operadores conversam com o público sobre os programas e assuntos relacionados à programação. É para o número da CAT (4002-2884) que a Lucia Klehn liga diariamente de Santa Catarina, logo que o jornal acaba, para dar boa noite, dizer o que achou e comentar as matérias do seu noticiário preferido. Mas para o *JN* chegam sobretudo sugestões: mais da metade de quem fala com a Globo sobre o telejornal quer propor matérias. São homens (52%) e mulheres (43%), de todas as idades (16% entre 18 e 34 anos, 31% entre 35 e 49 anos e 50% com mais de 50 anos), que, além das sugestões, também pedem informações sobre as reportagens, os entrevistados e mesmo sobre o figurino de repórteres e apresentadores. Sem deixar escapar nenhum detalhe, os fãs se interessam pelos batons e esmaltes das apresentadoras do *JN* e morrem de curiosidade pelos óculos da Renata Vasconcellos!

No bloco final do *JN* do dia 5 de dezembro de 2011, o público acompanhou a despedida de Fátima Bernardes e a chegada de Patrícia Poeta à bancada do telejornal. A CAT foi à loucura. Foram milhares de mensagens desejando boa sorte às duas jornalistas e pedindo detalhes da camisa cor--de-rosa de Fátima, da blusa bege de Patrícia, do penteado de ambas e da gravata listrada de Bonner. A emoção foi grande também no dia 24 de abril de 2015, ao ouvirem, em homenagem ao cinquentenário da Globo, Cid Moreira, Sérgio Chapelin, Bonner e Renata encerrarem o programa dando juntos o clássico "boa noite".

Tudo que o público fala e quer saber sobre o *JN* fica registrado e é encaminhado para os responsáveis pelo telejornal. Um grupo de pesquisadores da Comunicação abastece a produção do Jornalismo com essas informações e também colhe respostas para as variadas dúvidas que aparecem. Esta rotina é seguida com um olhar atento às boas histórias que chegam e que ajudam a construir esse *JN* que, há meio século, assim como a Globo, é feito com e para o público. Com pessoas como a Iracy Barroso, de cem anos, de Teófilo Otoni, em Minas Gerais, que todos os dias assiste ao *JN* com os filhos e reza pelos apresentadores, ou como a Marli Ana do Prado, paulista de 59 anos, que, inspirada pela Maju Coutinho decidiu cursar faculdade de Geografia.

Os depoimentos e mensagens a seguir são de pessoas que ao longo desses cinquenta anos não só acompanharam o telejornal, mas também conversaram com a Globo. No meio de milhares de mensagens, foram selecionados telespectadores de diferentes cidades e idades. Nos relatos, eles contam que tiveram suas vidas impactadas de alguma forma por uma notícia ou pela emoção de um repórter ao transmitir um fato. São histórias reais do nosso público para quem diariamente preparamos cada edição do *JN*.

CARLOS NASCIMENTO ARAGÃO

38 ANOS, MONTE ALEGRE DE SERGIPE-SE

Nasci no município de Aquidabã, em Sergipe, mas moro, há dezesseis anos em Monte Alegre. Assisto ao *Jornal Nacional* desde os meus quinze anos. É uma tradição familiar. Depois do jantar, toda a família sentava em frente à televisão para acompanhar o noticiário. Hoje em dia, por conta do trabalho, assisto menos. Sou professor de língua portuguesa e trabalho à noite. Mas meus pais seguem a tradição e dividem comigo as principais notícias.

Acredito que o jornalismo tem um papel educacional. Em 2015, eu tinha passado para meus alunos a leitura do romance *O quinze*, de Raquel de Queiroz. Esse livro tem uma significância enorme para a gente do Nordeste e para a literatura brasileira em geral.

Mais adiante, o *JN* fez uma série sobre o livro. Achei fantástico como foram buscando moradores da região para trazer seus dilemas, mostrar o que cada um faz para sobreviver dentro do Nordeste. Falando como nordestino que trabalha com estudantes do Nordeste, a construção das reportagens me mostrou dois universos, o fictício e o real. Ambos se assemelham bastante, muitas pessoas reais têm histórias parecidas com aquelas do livro. Muitos dos meus alunos, que também assistem ao *JN* e usam suas matérias como referência em discussões, se identificaram com as histórias, e tive a ideia de usar isso como recurso de ensino.

Fui trabalhando com os meninos a partir da observação, entrevistando pessoas da comunidade para pensar em como era no passado e como é agora. Tudo isso a partir do romance. Assim, os alunos iam entendendo também como a reportagem era construída. No final, eles apresentaram o resultado para outros estudantes da escola e também em uma feira de ciências, fora da instituição. Muitos dos que se envolveram nesse projeto estão hoje na universidade e já até desenvolvem pesquisa!

Nos últimos anos, vejo que a interação do *JN* com o público aumentou muito. Tenho assistido ao telejornal pelo computador, no Globoplay. Foi uma mudança positiva. Pela interatividade que atingiu, acho que o telejornal cumpre seu papel de alcançar todo o público brasileiro.

MARCIA SOARES

39 ANOS, REDENÇÃO-CE

Desde que nasci, meus avós contavam sobre a história da seca. Hoje, moramos no município de Redenção, no Ceará, porque eles tiveram que sair de Quixadá por conta da estiagem. Quando assisti à série "O quinze", no *Jornal Nacional*, foi como se estivesse trazendo à minha memória todas as histórias dos meus avós.

Meu avô, Francisco Bernardino, trabalhava na construção da estrada de terra batida que ligaria Quixadá a Redenção. Ele voltava a cada quinze dias para levar comida para a família. Em algum momento, minha avó, Nazaré Caetano, resolveu que iria atrás dele onde fosse, para que as crianças parassem de passar fome. Em 1958, eles fizeram esse trajeto, ele construindo a estrada, ela fazendo barraco na mata, até parar em Redenção. Com isso, perdemos contato com todos os nossos familiares, que ficaram perdidos em Quixadá. É como se a minha família tivesse começado da minha avó e do meu avô, seguida pelos meus tios, e, com eles, meus primos. A série me fez reviver essa história.

Fiquei tão comovida que mandei uma mensagem para a Globo. Foi a única vez que eu interagi com a televisão. Gosto de telejornal, série, reportagem, tudo que é informativo, e assisto ao *JN* desde sempre. Peguei o hábito com minha mãe, que sempre gostou de estar informada. Ela gosta de conversar, se expressa bem. A televisão de casa ficava ligada desde as 18h na Globo, para a família assistir novela. Inicialmente, era uma tv em preto e branco. Quando chegou nossa primeira televisão colorida, eu era quase adolescente. Era uma TV de catorze polegadas, daquelas de tubo, pequena, e tinha uma espécie de filtro para que exibisse as cores. Ainda me lembro daquele negócio... E lembro também da chamada do jornal; quando ouvia aquela música de abertura, já sabia logo do que se tratava. A gente se sente bem à vontade com o *JN*, como se fosse uma extensão de casa.

CLOACIR MUNHOZ

48 ANOS, SANTANA DO LIVRAMENTO-RS

Assisto ao *Jornal Nacional* desde pequeno. Meus pais e minha mãe tinham o costume de ver a então novela das oito e, antes, a gente tomava mate vendo as notícias do *JN*. Meus pais já se foram, mas eu mantenho essa tradição de ligar a televisão às 20h30 com a minha família.

A cobertura política da Globo no *JN* é bem diferente das de outras emissoras, é mais detalhada, bem melhor. A gente fica mais informado, porque eles entram em contato com todos para saber o que cada um falou. Tem um confronto mesmo de lados, gosto de ver o que cada um tem a dizer sobre aquela notícia. Ainda mais sobre esses escândalos políticos.

Na época das eleições de 2018, "O Brasil que eu quero" mostrou o que o nosso país está precisando no momento: gente justa e honesta. Temos posto de saúde que não foi terminado, creche abandonada, estradas e pontes inacabadas por onde deveriam passar caminhões da agricultura, da pecuária. O Brasil precisa de tudo isso.

LUIZ CARLOS RIBEIRO CHERVENSKI

65 ANOS, ALEGRETE-RS

Assisto ao *Jornal Nacional* desde quando a TV era em preto e branco. Eu tinha quinze anos quando estreou e via com meus pais. Lembro bem do Cid Moreira e do Sérgio Chapelin apresentando o jornal. Há cinquenta anos, acompanho o *JN*, não perco um dia sequer.

Na década de 1980, quando precisava sair para trabalhar ou viajar, eu programava o vídeo cassete para gravar o *JN* em fita VHS. Uma das reportagens que mais me marcaram foi sobre a corrida do ouro em Serra Pelada. Essa cobertura foi muito boa.

Ao longo desses anos, percebi algumas mudanças, como o cenário, a qualidade de som e a imagem também, que foi mudando, com os pixels. Agora com a internet, quando não estou em casa na hora do *JN*, entro no Globoplay para assistir no celular, pelo aplicativo. Assisto a tudo, em geral. A série "O Brasil que eu quero" foi muito boa para que os políticos vissem o que está acontecendo no país. Gosto também das matérias com curiosidades de outros países. Não perco o *JN*, não adianta, é igual a uma novela para mim. É minha principal fonte de informação.

FELIPE CABRAL SANTANA

34 ANOS, SÃO PAULO-SP

Meu avô morava na frente da minha casa e assistia religiosamente ao *Jornal Nacional*. Como meus pais eram comerciantes e chegavam tarde, muitas vezes eu acabava assistindo com ele. Mas quando meus pais estavam em casa, a televisão ficava ligada no jornal, mesmo se eles estivessem preparando o jantar. A Globo, para mim, sempre foi uma referência importante. Gosto especialmente das coberturas internacionais.

Sou formado em tecnologia, mas sempre gostei muito de escrever. Queria fazer jornalismo ou publicidade, mas meus pais me estimularam a mexer com computador porque achavam que daria dinheiro. Fiz o curso, me formei, mas acabei migrando, e minha carreira foi toda voltada para construção de roteiros de cursos on-line. Terminei fazendo o que sempre gostei: criar e escrever. Hoje, estou me voltando para a área de marketing de conteúdo, que tem mais a ver com jornalismo do que com tecnologia propriamente. Por isso, me interesso bastante em observar a experiência dos repórteres, sua escrita.

Assim, o que mais consumo hoje em dia é o conteúdo do Memória Globo! Tenho curiosidade de ver as matérias antigas, as coberturas internacionais, os grandes acontecimentos... Se tem um atentado, por exemplo, quero saber o que aconteceu nos bastidores, como foi a experiência de realizar aquela cobertura, o que o jornalista fez para cobrir o evento. O Memória Globo me permite isso. No Onze de Setembro, me chamou atenção quando o Marcos Uchoa tentou mostrar o outro lado da história. Enquanto o mundo inteiro estava focado no episódio em si, o Uchoa procurou entender a cultura árabe, o porquê de aqueles terroristas fazerem aquilo, qual era o pensamento deles. Não vi nenhum outro veículo oferecer esse olhar. Isso me fez pensar nas muitas outras questões que existem por trás dos conflitos. De alguma forma, é preciso mostrar os dois lados para o público, isso é isenção. Um jornalismo parcial acaba deturpando a verdade.

FRANCISCO APOLIANO ALBUQUERQUE

69 ANOS, SOBRAL-CE

Nasci no Sertão. Papai tinha dez filhos e nenhuma condição financeira. Em algum momento, ele resolveu levar a gente para morar na cidade de Sobral para que eu e meus irmãos pudéssemos nos encaminhar na vida. Foi nessa época que surgiu a televisão em preto e branco, que só tinha na casa do vizinho, com quem fizemos amizade. Era assim que eu e meus quatro irmãos mais velhos assistíamos a alguns programas. Em 1963, aos catorze anos, comprei uma televisão.

Em 1969, ano em que o *Jornal Nacional* estreou, eu já era professor de História e Geografia em escola, e passei a assistir às notícias com a família. Até hoje, vejo o *JN*. Nesse horário, normalmente estou em casa, trabalhando no computador. É uma fonte de informação da qual não abro mão; é sagrado para mim.

O que caracteriza um jornalismo de qualidade é, primeiro, acompanhar com precisão o que acontece no dia a dia. Segundo, a interação com pessoas que garantem informações extras em entrevistas, opiniões, comentários rápidos. Isso dá dinâmica ao jornal. O *JN* atende perfeitamente a isso.

Fui comentarista esportivo e sou fanático por difusão de informação. Quando a jogadora Marta ganhou o prêmio de melhor do mundo, eu estava nos Estados Unidos, assistindo ao *JN* com o meu filho, que mora lá. Vimos a matéria do Pedro Bassan, um especialista em futebol. O texto dele é bom, tem muita fluidez, é fácil e objetivo. Ficamos concentrados na forma como a jogadora encarou o desafio, acompanhamos a projeção que ela deu ao seu estado, Alagoas, e ao próprio país. Achei, então, que essa matéria merecia um comentário elogioso na CAT.

Nos últimos anos, o jornal veio ganhando uma formatação nova, moderna. Antes, o cenário só tinha a bancada e, de um tempo para cá, começaram a mostrar o pessoal trabalhando ao fundo, a redação. Com isso, passamos a ver a equipe de retaguarda, que está por trás da notícia, no bastidor. O jornal ficou mais informal, sem exagerar no pieguismo. O formato atual é excelente. Na hora da previsão do tempo, com a Maju, o próprio Bonner, que era mais formal, acaba, de vez em quando, fazendo uma brincadeirinha. Deu um pouco mais de descontração, sem perder a seriedade.

LUCIANA DA SILVA SANTOS

42 ANOS, SÃO JOÃO DE MERITI-RJ

Sempre assisti ao *Jornal Nacional* com a minha família. Fui criada ouvindo que era importante saber o que está acontecendo no nosso país e ensinei isso aos meus três filhos. Quando o jornal começa, a gente para e assiste, para ficar informado. Criamos o hábito de jantar na sala para ver as notícias. Meu marido gosta mais de esporte, mas nós preferimos a previsão do tempo, com a Maju – tanto eu, quanto minha filha mais nova e minha mãe, que é costureira. Às vezes, tiro foto das roupas da Maju para minha mãe fazer igual.

Houve uma época em que eu estava desempregada e, junto com uma amiga, levei as crianças em agências de modelo para ver se conseguíamos algum trabalho para elas. Em uma dessas, perguntaram se a minha filha Ana Julia, na época com seis anos, gostaria de colocar um nome artístico na folha de inscrição. Ela mesma, por vontade própria, falou: "Maju". Foi espontâneo. Até hoje, ela admira muito a Maju, que ela diz ser bonita, simpática e inteligente. É uma grande representação para as mulheres negras.

ROSENGELA PARMIGIANO

63 ANOS, SÃO PAULO-SP

Assisto ao *Jornal Nacional* com meu marido e o que mais acompanho é o esporte. Minha família é de esportistas: eu, meu marido e todos os meus filhos fomos atletas. Meus netos são atletas.

Embora o 7x1 da Copa do Mundo do Brasil, em 2014, tenha sido muito triste, a Olimpíada do Rio de Janeiro – à qual tive a oportunidade de ir com a minha filha, que é médica do esporte – foi uma delícia. Todos com suas camisetas, pinturas e bandeiras – adoro isso! A gente chora, agradece, faz de tudo. Esporte, para mim, é esperança.

**CAMILA POSSENTE
VIANA LIMA**

14 ANOS, GUARAÇAI-SP

Minha família – meus pais, minha irmã e eu – costuma sentar na sala para assistir ao *Jornal Nacional* todo dia. Quando eu era mais nova, não prestava muita atenção, queria mudar para novela, mas minha mãe dizia que não, era a hora do jornal.

A primeira vez que passei a prestar muita atenção no *JN* foi em 2015, com os atentados na França. Lembro que parei na frente da televisão e assisti a tudo, estava com muito medo. Fiquei impressionada vendo os repórteres da Globo entrando ao vivo e pensei: "O mundo vai acabar agora".

Depois disso, comecei a gostar mais de televisão. Sou uma telespectadora nova, em dois sentidos: de idade e também por ter começado a acompanhar há pouco. Passei a ver o *JN* para saber o que está acontecendo no país e no mundo, porque não dá para acompanhar tudo pelas redes sociais – cada pessoa acha uma coisa, e quando eu pergunto o que está realmente acontecendo, elas explicam demais e beneficiam só um lado da história. Assistindo ao jornal, tenho uma ideia melhor do que está se passando.

Quando não entendo o assunto de uma matéria, assisto de novo, pelo Globoplay, no celular. Em alguns dias, quero ver algum assunto específico, como matérias sobre as manifestações contra o corte de verbas na educação. Costumo prestar muita atenção nas notícias sobre internet e redes sociais, um assunto sobre o qual me interesso. Gosto muito quando o jornal mostra o lado humano dos repórteres e apresentadores. Isso gera uma aproximação com o público. Assisti umas quinze vezes ao especial de cinquenta anos da Globo no *JN*.

Também gosto de pesquisar, por conta própria, coisas que aconteceram há muito tempo, antes de eu nascer.

Nesses casos, procuro na internet alguma matéria com bastante informação no *JN*. Fui em busca, por exemplo, do que aconteceu no Onze de Setembro e acabei assistindo às matérias do *JN* daquele dia no site do Memória Globo.

Belíssimo o figurino do Bonner no JN *em 03/08/2011. Gostaria de saber qual é a marca e onde comprar o terno e a gravata.* RIO DE JANEIRO/RJ

Sou professor de história em uma escola estadual e gravamos um vídeo de aulas inspiradas no *Jornal Nacional*. É sobre a história do Brasil e os problemas das cidades. Gostaríamos de mostrá-lo a vocês. Os alunos são apaixonados pelo *JN*. CHARQUEADAS/RS

Meu nome é Márcio e tenho um sobrinho, de cinco anos, que fez um desenho da bancada do *JN* com a Fátima e Bonner. Como faço para encaminhar? Ele sempre pergunta se eu já mandei. CAMPINAS/SP

MEU PAI SEMPRE ASSISTE AO *JORNAL NACIONAL*, DIZ "BOA NOITE!", NO COMEÇO, E "ATÉ AMANHÃ, SE DEUS QUISER!", NO FIM, COMO SE O WILLIAM E A FÁTIMA ESTIVESSEM EM CASA. NA DESPEDIDA DA FÁTIMA, TELEFONEI PARA ELE E ENCONTREI PAPAI EM LÁGRIMAS. ELE DEVE TER DITO "BOA SORTE E QUE DEUS TE ABENÇOE, FÁTIMA!". *SÃO CAETANO DO SUL/SP*

Gostaria de saber onde comprar a camisa amarela que a Patrícia Poeta usou em sua primeira apresentação no JN. MARINGÁ/PR

GOSTARIA DE DIZER QUE ESTOU MUITO CONTENTE POR TEREM ESCOLHIDO PATRÍCIA POETA PARA O LUGAR DA FÁTIMA BERNARDES. É CLARO QUE FICAMOS TRISTES, AFINAL, SÃO ANOS DANDO "BOA NOITE" AO CASAL NACIONAL. MAS TENHO CERTEZA DE QUE O *JN* CONTINUARÁ SENDO UM GRANDE SUCESSO! *NAVEGANTES/SC*

Todos na minha residência adoram o JN! *Vamos sentir falta da queridíssima Fátima Bernardes, afinal passamos catorze anos de nossas vidas vendo-a. Mas estamos felizes porque Patrícia Poeta também vai agradar a todos nós.* JARINU/SP

Qual é a cor do paletó que o William Bonner usou no *Jornal Nacional* em 25/02/2013? Também quero saber a marca da camisa e da gravata. Ele estava muito elegante e gostaria de copiar o look. LINS/SP

Colocar Patrícia e Sandra juntas no *Jornal Nacional* foi tão gratificante para nós, mulheres, que deveria acontecer mais vezes. Somos guerreiras, determinadas, felizes, fortes e inteligentes, assim como elas, que nos representaram muito bem no Dia Internacional da Mulher. CAMPINAS/SP

QUERO PARABENIZAR A EMISSORA POR EXIBIR O *JORNAL NACIONAL* COM DUAS EXCELENTES JORNALISTAS MULHERES. ACHEI O MÁXIMO! *SANTANA DE PARNAÍBA/SP*

Vi a matéria sobre a escola-modelo na Zona Oeste do Rio de Janeiro, e gostaria de saber o nome e contatos da escola, pois me interessei em estudar lá. PORTO ACRE/AC

Parabéns pelo excelente jornalismo! O JN *tornou-se parte da família brasileira, que se reúne à mesa do jantar para se informar sobre o dia a dia do Brasil e do mundo.* PALMAS/TO

RENATA VASCONCELLOS É UMA EXCELENTE JORNALISTA, ALÉM DE BONITA, SIMPÁTICA, CARISMÁTICA E ALTO ASTRAL. ELA DEU UM BRILHO NOVO AO *JORNAL NACIONAL*. ADOREI A COBERTURA QUE ELA FEZ QUANDO O PAPA VEIO AO BRASIL. *SÃO PAULO/SP*

Parabéns a vocês, que, sabiamente, escolheram uma ótima profissional para compor a bancada do JN. *Com certeza, Renata Vasconcellos vai arrasar!* AGRICOLÂNDIA/PI

Estou adorando a nova forma de conduzir o JN, com chamadas informais para o Facebook e comentários que deixam o telejornal mais próximo do público. Com essa linguagem, os mais jovens passarão a se interessar pelas notícias. BRASÍLIA/DF

O JN DESSE SÁBADO FOI ÓTIMO, COM MATÉRIAS DIVERSIFICADAS E APRESENTADORES ENVOLVENTES. FOI GOSTOSO DE ASSISTIR E SE ATUALIZAR. GOIÂNIA/GO

Gostaria de elogiar o jornalista Heraldo Pereira, por sua elegância e competência. Gosto muito dele! JOINVILLE/SC

PARABÉNS AO WILLIAM BONNER PELO JEITO MAIS SOLTO E LIGHT QUE APRESENTOU O *JORNAL NACIONAL* HOJE! SALVADOR/BA

Vocês começaram uma série de reportagens sobre a água e eu gostei muito, já que os governos não combatem o desperdício. É preciso tomar providências ou não vai demorar muito para a água valer mais do que o petróleo. *São Paulo/SP*

Parabéns pela reportagem sobre professores. Sou educadora e gostaria que falassem sobre o Bolsa Família, que exige a presença na escola, mas não cobra o aprendizado. Então, os pais esquecem de incentivar os filhos a aprender. Meu sonho é que esse benefício estimule também as boas notas. CABECEIRA GRANDE/MG

Parabéns a toda equipe do JN pela deliciosa série de reportagens em comemoração aos cinquenta anos da Globo. Assisti-la reaviva não somente as memórias e emoções dos jornalistas, como também as nossas. Que belo projeto! CEILÂNDIA/DF

425

Que lindo o *Jornal Nacional* com Cid Moreira e Sérgio Chapelin! Trouxe tantas recordações boas à minha memória! Lembrei que, antes do jornal começar, meu pai chegava em casa, com o macacão da empresa meio sujo, porque era funileiro, então, ia tomar banho enquanto minha mãe servia o jantar. Depois, ele comia sentado no sofá, assistindo às notícias. Que saudades! Estou chorando de alegria. SÃO PAULO/SP

PARABÉNS PELA APRESENTAÇÃO DO *JORNAL NACIONAL* COM CID MOREIRA E SÉRGIO CHAPELIN. FOI COMO VOLTAR À INFÂNCIA. CEILÂNDIA/DF

A homenagem aos jornalistas nos cinquenta anos da Globo foi maravilhosa! Impossível não se emocionar revendo pessoas e momentos tão especiais na história do jornalismo. Ver a dupla Cid Moreira e Sérgio Chapelin na bancada foi sensacional! Parabéns! RIO DE JANEIRO/RJ

ESTOU MUITO SURPRESO COM O NOVO FORMATO DO *JN*, MAIS INFORMAL E ELEGANTE. FICOU ÓTIMO! GUARAMIRIM/SC

Parabéns pelo novo JN! *O cenário ficou muito bom e mais nítido. Gostei também da informalidade dos apresentadores ao se levantarem da bancada. ANGICAL/BA*

Sou uma telespectadora que sempre entra em contato para fazer sugestões e até às vezes críticas, mas, hoje, faço questão de elogiar. Parabéns à equipe de jornalismo pelo excelente trabalho na semana de comemoração dos cinquenta anos da Globo. VINHEDO/SP

FIQUEI MUITO EMOCIONADA AO VER, NA BANCADA DO *JN*, CID MOREIRA E SÉRGIO CHAPELIN, POIS RELEMBREI MINHA INFÂNCIA E JUVENTUDE, QUANDO DESCOBRI QUE EXISTIA UM MUNDO MUITO MAIOR QUE SÃO PAULO. FOI UM "BOA NOITE" QUE RESGATOU MUITAS HISTÓRIAS DOS MEUS PRÓPRIOS CINQUENTA ANOS. SÃO PAULO/SP

Ótimo esse novo formato do Jornal Nacional. *Agora, me sinto mais próxima do Bonner e da Renata. Também amei a Maju na previsão do tempo, pois ela é gente como a gente! O jornal ficou mais leve e acolhedor. Quando termina, já dá vontade ver a edição do dia seguinte. RIO DE JANEIRO/RJ*

Hoje, a Maju falou sobre a descoberta de um apelido carinhoso de João Pessoa. Realmente, chamamos essa cidade linda de "Jampa", como uma forma de expressar nosso amor. JOÃO PESSOA/PB

O *JN* MOSTROU UMA REPORTAGEM SOBRE A HISTÓRIA DO BRASIL EM FOTOS DIGITALIZADAS. COMO POSSO ACESSAR ESSAS INFORMAÇÕES? PRAIA GRANDE/SP

Qual é a marca de roupas que veste a Maria Júlia Coutinho, quando apresenta a previsão do tempo? As roupas são lindas e ela fica muito bem. SÃO PAULO/SP

O *JORNAL NACIONAL* FALOU SOBRE UM NEVOEIRO NO RIO GRANDE DO SUL. AQUI, CHAMAMOS DE "CERRAÇÃO", ASSIM: "MAS, BAH TCHÊ, COMO A CERRAÇÃO ESTÁ FORTE HOJE! NÃO DÁ PARA ENXERGAR UM PALMO À FRENTE!". **SANTA CRUZ DO SUL/RS**

Quero enviar um vídeo de uma denúncia contra a prefeitura de São Luís. Como faço? SÃO LUÍS/MA

Adorei o visual dos apresentadores William Bonner e Renata Vasconcellos. Ele estava com uma gravata linda e ela, com uma blusa maravilhosa. Achei que o cabelo preso ficou ótimo nela. SÃO PAULO/SP

QUERO DIZER MINHA FAMÍLIA E EU #SOMOSTODOSMAJU! PENSO, INCLUSIVE, QUE A NOSSA QUERIDA MAJU MERECE MUITO MAIS DO QUE A PREVISÃO DO TEMPO. TAMBÉM SOU NEGRA E ACHO INADMISSÍVEL QUE UMA PESSOA SEJA DISCRIMINADA PELO TOM DE PELE. O SER HUMANO É A CRIAÇÃO MAIS PERFEITA DE DEUS. FORÇA, MAJU! MOGI MIRIM/SP

Quero pedir que Maju resista sempre, pois ela não imagina como sua presença no *Jornal Nacional* é importante para meninas negras, que veem seu exemplo e se inspiram. Tenho uma neta que, mesmo com boas condições financeiras, sofre preconceito em uma escola considerada de "boa" qualidade, mas que não trabalha questões sociais com os alunos. Sofro muito por isso e procuro enfatizar a história de pessoas que, pelo talento, conquistaram um lugar de destaque. SÃO JOSÉ DOS CAMPOS/SP

Se antes já gostávamos da Maju, agora, nós amamos e nos tornamos ainda mais fãs. Ela destacou a nossa cidade na previsão do tempo como nunca tinha visto. E, aqui, deu a maior repercussão! CAMPO GRANDE/MS

VI UMA MATÉRIA SOBRE UMA EMPRESA QUE FAZ REFORMAS EM CASA, POR UM PREÇO ACESSÍVEL E COM AGILIDADE. COMO POSSO ADQUIRIR O CONTATO? *SÃO PAULO/SP*

Achei excelente a apresentação do JN com Evaristo Costa e Carla Vilhena. Vi descontração e um jornalismo atual. Parece que estão dialogando com os telespectadores. SÃO PAULO/SP

O *Jornal Nacional* fez uma matéria sobre colesterol alto e mostrou um hospital que tinha diversos tratamentos para a doença. Gostaria de ter o contato. VÁRZEA GRANDE/MT

A matéria sobre o PIB trouxe um casal (Fernanda e Enrico Mendes), que tem uma filha pequena e está desempregado. Gostaria de obter o contato deles para oferecer ajuda. SÃO PAULO/SP

EM 01/06/2016, O JN ENTREVISTOU UM CASAL DESEMPREGADO, COM UMA BEBÊ. O PAI, EMOCIONADO, DISSE QUE A GELADEIRA ESTAVA VAZIA E A ÁGUA HAVIA SIDO CORTADA POR FALTA DE PAGAMENTO. ISSO NOS DEIXOU PROFUNDAMENTE TOCADOS E COM UMA ENORME VONTADE DE, DENTRO DAS NOSSAS LIMITAÇÕES, ENVIAR UMA CONTRIBUIÇÃO PARA ALIVIAR UM POUCO O APERTO FINANCEIRO. PODEM NOS FORNECER O CONTATO DO CASAL? **ARAXÁ/MG**

Como faço para mandar um vídeo para a campanha "O Brasil que eu quero"? ITABAIANA/SE

Gostaria de salientar que os caminhoneiros estão fazendo na greve aquilo que todo cidadão brasileiro não teve coragem de fazer, pois, há muito tempo, faltam medicamentos, ambulâncias e alimentos. PASSO DO SOBRADO/RS

QUERO ELOGIAR AS PERGUNTAS BEM ELABORADAS, QUE PRESSIONAM OS CANDIDATOS À PRESIDÊNCIA, NAS ENTREVISTAS. TEM SIDO MUITO AGRADÁVEL ASSISTIR. FEIRA DE SANTANA/BA

Gostaria de sugerir que os candidatos à Presidência falassem o que eles vão fazer em relação à Reforma da Previdência. Haverá respaldo para quem tem direitos adquiridos? As condições atuais serão mantidas para os que estão próximos de se aposentar? SÃO JOSÉ DO RIO PRETO/SP

O *Jornal Nacional* voltou a falar sobre o incêndio no Flamengo e quero comentar que esse crime não é culposo, mas doloso, pois o time assumiu o risco, sabendo das multas e condições, Mesmo assim, manteve os jovens naquele ambiente inapropriado. RIO DE JANEIRO/RJ

O *Jornal Nacional* é excelente e tem uma equipe maravilhosa, que sempre aborda assuntos de relevância para a população. JUAZEIRO/BA

Os estudantes estão certos em se manifestar! Quero demonstrar meu apoio, pois, enquanto o Brasil não incentiva a educação, outros países investem grandes valores em ensino e pesquisa. OSASCO/SP

Adorei a reportagem sobre o mapeamento da Floresta Amazônica, usando tecnologia a laser. Eu não conhecia essa técnica e achei incrível! Certamente, esse trabalho poderá ser aproveitado em outros estudos. UBERLÂNDIA/MG

O WILLIAM BONNER ESTAVA COM UMA GRAVATA MUITO BONITA. ELE É UM ÓTIMO APRESENTADOR! *RIO DE JANEIRO/RJ*

MORO EM BOSTON, NOS EUA, HÁ OITO ANOS E FIZ ALGUNS VÍDEOS DA NEVASCA QUE OCORREU AQUI. GOSTARIA QUE MOSTRASSEM ESSA SITUAÇÃO NO JORNAL NACIONAL. **BOSTON, MASSACHUSSETTS, EUA.**

Há treze anos, vivo em Lisboa e quase todos os dias assisto ao JN. Pude acompanhar tantas coisas, como os campeonatos conquistados pelo Brasil, a queda de um presidente, além de ver o Cid Moreira e outros jornalistas envelhecerem diariamente, dentro de nossas casas. Que bom poder estar tão próxima disso tudo! Vou mostrar aos meus netos como foi linda e gratificante a história da nossa TV e como eu presenciei essa evolução. LISBOA, PORTUGAL

APESAR DE MORAR DO OUTRO LADO DO MUNDO, NUNCA DEIXEI DE ACOMPANHAR O *JORNAL NACIONAL*. E, DEPOIS DE VER O ABSURDO DAS OFENSAS RACISTAS CONTRA MAJU COUTINHO, TENHO O PRAZER DE DIZER QUE, AQUI, NO JAPÃO, #SOMOSTODOSMAJU. UM ABRAÇO A TODA A FAMÍLIA DO *JN*! *JAPÃO*

Aguardando ansiosa a edição começar, com notícias importantes para a nossa economia e educação, mas notícias tristes também, como a morte trágica de Caroline Bittencourt, o que prova que a vida é um sopro. Nesta semana, temos Dia do Trabalhador, muitas vezes pouco valorizado, mas deixo aqui a minha homenagem a todos os trabalhadores, repórteres e jornalistas da Globo. JARAGUÁ DO SUL/SC

Eu acredito que mais de 50% dos políticos eleitos em Brasília estão respondendo a um processo judicial, ou seja, diversas pessoas tentam se eleger com o intuito de fugir de uma possível condenação. *BELO HORIZONTE/MG*

SUGIRO QUE O *JORNAL NACIONAL* FALE SOBRE A IMPORTÂNCIA DA VACINAÇÃO INFANTIL E AS CONSEQUÊNCIAS QUE A FALTA DA VACINA PODE CAUSAR. *OSASCO/SP*

O problema aqui, em Rondônia é a falta de transporte escolar e de professores. Nós já pedimos ajuda de todos lados e nada foi resolvido. Façam uma reportagem e, quem sabe, assim, as autoridades competentes respeitem o direito das crianças de estudar. PORTO VELHO/RO

Achei muito bonitas essas ações maravilhosas que estão acontecendo no Rio de Janeiro. O Bonner disse que aceitou a ajuda de um senhor, que guinchou o carro dele, e a outra apresentadora comentou que ajudou a empurrar o carro de uma amiga. Achei lindo o Jornal Nacional mostrar essas atitudes tão solidárias. *CAMPO GRANDE/MS*

O QUE HÁ DE MAIS EMOCIONANTE NAS REPORTAGENS SOBRE A SAÍDA DO REINO UNIDO DA UNIÃO EUROPEIA É VERMOS A PARTICIPAÇÃO INTENSA DO POVO NAS DECISÕES, RUAS CHEIAS, DIVERSOS TIPOS DE MANIFESTAÇÕES... MAS O QUE MAIS ME CHAMA A ATENÇÃO É QUE A EUROPA PARECE TER UM GRANDE NÚMERO DE PLEBISCITOS E NÃO SÃO PLEBISCITOS FEITOS PARA REFORÇAR O APOIO AO GOVERNO, MAS QUE VÃO DE ENCONTRO E DÃO VOZ AOS INTERESSES DO POVO. UBERLÂNDIA/MG

Gostaria de fazer um elogio à Renata Vasconcellos. Sua aparência é sempre elegante, suas roupas e maquiagem são perfeitas. Também gosto muito dos seus óculos! *SÃO PAULO/SP*

Estou consternada com a barbárie cometida por radicalistas na Nova Zelândia e que em nada tem a ver com a beleza daquela nação. E estou encantada com as medidas que o governo daquele país tomará em relação ao porte de armas. UBERLÂNDIA/MG

APÊNDICE:
PRINCÍPIOS EDITORIAIS DO GRUPO GLOBO

Desde 1925, quando *O Globo* foi fundado por Irineu Marinho, as empresas jornalísticas das Organizações Globo (hoje Grupo Globo), comandadas por quase oito décadas por Roberto Marinho, agem de acordo com princípios que as conduziram a posições de grande sucesso: o êxito é decorrência direta do bom jornalismo que praticam. Certamente houve erros, mas a posição de sucesso em que se encontram hoje mostra que os acertos foram em maior número. Tais princípios foram praticados por gerações e gerações de maneira intuitiva, sem que estivessem formalizados ordenadamente num código. Cada uma de nossas redações sempre esteve imbuída deles, e todas puderam, até aqui, se pautar por eles. Por que, então, formalizá-los neste documento?

Com a consolidação da Era Digital, em que o indivíduo isolado tem facilmente acesso a uma audiência potencialmente ampla para divulgar o que quer que seja, nota-se certa confusão entre o que é ou não jornalismo, quem é ou não jornalista, como se deve ou não proceder quando se tem em mente produzir informação de qualidade. A Era Digital é absolutamente bem-vinda, e, mais ainda, essa multidão de indivíduos (isolados ou mesmo em grupo) que utiliza a internet para se comunicar e se expressar livremente. Ao mesmo tempo, porém, ela obriga a que todas as empresas que se dedicam a fazer jornalismo expressem de maneira formal os princípios que seguem cotidianamente. O objetivo é não somente diferenciar-se, mas facilitar o julgamento do público sobre o trabalho dos veículos, permitindo, de forma transparente, que qualquer um verifique se a prática é condizente com a crença. As Organizações Globo, diante dessa necessidade, oferecem ao público o documento "Princípios Editoriais das Organizações Globo" (hoje "Princípios Editoriais do Grupo Globo").

É possível que, para a maioria, ele não traga novidades. Se isso acontecer, será algo positivo: um sinal de que a maior parte das pessoas reconhece uma informação de qualidade, mesmo neste mundo em que basta ter um computador conectado à internet para se comunicar.

Desde logo, é preciso esclarecer que não se tratou de elaborar um manual de redação. O que se pretendeu foi explicitar o que é imprescindível ao exercício, com integridade, da prática jornalística, para que, a partir dessa base, os veículos do Grupo Globo possam atualizar ou construir os seus manuais, consideradas as especificidades de cada um. O trabalho tem o preâmbulo "Breve definição de jornalismo" e três seções: **a)** Os atributos da informação de qualidade; **b)** Como o jornalista deve proceder diante das fontes, do público, dos colegas e do veículo para o qual trabalha; **c)** Os valores cuja defesa é um imperativo do jornalismo.

O documento resultou de muita reflexão, e sua matéria-prima foi a nossa experiência cotidiana de quase nove décadas. Levou em conta os nossos acertos, para que sejam reiterados, mas também os nossos erros, para que seja possível evitá-los. O que nele está escrito é um compromisso com o público, que agora assinamos em nosso nome e de nossos filhos e netos.

Rio de Janeiro, 6 de agosto de 2011

Roberto Irineu Marinho
João Roberto Marinho
José Roberto Marinho

BREVE DEFINIÇÃO DE JORNALISMO

De todas as definições possíveis de jornalismo, a que O Grupo Globo adota é esta: jornalismo é o conjunto de atividades que, seguindo certas regras e princípios, produz um primeiro conhecimento sobre fatos e pessoas. Qualquer fato e qualquer pessoa: uma crise política grave, decisões governamentais com grande impacto na sociedade, uma guerra, uma descoberta científica, um desastre ambiental, mas também a narrativa de um atropelamento numa esquina movimentada, o surgimento de um buraco na rua, a descrição de um assalto à loja da esquina, um casamento real na Europa, as novas regras para a declaração do Imposto de Renda ou mesmo a biografia das celebridades instantâneas. O jornalismo é aquela atividade que permite um primeiro conhecimento de todos esses fenômenos, os complexos e os simples, com um grau aceitável de fidedignidade e correção, levando-se em conta o momento e as circunstâncias em que ocorrem. É, portanto, uma forma de apreensão da realidade.

Antes, costumava-se dizer que o jornalismo era a busca pela verdade dos fatos. Com a popularização confusa de uma discussão que remonta ao surgimento da filosofia (existe uma verdade e, se existe, é possível alcançá-la?), essa definição clássica passou a ser vítima de toda sorte de mal-entendidos. A simplificação chegou a tal ponto que, hoje, não é raro ouvir que, não existindo nem verdade nem objetividade, o jornalismo como busca da verdade não passa de uma utopia. É um entendimento equivocado. Não se trata aqui de enveredar por uma discussão sem fim, mas a tradição filosófica mais densa dirá que a verdade pode ser inesgotável, inalcançável em sua plenitude, mas existe; e que, se a objetividade total certamente não é possível, há técnicas que permitem ao homem, na busca pelo conhecimento, minimizar a graus aceitáveis o subjetivismo.

É para contornar essa simplificação em torno da "verdade" que se opta aqui por definir o jornalismo como uma atividade que produz conhecimento. Um conhecimento que será constantemente aprofundado, primeiro pelo próprio jornalismo, em reportagens analíticas de maior fôlego, e, depois, pelas ciências sociais, em especial pela História. Quando uma crise política eclode, por exemplo, o entendimento que se tem dela é superficial, mas ele vai se adensando ao longo do tempo, com fatos que vão sendo descobertos, investigações que vão sendo feitas, personagens que resolvem falar. A crise só será mais bem entendida, porém, e jamais totalmente, anos depois, quando trabalhada por historiadores, com o estudo de documentos inacessíveis no momento em que ela surgiu. Dizer, portanto, que o jornalismo produz conhecimento, um primeiro conhecimento, é o mesmo que dizer que busca a verdade dos fatos, mas traduz com mais humildade o caráter da atividade. E evita confusões.

Dito isso, fica mais fácil dar um passo adiante. Pratica jornalismo todo veículo cujo propósito central seja conhecer, produzir conhecimento, informar. O veículo cujo objetivo central seja convencer, atrair adeptos, defender uma causa faz propaganda. Um está na órbita do conhecimento; o outro, da luta político-ideológica. Um jornal de um partido político, por exemplo, não deixa de ser um jornal, mas não pratica jornalismo, não como aqui definido: noticia os fatos, analisa-os, opina, mas sempre por um prisma, sempre com um viés, o viés do partido. E sempre com um propósito: o de conquistar seguidores. Faz propaganda. Algo bem diverso de um jornal generalista de informação: este noticia os fatos, analisa-os, opina, mas com a intenção consciente de não ter um viés, de tentar traduzir a realidade, no limite das possibilidades, livre de prismas. Produz conhecimento. O Grupo Globo terá sempre e apenas veículos cujo propósito seja conhecer, produzir conhecimento, informar.

É claro que um jornal impresso, uma revista, um telejornal, um noticiário de rádio e um site noticioso na internet podem ter diversas seções e abrigam muitos gêneros: o noticiário propriamente dito, os editoriais com a opinião do veículo, análises de especialistas, artigos opinativos de colaboradores, cronistas, críticos. E é igualmente evidente que a opinião do veículo vê a realidade sob o prisma das crenças e valores do próprio veículo. Da mesma forma, um cronista comentará a realidade impregnado de seu subjetivismo, assim como os articulistas convidados a fazer as análises. Livre de prismas e de vieses, pelo menos em intenção, restará apenas o noticiário. Mas, se de fato o objetivo do veículo for conhecer, informar, haverá um esforço consciente para

que a sua opinião seja contradita por outras e para que haja cronistas, articulistas e analistas de várias tendências.

Em resumo, portanto, jornalismo é uma atividade cujo propósito central é produzir um primeiro conhecimento sobre fatos e pessoas.

SEÇÃO I
OS ATRIBUTOS DA INFORMAÇÃO DE QUALIDADE

Para que o jornalismo produza conhecimento, que princípios deve seguir? O trabalho jornalístico tem de ser feito buscando-se isenção, correção e agilidade. Porque só tem valor a informação jornalística que seja isenta, correta e prestada com rapidez, os seus três atributos de qualidade.

1) A isenção:

Isenção é a palavra-chave em jornalismo. E tão problemática quanto "verdade". Sem isenção, a informação fica enviesada, viciada, perde qualidade. Diante, porém, da pergunta eterna – é possível ter 100% de isenção? – a resposta é um simples não. Assim como a verdade é inexaurível, é impossível que alguém possa se despir totalmente do seu subjetivismo. Isso não quer dizer, contudo, que seja impossível atingir um grau bastante elevado de isenção. É possível, desde que haja um esforço consciente do veículo e de seus profissionais para que isso aconteça. E que certos princípios sejam seguidos. São eles:

a) Os veículos jornalísticos do Grupo Globo devem ter a isenção como um objetivo consciente e formalmente declarado. Todos os seus níveis hierárquicos, nos vários departamentos, devem levar em conta este objetivo em todas as decisões;

b) Na apuração, edição e publicação de uma reportagem, seja ela factual ou analítica, os diversos ângulos que cercam os acontecimentos que ela busca retratar ou analisar devem ser abordados. O contraditório deve ser sempre acolhido, o que implica dizer que todos os diretamente envolvidos no assunto têm direito à sua versão sobre os fatos, à expressão de seus pontos de vista ou a dar as explicações que considerarem convenientes;

c) Isso não quer dizer que o relato e/ou a análise de fatos serão sempre uma justaposição de versões. Ao contrário, o jornalista deve se esforçar para deixar claro o que realmente aconteceu, quando isso for possível. Se uma apuração, durante a qual se ouvem várias fontes, estabelecer como fato que certa autoridade disse isso ou aquilo durante uma reunião fechada, o relato deve ser assertivo, sem o uso do condicional. Será dito que "a autoridade disse isso e aquilo", em vez de "a autoridade teria dito isso e aquilo". Se a autoridade negar a afirmação publicamente, deve-se registrar a atitude, não para invalidar a apuração, mas porque a negativa passa a ser ela própria uma informação para o julgamento do público. O condicional só será usado quando a apuração não for suficiente para que o jornalista consolide uma convicção;

d) Não pode haver assuntos tabus. Tudo aquilo que for de interesse público, tudo aquilo que for notícia, deve ser publicado, analisado, discutido;

e) Ninguém pode ser perseguido por se recusar a participar de uma reportagem; da mesma forma, ninguém pode ser favorecido por fazê-lo;

f) Todos os jornalistas envolvidos na apuração, edição e publicação de uma reportagem, em qualquer nível hierárquico, devem se esforçar ao máximo para deixar de lado suas idiossincrasias e gostos pessoais. Gostar ou não de um assunto ou personagem não é critério para que algo seja ou não publicado. O critério é ser notícia;

g) A hierarquia, numa redação, é fundamental para que o trabalho jornalístico possa ser feito a tempo e a hora. E a decisão final caberá sempre àquele que estiver no comando. Ocupantes de cargos de chefia e direção devem, contudo, ter ouvidos abertos a críticas e argumentações contrárias. O trabalho jornalístico é essencialmente coletivo, e errarão menos aqueles que ouvirem mais. Porque aquilo que pode parecer certo, acima de dúvidas, confrontado com outros argumentos, pode se revelar apenas fruto de gosto pessoal, idiossincrasia ou preconceito;

h) É imperativo que não haja filtros na composição das redações. Quanto mais diversa for uma redação – em termos de gostos, crenças, tendências políticas, orientação sexual, origens social e geográfica – mais isenta será a escolha dos assuntos a serem cobertos, discutidos e analisados, e mais abrangente a acolhida dos pontos de vista em torno deles. Esse objetivo não se alcança estabelecendo-se cotas, mas simplesmente evitando-se filtros. Os jornalistas devem ser escolhidos entre os mais capazes em suas áreas e funções, entre aqueles que têm a democracia e a liberdade de expressão como valores absolutos e universais;

i) O Grupo Globo é apartidário, e os seus veículos devem se esforçar para assim ser percebidos;

j) O Grupo Globo é laico, e os seus veículos devem se esforçar para assim ser percebidos;

k) O Grupo Globo repudia todas as formas de preconceito, e seus veículos devem se esforçar para assim ser percebidos;

l) O Grupo Globo é independente de governos, e os seus veículos devem se esforçar para assim ser percebidos;

m) O Grupo Globo é independente de grupos econômicos, e os seus veículos devem se esforçar para assim ser percebidos. Por esse motivo, as decisões editoriais sobre reportagens envolvendo anunciantes serão tomadas a partir dos mesmos critérios usados em relação aos que não sejam anunciantes;

n) O Grupo Globo é entusiasta do Brasil, de sua diversidade, de sua cultura e de seu povo, tema principal de seus veículos. Isso em nenhuma hipótese abrirá espaço para a xenofobia ou desdém em relação a outros povos e culturas;

o) Os jornalistas do Grupo Globo devem evitar situações que possam provocar dúvidas sobre o seu compromisso com a isenção. Por exemplo, pode acontecer que atividades sociais ou econômicas de parentes tenham im-

pacto no trabalho cotidiano ou eventual dos jornalistas. É possível também que haja relação de amizade entre jornalistas e personalidades públicas ou personagens que estejam em destaque no noticiário ou que venham a estar. Em casos dessa natureza ou assemelhados, os jornalistas nessa situação devem comunicar o fato a seus superiores, que deverão encontrar meios de superar o conflito. Jornalistas em cargo de chefia ou que lidem diretamente com assuntos econômicos não podem fazer investimentos diretos em empresas ou em suas ações na Bolsa de Valores para que não venham a ser acusados de publicar reportagens positivas ou negativas sobre elas em benefício próprio (o investimento em fundos é permitido). De maneira geral, todo jornalista, na administração de seus investimentos, deve evitar negócios com empresas ou instituições cujas atividades cubra cotidianamente. Em caso de dúvida, a direção deve ser consultada;

p) É inadmissível que jornalistas do Grupo Globo façam reportagens em benefício próprio ou que deixem de fazer aquelas que prejudiquem seus interesses;

q) Os jornalistas do Grupo Globo não podem se engajar em campanhas políticas, de forma alguma: nelas trabalhando, anunciando publicamente apoio a candidatos ou usando adereços que os vinculem a partidos. Em seus manuais de redação, os veículos devem criar normas de quarentena para receber de volta jornalistas que tenham pedido demissão a fim de trabalhar para partidos, candidatos ou governos;

r) Os veículos do Grupo Globo devem ser transparentes em suas ações e em seus propósitos. Isso significa que o público será sempre informado sobre as condições em que forem feitas reportagens que fujam ao padrão. Assim, para citar um exemplo, se for imperativo aceitar carona num avião governamental em determinada cobertura, isso será dito ao público claramente e, sempre que possível, o governo será ressarcido das despesas. Da mesma forma, quando uma decisão editorial provocar questionamentos relevantes, abrangentes e legítimos, os motivos que levaram a tal decisão devem ser esclarecidos;

s) Os veículos do Grupo Globo estabelecerão normas, em seus manuais de redação, sobre como devem proceder seus jornalistas diante de convites e presentes. A regra geral é que nada de valor deve ser aceito;

t) Todo esforço deve ser feito para que o público possa diferenciar o que é publicado como comentário, como opinião, do que é publicado como notícia, como informação. Fora do noticiário propriamente dito, os veículos do Grupo Globo buscarão ter um corpo de comentaristas, cronistas e colaboradores, fixos ou eventuais, que seja plural, representando o arco mais amplo de tendências legítimas em uma sociedade democrática. Articulistas, cronistas e colaboradores fixos têm de zelar para que os dados objetivos usados para sustentar suas opiniões estejam corretos. O mesmo deve acontecer com convidados, embora, neste caso, a responsabilidade pelo que é dito seja deles e não do veículo;

u) Os jornalistas do Grupo Globo agirão sempre dentro da lei, procurando adaptar seus métodos de apuração ao arcabouço jurídico do país. Como o interesse público deve vir sempre em primeiro lugar, buscarão o auxílio de especialistas para que não sejam vítimas de interpretações superficiais da legislação;

v) Uma pessoa poderá ser apresentada como suspeita de crime ou irregularidade quando investigações jornalísticas, feitas segundo os preceitos deste documento, assim permitirem. A reportagem terá de trazer a versão da pessoa acusada, de forma ampla, se ela se dispuser a falar;

w) Denúncia anônima não é notícia; é pauta, mesmo se a fonte for uma autoridade pública: a denúncia deve ser investigada à exaustão antes de ser publicada (ver seção II item 4-e);

x) Denúncias e acusações, feitas em entrevistas por pessoas devidamente identificadas, que desfrutem de credibilidade, seja pelo cargo que ocupam, seja pela história de vida, podem ser publicadas, sem investigação própria, mas, necessariamente, acompanhadas pela versão dos acusados, de preferência no mesmo dia, quando estes se dispuserem a falar. Denúncias feitas em entrevistas por pessoas sem credibilidade, como criminosos, por exemplo, mesmo se identificadas, devem ser exaustivamente investigadas, antes de ser publicadas;

y) Uma reportagem pode legitimamente apresentar uma pessoa como suspeita de crime ou irregularidade quando a suspeição partir oficialmente de alguma autoridade pública e estiver registrada em documento ou entrevista. O anúncio oficial de que alguém é suspeito de crime ou irregularidade é um fato, que pode ser registrado dependendo de sua relevância para a sociedade. Ao jornalista, cabe informar sobre o estágio em que se encontram as investigações, devendo sempre cobrar os indícios que levaram a autoridade a sustentar suas suposições, publicando-os, acompanhados da versão da pessoa acusada, se ela se dispuser a falar. Se a autoridade errar e culpar um inocente, o fato deve ser publicado com o mesmo destaque, e a polícia deve ser cobrada por seus erros;

z) Os veículos jornalísticos do Grupo Globo devem priorizar sempre suas próprias investigações e publicar o que resultar delas apenas se houver convicção formada de que a reportagem é legítima. Dessa forma, não é automática a publicação de repercussões sobre reportagens de outros veículos. Isso só deve ocorrer se o exame da reportagem produzir, de imediato, a convicção de que nela há elementos de verdade. Do contrário, é imperioso que haja investigação própria e, somente depois, se for o caso, repercutir a reportagem. Há ocasiões em que a mera publicação de uma reportagem produz efeitos instantâneos. Quando for assim, publicam-se os efeitos, descreve-se a reportagem, mas ressaltando-se a sua origem e de modo algum acolhendo-a como verdadeira. Tudo dependerá do caso, do assunto, do momento e dos efeitos que ela produzir. Mas pode-se dizer, de modo geral e a título de exemplo, que um ministro emitir uma nota respondendo a uma reportagem não é motivo suficiente para que um veículo do Grupo Globo a repercuta, antes de investigação própria; a queda do ministro, porém, sim, justifica a publicação.

2) A correção:

Correção é aquilo que dá credibilidade ao trabalho jornalístico: nada mais danoso para a reputação de um veículo do que uma reportagem errada ou uma análise feita a partir de dados equivocados. O compromisso com o acerto deve ser, portanto, inabalável em todos os veículos do Grupo Globo. É evidente que, depois de tudo o que aqui já foi dito sobre o conceito de "verdade", não é demais dizer que estar correto é procurar descrever e analisar os fatos da maneira mais acurada, dadas as circunstâncias do momento. Nesse sentido, a correção é um processo, uma construção que vai se dando dia após dia. O jornalista investiga os fatos, pouco a pouco, e vai montando um quebra-cabeça. O retrato final estará ainda incompleto, à espera da História, mas terá de ser já, necessariamente, uma silhueta com contornos visíveis. Não há fórmula, e nem jamais haverá, que torne o jornalismo imune a erros, porém. Quando eles acontecem, é obrigação do veículo corrigi-los de maneira transparente, sem subterfúgios, num movimento que é ele próprio essencial à busca da informação correta. Um dos mecanismos que mais contribuem no controle de qualidade posterior à publicação das informações é a reação do público. É essencial, portanto, que todos os veículos do Grupo Globo tenham, cada um à sua maneira, estruturas que recebam amplamente as observações do público, críticas ou elogiosas, para processá-las, entendê-las e dar seguimento a elas. Na busca pela correção, é necessário seguir os princípios:

a) Informações, para ser publicadas, devem ser confirmadas pelo maior número de fontes possível. Exceção feita às informações oficiais, de entidades públicas ou privadas;

b) Informações e imagens enviadas pelo público pela internet só devem ser publicadas depois de averiguação quanto à sua veracidade. Na cobertura de eventos em que o trabalho de jornalistas esteja cerceado, haverá casos em que será necessária a publicação de informações e imagens assim obtidas, sem averiguação, mas o público deverá ser avisado de que não há como confirmar se são verdadeiras;

c) O rigor com minúcias não é exagero, mas obrigação. Todos os dados de uma reportagem – nomes, datas, locais, horários, idades, endereços, referências históricas, descrições de processos, definições científicas, termos de um contrato, explicações sobre formas de governo, enfim, tudo o que de objetivo houver numa reportagem – devem ser exatos, corretos, sem erros;

d) Todo repórter é responsável pela exatidão daquilo que apura, mas, como em jornalismo quase tudo se faz coletivamente, todos os envolvidos na edição de uma reportagem devem estar atentos para perceber inexatidões. Expressar dúvidas sobre dados de uma reportagem antes de sua publicação é a melhor maneira de torná-la mais exata;

e) A revisão não é uma forma de controle ou censura. É parte integrante e fundamental do processo jornalístico, e sua principal função é evitar erros. Se o processo jornalístico prescindiu da figura clássica do revisor, foi apenas porque todos os envolvidos numa reportagem se tornaram revisores. Nesse sentido, nenhuma reportagem deve ser publicada apenas com o exame do autor: é indispensável que outros envolvidos no processo participem desse exame;

f) Ferramentas tecnológicas hoje permitem o acesso rápido a bancos de dados confiáveis. Todas as redações do Grupo Globo devem viabilizar tal acesso, e seus jornalistas devem se impor como obrigação consultar tais arquivos;

g) Em reportagens que requeiram conhecimento técnico, a consulta a especialistas deve ser obrigatória. Nenhum jornalista precisa ser médico, químico, biólogo ou historiador. Mas, por isso mesmo, para não errar em assuntos técnicos, todo jornalista precisa se socorrer de assessoria especializada, ouvindo sempre mais de um técnico toda vez que o assunto for controverso;

h) Quanto mais diversificado for o interesse dos jornalistas por disciplinas que não fazem parte de sua formação universitária básica, mais equipada estará uma redação para tratar dos múltiplos assuntos com que lida diariamente. Ilustrar-se continuamente é dever intransferível de todo jornalista: num mundo em constante evolução, nenhum jornalista deixa de estar em aprendizado contínuo. Os veículos do Grupo Globo, no entanto, devem montar programas e estruturas de treinamento para auxiliar seus jornalistas, subsidiariamente, nessa tarefa;

i) Com esse mesmo objetivo, embora o Grupo Globo deva manter a prática de recrutar majoritariamente seus profissionais nas faculdades de Comunicação, seus veículos devem estar sempre abertos a acolher profissionais de outros campos que decidam se dedicar ao jornalismo, desde que demonstrem aptidão para tal;

j) A análise crítica das edições passadas é um imperativo. É a verificação cotidiana de pontos negativos e positivos das reportagens que permite o aperfeiçoamento contínuo delas e a adesão a estes princípios editoriais. Todos os veículos do Grupo Globo devem ter as suas estruturas de análise, escolhendo aquelas que melhor se adaptam ao seu perfil;

k) Os veículos do Grupo Globo devem ter estruturas para receber e processar as observações, positivas e negativas, vindas do público de uma maneira geral: os consumidores de suas informações, as fontes, os especialistas e os personagens de suas reportagens. Não se trata aqui de publicar ou deixar de publicar uma informação porque esta agrada a amplas camadas ou porque lhes desagrada: o dever de informar vem sempre em primeiro lugar. Conhecer a reação do público é fundamental porque contribui para a melhoria da qualidade da informação de muitas formas. Ajuda a conhecer possíveis erros, facilita o recebimento de novas informações sobre alguma cobertura e pode revelar o que é um fato em si mesmo: a própria reação do público. Essas estruturas devem ser capazes de discernir o que é manifestação espontânea e o que, em tempos de

internet, é orquestração. Não há um modelo único: cada veículo deve encontrar aquele mais condizente com o seu perfil;

l) Os erros devem ser corrigidos, sem subterfúgios e com destaque. Não há erro maior do que deixar os que ocorrem sem a devida correção;

m) Os veículos do Grupo Globo usarão a norma culta da Língua Portuguesa, levando sempre em conta a sua evolução e as múltiplas possibilidades que ela acolhe. Gírias e neologismos serão evitados, sendo aceitos em declaração de entrevistados ou em reportagens mais leves, acompanhados, quando necessário, da explicação sobre seu significado. Cada veículo estabelecerá, em seu manual de redação, a padronização que considerar a mais apropriada. Mas editores evitarão que suas idiossincrasias em relação à língua se tornem norma;

n) Os veículos do Grupo Globo têm obrigação de se fazer entender. Uma notícia tem de ser publicada de forma clara, para que o público a compreenda sem dificuldades. Nesse sentido, na edição de reportagens, recursos explicativos que facilitem o entendimento são uma obrigação.

3) A agilidade:

A agilidade da produção jornalística é o que compensa, em larga medida, as suas imperfeições, se a compararmos a outras formas de conhecer a realidade. Em outras palavras, há um duplo sentido na afirmação de que o jornalismo produz uma primeira imagem dos fatos: a imagem é primeira porque dela ainda não se têm os contornos definitivos; mas, também, é primeira porque é traçada logo após o ocorrido. A informação tem de ser prestada no menor espaço de tempo da melhor maneira possível, eis a equação diante da qual os jornalistas se veem todos os dias. Portanto, é atributo fundamental da qualidade da informação jornalística ser produzida com rapidez. Se a História pode dispor de anos de trabalho para fazer aflorar a realidade, o jornalismo dispõe de algumas horas (no máximo, de alguns dias, se a publicação for semanal ou mensal). É a celeridade com que traça o primeiro retrato dos fatos que ao mesmo tempo dá utilidade à produção jornalística e justifica as suas lacunas. A notícia tem pressa. E é por essa razão que os seguintes princípios devem ser perseguidos:

a) Os veículos do Grupo Globo terão sempre como prioridade investir em tecnologia capaz de dar celeridade ao trabalho jornalístico e à sua difusão. Deverão estar atualizados com o que de melhor houver em maquinaria, equipamentos, softwares e meios de transporte;

b) A burocracia que envolve o lado administrativo das empresas jornalísticas deve levar sempre em conta a necessidade de dar celeridade ao trabalho jornalístico. Os veículos devem desenvolver processos que controlem orçamentos e despesas sem que estes se transformem em entraves à agilidade que o jornalismo requer;

c) A rapidez necessária ao trabalho jornalístico não se confunde com precipitação: nenhuma reportagem será publicada sem que esteja apurada dentro de parâmetros seguros de qualidade;

d) Deve-se perseguir o furo jornalístico, a informação exclusiva, em primeira mão, mas jamais se descuidar dos outros atributos da informação de qualidade: a isenção com que é produzida, ouvindo-se todos os lados nela envolvidos, e a correção dos dados nela apresentados. Notícia errada ou enviesada não é furo; é um golpe na credibilidade do veículo;

e) Como princípio geral, não se deve guardar notícia. Em geral, informação confirmada é informação publicada. Os veículos, no entanto, devem julgar quando uma reportagem deve ser publicada de imediato, quando pode esperar a próxima edição ordinária ou, se houver convicção de sua exclusividade, quando pode esperar por uma edição especial. O critério é a certeza de que a reportagem continuará a ser dada em primeira mão, e que a demora em publicá-la não acarretará prejuízos à sociedade. Quanto mais postergada for uma reportagem, mais completa e mais trabalhada ela deve ser;

f) Deve-se ter humildade diante de furos de veículos concorrentes. Diante de casos assim, não se deve negar a realidade, mas entrar no assunto o mais rapidamente possível, tentando fazer mais e melhor, dando o crédito a quem de direito;

g) Essa postura em nada se confunde com a adesão acrítica a reportagens veiculadas por concorrentes. Antes de serem publicadas em veículos do Grupo Globo, todas têm de ser confirmadas por verificações próprias. Isso é especialmente verdadeiro quando se trata de denúncias, de acordo com os procedimentos descritos no item 1-Z desta seção.

SEÇÃO II
COMO O JORNALISTA DEVE PROCEDER DIANTE DAS FONTES, DO PÚBLICO, DOS COLEGAS E DO VEÍCULO PARA O QUAL TRABALHA

1) Diante das fontes:

a) Fazer e manter boas fontes é um dever de todo jornalista. Como a isenção deve ser um objetivo permanente, é altamente recomendável que a relação com a fonte, por mais próxima que seja, não se transforme em relação de amizade. A lealdade do jornalista é com a notícia;

b) Se a relação de amizade com uma fonte for anterior à vida profissional do jornalista, este deve manter a direção do veículo informada, para que os conflitos possam ser evitados. O mesmo deve acontecer caso a relação fonte-jornalista, apesar dos esforços em sentido contrário, torne-se uma amizade ou algo maior;

c) O respeito e a transparência devem marcar a relação dos jornalistas com suas fontes. Quando indagado por elas sobre o destino da informação que acaba de lhe dar, o jornalista deve responder com a exatidão possível;

d) Deve-se sempre respeitar compromisso assumido com as fontes, principalmente aqueles relativos à preservação da identidade delas. Por esse motivo, esse tipo de compromisso deve ser apenas firmado com fontes de cuja credibilidade não se possa desconfiar (ver item 4-e, desta seção);

e) Concedida uma entrevista exclusiva, uma fonte pode pedir alterações, acréscimos ou supressões, mas o jornalista julgará se o pedido se justifica. Haverá vezes em que o jornalista não concordará com a mudança, sendo, nestes casos, necessário registrar que a mudança foi solicitada, mas não aceita.

2) Diante do público:

a) O público será sempre tratado com respeito, consideração e cortesia, em todas as formas de interação com os jornalistas e seus veículos: seja como consumidor da informação publicada, seja como fonte dela;

b) Cada veículo tem um público-alvo e deve agir de acordo com as características dele, adaptando a elas pauta, linguagem e formato. Mas, para o Grupo Globo, todo público tem um alto poder de discernimento e entendimento: o menos culto dos homens é capaz de decidir o que é melhor para si, escolhe visando à qualidade e entende tudo o que lhe é relatado de forma competente. Essa convicção deve ser levada em conta especialmente pelos veículos de massa que produzem informação para pessoas de todos os níveis de instrução. Nesse caso, a linguagem e o formato não devem ser rebuscados a ponto de afastar os menos letrados nem simplórios a ponto de afastar os mais instruídos. Se informarem em linguagem clara sobre assuntos de interesse de todos, serão sempre bem entendidos;

c) Nenhum veículo do Grupo Globo fará uso de sensacionalismo, a deformação da realidade de modo a causar escândalo e explorar sentimentos e emoções com o objetivo de atrair uma audiência maior. O bom jornalismo é incompatível com tal prática. Algo distinto, e legítimo, é um jornalismo popular, mais coloquial, às vezes com um toque de humor, mas sem abrir mão de informar corretamente;

d) A sensibilidade do público será levada em conta. Cenas chocantes receberão o tratamento devido de acordo com as características do público-alvo. Quanto mais indistinto o público, mais cuidados são necessários. Nesses casos, o público deve ter sempre a confiança de que não será surpreendido por cenas que afrontem os valores médios presumidos da sociedade. A título de exemplo, talvez seja necessário mostrar o vídeo ou a foto de um homem-bomba explodindo, mas a cena pode ser congelada segundos antes do dilaceramento. Em resumo, a decisão de publicar ou não cenas potencialmente chocantes e de como tratá-las deve sempre levar em conta a sua relevância para o entendimento da questão abordada. A melhor saída é submeter a decisão à opinião do maior número de jornalistas de uma redação. De um grupo, sempre emerge mais facilmente o bom-senso;

e) Todo veículo jornalístico tem uma responsabilidade social. Se é verdade que nenhum jornalista tem o condão de, certeiramente, escolher que informações são "boas" ou "más", é legítima a preocupação com os efeitos maléficos que uma informação possa causar à sociedade. Esse é um tema complexo, e sempre dependente da análise do momento. A regra de ouro é divulgar tudo, na suposição de que a sociedade é adulta e tem o direito de ser informada. A crença de

que os veículos jornalísticos, ao não fazerem restrições a temas, estimulam comportamentos desviantes é apenas isso: uma crença;

f) O jornalismo, contudo, não é insensível a riscos evidentes, mas estes são evitáveis quando se respeita outra regra de ouro: só se divulga informação relevante. Para citar um exemplo, um vídeo divulgado por um assassino em série pode e deve ser divulgado naquilo que é importante, mas não faz sentido deixar o criminoso ensinar como se articula um plano de assassinato em massa. Da mesma forma, não se publicam informações úteis para grupos criminosos, como o local aonde a polícia irá à cata de um sequestrador. E respeitam-se pedidos de pessoas que se considerem em risco com a publicação de informações que lhes digam respeito, como um policial que matou em ação um traficante perigoso e pode ser vítima de represália de seus comparsas;

g) Notícias sobre sequestros serão sempre publicadas. Estudos de experiências internacionais levaram o Grupo Globo à convicção de que a publicação de que uma pessoa foi sequestrada não põe a vítima em risco, mas a protege. A notícia será publicada com todas as ressalvas, de modo a não revelar ao bandido o planejamento da polícia e da família, nem dar informações que mostrem a situação econômica da vítima. Isso obriga o veículo a um acompanhamento do sequestro mais sóbrio, sem necessariamente a publicação diária de reportagens a respeito. O registro de solidariedade pública, quando relevante, ou de fatos que ajudem a família ou a polícia deve ser feito;

h) A privacidade das pessoas será respeitada, especialmente em seu lar e em seu lugar de trabalho. A menos que esteja agindo contra a lei, ninguém será obrigado a participar de reportagens;

i) Pessoas públicas – celebridades, artistas, políticos, autoridades religiosas, servidores públicos em cargos de direção, atletas e líderes empresariais, entre outros – por definição abdicam em larga medida de seu direito à privacidade. Além disso, aspectos de suas vidas privadas podem ser relevantes para o julgamento de suas vidas públicas e para a definição de suas personalidades e estilos de vida e, por isso, merecem atenção. Cada caso é um caso, e a decisão a respeito, como sempre, deve ser tomada após reflexão, de preferência que envolva o maior número possível de pessoas;

j) O uso de microcâmeras e gravadores escondidos, visando à publicação de reportagens, é legítimo se este for o único método capaz de registrar condutas ilícitas, criminosas ou contrárias ao interesse público. Deve ser feito com parcimônia, e em casos de gravidade. Seu uso deve ser precedido da análise, pelas chefias imediatas, dos riscos que correrão os jornalistas caso venham a ser descobertos. A imagem e/ou o áudio de pessoas que não estejam envolvidas diretamente no que estiver sendo denunciado devem ser protegidos. Em seus manuais de redação, os veículos devem estabelecer suas normas de uso.

3) Diante dos colegas:

a) De jornalistas de um mesmo veículo do Grupo Globo, espera-se espírito de colaboração.

Todos numa redação têm de cooperar entre si, para que o trabalho seja o melhor possível;

b) Os envolvidos numa mesma reportagem – da apuração à edição – são responsáveis por sua qualidade. Devem agir como revisores uns dos outros, para bem do trabalho;

c) Os jornalistas não devem nunca se furtar de opinar sobre reportagens que estejam sendo feitas por colegas, criticando, sugerindo, ajudando a encontrar caminhos. A decisão de publicar ou não uma reportagem, e de como tratá-la, é do editor responsável por ela, mas ele errará se menosprezar a opinião de colegas de qualquer nível hierárquico. Errará ainda mais quando se conduzir de tal modo que iniba os jornalistas a opinar ou ponderar a respeito do que está sendo feito. Vale sempre repetir: jornalismo é uma obra coletiva, e terá tanto mais êxito quanto mais pessoas participarem do processo;

d) As redações dos veículos do Grupo Globo são absolutamente independentes umas das outras e competem entre si pelo furo, pela reportagem exclusiva. Esta é uma tradição que vem desde a origem do grupo e que tem se mostrado profícua: evita a pasteurização do noticiário e estimula o pluralismo de abordagens. Isso não quer dizer que, levando-se em conta a convergência de mídias, não seja possível a construção de sinergias em torno do chamado noticiário básico – aquelas notícias obrigatórias a que todos os veículos têm acesso. Em outras palavras, faz sentido a disputa por assuntos exclusivos, faz sentido dar mais ênfase a determinados temas e não a outros, mas não há mal algum na troca de informações sobre a dimensão de um temporal ou a ocorrência de um assalto, por exemplo.

4) Diante do veículo:

a) As redações são independentes na busca por notícias, mas há uma união de princípios sobre como obtê-las, sendo estes princípios editoriais sua maior expressão. Nenhum jornalista do Grupo Globo justificará falhas alegando desconhecer este código. Desconhecê-lo será considerado um erro ainda maior;

b) Os veículos do Grupo Globo expressam, em seus editoriais, uma opinião comum sobre os temas em voga. Os textos podem e devem divergir no estilo, no enfoque, na ênfase nesse ou naquele argumento, mas a essência é a mesma. Essa opinião deve refletir a visão do seu conselho editorial, composto por membros da família Marinho e jornalistas que dirigem as redações. Nenhum outro jornalista do grupo precisa, porém, concordar com tais opiniões, que, em nenhuma hipótese, influenciarão as coberturas dos fatos. Estas, como exposto aqui extensivamente, devem se pautar por critérios de isenção;

c) Os jornalistas têm um dever de lealdade com os veículos para os quais trabalham. As informações a que têm acesso se destinam ao veículo e com ele devem ser divididas. Ninguém, somente o veículo, deve decidir o que fazer com elas, sendo certo que o seu destino será a publicação, se estiverem de acordo com os princípios explicitados neste documento. Da mesma forma, os veículos têm um dever de lealdade com seus jornalistas, e tudo devem fazer para protegê-los em sua atividade, fornecer-lhes meios adequados de trabalho e ampará-los em disputas provocadas por reportagens que publicam;

d) A participação de jornalistas do Grupo Globo em plataformas da internet como blogs pessoais, redes sociais e sites colaborativos deve levar em conta três pressupostos: notícias por eles apuradas devem ser divulgadas exclusivamente pelos veículos para os quais trabalham ou por estes autorizados; procedimentos internos, projetos, ideias, planos para o futuro ou quaisquer outras informações relativas ao dia a dia das redações não devem ser divulgados, sob pena de tornar vulnerável o veículo em que trabalham em relação a seus concorrentes; os jornalistas são em grande medida responsáveis pela imagem dos veículos para os quais trabalham e devem levar isso em conta em suas atividades públicas, evitando tudo aquilo que possa comprometer a percepção de que exercem a profissão com isenção e correção. Com base nestas premissas, cada veículo deve ter políticas próprias para a presença de seus profissionais na internet, e que todos os jornalistas se obrigam a cumprir;

e) O sigilo sobre as fontes é inviolável, e os veículos do Grupo Globo protegerão seus jornalistas na tarefa de mantê-lo em todas as instâncias, sob qualquer circunstância. O jornalista, porém, pode e deve dividi-lo com a direção do veículo, sempre que isso for fundamental para a tomada de decisão sobre publicar ou não uma informação. Isso não é quebra de sigilo, pois a direção se obriga a guardá-lo em todos os casos. Fontes que deliberadamente mintam para o jornalista, levando-o propositadamente a erro, podem ter seu nome revelado, não como represália, mas se essa medida for fundamental para a correção que o veículo terá de publicar na edição seguinte.

5) Diante das redes sociais:

a) O Grupo Globo considera que toda rede social é potencialmente pública. Mesmo que alguém permita o acesso ao que nela diz ou publica a apenas um grupo de pessoas, há uma alta possibilidade de que tal conteúdo se torne público. E, quando essa pessoa é um jornalista, a sua atividade pública acaba relacionada ao veículo para o qual trabalha. Se tal atividade manchar a sua reputação de isenção manchará também a reputação do veículo. Isso não é admissível, uma vez que a isenção é o principal pilar do jornalismo. Perder a reputação de que é isento inabilita o jornalista que se dedica a reportagens a desempenhar o seu trabalho. Isso se aplica a todas as redes – Twitter, Instagram, Facebook, WhatsApp ou qualquer outra que exista ou venha a existir;

b) Em alguns casos, a perda da reputação de isenção é evidente de imediato. Em outros, é preciso uma análise criteriosa. Essa avaliação deve ser feita pelas chefias imediatas e compartilhada com a direção de redação, que decidirá quando é o caso de encaminhar a questão ao Conselho Editorial do Grupo Globo;

c) É evidente que, em aplicativos de mensagens, como WhatsApp e outros, em que há mais controle sobre o acesso, todos têm o inalienável direito de discutir o que bem entender com grupos de parentes e amigos de confiança. Mas é preciso que o jornalista tenha em mente que, mesmo em tais grupos, o vazamento de mensagens pode ser danoso à sua imagem de isenção e à do veículo para o qual trabalha. E que tal vazamento o submeterá a todas as consequências que a perda da reputação de que é isento acarreta. Assim, compartilhar mensagens que revelem posicionamentos políticos, partidários ou ideológicos, mesmo em tais grupos, exige a confiança absoluta em seus participantes – confiança que só pode ser avaliada pelo jornalista;

d) Em sua atuação nas redes sociais, o jornalista deve evitar tudo o que comprometa a percepção de que o Grupo Globo é isento. Por esse motivo, nas redes sociais, esses jornalistas devem se abster de expressar opiniões políticas, promover e apoiar partidos e candidaturas, defender ideologias e tomar partido em questões controversas e polêmicas que estão sendo cobertas jornalisticamente pelo Grupo Globo. Em síntese, esses jornalistas não devem nunca se pôr como parte do debate político e ideológico, muito menos com o intuito de contribuir para a vitória ou a derrota de uma tese, uma medida que divida opiniões, um objetivo em disputa. Isso inclui endossar ou, na linguagem das redes sociais, "curtir" publicações ou eventos de terceiros que participem da luta político-partidária ou de ideias. Quando acompanhar a atividade nas redes sociais de candidatos, partidos, entidades ou movimentos em torno da defesa de ideias ou projetos for fundamental para a cobertura jornalística, é permitido que o jornalista siga as suas páginas ou contas (mas não se deve curtir os seus posts). Quando for assim, o jornalista deve seguir todos os candidatos a um cargo majoritário e, nos outros casos, partidos e movimentos que defendam ideias opostas ou essencialmente diferentes, para que fique claro ao público que a iniciativa de os seguir não se deve a preferências pessoais. Da mesma forma, esses jornalistas devem avaliar se sua imagem de isenção estará sendo comprometida ao compartilhar material de terceiros. Agir de modo diferente compromete de forma irremediável a isenção do jornalista e mancha a reputação do veículo para o qual trabalha, com a consequência já mencionada;

e) Como em todos os veículos de imprensa, há no Grupo Globo jornalistas cuja função é analisar fatos e controvérsias e opinar sobre eles. Por óbvio, tais jornalistas não ferem o princípio da isenção. Primeiramente, porque agem com transparência, deixando explícito que não fazem uma reportagem objetiva sobre os fatos, mas a partir deles os analisam e opinam sobre eles (ver Seção I, item 1, letra t). É uma atividade jornalística diversa da reportagem, mas que atende também a uma demanda do público: ter acesso a opiniões e análises sobre fatos e controvérsias para que possa formar a sua própria opinião. Tais jornalistas, normalmente chamados de comentaristas, analistas ou colunistas de opinião, devem ter uma atuação na rede social que não permita a percepção de que são militantes de causas e que fazem parte da luta político-partidária ou de ideias. A eles, como a todos, é vedado apoiar candidatos ou partidos, dentro e fora de eleições;

f) Colaboradores, em seções de análise e opinião, que não sejam jornalistas, mas profissionais de outras áreas de atuação, devem julgar como atuar nas redes sociais, conscientes de que a sua reputação, fundamental para sua condição de colaborador, é afetada por essa atuação. Não é permitido declarar voto ou fazer propaganda para candidatos ou partidos no material produzido especificamente para os veículos para os quais trabalham;

g) Por razões correlatas, é imprescindível que o jornalista do Grupo Globo evite a percepção de que faz publicidade, mesmo que indiretamente, ao citar ou se associar a nome de hotéis, marcas, empresas, restaurantes, produtos, companhias aéreas etc. Isso também não deve acontecer em contas de terceiros, e o jornalista deve zelar para evitar tais ocorrências. Participantes de programas esportivos televisivos, radiofônicos ou transmitidos pela internet seguirão neste quesito a política comercial de seus veículos. O jornalista deve evitar criticar hotéis, marcas, empresas, restaurantes, produtos, companhias aéreas etc., mesmo que tenha tido uma má experiência. O motivo é simples: a posição que ocupa nos veículos do Grupo Globo pode levar a que tenha um tratamento preferencial no reparo de danos sofridos;

h) Essas diretrizes em nada diminuem a importância que o Grupo Globo vê nas redes sociais. O Grupo Globo estimula o seu jornalista e os seus veículos a utilizarem as redes sociais como valioso instrumento para se aproximar de seu público, ampliá-lo, reforçar a imagem de credibilidade de que já desfrutam, divulgar os seus conteúdos, encontrar notícias, fazer fontes. Nessa atividade, devem, porém, observar as regras até aqui descritas. E outras deste código;

i) Os jornalistas do Grupo Globo devem sempre priorizar os seus veículos na divulgação de notícias, ou seja: noticiar os fatos sempre em primeira mão nos veículos para os quais trabalham. Somente então, poderão disponibilizar as notícias nas redes sociais, mas seguindo regras: as notícias devem ser brevemente resumidas e acompanhadas de um link que permita ao leitor ler a sua íntegra no veículo que a publicou. Quando a notícia não dispuser de um link específico, é obrigatória a publicação de um link do veículo para o qual trabalha, com a especificação da editoria, para que o leitor possa buscar mais detalhes. Devem agir de forma igual os comentaristas, analistas e colunistas de opinião em relação ao que produzirem para os veículos para os quais trabalham;

j) A publicação de reportagens certamente vai gerar comentários dos leitores. O jornalista do Grupo Globo deve tratar todos com respeito. Pode esclarecer dúvidas e comentar críticas. Se estas forem ofensivas, talvez seja melhor simplesmente não responder. Se se sentir vítima de abuso, é legítimo que o jornalista do Grupo Globo bloqueie os ofensores. Mas é preciso critério: não confundir críticas contundentes, mas legítimas, com ofensas e abusos;

k) O jornalista do Grupo Globo, sem exceção, não pode, por óbvio, criticar colegas de suas redações ou de redações de competidores nas redes sociais. O crítico acaba sempre por se diminuir diante do público. Da mesma forma, chefias não devem usar as redes sociais para elogiar os próprios veículos ou criticar concorrentes. Elogios e críticas podem ser interpretados como arrogância, algo que deve sempre ser evitado. Nesses dois casos, com propósitos construtivos, devem ser sempre priorizados os canais internos;

l) Essas regras são válidas para todos os jornalistas do Grupo Globo e devem ser rigorosamente observadas. As chefias diretas ficam com a incumbência de implementá-las, torná-las uma realidade e, em caso de faltas por parte de jornalistas, dividir os episódios com a direção de redação do veículo, que decidirá então se é o caso de levá-los à apreciação do Conselho Editorial do Grupo Globo;

m) O Grupo Globo tem a compreensão de que, muitas vezes, o jornalista pode se sentir em dúvida sobre se um texto seu nas redes sociais resvala na tomada de posição, ferindo o princípio da isenção. A única solução é consultar a chefia.

SEÇÃO III
OS VALORES CUJA DEFESA É UM IMPERATIVO DO JORNALISMO

O Grupo Globo será sempre independente, apartidário, laico e praticará um jornalismo que busque a isenção, a correção e a agilidade, como estabelecido aqui de forma minuciosa. Não serão, portanto, nem a favor nem contra governos, igrejas, clubes, grupos econômicos, partidos. Mas defenderão intransigentemente o respeito a valores sem os quais uma sociedade não pode se desenvolver plenamente: a democracia, as liberdades individuais, a livre-iniciativa, os direitos humanos, a república, o avanço da ciência e a preservação da natureza.

Para os propósitos deste documento, não cabe defender a importância de cada um desses valores; ela é evidente por si só. O que se quer é frisar que todas as ações que possam ameaçá-los devem merecer atenção especial, devem ter uma cobertura capaz de jogar luz sobre elas. Não haverá, contudo, apriorismos. Essas ações devem ser retratadas com espírito isento e pluralista, acolhendo-se amplamente o contraditório, de acordo com os princípios aqui descritos, de modo a que o público possa concluir se há ou não riscos e como se posicionar diante deles. A afirmação destes valores é também uma forma de garantir a própria atividade jornalística. Sem a democracia, a livre iniciativa e a liberdade de expressão, é impossível praticar o modelo de jornalismo de que trata este documento, e é imperioso defendê-lo de qualquer tentativa de controle estatal ou paraestatal. Os limites do jornalista e das empresas de comunicação são as leis do país, e a liberdade de informar nunca pode ser considerada excessiva.

Esta postura vigilante gera incômodo, e muitas vezes acusações de partidarismos. Deve-se entender o incômodo, mas passar ao largo das acusações, porque o jornalismo não pode abdicar desse seu papel: não se trata de partidarismos, mas de esmiuçar toda e qualquer ação, de qualquer grupo, em especial de governos, capaz de ameaçar aqueles valores. Este é um imperativo do jornalismo do qual não se pode abrir mão.

Isso não se confunde com a crença, partilhada por muitos, de que o jornalismo deva ser sempre do contra, deva sempre ter uma postura agressiva, de crítica permanente. Não é isso. Não se trata de ser contra sempre (nem a favor), mas de cobrir tudo aquilo que possa pôr em perigo os valores sem os quais o homem, em síntese, fica tolhido na sua busca por felicidade. Essa postura está absolutamente em linha com o que rege as ações do Grupo Globo. No documento "Visão, Princípios e Valores", de 1997, está dito logo na abertura: "Queremos ser o ambiente onde todos se encontram. Entendemos mídia como instrumento de uma organização social que viabilize a felicidade".

O jornalismo que praticamos seguirá sempre este postulado.

NOTA TÉCNICA

Em 1999, nascia o projeto Memória das Organizações Globo, como era chamdo à época, com o objetivo de resgatar a história das empresas que compunham o grupo. Sob liderança da historiadora Sílvia Fiuza, o trabalho, desenvolvido por profissionais de História, Comunicação e Ciências Sociais, começou com o levantamento de documentos nos arquivos do Sistema Globo de Rádio, do jornal *O Globo* e da Rede Globo de Televisão. No início do ano seguinte, o escopo foi ampliado, com o Programa de Memória Oral dedicado a entrevistar funcionários, ex-funcionários e colaboradores que participaram da construção e da consolidação de cada uma dessas empresas. Em seus vinte anos de existência, foram colhidos 1.200 depoimentos, totalizando quase 3 mil horas de gravação.

A pesquisa de fontes aliada a lembranças pessoais de profissionais de diversas áreas de atuação permitiu ao Memória Globo tornar público o percurso do Grupo Globo e, em especial, da TV, cuja trajetória se confunde com a história da televisão brasileira. O reconhecimento desse trabalho fez com que o projeto fosse formalmente integrado à emissora como área permanente de produção de conteúdo e resultou na produção dos livros *Dicionário da TV Globo: Dramaturgia e entretenimento, Roberto Marinho*, de autoria de Pedro Bial, *Jornal Nacional: A notícia faz história, Almanaque da TV Globo*, de Marcel Souto Maior, *Entre tramas, rendas e fuxicos, Autores: histórias da teledramaturgia, JN – Modo de fazer*, de William Bonner, *Guia Ilustrado TV Globo: novelas e minisséries* e *Correspondentes*. Além disso, a área trabalha com outros setores e programas para a realização de projetos especiais e, desde 2008, mantém um site onde disponibiliza a pesquisadores, estudantes e interessados em geral conteúdos sobre os programas, coberturas jornalísticas e esportivas, e profissionais da Globo.

O ano em que o Memória Globo completa vinte anos é também o ano em que se comemoram os cinquenta anos do *Jornal Nacional*. O telejornal é o mais antigo programa da emissora em exibição. Sua história neste último meio século registra os fatos mais relevantes da história mundial, bem como as evoluções tecnológicas e de tratamento de informação que vêm transformando as comunicações em todo o mundo.

O *JN* tem recebido atenção especial do Memória Globo desde seu início. *JN: 50 anos de telejornaismo* é o terceiro livro dedicado ao telejornal. Desta vez, escolheu-se dar voz aos profissionais responsáveis por comandar o Boeing – imagem usada por Armando Nogueira, ex-diretor de Jornalismo da Globo que comandou a estreia do telejornal, em 1º de setembro de 1969. Sob supervisão editorial do diretor-geral de Jornalismo Ali Kamel e da diretora de Projetos Especiais Maria Thereza Pinheiro, autores foram convidados a escrever, da perspectiva das funções que exercem ou exerceram, sobre o desafio de levar ao público, com isenção, pluralidade, clareza e correção, aquilo que aconteceu de mais importante no Brasil e no mundo.

A televisão é um trabalho coletivo e, para dar dimensão da complexidade dessa empreitada, foram acrescidos a esses textos trechos de depoimentos concedidos ao Memória Globo ao longo dessas duas décadas. O processo de preparação desse material partiu da realização de entrevistas de memória oral, que foram transcritas, editadas e revisadas. Muitas vezes, foi necessário contatar os autores para pedir mais informações e, em alguns casos, fazer novas entrevistas. Além disso, todas as informações citadas nos depoimentos foram checadas pela equipe do Memória Globo. Ao fim deste livro, é possível consultar uma lista de fontes, com a referência completa das entrevistas, reportagens e sites que serviram de base para essa pesquisa.

Atravessando as páginas deste livro, o leitor encontrará recordações de profissionais, alguns responsáveis pela fundação da emissora, outros, jovens que têm contribuído para manter o *JN* próximo de cada nova geração de telespectadores. Foram incluídos não apenas relatos de diretores e jornalistas conhecidos do público, mas também de gente que, atrás das câmeras, diante dos computadores, na operação e na produção, contribui para que o telespectador tenha o *JN* como sua principal fonte de informação.

Em um trabalho conjunto com a Central de Atendimento ao Telespectador, a CAT, foram selecionados telespectadores de diferentes perfis e regiões do Brasil para que compartilhassem com os leitores suas memórias e laços afetivos com o *JN*. A escolha foi feita a partir de uma pesquisa entre milhares de mensagens enviadas sobre o telejornal. Novamente, as entrevistas realizadas com esse público foram transcritas, editadas e revisadas, e estão publicadas neste livro, contribuindo para dar ao leitor uma visão mais ampla do papel que representa o *JN* para a sociedade brasileira.

É o encontro do público com os criadores do *Jornal Nacional*.

FONTES

**DEPOIMENTOS
AO MEMÓRIA GLOBO:**

Alberico de Sousa Cruz
(15/05/2003, 04/07/2019)
Alberto Gaspar (13/04/2010,
19/11/2015)
Alexandre Arrabal
(03/04/2001, 23/09/2013)
Alexandre Garcia (17/02/2004,
02/08/2018)
Alfredo Bokel (25/04/2019)
Ali Kamel (23/02/2000,
29/07/2002, 25/08/2006,
21/05/2007, 26/03/2012,
09/04/2012, 25/05/2015,
01/06/2015, 26/10/2016,
14/12/2018)
Álvaro Pereira (14/02/2004)
André Luiz Azevedo
(19/10/2011, 02/05/2019)
Andrei Jiro (30/05/2019)
Armando Nogueira
(27/04/2000, 29/11/2001,
10/12/2003)
Beatriz Castro (30/08/2011,
25/03/2019)
Bette Lucchese (21/03/2019)
Carlos Henrique Schroder
(26/07/2000, 15/12/2003,
17/08/2006, 12/06/2013,
03/07/2013, 17/06/2009)

Carlos Jardim (06/10/2016,
04/01/2017)
Carlos Magno (25/03/2019)
César Menezes (06/11/2014)
César Tralli (22/04/2010,
29/04/2010, 06/05/2010,
22/03/2017, 16/01/2019)
Cid Moreira (22/03/2000)
Cristina Piasentini (20/03/2012)
Daniel Andrade (29/07/2011)
Delis Ortiz (17/02/2004,
27/08/2012, 24/05/2019)
Dulcinéia Novaes (22/03/2019)
Edimilson Ávila (31/03/2014,
14/04/2014, 16/04/2019)
Edney Silvestre (17/11/2003,
09/01/2012, 19/05/2017,
29/04/2019)
Eduardo Riecken (01/09/2011)
Elaine Bast (15/12/2016,
05/04/2019, 04/06/2019)
Eric Hart (06/06/2011,
04/04/2019)
Ernesto Paglia (15/05/2002,
24/05/2010, 06/07/2016)
Evandro Carlos de Andrade
(03/02/2000, 10/11/2000)
Fátima Baptista (08/06/2018,
11/03/2019)
Fátima Bernardes (30/05/2001,
07/05/2007, 27/08/2007,
31/08/2017)

Felipe Santana (10/04/2019)
Fernando Bittencourt
(16/03/2001, 04/12/2013,
12/06/2019)
Fernando Gueiros
(11/05/2011, 07/06/2011,
20/07/2011, 15/01/2019)
Francisco de Assis
(16/04/2019,17/04/2019)
Francisco José (28/01/2004,
04/08/2008)
Galvão Bueno (17/04/2007,
24/04/2007, 07/06/2019)
Gilda Rocha (24/11/2014,
01/12/2014)
Glória Maria (24/08/2000,
09/11/2010, 27/02/2018)
Graziela Azevedo (04/06/2014,
16/04/2019)
Helio Alvarez (13/10/2014,
19/11/2014, 07/05/2019)
Heraldo Pereira (16/02/2004,
01/08/2018, 07/06/2019)
Herbert Fiuza (24/01/2000,
27/06/2003)
Ilze Scamparini (02/03/2015,
01/06/2019)
Jorge Luiz dos Santos
(30/05/2019)
José Carlos Azevedo (28/09/2015,
16/10/2015)
José de Arimatéa (24/07/2017)

José Henrique Castro (06/06/2019)

José Manuel Mariño (01/04/2019)

José Raimundo (24/09/2014)

José Roberto Burnier (08/02/2006, 24/02/2016)

Júlio Mosquéra (05/04/2011, 06/08/2018, 13/05/2019, 04/06/2019)

Lilia Teles (10/09/2012, 24/09/2012, 29/04/2019)

Lilian Quaino (25/04/2019)

Luciana Marangoni (20/09/2018)

Lúcio Rodrigues (17/11/2014)

Luis Felippe Cavalleiro (06/09/2018)

Luís Fernando Silva Pinto (20/12/2002, 26/03/2010, 24/02/2017, 05/04/2019)

Luiz Fernando Ávila (19/09/2014, 08/10/2014, 09/05/2019)

Malu Mazza (19/09/2018)

Marcelo Canellas (16/02/2004, 02/09/2010)

Márcia Menezes (03/11/2014, 15/12/2014)

Marcio Sternick (09/06/2014)

Marco Antonio Gonçalves (25/06/2015)

Marco Aurélio Ramos de Souza (03/06/2019)

Marcos Uchoa (14/08/2001,

27/09/2010, 05/10/2010, 26/10/2010, 10/03/2017)

Maria Thereza Pinheiro (16/08/2012, 27/07/2015)

Michelle Loreto (05/06/2019)

Miriam Leitão (21/02/2005)

Moacir Mendonça (27/06/2019)

Newton Quilichini (24/06/2015)

Patrícia Poeta (09/03/2012)

Paulo Pimentel (01/04/2019)

Paulo Renato Soares (28/08/2015)

Pedro Bassan (15/10/2012, 29/06/2015)

Pedro Bial (25/05/2001, 20/12/2007, 27/06/2016, 14/07/2016)

Poliana Abritta (19/05/2014, 19/07/2018, 14/06/2019)

Raymundo Barros (20/07/2015, 24/09/2015, 01/04/2019)

Renata Vasconcellos (12/03/2012, 02/04/2012, 29/04/2019)

Renato Ribeiro Soares (08/08/2011, 07/11/2018, 16/04/2019)

Ricardo Soares (10/04/2019)

Ricardo Villela (24/11/2014, 09/08/2018)

Roberto Kovalick (12/01/2012, 20/03/2017)

Rodrigo Bocardi (24/02/2014)

Sandra Annenberg (27/01/2004, 05/05/2010, 27/05/2010)

Sérgio Chapelin (29/05/2002, 13/03/2018)

Silvia Faria (12/11/2012, 04/02/2013, 06/12/2018)

Sônia Bridi (18/04/2017, 17/06/2019)

Teresa Cavalleiro (29/11/2004, 30/09/2013, 15/10/2013)

Tino Marcos (08/08/2005, 13/09/2010)

Tonico Ferreira (16/03/2014, 28/05/2010, 07/05/2018)

Tyndaro Menezes (16/04/2019)

Vladimir Netto (07/08/2018, 21/05/2019)

William Bonner (06/04/2001, 19/01/2004, 07/05/2004, 09/03/2009, 23/03/2009, 07/03/2012, 19/03/2012, 13/07/2015, 15/09/2015, 18/12/2018)

Zeca Viana (08/09/2014, 27/05/2019)

Zileide Silva (30/04/2010, 07/08/2018)

MATÉRIAS CONSULTADAS:

1. *JN* e o jornalismo profissional

Jornal Nacional: 17/06/1983;

12/09/1992; 01/04/1996

2. JN: Modo de fazer

Jornal Nacional: 18/08/1987;
01/04/1996; 30/03/1998;
08/07/2002; 09/07/2002;
10/07/2002; 25/09/2002;
20/09/2003; 11/06/2005;
10/08/2006; 18/07/2007;
13/01/2011; 05/12/2011;
06/12/2011; 26/01/2012;
12/03/2013; 17/06/2013;
20/06/2013; 25/07/2013;
08/07/2014; 11/08/2014;
12/08/2014; 18/08/2014;
19/08/2014; 20/08/2014;
21/08/2014; 22/08/2014;
23/08/2014; 03/11/2014;
24/04/2015; 03/07/2015;
05/11/2015; 08/08/2016;
12/08/2016; 15/08/2016;
20/08/2016; 15/09/2016;
19/01/2017; 20/06/2018;
04/07/2018; 27/08/2018;
28/08/2018; 29/08/2018;
30/08/2018; 25/01/2019
Plantão: 17/07/2007
JN Especial: 21/04/1985
Globo Notícia: 04/04/2005

3. Destrinchando a economia

Jornal Nacional: 24/01/2005;
21/05/2018; 22/05/2018;
23/05/2018; 24/05/2018;
25/05/2018; 26/05/2018;
28/05/2018; 29/05/2018;
30/05/2018; 31/05/2018;
10/03/1986; 11/10/1986;
02/10/1992; 07/12/1993;
01/07/1994; 10/10/2002
Especial: Plano Collor – Anúncio do plano econômico e entrevista coletiva com a ministra da Economia, Zélia Cardoso de Mello: 16/03/1990
Fantástico: 27/10/2002

4. Cobertura política

Jornal Nacional: 06/03/1979;
27/03/1984; 17/07/1984;
04/06/1992; 29/09/1992;
13/09/1995; 09/06/2005;
14/06/2005; 05/11/2009;
03/06/2011; 03/12/2013;
17/03/2014; 20/09/2014;
13/11/2014; 14/11/2014;
14/11/2014; 15/11/2014;
18/11/2014; 06/03/2015;
16/10/2015; 07/11/2015;
07/11/2015; 02/12/2015;
02/12/2015; 18/04/2016;
18/04/2016; 12/05/2016;
30/08/2016; 31/08/2016;
31/08/2016; 11/04/2017;
28/02/2018; 07/04/2018;
05/06/2018
Especial: Impeachment – Votação na Câmara: 17/04/2016
JH: 22/04/1998

Plantão das manifestações contra e a favor do impeachment da presidente Dilma Rousseff (domingo): 17/04/2016

5. Projetos especiais de Jornalismo nas eleições

Jornal Nacional: 08/07/2002;
09/07/2002; 10/07/2002;
11/07/2002; 05/08/2002;
12/08/2002; 19/08/2002;
26/08/2002; 26/08/2002;
27/08/2002; 28/08/2002;
29/08/2002; 30/08/2002;
31/08/2002; 02/09/2002;
09/09/2002; 16/09/2002;
30/09/2002; 03/10/2002;
25/10/2002; 31/07/2006;
29/08/2006; 06/09/2006;
11/09/2006; 23/08/2010;
31/08/2010; 29/01/2018;
05/03/2018; 21/06/2018;
01/10/2018; 04/10/2018
Eleições: Debate - 2º turno
29/10/2010

6. Produção nacional: início, fim, meio

Jornal Nacional:
08/08/1983; 27/08/1983;
17/03/1984; 19/12/1985;
11/10/1986; 14/03/1988;
06/02/1990; 10/02/1990;
06/06/2013; 13/06/2013;
17/06/2013; 20/06/2013;

17/03/2014; 05/11/2015;
26/11/2016; 29/11/2016;
25/05/2018; 25/01/2019;
25/01/2019
RJTV 1ª edição: 01/06/2013
SPTV 1ª edição: 03/06/2013

7. Grandes coberturas

Jornal Nacional: 13/11/1982;
13/05/2006; 15/05/2006;
15/05/2006; 17/05/2006;
18/05/2006; 09/05/2007;
10/05/2007; 11/05/2007;
17/07/2007; 15/10/2008;
18/10/2008; 11/11/2009;
12/01/2011; 13/01/2011;
28/01/2013; 13/08/2014;
27/02/2016; 18/08/2016;
20/08/2016; 29/11/2016
Jornal Hoje: 13/08/2014

8. O JN vence o Emmy

Jornal Nacional: 24/11/2010;
25/11/2010; 27/11/2010;
29/11/2010
RJTV 1ª edição: 25/11/2010
RJTV Especial - Rio Contra o Crime: transmissão ao vivo,
28/11/2010
Fantástico: 28/11/2010

9. Reportagens especiais e exclusivas

Jornal Nacional: 11/03/1996;
12/03/1996; 13/03/1996;
14/03/1996; 15/03/1996;
17/06/1996; 18/06/2001;
19/06/2001; 20/06/2001;
21/06/2001; 22/06/2001;
21/01/2002; 22/01/2002;
23/01/2002; 24/01/2002;
25/01/2002; 26/01/2002;
28/01/2002; 29/01/2002;
17/09/2007; 18/09/2007;
19/09/2007; 20/09/2007;
21/09/2007; 21/07/2010;
05/06/2012; 08/06/2012;
28/12/2015; 29/12/2015;
30/12/2015

10. Coberturas internacionais

Jornal Nacional: 28/03/1979;
06/07/1979; 11/07/1979;
30/06/1980; 21/01/1981;
14/05/1981; 10/10/1981;
03/11/1981; 26/04/1982;
29/04/1982; 30/04/1982;
15/06/1983; 09/12/1987;
09/12/1987; 26/09/1990;
02/10/1990; 17/01/1991;
12/02/1991; 20/08/1991;
22/08/1991; 11/09/2001;
08/10/2001; 09/10/2001;
24/10/2001; 29/10/2001;
30/10/2001; 03/09/2002;
19/03/2003; 11/04/2003;
19/04/2003; 01/04/2005;
02/04/2005; 04/04/2005;
05/04/2005; 06/04/2005;
07/04/2005; 08/04/2005;
21/10/2005; 22/10/2005;
24/10/2005; 09/03/2007;
12/07/2007; 03/11/2008;
08/04/2009; 21/04/2009;
01/02/2011; 02/02/2011;
03/02/2011; 05/02/2011;
11/02/2011; 12/02/2011;
04/10/2011; 14/02/2012;
11/02/2013; 15/04/2013;
17/04/2013; 11/12/2013;
07/01/2015; 12/01/2015;
17/09/2015; 02/11/2015;
14/11/2015; 28/06/2016;
26/10/2016; 08/11/2016;
17/08/2017; 25/02/2019
Fantástico: 28/02/1993
Painel: 21/11/1977

11. Coberturas e bastidores de grandes eventos esportivos

Jornal Nacional: 12/12/1981;
17/07/1994; 01/04/1996;
09/06/1997; 03/06/2002;
21/06/2002; 29/06/2002;
01/07/2002; 28/03/2003;
12/05/2010; 25/06/2013;
26/05/2014; 04/06/2014;
04/07/2014; 05/07/2014;
08/07/2014; 06/08/2016;
08/08/2016; 18/08/2016;
20/08/2016; 22/08/2016;
14/05/2018; 06/06/2018;
11/06/2018; 14/06/2018;

22/06/2018; 27/06/2018;
02/07/2018; 06/07/2018
Transmissão ao vivo Brasil x
Itália: 17/07/1994

12. A tecnologia a serviço da notícia

Jornal Nacional: 09/02/1985;
08/07/1991; 11/08/1997;
29/01/1999; 24/09/2005;
03/11/2008; 04/11/2008;
02/12/2013

13. A previsão do tempo no JN

Jornal Nacional: 08/07/1991;
09/07/1991; 01/08/1991;
13/10/1992; 16/12/1998;
12/10/1999; 25/11/2000;
06/01/2001; 08/01/2004;
29/01/2005; 07/03/2006;
27/04/2015; 03/07/2015;
19/10/2018; 04/06/2019;
13/06/2019

14. Quando a operação acontece fora do estúdio

Jornal Nacional: 29/06/1984;
31/10/1996; 31/07/2006;
14/08/2006; 28/08/2006;
09/05/2007; 12/05/2007;
17/07/2007; 18/07/2007;
28/01/2013; 13/03/2013;
25/07/2013; 27/07/2013

15. A arte como linguagem jornalística

Jornal Nacional: 16/03/1990;
25/02/1991; 26/04/2000;
09/04/2003; 09/04/2003;
16/06/2018

16. Internet e novas mídias

Jornal Nacional: 10/09/2001

17. O olhar por trás da notícia

Jornal Nacional: 08/06/1979;
31/12/1987; 21/08/1992;
12/06/2000

SITES CONSULTADOS:

globoplay.globo.com
globosatplay.globo.com
www12.senado.leg.br
www.archive.org
www.bbc.com/portuguese
www.camara.leg.br
www.correiobraziliense.com.br
www.cpdoc.br
www.epoca.globo.com
www.estadao.com.br
www.folha.uol.com.br
www.g1.globo.com
www.memoriaglobo.globo.com
www.mpf.mp.br
www.oglobo.com.br

LIVROS:

Bonner, William. *JN: Modo de fazer.* Rio de Janeiro: Editora Globo, 2009.

Memória Globo. *JN: A notícia faz história.* Rio de Janeiro: Zahar, 2004.

Memória Globo. *Correspondentes.* Rio de Janeiro: Editora Globo, 2018.